God first

Ingolf U. Dalferth

God first

Die reformatorische Revolution der christlichen Denkungsart

EVANGELISCHE VERLAGSANSTALT
Leipzig

Ingolf U. Dalferth, Dr. theol., Dres. h.c., Jahrgang 1948, war von 1995 bis 2013 Ordinarius für Systematische Theologie, Symbolik und Religionsphilosophie an der Universität Zürich und von 1998 bis 2012 Direktor des Instituts für Hermeneutik und Religionsphilosophie der Universität Zürich. Seit 2007 lehrt er als Danforth Professor of Philosophy of Religion an der Claremont Graduate University in Kalifornien. Dalferth war u. a. mehrfach Präsident der Europäischen Gesellschaft für Religionsphilosophie, Gründungspräsident der Deutschen Gesellschaft für Religionsphilosophie und 2016/2017 Präsident der Society for the Philosophy of Religion in den USA. Er erhielt die Ehrendoktorwürden der Theologischen Fakultäten von Uppsala und Kopenhagen. Er ist u. a. Hauptherausgeber der »Theologischen Literaturzeitung« (Leipzig) und der Publikationsreihe »Religion in Philosophy and Theology« (Tübingen).

Bibliographische Information der Deutschen Nationalbibliothek
Die Deutsche Nationalbibliothek verzeichnet diese Publikation in der Deutschen Nationalbibliographie; detaillierte bibliographische Daten sind im Internet über http://dnb.dnb.de abrufbar.

2., korr. Aufl. 2019

Printed in Germany

Das Werk wurde auf alterungsbeständigem Papier gedruckt.

Cover und Layout: Kai-Michael Gustmann, Leipzig
Satz: Evangelische Verlagsanstalt GmbH, Leipzig
Druck und Binden: Hubert & Co., Göttingen

ISBN 978-3-374-05652-1
www.eva-leipzig.de

Vorwort

Das Buch ist aus Vorträgen und Vorlesungen hervorgegangen, die ich in den vergangenen Jahren aus Anlass des Reformationsgedenkens 2017 an verschiedenen Orten gehalten habe. Die Reformation auf ein nur historisches Phänomen der Vergangenheit zu reduzieren, greift in jeder Hinsicht zu kurz. Ihre Anliegen sind noch weitgehend uneingelöst. Es geht nicht darum, Erreichtes zu verkleinern oder zu übersehen oder Fragwürdiges zu bestreiten oder auszublenden. Aber die revolutionäre Kraft der reformatorischen Neuaufbrüche wird unterschätzt, wenn man von ihrer kompromisslosen Ausrichtung des Lebens an Gottes Gegenwart nur im Modus der Vergangenheit spricht.

Auch in einer sich technologisch rapide verändernden spätmodernen Welt erlaubt diese Sicht des menschlichen Lebens, Menschen in einer Zeit wachsenden Humanitätsverlusts das Geheimnis der Gegenwart zu erschließen, so dass sie der Zukunft mit kritischer Zuversicht und vernünftiger Hoffnung entgegenzusehen vermögen. Es wäre theologisch verantwortungslos, sich dafür nicht auch heute mit aller Entschiedenheit einzusetzen. Theologisch leben wir noch lange nicht in einem aufgeklärten Zeitalter. Aber es liegt an uns, unsere Zeit zu einem Zeitalter der Aufklärung über das zu machen, ohne das nichts etwas und alles nichts wäre: Gottes Gegenwart.

Claremont, im März 2018 Ingolf U. Dalferth

Inhalt

I
Einleitung

1. Reformationsgedenken 2017

Selten stand ein Reformationsgedenken in Deutschland so sehr unter dem Vorzeichen einer anderen Epoche wie das 500jährige Jubiläum der Reformation im vergangenen Jahr. Mit aller Macht suchten die evangelische Theologie und Kirche die nationalprotestantische Luthereuphorie der letzten beiden Jahrhunderte zu vermeiden. Auf keinen Fall wollte man eine Jubelfeier. Die Kirchen betonten das ökumenisch Gemeinsame. Der Staat wollte an eine Wurzel seiner freiheitlichen Rechtsordnung erinnern. Und die Theologen übten sich im kritischen Historisieren.

Doch gerade in der permanenten Abgrenzung vom Lutherjubel vor allem des 19. Jahrhunderts blieb man oft stärker von ihm bestimmt, als man wahrhaben wollte. Noch im Frühjahr 2017 hatte ich bei der Lektüre der deutschsprachigen Presse in der Ferne Kaliforniens nicht selten den Eindruck, sowohl die lautstarken Verächter als auch die kleinlauten Verfechter der Reformation könnten sich eine Gedenkfeier im Jahr 2017 nicht anders vorstellen als eine Art Büßerzug von Flagellanten, die für ihr Fehlverhalten in der Vergangenheit Abbitte tun. Von Freude über die Reformation war wenig zu spüren.

Das hat sich zum Glück im Verlauf des Jahres geändert. Doch in öffentlichen Debatten konnte und kann man darauf setzen, immer wieder an all das Üble und Fragwürdige erinnert zu werden, das man Luther zuschreiben kann: Ein halbherziger Fortsetzer mittelalterlicher Mystik sei er gewesen, ein weggelaufener Mönch, der seine Gelübde gebrochen habe, ein Fürstenknecht, Fälscher und Lügner, der böswillig die Einheit der Kirche zerstört habe, ein hasserfüllter Polemiker, der bar jeder Selbstkontrolle gegen den Papst, die Juden, die Türken, die Bauern gegeifert hätte.

Für fast all das lassen sich Belege anführen, nichts ist ganz falsch, und doch ist das Ganze das Gegenteil von richtig. Wer so schreibt, beschreibt nicht, sondern wertet, und wer seine Wertung auf diese Punkte beschränkt, bekommt weder Luther noch die Reformation in den Blick. Die ist nicht mit Luther gleichzusetzen, aber Luthers Bedeutung reduziert sich auch nicht auf das, was man ihm mit mehr oder mit weniger Recht anlasten kann und muss. Kein Revolutionär entspricht den Wunschvorstellungen derer, gegen die er revoltiert. Und jede Revolution hat Folgen, die das Erreichte zu zerstören drohen. Die Reformation ist da keine Ausnahme. Denn sie war eine Revolution - eine Revolution des Glaubens und kein bedauerlicher Kollateralschaden der Unfähigkeit eines hysterischen Mönchs, mit seinen Privatproblemen vernünftig umzugehen.

2. Revolution des Glaubens

Warum eine »Revolution des Glaubens«? Weil die Reformation - nach Luthers eigenem Verständnis, aber auch theologisch und nicht nur historisch betrachtet - nicht primär drauf zielte, Gesellschaft, Staat, Recht und Politik zu verändern, sondern zunächst und vor allem das Verhältnis der Menschen zu Gott. Triebkraft der protestantischen Reformationen des 16. Jahrhunderts war die befreiende Entdeckung, dass Gottes Verhältnis zu den Menschen anders ist, als man gemeint hatte. Das war das Erste, alles andere das Zweite. Deshalb konnte John Milton ein Jahrhundert später die Reformation ein Befreiungsereignis nennen, das nicht Luther, Zwingli oder Calvin zu verdanken sei, sondern Gott selbst.[1]

Darüber kann man streiten, und Luther selbst war sich immer wieder unsicher, ob in all dem, was er da ausgelöst hatte, wirklich *Gott* am Werk war. Aber man muss schon von *Gott* und nicht nur von dem reden, was Menschen sich unter Gott vorstellen, um den existenziellen Ernst des Problems zu erfassen. Gottesvorstellungen sind immer historisch bedingt und kulturell imprägniert. Auch die der Reformatoren. Gott aber ist das nicht. Wer theologisch von Gott sprechen will, muss irgendwann den historischen Berichterstattermodus verlassen und von Gott ohne jedes Anführungszeichen reden, also nicht nur Gottesverständnisse aus Geschichte und Gegenwart zitieren, sondern von dem spre-

1 Vgl. G. Horner, The Heresy of John Milton, Calvinist: Reforming the Puritan Poet with Historical Theology (Diss. Claremont 2017), 234-237.

chen, den diese zu verstehen suchen. Der Glaube richtet sich ja nicht auf ein Verständnis Gottes, sondern mit Hilfe eines Verständnisses auf Gott. Und eine Glaubensrevolution ist nicht nur die Veränderung eines überkommenen Verständnisses von Gott, Welt und Mensch oder der Umbau eines religiösen Gedankengebäudes (obwohl sie das immer auch ist), sondern die existenzielle Neuausrichtung des Lebens an Gottes Gegenwart. Glaubensrevolutionen werden erlitten, nicht erdacht, erlebt und nicht ersonnen. Sie verändern das Leben, und nicht nur, wie man das Leben versteht, und sie tun es, indem sie aufdecken, wie Gott Menschen in ihrem Leben gegenwärtig ist: als schöpferische Liebe, die sich schafft, worauf sie sich richtet, und daher immer schon am Werk ist, wenn man sie bemerkt oder bestreitet, sich auf sie besinnt oder sie ignoriert. Gott ist seiner Schöpfung als Liebe gegenwärtig. Und weil es keine Liebe gibt, die nicht wirkt, und kein Wirken Liebe ist, wenn es nicht Übel beendet und Gutes schafft, ist Gott seiner Schöpfung als Kraft der Veränderung zum Guten gegenwärtig, die das, was ist, zu dem verwandelt, was es als Gottes Schöpfung sein kann und sein soll.

3. Reformatorische Theologie

Die Reformatoren haben entschieden und kompromisslos alle theologischen Themen von dieser schöpferischen Gegenwart Gottes her durchdacht und entfaltet. Nur *coram deo* gibt es auch ein Leben *coram seipso* und *coram mundo*. Nur als *cognitio dei* gibt es auch eine theologische *cognitio hominis* und *cognitio mundi*, nicht umgekehrt.[2] Man

2 Die theologische Doppelformel der *cognitio dei* und *cognitio hominis*, die sich nicht nur bei Calvin, sondern auch bei Luther und Zwingli findet (vgl. G. Ebeling, Cognitio Dei et hominis, in: Ders., Lutherstudien Bd. I, Tübingen 1971, 221-272), wird missverstanden, wenn sie neuprotestantisch von der *cognitio* als menschlicher Aktivität her als *cognitio hominis* der *cognitio dei* und der *cognitio hominis* gelesen und konstruiert wird. Die *cognitio dei* wird dann zum Implikat der *cognitio suiipsius* und das Denken Gottes subjektivitätstheoretisch fundiert und entfaltet. Für Luther war es gerade umgekehrt: Die *cognitio hominis* ist immer ein Explikat der *cognitio dei*. Allerdings so, dass diese nicht richtig verstanden wird, wenn sie nicht zugleich als *cognitio hominis* entfaltet wird. Denn wie man Gott nicht recht kennt, wenn man nicht weiß, wie er an und für uns Gutes wirkt, so kennen wir uns nicht recht, wenn wir uns nicht als die verstehen, an denen Gott baut. In diesem Sinn kann Luther das Geschäft der Theologie präzis bestimmen: »Cognitio

kann nicht von sich oder der Welt her auf Gott hin denken, weil man so nie bei Gott ankommt, sondern nur seine Vorstellungen Gottes ausarbeitet und damit ständig bei sich und in der Welt bleibt. Man muss vielmehr von Gott her auf sich selbst und die Welt hin denken, weil man nur so in der Spur Gottes bleibt und alles im Licht der Gegenwart Gottes zu sehen und zu verstehen vermag.

Von Gott her denkt man, wenn man darauf achtet, wie Gott im Leben von Menschen und in der Geschichte der Welt am Werk ist. Die Menschen sind nicht nur das, was wir erfahren und zu kennen meinen, sondern die, an denen Gott baut. Und die Welt ist nicht nur der komplexe und vielschichtige Ereigniszusammenhang, dessen Gesetzmäßigkeiten wir erforschen, sondern das, was Gott durch die wirksame Gegenwart seiner Liebe zu seiner guten Schöpfung verändert. Deshalb findet man Gottes Gegenwart nicht neben oder zusätzlich zu anderem in der Reihe der vergangenen, gegenwärtigen und zukünftigen Ereignisse, sondern in und mit allem, was möglich und was wirklich ist. Nichts ist ohne Gott, aber ohne Gott merkt auch niemand, dass es so ist. Gottes Gegenwart erschließt sich nur, wenn die eigene Gegenwart zum Resonanzraum der Gegenwart Gottes wird, weil Gottes Gegenwart sich in unserer je eigenen Gegenwart durch sich selbst als Gottes Gegenwart zugänglich macht.

Wo das geschieht, wird sie als die sich selbst vergegenwärtigende letzte Gegenwart einsichtig, die allem vorausgeht und zugrunde liegt, was so ist, dass es auch nicht sein könnte. Wenn man sich an dieser letzten Gegenwart ausrichtet, erfährt man nicht nur mitten im Leben den

---

dei et hominis est sapientia divina et proprie theologica. Et ita cognitio dei et hominis, ut referatur tandem ad deum iustificantem et hominem peccatorem, ut proprie sit subjectum Theologie homo reus et perditus et deus iustificans vel salvator.« (M. Luther, Ennarratio Psalmi LI (1532), WA 40,2; 327,11–328,2; vgl. J. E. Brush, Gotteserkenntnis und Selbsterkenntnis. Luthers Verständnis des 51. Psalms, Tübingen 1997). Diese *cognitio dei* ist kein Implikat der *cognitio suiipsius*, sondern hat ihre Pointe darin, dass sie Gott so kennt, wie Gott selbst sich kennt, indem sie Gottes *cognitio suiipsius*, die im Wort (Jesus Christus) manifest wird und sich durch den Geist unserem Geist vermittelt und erschließt, in seinem Wirken an und für uns zum Ausdruck kommen sieht und in diesem Sinn als unsere *cognitio dei et cognitio hominis* entfaltet. Gott zu kennen, heißt Gott so zu kennen, wie Gott selbst sich kennt. Wie Gott sich selbst kennt, zeigt sich daran, wie er an uns und seiner Schöpfung Gutes wirkt. Deshalb kennen wir Gott dann so, wie Gott selbst sich kennt, wenn wir uns als die erkennen, an denen und für die Gott Gutes wirkt.

Tod, sondern entdeckt mitten im Tod das Leben. Gott ist überall dort zu finden, wo wir sind, im Übel und Leiden, im Freuen und Feiern, im Leben und im Tod. Aber nicht überall, wo Gott ist, wird Gott auch gefunden, sondern nur dort, wo er sich selbst finden lässt. Wo das geschieht, wird deutlich, dass die Grenzen unseres Lebens nicht die Grenzen der Gegenwart Gottes sind, weil alles Endliche in die Unendlichkeit seines schöpferischen Wirkens eingebettet ist. Alles Endliche lässt sich auf das Unendliche hin überschreiten, aber Gottes Unendlichkeit kann nur auf sich selbst hin überschritten werden. Sie ist die letzte Gegenwart, die man nicht hinter sich lassen kann, ohne bei ihr anzukommen, und die man nicht bestreiten kann, ohne sie in Anspruch zu nehmen. Gottes Gegenwart ist das Erste und Letzte, das allem anderen vorausgeht und nachfolgt, nicht das erste oder letzte Glied in der Reihe der Geschöpfe, sondern das Einzigartige und Nichthintergehbare, ohne das es keine Reihe von Geschöpfen geben könnte und geben würde. Nichts ist ohne sie, alles ist durch sie, aber sie ist durch nichts, was sie nicht selbst wäre. Bei ihr muss man daher anfangen, wenn man das denken will, was wir »Gott« nennen, und an ihr muss man sein Leben ausrichten, wenn man das nicht ausblenden will, was man nie als solches erfährt oder erfahren kann, aber ohne das man nichts erfahren könnte und erfahren würde, weil man ohne es nicht leben würde und leben könnte.

4. Revolution der christlichen Denkungs- und Lebensart

Indem die Reformatoren das ganze menschliche Leben und Denken, Erfahren und Leiden, Vorstellen und Tun auf diese letzte Gegenwart hin ausrichteten, revolutionierten sie die christliche Denkungsart und leiteten eine Umgestaltung der christlichen Lebensart ein, deren Auswirkungen bis in die Gegenwart andauern. Sie begriffen Gottes Präsenz als Präsent, das Leben als Gabe und das Heil als Geschenk, die sich ganz und ausschließlich dem verdanken, der sie gibt und wirkt. Als Ausfluss und Überschuss der Liebe Gottes sind diese Gaben eine unerschöpfliche Ressource des Guten, das allen zugute kommt. Unbeschadet aller Differenzen sind Menschen darin gleich, dass Gott Gutes für sie wirkt. Niemand kann für sich und in seinem Leben Besseres erhoffen. Die reformatorische Revolution der christlichen Denkungsart resultiert so in einer evangelischen Lebensart, die alles Gute von Gott erhofft, das ganze Leben auf die Gegenwart von Gottes Liebe ausrichtet und die Schöpfung als Resonanzraum der göttlichen Liebe versteht.

Diese evangelische Lebensart lässt sich in allen christlichen Traditionen finden. Sie ist kein protestantisches Privileg, sondern kann dort ebenso verfehlt oder gelebt werden, wie in anderen christlichen Traditionen. Ein evangelisches Leben ist ein Leben, das durch das Evangelium orientiert ist, sich also in der Sinnform des Glaubens vollzieht, der sich dem Evangelium verdankt. Ein solches Leben kann sich im Christentum überall finden, es kann aber das Leben von Menschen faktisch auch dort prägen, wo diese es gar nicht so nennen würden oder könnten.

Auf der einen Seite gilt daher: Nicht überall, wo das Evangelium das Leben bestimmt, bestimmt es auch das Denken, und das aus verschiedenen Gründen. Vielleicht hat man noch nicht begonnen, darüber nachzudenken. Oder man lebt in einer Kultur, die ganz andere Ausdrucks-, Sprach-, Sinn- und Denkformen hat. Entscheidend ist, dass und wie das Leben in Gottes Gegenwart durch Gottes Gegenwart bestimmt wird, auch wenn das nicht reflektiert wird und nicht mit christlichen Sprach- und Denkfiguren zur Sprache gebracht wird bzw. werden kann. Die Wirkkraft von Gottes Gegenwart ist nicht daran gebunden, dass sie christlich zur Sprache kommt. Das Christentum dagegen bringt mit dem, was es von und über Gottes Gegenwart sagt, das zur Sprache, was auch dort wirkt, wo es nicht so bzw. gar nicht zur Sprache gebracht wird.

Auf der anderen Seite gilt aber auch: Nicht überall, wo das Evangelium das Denken bestimmt, bestimmt es auch das Leben, und auch das in mehr als einer Weise. Das Leben kann durch die Denkform, in der man sich orientiert, mehr oder weniger deutlich bestimmt sein auf der ganzen Skala von gar nicht bis ganz und gar. Es gibt dichte Lebensformen, in denen die Denkorientierung alle Lebensvollzüge bestimmt, und es gibt diffuse Lebensformen, in denen die Denkorientierung manchmal oder in bestimmten Bereichen, aber nicht überall und nicht immer in derselben Konsequenz und Tiefe konkretisiert wird. Man kann manchmal oder in manchen Hinsichten ein christliches Leben führen und manchmal oder in anderen Hinsichten nichts dergleichen tun. Es genügt nicht, zu wissen, was wahr ist, um es auch zu tun. Und es genügt nicht, das Rechte zu denken, um auch recht zu leben.

Die Denkform des Evangeliums und die Lebensform des Evangeliums sind daher beide in den Blick zu nehmen. Dass und wie sie sich entsprechen, versteht sich nicht von selbst. Beide gehören zur Sinnform gelebten Glaubens, den es ohne das Evangelium nicht gäbe. Beide prägen die christliche Lebenspraxis, als denkender Glaube und als gelebter Glaube, als intellektuelle Bemühung und als existenzieller Vollzug. Beide tun es aber auf verschiedene Weise. Das Denken – im weiten Sinn des Reflektierens, Imaginierens, Vorstellens und Urteilens – distanziert vom konkreten Lebensvollzug und geht über die jeweilige Wirklichkeit des Lebens hinaus, indem es Möglichkeiten erkundet, die das je wirkliche Leben als Überschuss übersteigen. Das Leben wiederum bindet das Denken in umfassendere Prozesse und Wirklichkeitszusammenhänge ein, zu denen das Denken auch dann gehört, wenn es ihnen gegenübertritt oder von ihnen abstrahiert und für sich thematisiert wird. Wie das Denken das Leben auf das Mögliche hin öffnet, so bettet das Leben das Denken in das Wirkliche ein. Im Denken geht es um die kreative Erschließung des Möglichen, im Leben um die konkretisierende Verdichtung des Wirklichen. Beide Momente markieren verschiedene Dimensionen der Dynamik des Lebens, und beide prägen auch das Glaubensleben.

5. Denkformen und Lebensformen

Theologie erkundet Voraussetzungen, Grundlagen, Möglichkeiten und Grenzen der Lebens- und Denkformen des Glaubens, der sich dem Evangelium verdankt. Sie ist die Kunst, durch Klärungen im Denken mögliche oder faktische Unklarheiten im Leben aufzudecken, um sie vermeiden zu können, und durch Abbau von Unklarheiten im Denken auf Klarheiten aufmerksam zu machen, die sich im Vollzug des Lebens leicht übersehen lassen.

Denkformen sind Orientierungssysteme, die anhand von Unterscheidungen aufgebaut werden, die einem helfen, sich im Blick auf bestimmte Fragen im Denken zu orientieren. Unterscheidungen werden von einem bestimmten Gesichtspunkt her gesetzt, und die Grundunterscheidungen bestimmen die Richtung, in der durch weitere Unterscheidungen Bestimmtheit im Denken erzeugt werden kann. Der Grundgesichtspunkt der evangelischen Denkform ist die absolute Priorität, die im christlichen Glauben Gott eingeräumt wird, und zwar nicht nur als dem absoluten Prius alles geschöpflichen Seins, sondern so, wie er durch seine Gegenwart im Leben seiner Geschöpfe für diese und durch diese wirksam ist. Orientierung an Gott im Denken ist Orientierung am Modus der schöpferischen Gegenwart Gottes, also Orientierung daran, *wie* Gott im Leben seiner Geschöpfe am Werk ist. Orientierung an Gottes Gegenwart im Leben dagegen führt zu Unterscheidungen, die im jeweiligen biographischen, kulturellen und gesellschaftlichen Kontext getroffen werden und sich als Modifikationen des jeweils Gegebenen zu einer je konkreten geschichtlichen Lebensform des Christseins verdichten. Christlich ist diese Lebensform, wenn und insofern sie sich daran orientiert, wie Gottes Gegenwart durch Jesus Christus und das Wirken des Geistes im Leben der Geschöpfe konkretisiert und für menschliches Verstehen verdeutlich wird. Das geschieht unter geschichtlichen Bedingungen in immer wieder anderer Weise, so dass von den christlichen Lebensformen nur im Plural gesprochen werden kann.

Das gilt auch für die evangelische Lebensform, die das Christliche dadurch konkretisiert, dass sie das Leben am Evangelium orientiert und damit an dem, wie Gott seine schöpferische Gegenwart durch Jesus Christus und seinen Geist im Leben von Menschen zur Wirkung und verständlich zur Geltung bringt. Diese Lebensform des Evangeliums entfaltet die Denkform des Evangeliums. Durch die Erkundung von Alternativen im Denken werden mögliche Alternativen im Leben erhellt mit dem Ziel, Irrwege und Abstürze im Leben zu vermeiden und positive Gestaltungen christlichen Lebens in der Gegenwart möglich und wahrscheinlicher zu machen. Das theologische Denken ist daher an jedem Punkt praxisorientiert, und das christliche Leben sucht von sich aus nach Klärung der Unterscheidungen, an denen es sich orientieren muss, um seine Ausrichtung an der Gegenwart Gottes in der Bestimmung, im Modus und in der Gestaltung der gemeinsamen und individuellen Lebensvollzüge der Christen[3] zur Geltung zu bringen.

3 Ich spreche im Folgenden durchgehend von »Christen« und nicht von »Christen und Christinnen«, weil »Christ« theologisch den Menschen des neuen Lebens bezeichnet und »Mensch« im Deutschen (bislang) als Integralbezeichnung für Männer und Frauen verwendet wird. Solange es keine Menschinnen gibt, gibt es auch keine Christinnen.

Das reformatorische Denken hat durch radikale Zuspitzung christlicher Einsichten dazu einen theologischen Horizont eröffnet, der noch lange nicht abschließend erkundet ist. Die folgenden Überlegungen sind Versuche, die Fruchtbarkeit dieser theologischen Neuorientierung an zentralen Punkten exemplarisch aufzuzeigen.

II
Die Reformation als Revolution des Glaubens

1. Die Reformation als historisches Ereignis

Warum sollte man Jahr für Jahr an ein Ereignis erinnern, das sich in diesem Jahr vor über einem halben Jahrtausend ereignet hat? Auf diese Frage wird meist eine historische Antwort gegeben. »Die protestantische Reformation ist ein zentrales Ereignis in der Geschichte des Christentums, und die wichtigen Themen, die sie damals aufgeworfen hat, sind auch heute noch in verschiedenen Formen aktuell.«[4] Oder wie Pannenberg schon vor Jahrzehnten schrieb: »[O]hne Reformation keine Kirchenspaltung, keine konfessionellen Religionskriege, kein säkularer Staat, kein religiöser Pluralismus, keine Beschränkung der Religion auf die Privatsphäre und kein religiöser Individualismus, zumindest nicht als beherrschende Erscheinung eines Zeitalters.«[5]

Verteidiger und Kritiker der Reformation können eine solche Sichtweise der historischen Tatsachen teilen, zumindest in groben Zügen. Während Protestanten aber dazu neigen, die Errungenschaften der Reformation bei allen kritischen Vorbehalten als wichtige Einsichten zu feiern (die Entdeckung des individuellen Gewissens und der eigenen Verantwortung, die Anfänge der Religionsfreiheit, der Übergang vom religiösen Kult zur sittlichen Praxis, die Wende von gottgegebenen Gesetzen zu menschengemachten Regeln),[6] beklagen Katholiken bis

---

4 »The Protestant Reformation is a pivotal event in the history of Christianity, and the momentous issues it raised then still echo in different forms today«. Young-Ho Chun, Letter of invitation to the 5th Biennial Conference of the East/West Theological Forum, June 15–17, 2017: The Protestant Reformation Then and Now: Lessons from the Past, Challenges of the Present, Prospects for the Future.

5 W. Pannenberg, Reformation zwischen gestern und morgen, Gütersloh 1969, 14.

6 Vgl. F. W. Graf, Ist Luther der erste Aufklärer, der erste moderne Mensch? NZZ 1.4.2017 (https://www.nzz.ch/feuilleton/500-jahre-reformation-ist-er-der-erste-aufklaerer-der-erste-moderne-mensch-ld.154546?reduced=true); E. Gräb-Schmidt,

heute die beabsichtigten oder unbeabsichtigten Folgen der Reformation (den Zusammenbruch der mittelalterlichen Weltordnung, die Auflösung der kulturellen Harmonie von Glaube und Vernunft, Kirche und Staat, religiöser und weltlicher Macht im Westen, einen Hyperpluralismus der Glaubensüberzeugungen, den Aufstieg des Individualismus, Säkularismus, Atheismus und Relativismus, den Niedergang organisierter Religion, den Zerfall der Metaphysik und den Verlust des Glaubens an absolute Werte und das ewige Leben, den Triumph des Kapitalismus und der Konsumkultur).[7]

Beide Seiten stehen allerdings vor der Herausforderung zu zeigen, warum die protestantische Reformation für die genannten Entwicklungen verantwortlicher sein sollte als etwa der Aufstieg der Nationalstaaten, die Verbreitung des Buchdrucks, die Entdeckung Amerikas, die Anfänge der westlichen Eroberung der Erde oder die Entstehung von Handelsbanken und internationaler Hochfinanz und deren Einfluss auf die Politik in Europa. Wird die Reformation als historisches Ereignis betrachtet, dann muss man konsequent historisch sein. Man muss sie dann als eine Folge der ihr vorangehenden geschichtlichen Entwicklungen verstehen und spätere geschichtliche Entwicklungen in Europa und darüber hinaus als Ereignisse begreifen, die allenfalls zum Teil, aber niemals ausschließlich und vollständig durch die Reformation bedingt sind.

Die protestantische und die katholische Geschichtswissenschaft haben seit geraumer Zeit aufgehört, die Reformation und ihre beabsichtigten oder unbeabsichtigten Folgen nur zu feiern oder nur zu beklagen. Es gab nicht nur eine, sondern eine ganze Reihe protestantischer Reformationen (nicht nur in Wittenberg, Zürich, Genf, Kopenhagen, Lund, Uppsala und London, sondern auch in Straßburg, Münster, Ulm, Nürnberg, Schwäbisch Hall, Bern und vielen anderen Städten und Ländern), und die protestantischen Reformationen des 16. Jahr-

---

Freiheit und Selbsterkenntnis – Zur Bedeutung der Buße in der Anthropologie Luthers, ThLZ 143 (2018), 571–588.

7 B. S. Gregory, The Unintented Reformation: How a Religious Revolution Secularized Society, Cambridge, Mass. 2012; Kurt Kardinal Koch, Wie das Reformationsgedenken in ökumenischer Gemeinschaft begehen? Impulse aus dem theologischen Denken Wolfhart Pannenbergs, in: G. Wenz (Hrsg.), Pannenberg Lectures 1, München 2015, 21–47; I. U. Dalferth (Hrsg.), Reformation und Säkularisierung, Tübingen 2017.

hunderts waren nichts Einzigartiges, sondern Teil einer Reihe von Reformen und Reformversuchen in der Kirche des Westens vom frühen Mittelalter bis zum Konzil von Trient und darüber hinaus. Historisch kann von der Reformation nur dann im Singular geredet werden, wenn man die komplexe Signatur einer ganzen historischen Epoche meint, die lange vor dem 16. Jahrhundert begonnen hat und weit darüber hinaus fortwirkte.

Doch für diesen historisierenden Zugang ist ein Preis zu zahlen. Je historischer unsere Linse ist, desto weniger scheinen wir in der Lage zu sein, die Eigentümlichkeiten der Reformation des 16. Jahrhunderts zu sehen, und desto schwieriger wird es, das, was wir mit dem Begriff der Reformation meinen, genau zu fassen. Wenn es aus historischer Sicht überhaupt etwas gibt, was das Gedenken an die Reformation rechtfertigt, dann ist es die Bedeutung ihrer kirchlichen, politischen, sozialen, kulturellen, juristischen Auswirkungen, wie auch immer man diese beurteilen mag. Aber diese Wirkungen setzen historische Entwicklungen fort, die lange vor dem 16. Jahrhundert begonnen haben und sich nicht nur auf die Reformation zurückführen lassen.

Als komplexes historisches Ereignis ist die protestantische Reformation tief eingebettet in die historischen Entwicklungen des mittelalterlichen Europa, die Reformbewegungen in der Westkirche seit dem 11. Jahrhundert, den Machtkampf zwischen Konziliarismus und Papsttum um die höchste Autorität in der Kirche, den Kampf gegen den Islam, die Kreuzzüge und den Zusammenbruch von Byzanz, die mystischen, monastischen und apokalyptischen Bewegungen, den Aufstieg der Universitäten und scholastischen Theologien, den theologischen Wandel von der thomistischen *via antiqua* zur occamistischen *via moderna*, die humanistische Rückkehr zu den Quellen und die Modernisierung der universitären Bildungseinrichtungen, die Wiederentdeckung der Pracht und des Potenzials des Menschen in der Renaissance, den Aufstieg der Nationalstaaten und der frühkapitalistischen Ökonomien. Es handelte sich um ein historisches Ereignis mit tiefgehenden historischen Wurzeln und weitreichenden geschichtlichen Folgen. Je nachdem, wie man diese Folgen einschätzt und beurteilt, neigt man dazu, die Reformation zu feiern, oder sieht nicht den geringsten Grund, das zu tun.

2. Die Reformation als spirituelles Ereignis

Doch bei allen wichtigen Einsichten, die wir der historischen Reformationsforschung der vergangenen Jahrzehnte verdanken, ist diese Forschung eigentümlich unergiebig, wenn es darum geht, die theologische Dynamik der Reformation zu verstehen und zu würdigen. In Deutschland (und nicht nur da) dominieren Historiker die öffentliche Debatte, während die theologischen Stimmen auf die Kirchen beschränkt sind und keine besondere Aufmerksamkeit in der nichtkirchlichen Öffentlichkeit erhalten.

Deshalb werde ich im Folgenden anders vorgehen. Anstatt mich auf die jüngsten Forschungen zu den frühneuzeitlichen Reformationsbewegungen zu konzentrieren, werde ich versuchen, die Reformation als spirituelle Revolution zu verstehen. Darin lag ihre einzigartige Bedeutung im 16. Jahrhundert. Darum hieß es im 17. Jahrhundert, die Reformation sei nicht einfach geschehen, sondern hätte geschehen müssen, weil sie von Anfang an Gottes souveräne Absicht war – nicht Luther, Zwingli oder Calvin, sondern Gott sei die Reformation zu verdanken. Und das stellt auch heute die zentrale Herausforderung für eine theologische Auseinandersetzung mit der Reformation dar.

Aus theologischer Sicht ist die Reformation nicht nur als historisches Ereignis, sondern vor allem als spirituelles Ereignis zu würdigen. Auch ihre historische Bedeutung verdankt sich dieser spirituellen Bedeutung. Die protestantische Reformation im 16. Jahrhundert veränderte den Lauf der Geschichte, indem sie ein neues Verständnis von Gott und der menschlichen Existenz vor Gott eröffnete, das unsere Sichtweise auf die Welt, auf Gott und auf uns selbst veränderte. Man verfehlt den Sinn der protestantischen Reformation, wenn man ihre religiöse Bedeutung vernachlässigt, und man verfehlt ihre religiöse Bedeutung, wenn man die Reformation auf ihre historischen Auswirkungen reduziert, also auf die Reform der Kirche, die Auflösung von Orden und Klöstern, die Säkularisierung von Kircheneigentum, den Aufbau von Armenpflege in den Städten, die Bildung von Nationalstaaten oder die Wertschätzung der Alltagsarbeit in Familie und Beruf als einer ›Berufung‹ Gottes. All das ist zweifellos wichtig, aber es rechtfertigt kaum, zu Beginn des 21. Jahrhunderts ein Jubiläum zu feiern. Die evangelischen Kirchen gedenken der Reformation nicht nur als eines historischen Ereignisses der Vergangenheit, ohne das sie nicht das wären, was sie heute sind. Sie haben theologische Gründe, der Reformation regelmäßig zu gedenken. Wenn wir diese Gründe verstehen wollen, müssen wir die Reformation nicht nur als ein historisches, sondern auch und vor allem als ein spirituelles Ereignis würdigen.

Ein spirituelles Ereignis ist ein Ereignis des Geistes, das unsere Beziehung zu Gott betrifft und nicht nur unsere Beziehung zu Ereignissen in der Welt. Es konkretisiert unsere Beziehung zum Schöpfer und wirft Licht auf unser Leben in Gottes Schöpfung, indem es die schöpferische, innovative und transformative Art und Weise manifestiert, in der Gottes Geist in der Schöpfung wirkt.[8] Die Bezugnahmen auf Gott und Gottes Geist und die Unterscheidung zwischen den Beziehungen zum Schöpfer und den Beziehungen zur Schöpfung mögen für diejenigen, die Gott als nichts anderes als eine Fiktion des menschlichen Geistes betrachten, von geringem Interesse sein. Wenn wir aber Grund zur Annahme haben, dass menschliche Fiktionen Gottes unmöglich sind, wenn Gott nicht wirklich wäre, weil ihre Möglichkeit letztlich an Gott als der Wirklichkeit alles Möglichen hängt, dann müssen wir unterscheiden zwischen unseren Beziehungen zu dem, was ohne Gott nicht möglich und damit auch nicht wirklich wäre (der Welt), und zu dem, ohne den nichts Mögliches oder Wirkliches möglich wäre (Gott). Das erste sind die empirischen und historischen Beziehungen zu den Ereignissen in der Welt, das andere die spirituellen Beziehungen zu dem, ohne den es keine Welt der Ereignisse gäbe und niemand, der Beziehungen zu oder in dieser Welt hätte.

3. Die Reformation als spirituelle Revolution

Meine These ist nun allerdings nicht nur, dass die Reformation als spirituelles und nicht nur als historisches Ereignis zu verstehen ist, sondern dass sie als spirituelle Revolution zu würdigen sei. Das ist mehr als nur ein rhetorischer Wechsel des Ausdrucks. Wie Kurt Kardinal Koch, der Präsident des Päpstlichen Rates zur Förderung der Einheit der Christen, in den vergangenen Jahren mehrfach betont hat, müssen wir darauf achten, zwischen »Reformation« und »Reform« zu unterscheiden. In sei-

8 Vgl. K. Rahner, Löscht den Geist nicht aus, in: Ders., Schriften zur Theologie, Bd. 7, Einsiedeln 1966, 77–90.

nen frühen Jahren, so der Kardinal, war Luther »still living and acting within the community of the Catholic Church, seeking a thoroughgoing church reform but not a Reformation in the sense of a movement that would split the church«.[9] Doch was als Reform begann, endete in einer Revolte. Daher kann die spirituelle Bedeutung der Reformation nicht auf den Versuch einer Reform der Kirche beschränkt werden.

> »[R]eform ›can never have as its result that the reformed body is no longer identical with the one that was to be reformed‹ [...] For a reform bears on the concrete form of appearance and realization but not on the essence of what is to be reformed. Otherwise it would be a matter not of reform but of change of essence, which would make the body to be reformed into something else than it was before. The word ›reform‹ implies that the church has lost its original form and is seen in a deformed state, so that it must find again its original and authentic form, and that consequently true remembrance consists in a thinking back to the original that is at the same time considered normative. Church reform is in its basic sense reform, namely recovery and winning back of the true form of the one church [..., a] reconquest of the original, the essential, and the authentic [...]. Is the 16th century Reformation to be understood as church reform in this sense, or did it not rather lead much more radically to a change of essence?«[10]

Die Frage ist rein rhetorisch. Wenn die wahre und wesentliche Form der einen Kirche in der »sacramental-eucharistic and episcopal basic structure of the church«[11] besteht, dann ist klar, dass die franziskanischen und dominikanischen Bettelorden viel bessere Beispiele wahrer Kirchenreform sind als die protestantischen Reformationsbewegungen des 16. Jahrhunderts, weil sie »did not aim so much to found new orders as to renew the church from within«.[12] Sie blieben bei der Herde und versuchten, die Kirche zu reformieren, ohne die Hierarchie in Frage zu stellen. Das ist die einzig akzeptable Form der Kirchenreform für Kardinal Koch. Die Reformatoren des 16. Jahrhunderts taten das nicht. Sie gingen von der Reform zur Revolte über, lösten sich (so Kardinal Koch) von der katholischen Tradition und führten »a completely new ordering of

---

9 Kurt Kardinal Koch, The Reformation in the Ecumenical Outlook of the Catholic Church, JMJ 71 (2017), 3–21, 5.

10 A. a. O., 9.

11 A. a. O., 10.

12 A. a. O., 7.

the church's being« ein, das »in principle every Christian« erlaubt, »to administer the sacraments, that is, baptize and distribute the Eucharist«.[13]

Wenn man die Errungenschaften der Reformation so als Fehlentwicklungen betrachtet, dann ist klar, dass es sich nicht um eine Reformbewegung, sondern um eine Revolte handelt. Das lässt nicht viele Möglichkeiten offen, die Kluft zwischen der römisch-katholischen Kirche und den „kirchlichen Gemeinschaften« der protestantischen Reformation zu überwinden. Die wahrscheinlichste Option dürfte wohl sein, die protestantischen Kirchen einzuladen, wieder in den Schoß der römisch-katholischen Kirche zurückzukehren und sich in dieser den Status religiöser Orden zuweisen zu lassen. Wenn sie die Hierarchie anerkennen, sich von der Revolte abwenden und zur Reform zurückkehren, dann können sie wie die Franziskaner, Dominikaner oder Jesuiten ein relativ unabhängiges Eigenleben in der reichen und komplexen Realität des weltweiten Katholizismus führen.

Doch das ist eine vergebliche Hoffnung, und die Alternative zwischen Reform und Revolte verfehlt die wirkliche Herausforderung der protestantischen Reformation des 16. Jahrhunderts. Wenn ich von einer spirituellen Revolution spreche, meine ich nicht eine (gescheiterte) Reform der Kirche oder eine (falsche) Revolte gegen die Kirche. Probleme der Kirchenreform (Ablass, päpstliche Autorität, Missbrauch kirchlicher Macht, bischöfliche Fahrlässigkeit) mögen Anlass für die Ereignisse von 1517 in Wittenberg und ähnliche Ereignisse an anderen Orten gewesen sein. Aber sie sind weder das geistliche Zentrum der Reformation noch das Herzstück ihrer theologischen Herausforderung. Wir müssen über die Alternative zwischen »Reform« und »Revolte« hinausgehen und die spirituelle Bedeutung der Reformation als einer Revolution würdigen – einer grundlegenden Neu- und Umorientierung von einer Sicht der Welt am Leitfaden der Unterscheidungen zwischen Kirche und Staat, Religion und Säkularität, Katholiken und Protestanten, Christentum, Judentum und Islam etc. zu einer Sichtweise, in der all diese Unterscheidungen zur Immanenz der Schöpfung gehören im vertikalen Kontrast zum transzendenten Schöpfer. Der Schlüssel zum Verständnis der religiösen Bedeutung der Reformation liegt nicht in den immanenten Unterscheidungen zwischen Kirche und Staat, Katholiken und Protes-

---

13 A. a. O., 10.

tanten oder Religiösem und Säkularem, sondern vielmehr in der theologisch fundamentalen Unterscheidung zwischen Schöpfer und Schöpfung. Alles Leben und Denken radikal auf diese Unterscheidung zu fokussieren, war die spirituelle Revolution der Reformation.

4. Eine »Revolution in der Denkungsart«

»Revolution« kann viele verschiedene Dinge bedeuten. Ich verwende den Begriff so, wie Kant ihn in der *Religion innerhalb der Grenzen der bloßen Vernunft* verwendet hat. Er spricht von einer »Revolution für die Denkungsart«,[14] einer Umkehrung in der Ordnung der Maximen der Selbstliebe und der Gottesliebe (des universellen guten Willens), die notwendig ist, um die Menschheitsgeschichte davor zu bewahren, in einer Katastrophe zu enden, indem sie dem radikal Bösen widersteht und seine Auswirkungen auf das Leben und die Geschichte der Menschen bekämpft. Ohne einen Sinneswandel keine Zukunft der Menschheit, ohne eine Neuorientierung zum Guten keine Hoffnung auf ein Leben in Frieden, ohne eine radikale Veränderung unserer Denkweise keine Chance auf ein besseres Leben und eine bessere Praxis in der Zukunft. Wenn wir als Personen in einer Gemeinschaft von Personen leben und nicht nur unseren individuellen Interessen um jeden Preis folgen wollen, dann müssen wir die konkurrierenden Kräfte und Partikularinteressen überwinden, die ein gemeinsames Leben behindern, und uns auf unsere gemeinsame Menschlichkeit und deren Würde besinnen, indem wir uns neu auf das wirklich Universelle ausrichten, das eine und einzige Gute, ohne das niemand des Glücks würdig ist. Es gibt keinen anderen Weg, um diese dringend notwendige Neuorientierung herbeizuführen, als einen grundlegenden Sinneswandel.

Das menschliche Dilemma ist, dass dieser Sinneswandel unser eigener Sinneswandel sein muss (wir müssen es selbst tun) und dennoch nicht von uns selbst vollzogen werden kann (wir können es selbst nicht tun). Nicht weil dieser Wandel an sich unmöglich wäre, sondern weil wir ihn nicht wollen und uns mit unserer Privilegierung von Selbsterhaltung und Selbstliebe selbst im Weg stehen. Die Herausforderung

---

14 I. Kant, Die Religion innerhalb der Grenzen der bloßen Vernunft, AA VI, 47.

besteht nicht darin, eine neutrale Entscheidung zwischen zwei Optionen zu treffen. Wir alle müssen uns entscheiden, wer und was wir als Menschen sein wollen, aber niemand kann sich seiner eigenen Geschichte entziehen. Keiner von uns ist ohne Schuld und Verfehlung, und keiner von uns kann sich ändern wollen, ohne von dem ausgehen zu müssen, was wir durch andere und durch uns selbst geworden sind. Für uns gibt es keine Rückkehr zum Nullpunkt. Wir haben immer schon eine Geschichte, die uns prägt, und der können wir nicht entkommen. Deshalb kann sich das böse Herz von sich aus niemals in ein gutes Herz verwandeln. Keine Selbstreform wird ein neues Selbst hervorbringen, sondern nur eine neue Form des alten Selbst. Und keine neue Form des Selbst kann das, was wir aus uns selbst gemacht haben, rückgängig machen. Es gibt keinen Ausweg aus den Entscheidungen unserer Vergangenheit, sondern nur deren ständige Erinnerung, Aktualisierung und Fortbestimmung.

Doch was wir brauchen, ist ein Neustart, kein Update. Das ist es, was Kant als Revolution bezeichnet hat: eine komplette Umkehrung der Ordnung unserer Maximen, die unsere Denk- und Lebensweisen auf den Kopf stellt und uns einen Neuanfang ermöglicht. Das Problem ist, dass dieser Neuanfang, selbst wenn er möglich wäre, nicht rückwirkend ändern kann, was wir vorher waren und geworden sind. Er erlaubt uns nicht, zum Ausgangspunkt zurückzukehren und die Vergangenheit rückgängig zu machen. Wenn unsere Identität das ist, was wir aus uns selbst und andere aus uns gemacht haben, dann können wir den Fehlern und dem Versagen unserer Vergangenheit nicht entkommen.

Deshalb beharrt Luther darauf, dass unsere wahre Identität nicht in uns, sondern außerhalb von uns zu finden ist, nicht in unseren Beziehungen zu uns selbst und zu anderen, in denen wir das sind, was wir aus uns selbst machen, sondern in unserer Beziehung zu dem, was Gott für uns in Christus und in uns durch seinen Geist wirkt. Während Kant für die Notwendigkeit einer Revolution in uns plädiert, die nicht von uns herbeigeführt werden kann, plädierten die Reformatoren für eine spirituelle Revolution, die von Gott für uns (in Christus) und in uns (durch den Geist) ohne uns herbeigeführt wird. Im ersten Fall müssen wir durch unser eigenes Tun etwas werden, was wir nicht selbst bewirken können, im zweiten Fall brauchen wir uns nicht selbst zu machen, weil wir durch den Geist zu dem geworden sind, was wir sind. Das erste ist das paradoxe Postulat einer moralischen Revolution, die wir nicht vollziehen können. Die zweite ist der schöpferische Akt einer spirituellen Revolution, die mehr aus uns macht, als wir je selbst aus uns machen könnten. Diese Alternative ist zu erläutern.

5. Die Wende zum Besseren beginnt bei uns

Für Kant muss die Wende zum Besseren immer bei uns beginnen. Das Einzige, was wir wirklich unter unserer Kontrolle haben, ist nicht das, was wir tun und was wir durch das, was wir *tun*, bewirken, sondern das, was wir *wollen* und wie wir unseren Willen bestimmen. Dies ist der Ort wahrer Autonomie und uneingeschränkter persönlicher Verantwortung. Das Scheitern autonomer Selbstbestimmung kann niemals auf andere zurückzuführen sein, sondern immer nur auf uns selbst. Wir sind vielleicht gezwungen, eine Gräueltat zu begehen, die wir verabscheuen, aber wir können nicht gezwungen werden, zu glauben, dass etwas, von dem wir wissen, dass es böse ist, gut ist, oder uns selbst in einer Weise bestimmen, die der Art und Weise widerspricht, wie wir uns selbst bestimmen wollen. Wenn frei zu sein bedeutet, die Kontrolle über die Güte der Resultate seines Entscheidens und Handelns zu haben, dann ist nur Gott völlig frei, wie Luther zu Recht gegen Erasmus betonte. Und wir sind wirklich frei nur dort, wo wir uns selbst bestimmen, nach der Maxime des guten Willens zu wählen und zu handeln, wie Kant diese Erkenntnis säkularisiert hat. Nur hier können wir uns ganz sicher sein, dass das, was wir wählen, gut ist, und nur hier haben wir die volle Kontrolle über die Ergebnisse und sind nicht von der Verfügbarkeit von Optionen oder von Handlungsanlässen abhängig. Wenn die moralische Selbstbestimmung scheitert, ist es unsere eigene Schuld und nicht die irgendeines anderen. Autonomie ist eine Aktivität, die nicht umhin kommt, ihr gutes Ziel zu erreichen, wenn wir sie praktizieren.

Unser Dilemma ist, dass wir es nicht tun wollen, weil wir von Eigennutz und Eigenliebe regiert werden und nicht von der Liebe zur Pflicht und dem praktischen Gesetz. Das heißt, wir können das Gute tun, zumindest im Prinzip, aber eigentlich wollen wir es nicht tun. Wir können das Gute tun, denn sonst wäre es sinnlos zu sagen, dass wir es tun sollten. Unser Problem ist nicht das Fehlen einer Fähigkeit, sondern die Schwäche des Willens. Wenn wir das Gute nicht tun, dann nicht, weil wir es nicht können, sondern weil wir es nicht wollen. Aber wenn wir nicht das tun wollen, was wir können, dann tun wir auch nicht das, was wir tun sollten. Und während es uns möglich ist, von der Fähigkeit, das Gute zu tun, dahin überzugehen, es tatsächlich zu tun, ist es für uns unmöglich, uns vom Nichttun des Guten dahin zu bewegen, es tatsächlich zu wollen: Der Übergang von der Möglichkeit zur Wirklichkeit wird unmöglich, wenn wir von der Wirklichkeit des Bösen und nicht von der Möglichkeit des Guten ausgehen. Wir wissen (oder zumindest könnten wir es wissen), was gut ist, aber wir können es nicht in die Praxis umsetzen, indem wir uns selbst auf die richtige Art und Weise bestimmen, weil wir nicht aufhören können, ein egoistisches und egozentrisches Leben zu führen, wenn es das ist, was wir wollen. Wir wollen die Welt zu einem besseren Ort machen. Aber wenn wir uns nicht ändern, wird es keine bessere Welt werden. Wir müssen uns ändern, bevor sich die Welt ändern kann. Aber wir können uns nicht auf die radikale Art und Weise ändern, die notwendig ist, um unsere tiefe Verstrickung in Egoismus, Selbstliebe und Böses zu überwinden. Wir können nur versuchen, unser Bestes zu geben, und hoffen, dass andere es auch tun werden. Aber wir sollten uns nicht täuschen, dass wir die Ergebnisse, die wir anstreben, individuell oder kollektiv erzielen können. Wir sollten das tun, was in unseren Kräften steht, und hoffen, dass das für das Heil oder zumindest für die Vermeidung unserer Selbstvernichtung ausreicht. Man kann nicht mehr von uns verlangen, als wir können. *Ultra posse nemo obligatur.* Wenn wir das tun, was in unserer Macht steht, haben wir alles getan, was von uns erwartet werden kann. Das reicht vielleicht nicht aus. Aber es gibt uns Anlass zur Hoffnung auf eine „Revolution in unseren Denkweisen«, die wir nicht selbst, weder allein noch gemeinsam mit anderen, herbeiführen können. Wir alle brauchen eine solche Revolution, wenn wir verhindern wollen, dass die menschliche Geschichte in einer Katastrophe endet. Wir können sie nicht herbeiführen, sondern sie nur erhoffen. Deshalb müssen wir unser Bestes tun, der Vergangenheit den Rücken kehren und gemeinsam auf eine bessere Zukunft hoffen.

6. Die Wende zum Guten beginnt bei Gott

Kants Sichtweise verdankt sich den Reformatoren. Aber es gibt einen wesentlichen Unterschied. Für die Reformatoren geht es nicht nur um eine Wende zum Besseren, sondern zum Guten, und die Wende zum

Guten beginnt immer bei Gott und nicht bei uns.[15] Kant sucht eine Lösung für das Problem unserer Unwilligkeit, das Gute zu wollen, die ohne Gott auskommt. Gott ist eine Idee, auf die wir nicht verzichten können, wenn wir das Gute so wollen, wie wir es wollen. Aber Gott ist keine aktive Kraft, mit der man im Drama des menschlichen Lebens und Daseins rechnen kann und muss.

Das ist anders bei den Reformatoren und bei der theologischen Tradition, die ihnen vorausgeht und auf die sie reagiert haben. Beide sind sich einig, dass wir sündige Geschöpfe sind, die die Gegenwart Gottes ignorieren oder verleugnen. Aber vorreformatorische Denker entfalten das *simul peccator et creatura*, indem sie auf der intrinsischen Fähigkeit des Geschöpfes bestehen, nach Gott zu streben, während die Reformatoren – oder zumindest die radikalen Denker unter ihnen – die Formel nicht so verstehen, dass sie besagt, dass auch die Sünder noch immer einige geschöpfliche Fähigkeiten haben, sondern dass der Schöpfer nicht aufhört, sich auf sie auch als Sünder zu beziehen. Beide bekräftigen, dass die Menschen Sünder sind, die der Erlösung bedürfen. Aber die alte Sicht entfaltet das in Bezug auf die Restkapazitäten des Geschöpfes, während die neue Sicht es in Bezug auf die fortwährende Aktivität des Schöpfers entfaltet. Die Sünder sind keine geschädigten Geschöpfe, die auch in einer postlapsarischen Welt noch die Fähigkeit besitzen, Gott zu suchen und mit Gott von sich aus zu interagieren, sondern sie leben nur, weil Gott trotz allem mit ihnen in Beziehung steht und sie vor dem Fall ins Nichts bewahrt, indem er ohne sie in ihnen wirkt.

Der Unterschied ist bedeutsam, weil es sich um eine radikal andere Sichtweise der Beziehung zwischen Gott und den Menschen handelt. Es geht nicht um eine Beziehung zwischen verschiedenen Akteuren, die interagieren. Ohne Gott sind Geschöpfe nichts. Gottes Bund ist kein Vertrag zwischen unabhängigen Partnern, die ein Geschäft abschließen, sondern es ist Gottes Selbstbestimmung, seine Geschöpfe niemals aufzugeben, auch wenn sie kein Interesse an Gott haben. Ebensowenig ist die Erlösung eine Abmachung, dass Gott, wenn wir tun, was wir können, von sich aus das ergänzen wird, was wir nicht tun können. Viel-

15 Wenn Gott Gutes wirkt, dann ist das nicht nur relativ besser als das Üble bzw. Gute, das zuvor war, sondern es ist durchgehend und unverrückbar gut. Während bei menschlichen Bemühungen gilt, dass das Bessere der Feind des Guten ist, gilt bei Gott, dass das Gute der Feind des Besseren ist. Besseres als das von ihm gewirkte Gute gibt es nicht. Besseres als das von uns gewirkte Beste aber gibt es allemal.

mehr ist es Gottes freies und bedingungsloses Geschenk, seine gottesvergessenen Geschöpfe vor der Selbstvernichtung zu retten, indem er ihnen in einer Weise gegenwärtig wird, die sie zu mehr macht, als sie je von sich aus allein werden könnten. Es gibt keine Ökonomie des Heils, die das, was wir tun, gegen das, was Gott tut, aufzurechnen erlaubt. Und es gibt keine Ökonomie der Sünde, die es uns erlaubt zu berechnen, wie viel Sünde wir uns gestatten können, ohne die Chance zu verlieren, gerettet zu werden. All das setzt das falsche Bild von zwei interagierenden Akteuren voraus, auf der einen Seite Gott, auf der anderen Seite menschliche Geschöpfe. Dieses Bild ist falsch, denn es gibt kein Geschöpf ohne den Schöpfer und keine menschliche Gegenwart ohne Gottes Gegenwart. »God makes creatures make themselves.«[16] Wo immer es ein Geschöpf gibt, gibt es eine vorausgehende schöpferische Wirksamkeit Gottes, und bevor das Geschöpf etwas tun kann, wurde es vom Schöpfer dazu ermächtigt. Deshalb ist Gott auch dort im Spiel, wo Menschen sich nicht um Gott kümmern und die Gegenwart Gottes ignorieren oder ablehnen.

Das geeignete Modell für das Verständnis der Beziehung zwischen Gott und den Menschen ist nicht das der interagierenden Akteure, sondern das der Menschen, die in ein Leben hineingeboren wurden, das nicht von ihnen selbst geschaffen wurde. Wir wechseln nicht aus eigener Kraft von einer bloßen Möglichkeit zu einer Wirklichkeit, wenn wir geboren werden. Wir verdanken unsere Existenz nicht uns selbst, sondern wir sind dazu gemacht, uns selbst zu machen. Alle unsere Aktivitäten entspringen einer fundamentalen Passivität. Für uns ist das Leben ein Geschenk, und der Geber dieses Geschenks ist derjenige, dem wir alle unsere Existenz verdanken.

7. Solus deus: Gott allein

Die Asymmetrie zwischen dem passiven Werden unserer Existenz und der Priorität von Gottes schöpferischem Wirken ist der Schlüsselgedanke nicht nur in der Schöpfung, sondern auch in der Erlösung und Vollendung. Diese Asymmetrie schließt jeglichen Synergismus in den Wech-

16 Vgl. A. Farrer, Love Almighty and Ills Unlimited. An Essay on Providence and Evil, London 1961, 93–99; ders., Faith and Speculation. An Essay in Philosophical Theology, London 1967, Kap. 5.

selbeziehungen zwischen Mensch und Gott aus und versteht jede Zusammenarbeit zwischen Gott und Mensch vor dem Hintergrund der frei geschenkten Lebensgabe Gottes.

Die Theologie der Reformatoren hatte einen radikal augustinischen Ausgangspunkt, begann also nicht vom ursprünglichen Zustand der Unschuld oder vom eschatologischen Zustand der Vollkommenheit, sondern vom tatsächlichen Zustand unserer Existenz, so zu leben, dass wir wegen unserer Verstrickung in die Unvollkommenheiten der Welt blind sind für Gottes Gegenwart. Wir ignorieren den Schöpfer, weil wir uns selbst nicht als Geschöpfe Gottes und die Welt nicht als Schöpfung Gottes verstehen. Das gilt für das gesamte menschliche Leben, und deshalb ist alles wirkliche menschliche Leben theologisch gesehen ein Leben der Sünde. Sünder aber sehen sich nicht als Sünder. Sie sehen keine Notwendigkeit, etwas zu ändern, und deshalb wollen sie auch nichts ändern.

Wir sind nicht bereit, unser Vertrauen in Gott zu setzen, weil wir Gott ignorieren oder nicht darauf vertrauen, dass Gott wirklich vertrauenswürdig ist. Solange wir aber nicht bereit sind, Gott zu vertrauen, sind wir dazu auch nicht in der Lage. Von uns ist daher keine Initiative zur Änderung dieser Situation zu erwarten. Wenn sich die Dinge ändern sollen, muss die Veränderung von anderswoher kommen. Es ist die gute Nachricht des Evangeliums, dass Gott in seiner Gnade die Initiative ergriffen hat, unsere Situation durch das zu ändern, was er für seine gottlosen Geschöpfe in und durch Christus getan hat. Christus beweist, dass Gott vertrauenswürdig ist, das Evangelium bezeugt dies, und die Menschen vertrauen Christus, indem sie dem Evangelium vertrauen, wenn der Geist sie dazu bewegt.

Damit gibt es aber immer noch zwei sehr unterschiedliche Möglichkeiten, das zu verstehen: Hat Gott unseren Willen frei gemacht, Gott zu vertrauen, so dass wir nun unseren Teil zum Heilswerk beitragen können? Oder hat Gott unsere Rettung herbeigeführt und uns frei erlaubt, daran teilzunehmen, so dass wir nicht mehr danach streben müssen? Im ersten Fall sind wir von Gott befähigt, das zu tun, was wir als seine Geschöpfe tun sollten, im zweiten Fall hat Gott alles, was getan werden muss, für uns getan. Ist die Gnade Gottes also ein Hilfsmittel zur Erlösung oder ist sie das Geschenk der Erlösung?

Das erste ist das vorherrschende Modell in der vorreformatorischen und katholischen Theologie, das bis in die Gegenwart auf viele verschiedene Arten ausgearbeitet wurde. Es nimmt die menschliche Freiheit und Verantwortung ernst und unterstreicht unsere Pflicht, alles zu tun, was wir tun können, um Gott zu gefallen und seinem Willen zu genügen. Es wird nicht genug sein. Aber wir können von dem, was Gott für uns in Christus getan hat, profitieren, indem wir am Geheimnis des Heils durch die Sakramente der Kirche teilhaben. Je mehr wir ernsthaft versuchen, nach dem Willen Gottes zu leben, desto mehr werden wir uns unserer Hilfsbedürftigkeit bewusst und desto mehr lernen wir, uns auf die sakramentalen Gaben der Kirche zu verlassen.

Die Reformatoren vertraten die andere Ansicht. Sie taten dies nicht nur, weil die damalige Kirche ihre Macht missbrauchte und die Christen verwirrte, indem sie den Unterschied zwischen dem Willen Gottes und den eigenen kirchlichen Verordnungen verwischte. Die Reformatoren begannen damit, diesen Missbrauch zu kritisieren, aber sie erkannten bald, dass das eigentliche Problem nicht der Missbrauch war, sondern die soteriologische Vision und Praxis, die den Missbrauch ermöglichten. Indem sie die Erlösung nicht als Resultat eines Interaktionsprozesses zwischen Gott und den Menschen verstanden, sondern als radikale göttliche Gabe an die Sünder neu verstanden, haben die Reformatoren eine spirituelle Revolution eingeleitet: Die Erlösung ist ein Gabe und keine Aufgabe. Sie wird weder von uns noch von Gott und uns mit Hilfe der Kirche erreicht, sondern nur von Gott allein. Gott gibt uns alles, und wir tragen nichts dazu bei. Denn Gott ist Gott, und wir sind Geschöpfe, die Gott ignorieren. Aber während gottlose Geschöpfe sich nicht um Gott kümmern, kümmert sich Gott um seine Gott ignorierenden Geschöpfe. Er erschafft diejenigen, die ihn ignorieren, und er rettet diejenigen, die glauben, sie könnten ohne ihn auskommen.

Deshalb bestanden die Reformatoren darauf, dass das *solus deus* das alleinige Zentrum aller schöpferischen und heilbringenden Aktivitäten sei. Wir können uns nicht selbst schaffen und wir können uns nicht selbst retten. Es gibt eine Tiefenpassivität, die allen unseren Aktivitäten voraus- und zugrunde liegt. Wir sind dazu gemacht, uns selbst zu machen, aber wir haben uns nicht selbst dazu gemacht, uns selbst zu machen. Wir leben von Gottes Gabe des Lebens, auch wenn wir sie ignorieren oder ablehnen. Daher ist Sünde nicht ein Fall von moralischem Fehlverhalten oder ein Versäumnis, dem Willen Gottes zu folgen, oder eine Ablehnung des Gesetzes Gottes, sondern Undankbarkeit für Gottes Gabe. Wir ignorieren oder leugnen oder lehnen das ab, ohne das wir das, was wir tun, nicht tun könnten. In diesem Sinne ist die Sünde ein tiefer existentieller Selbstwiderspruch – so tief, dass wir ihn gar nicht wahrnehmen. Deshalb können wir ihn nicht überwinden und wollen ihn auch nicht überwinden. Wir sind nicht in der Lage, uns selbst ins Leben zu bringen und unser Leben von der Blindheit gegenüber der Gegenwart Gottes in die Offenheit ihr gegenüber zu verändern. Genauso wie ein Geschöpf zu sein vom Geschöpf als eine Tiefenpassivität erfahren wird, so wird erlöst zu werden von denjenigen als Tiefenpassivität erfahren, die erlöst werden. In der Schöpfung und in der Erlösung ist Gott das einzige Zentrum aller Wirksamkeit.

8. Menschliches Leben

Ist das nicht eine völlige Missachtung dessen, dass wir Geschöpfe sind, die mit einem *sensus divinitatis* (Calvin) ausgestattet sind, mit der Fähigkeit zu handeln, mit der Vernunft zu denken, mit dem Willen zu glauben und mit der Freiheit, uns selbst für das Gute oder das Schlechte zu entscheiden? Wird hier unser Personsein, unser Selbstbewusstsein oder unsere Subjektivität ernst genommen?

Das werden sie in der Tat, aber indem ein Missverständnis korrigiert wird. Heil und Erlösung sind kein Ergebnis eines synergetischen Zusammenwirkens ungleicher Partner, sondern müssen auf radikal einseitige Weise verstanden werden: Gott gibt, aber die Menschen wirken nicht mit, indem sie etwas entgegennehmen. Sie erhalten, was Gott gibt, aber sie sind keine Akteure oder Rezipienten, die aktiv in Empfang nehmen, was sie erhalten. Selbst die Möglichkeit, Gottes Gabe anzunehmen oder abzulehnen, ist allein auf Gottes Gabe zurückzuführen. Ohne sie können wir sie nicht einmal ablehnen, nicht nur, weil es nichts gäbe, was man ablehnen könnte, sondern auch, weil es niemanden gäbe, der etwas ablehnen könnte. Erlösung ist neue Schöpfung. Als *Schöpfung* ist Gott ihr alleiniger Urheber und Verursacher. Als *neue* Schöpfung hat sie ihre Pointe darin, dass wir nicht nur unser Sein (das Geschenk der Existenz) erhalten, sondern ein neues Herz, das unsere Gottlosigkeit überwindet (das Geschenk, Gott als unseren Schöpfer zu erkennen und als Geschöpfe Gottes leben zu wollen). Wir wollen jetzt, dass Gott Gott ist und beziehen uns auf Gott als Gottes Geschöpfe, aber wir wissen auch, dass wir das nur tun können, indem wir uns darauf beziehen, wie Gott sich auf uns bezieht. Einerseits können wir Gott nicht erreichen, indem wir die Schöpfung transzendieren: Geschöpfe können sich von sich aus nur auf Geschöpfe beziehen, nicht auf den Schöpfer. Andererseits brauchen wir unsere Grenzen nicht zu überschreiten, denn Gott hat sich uns in der Schöpfung zugänglich gemacht. Was für uns nach einer absoluten Grenze aussieht, die wir nicht überschreiten können (wir sind endlich, Gott aber ist unendlich), erweist Gott nicht als Grenze (*infinitum capax finiti*), sondern als existentielles Merkmal unseres endlichen Lebens, das wir Gott als Geschenk verdanken: Geschöpf zu sein, ist kein Defizit oder Mangel an Vollkommenheit (*malum metaphysicum*), sondern die Gabe des endlichen Lebens, eingebettet in das unendliche Leben des Schöpfers. Dies zu ignorieren, bedeutet, den Sinn der eigenen Existenz zu verfehlen. Das Leben darauf auszurichten, die Unterscheidung zwischen Schöpfer und Geschöpf zu wahren und die Endlichkeit als Geschenk des Lebens und nicht als Mangel an ewigem Leben zu schätzen, bedeutet dagegen, das Leben eines Geschöpfes *comme il faut* zu leben.

Es geht also nicht darum, die Fähigkeit des Menschen, frei und verantwortungsbewusst zu handeln, zu bestreiten oder einzuschränken. Aber es ist eine endliche, keine unendliche Freiheit, und endliche Freiheit geht fehl, wenn sie ihre Grenzen nicht beachtet. Dies gilt sowohl für unsere Existenz als auch für den Gebrauch unserer Freiheit.

9. Endliche Existenz

Bevor wir irgendetwas tun können, müssen wir sein, und unser Sein ist nichts, was wir selbst bewirken können. Wir können uns nicht selbst ins Sein bringen, sondern finden uns in ihm vor. Wir sind da, aber unser Dasein ist nicht das Ergebnis unseres Tuns. Wir können auch in unserem Leben vieles nur deshalb werden, weil es uns widerfährt, und nicht, weil wir uns selbst dazu machen. Wenn man zum Erbe des Vermögens eines verstorbenen Verwandten wird, dann wird man es ganz und gar passiv, nicht durch das, was man tut, sondern durch das, was einem widerfährt. Ohne dieses passive Werden könnte man nicht als Erbe handeln und das Erbe annehmen oder ablehnen. Passives Werden schließt also Aktivität nicht aus. Aber die Aktivität wird durch das, was man passiv wird, ermöglicht und ist keine rezeptive Aktivität und kein aktiver Strang innerhalb des passiven Werdens.

Darüber hinaus ist zwischen qualitativer Veränderung und existentiellem Werden zu unterscheiden. Es ist eine Sache, wenn eine Entität (z. B. Wasser) von einem Zustand (heiß) in einen anderen Zustand (kalt) wechselt, eine ganz andere, wenn eine neue Entität entsteht. Im ersten Fall wechselt eine wirkliche Entität in der Zeit von einem Zustand in einen anderen, im zweiten Fall wird etwas Mögliches wirklich, und man kann der so Realität gewordenen Entität nicht die Fähigkeit zuschreiben, ihre eigene Aktualität herbeiführen zu können oder herbeigeführt zu haben. Man kann nicht hören, ohne die Fähigkeit des Hörens, aber man braucht keine Fähigkeit des Existierens oder Da-Seins, um ins Dasein zu kommen. Wenn ich existiere, ist es möglich, dass ich existiere, aber ich habe nicht das Potenzial zu existieren, bevor ich es tatsächlich tue. Es ist daher wichtig, die Veränderung von einem Zustand zum anderen in der Zeit nicht mit dem existentiellen Übergang vom Nichtsein zum Sein zu verwechseln. Nicht-Sein ist kein Zustand, sondern das Fehlen jeglichen Zustandes. Dieses Fehlen kann mir nicht als Mangel zugeschrieben werden, und die Möglichkeit, ihn zu überwinden, nicht als eine Fähigkeit.

Wir können jetzt sehen, was schief geht, wenn theologische Konzeptionen des Menschen als *imago dei* (Gottes Ebenbild) Möglichkeiten als Fähigkeiten und Gnade als intrinsische Potentialität des menschlichen Geschöpfes auslegen. Es ist möglich, dass wir zum Ort werden, an dem Gottes Gegenwart bei seiner Schöpfung anerkannt (Glaube) oder ignoriert und abgelehnt wird (Nicht-Glauben), denn wir alle belegen das. Das bedeutet aber nicht, dass wir die Fähigkeit besitzen, Gottes Gegenwart wahrzunehmen[17] oder uns unserer Nähe zu Gott bewusst zu sein, oder dass wir ein »Urgedächtnis des Unvordenklichen« besitzen, das uns rastlos, wenn auch unbewusst danach streben lässt, »Stabilität und Solidität« in Gott zu finden.[18] Es ist ein modaler Fehler, Möglichkeiten als Fähigkeiten zu konzipieren und aus der Möglichkeit, sich der Gegenwart Gottes bewusst zu werden, eine menschliche Fähigkeit, dies zu tun, abzuleiten. Und es ist ein theologischer Fehler, das *sola gratia*, das uns »alle a priori zu Empfängern der Gnade Gottes« macht,[19] als eine gottgegebene Fähigkeit zu interpretieren, die Menschen qua Menschen besitzen. Durch Gottes Gnade können wir der Ort werden, an dem Got-

---

17 J. Rivera, The Contemplative Self after Michel Henry, Notre Dame, IN 2015, 240 (meine Übersetzung).

18 A. a. O., 221.

tes Gegenwart in der Schöpfung bekannt und anerkannt wird, wenn es Gott gefällt, aber wir haben keine gottgegebene Fähigkeit zu einer solchen Anerkennung, die uns von allen anderen Geschöpfen unterschiede. Wir sind völlig abhängig von der sich selbst kommunizierenden Gegenwart Gottes, die uns zu Empfängern ihrer Selbstkommunikation macht. Aber wo die Gegenwart Gottes anerkannt wird, geschieht das nicht deshalb, weil wir dazu in der Lage sind oder einen besonderen Sinn für Gott hätten. Vielmehr schafft Gott mit der Gabe seiner Gegenwart auch die Voraussetzung für die Möglichkeit, sie zu verstehen und sie anzuerkennen.[20] Wir müssen nicht *Gott* wahrnehmen können, sondern nur *wahrnehmen* können, um diese Möglichkeit zu verwirklichen, und wir müssen nicht *Gott* denken können, sondern nur *denken* können, um auf Gottes Gegenwart aufmerksam zu werden. Wenn wir es tun, liegt es nicht an uns, sondern an Gott. Nicht wir ändern uns, wenn wir es tun, sondern wir werden verändert durch das, was uns widerfährt. Alle Aktivität ist hier allein Gott zuzuschreiben und keinem Zusammenwirken von Gott und Geschöpf, während auf unserer Seite eine radikale Passivität vorliegt und keine Verknüpfung von göttlichem Geben und menschlichem Empfangen in einer gemeinsamen Aktivität von Schöpfer und Geschöpf.

Wo die Reformatoren von einem Zusammenwirken von Gott und menschlichem Geschöpf in der Heiligung sprachen, taten sie das vor dem Hintergrund eines vorausgehenden, letztgültigen und absoluten schöpferischen Wirkens Gottes in Schöpfung und Erlösung (Rechtfertigung) und einer entsprechenden Tiefenpassivität auf Seiten des menschlichen Geschöpfes. Wir verdanken unsere Existenz nicht uns selbst, sondern Gott, und während wir für unsere Lebensweise verantwortlich sind, werden wir nur dann so leben, dass wir unserer tatsächlichen Existenz entsprechen, wenn wir unsere grundlegende Passivität anerkennen, indem wir sie in die Bestimmung und Ausrichtung unserer Lebensweise einbeziehen. Wir können dies nicht aus eigener Kraft tun, sondern nur durch die Hilfe und Führung des Geistes Gottes, und deshalb können wir das wahre Leben, das uns möglich ist, nicht durch das erreichen, was wir tun, sondern nur durch das, was uns widerfährt.

---

19 A. a. O., 247.

20 Vgl. S. Kierkegaard, Philosophische Brocken. De Omnibus Dubitandum Est, übers. v. E. Hirsch, Regensburg 1952, 11–20.

10. Endliche Freiheit

Menschen sind also in der Tat Akteure, aber Akteure allein durch Gottes Gnade, denn Gott gibt nicht nur, sondern erschafft diejenigen, denen er gibt. Es ist eine schöpferische Gnade, die Gnade des Schöpfers, der wir unser Sein verdanken (den Wechsel vom Nichtsein zum Sein), und es ist ein geistliches Geschenk, ein Geschenk des Geistes, dem wir unser neues Herz verdanken (die Überwindung unserer Gottlosigkeit). Gott gibt Leben und ermöglicht es uns, zu verstehen, dass wir unser Leben Gott verdanken. Gott dafür zu danken, ist die richtige Weise, darauf zu antworten. Doch Gottes Geben und menschliches Danken dürfen niemals verwechselt werden. Ohne das erste ist das zweite unmöglich. Das leugnet nicht die menschliche Handlungsfähigkeit, sondern verortet sie in der Endlichkeit.

Endliche Personen können nur mit endlichen Personen interagieren und nicht mit dem unendlichen Gott. Daher ist die Antwort auf Gottes Gabe nicht der verfehlte Versuch, über unsere Endlichkeit hinauszugehen, sondern eine andere Weise, unsere Endlichkeit zu verstehen und unser endliches Leben in unserer endlichen Welt zu leben. Es ist ein Wechsel zu einer neuen Lebensweise, die sich an der Unterscheidung zwischen der unendlichen Liebe Gottes und unserem endlichen Leben als Geschöpfe Gottes orientiert. Endlichkeit ist unsere Weise, dem Nichtsein zu entkommen, indem wir Zeit und Raum zum Leben erhalten. Das können wir nicht selbst erreichen, sondern nur als völlig unverdientes Geschenk erhalten, zu dem wir nichts beitragen. Unsere endliche Freiheit gründet in radikaler Passivität, und ein Leben zu führen, das sich an dieser Passivität orientiert, bedeutet, im Modus des Glaubens, der Hoffnung und der Liebe zu leben.

Luther hat es in seinem Traktat *Von der Freiheit eines Christenmenschen* kurz und bündig formuliert: »Ein Christenmensch ist ein freier Herr über alle Dinge und niemandem untertan. Ein Christenmensch ist ein dienstbarer Knecht aller Dinge und jedermann untertan.«[21] Wir sind frei. Aber wir sind nicht frei, weil wir frei entscheiden können, ob wir Gottes Gnade annehmen oder ablehnen. Wir sind frei, weil wir dazu geschaffen sind, an der Freiheit Gottes im Glauben teilzuhaben. Wir können akzeptieren, weil wir akzeptiert sind, aber wir werden nicht akzeptiert, weil wir akzeptieren. Wenn wir Gottes Gnade ablehnen, existieren wir in dem fundamentalen Selbstwiderspruch, dass wir leugnen, was wir bejahen, indem wir es leugnen. Im Glauben gehorchen Christen nicht einem fremden Willen, sondern Gottes Wille *ist* ihr Wille. Und sie zeigen ihre Freiheit gerade dadurch, dass sie ihr Vertrauen nicht in sich selbst, sondern in Gott setzen.

Im elementarsten Sinn ist Freiheit kein menschliches, sondern ein göttliches Attribut. Es geht nicht um die Fähigkeit zu wählen, zu wollen oder zu handeln. Vielmehr geht es darum, das Gute, das man sich vorgenommen hat, tatsächlich auch zu erreichen, also die Kontrolle über die Güte der Ergebnisse seines Wollens und Tuns zu haben. Im unqualifizierten Sinne gilt dies nur für Gott, nicht aber für uns. Wir können Kausalketten in der Welt beginnen, aber wir können nicht sicherstellen, dass die Ergebnisse gut sind. Im Gegenteil, wir versuchen, etwas Gutes zu tun, und bewirken etwas Böses; oder wir versuchen, etwas Böses zu tun, und bewirken etwas Gutes. Nur Gott hat die volle Kontrolle über die Güte der Ergebnisse dessen, was er will und tut. Uns fehlt diese Freiheit, und wir werden in diesem Sinne nur dann frei, wenn wir an der Freiheit Gottes teilhaben, indem wir Gott vertrauen, dass er nicht nur alles verwirklicht, was wir brauchen, sondern mehr, als wir uns je erträumt hätten. Gott will, was er tut, und er erreicht, was er will. Nicht immer auf eine Weise, die für uns einsichtig ist, aber immer so, dass wir darauf vertrauen können, dass das für uns Gute herauskommen wird. Die schöpferische Liebe Gottes ist der Ort der vollkommenen Freiheit, weil sie das Gute stets erzielt, das sie will, und zwar so, dass auch seine Folgen gut sind und alle negativen Auswirkungen und Begleiterscheinungen abgebaut und durch Gutes überboten und überwunden werden. Wir nehmen an dieser göttlichen Vollkommenheit teil, indem wir es ganz Gott überlassen, aus freier Güte das Gute für seine Schöpfung zu verwirklichen. Gott auf diese Weise zu vertrauen, ist Glaube, und wir werden nicht frei, indem wir unsere begrenzte Fähigkeit, das Gute zu tun, überstrapazieren oder herunterspielen, sondern indem wir alles Gute von der Freiheit der Liebe Gottes erwarten.

Man kann nicht auf diese Weise frei sein und den Versuch vermeiden, ein Leben in Hoffnung und Liebe, Solidarität und Gerechtigkeit zu

---

21 M. Luther, Von der Freiheit eines Christenmenschen (1520), WA 7, 21, 1–4 (modernisiert nach https://www.luther2017.de/de/martin-luther/texte-quellen/lutherschrift-von-der-freiheit-eines-christenmenschen/).

führen. Die christliche Freiheit ist nicht die libertäre Freiheit, das zu tun, was man will, oder die liberale Freiheit, die Freiheit anderer als die einzige Einschränkung der eigenen Freiheit zu akzeptieren. Es handelt sich nicht um eine egoistische oder selbstbezogene Freiheit, sondern um eine Freiheit, die frei ist, sich anderen zuzuwenden, weil sie ihr ganzes Vertrauen in und auf Gott setzt. Man kann nicht darauf vertrauen, dass Gott die vollkommene Kontrolle über die Güte der Ergebnisse seines Wirkens hat, und nicht versuchen, allen Menschen zu helfen, sich auch auf diese Weise auf Gott zu beziehen. Gott zu lieben heißt, andere als Gottes Nächste zu lieben. Auf Gottes Freiheit zu vertrauen bedeutet, frei zu sein und anderen zu helfen, auf Gott zu vertrauen. Auf Gott zu hoffen bedeutet, ein Leben zu führen, das anderen hilft, auf Gott zu hoffen, Gott zu vertrauen, und mit Gott zu leben. Das geht nicht, ohne am menschlichen Kampf für Freiheit, Solidarität und Gerechtigkeit teilzunehmen; mit all unseren Ressourcen für die zu handeln und mit denen zu leiden, die leiden und Hilfe brauchen; die unberechtigten Nöte und berechtigten Bedürfnisse der anderen zu erkennen und ihnen zu helfen, im Leiden Widerstand zu leisten und im Guten durchzuhalten; für das Gute zu beten und dafür zu kämpfen, Böses nicht durch Böses, sondern durch Gutes zu überwinden.

11. Semper ubique actuosus: Immer und überall aktiv

Die spirituelle Revolution der Reformation bestand in der radikalen Art und Weise, in der Gott als einzige und alleinige Macht, die schafft, rettet und vollkommen macht, ins Zentrum gestellt wurde. Nicht die Kirche, nicht die sakramentale Hierarchie, nicht das Christentum als historisches Phänomen, nicht Wille und Freiheit der Menschen, sondern Gott, der sich durch seine Selbstvermittlung in Christus und seine Selbstvergegenwärtigung als Geist frei auf diejenigen bezieht, die Gott ignorieren. *Solus deus* war ihre zentrale Botschaft, und das ist keine schlechte, sondern eine gute Nachricht. Denn Gott ist Liebe, Liebe ist schöpferisch, und Gott ist schöpferisch, indem er Geschöpfe liebt, ohne etwas von ihnen zu erwarten, ehe er es tut (*sola gratia*), aber nachdem er es getan hat, auch alles von ihnen erwartet, was in ihrer Macht steht. Das *solus deus* basiert auf dem *solus Christus*, denn Christus offenbart die Liebe

Gottes, indem er uns Gottes freies und bedingungsloses Geschenk des Lebens vermittelt. Das *solus Christus* ist die Kurzformel des Evangeliums, von dem das *sola scriptura* Zeugnis ablegt, das *solo spiritu* und das *sola fide* erklären, dass es Gott ist, der die Menschen dazu bringt, die Botschaft des Evangeliums von Christus als Wahrheit über die schöpferische Gnade Gottes anzuerkennen, der wir alle unser Sein und unser Wohlsein verdanken. Kurzum, *sola scriptura, sola fide, solo spiritu, per solum Christum* und *sola gratia* sind keine getrennten Wirklichkeiten, sondern Aspekte einer systematischen Entfaltung des *solus deus*. Gott ist der Anfang, die Mitte und das Ziel von allem. Die einzige zentrale Unterscheidung, an der sich das menschliche Leben immer orientieren muss, ist die Unterscheidung zwischen Schöpfer und Geschöpf, Gott und Schöpfung.

Wird Gott damit nicht aus der Welt gedrängt? Im Gegenteil, es geht darum, Gottes Gegenwart nicht nur hier und da, sondern überall auf der Welt zu finden und anzuerkennen. Nur ein Gott, der nicht an diesen Ort oder an jenen gebunden ist, kann überall und in allem am Werk sein. Nichts geschieht in der Schöpfung ohne Gottes Gegenwart, aber nicht alles manifestiert Gottes Gegenwart in einer Weise, die Gottes Herz uns gegenüber erschließt. Im Prinzip können wir Gott überall finden. Tatsächlich finden wir Gott nirgendwo, weil wir von unserer Gottlosigkeit geblendet sind. Deshalb müssen wir darauf achten, wo Gott sich selbst in einer Weise bekannt macht, die sein Herz offenbart.

Dieser Ort – das wusste Luther mit der mystischen Tradition – ist nicht in den höchsten Regionen der Vernunft, des Verstandes und der Spekulation zu finden, sondern in der Tiefe des Leidens und des Todes. Es gibt kein Leben, das nicht im Tod endet – das ist unsere gemeinsame Erfahrung. Aber es gibt keinen Tod, der nicht in das ewige Leben der schöpferischen Liebe Gottes eingebettet ist – das ist die Erkenntnis des Glaubens. Was wir also brauchen, ist nicht eine *theologia gloriae*, die auf unserer gemeinsamen Erfahrung beruht, sondern eine *theologia crucis*, die in der Erkenntnis des Glaubens gründet – eine Theologie, die kein spekulatives Unterfangen ist, sondern aus der lebendigen Begegnung mit dem lebendigen Gott inmitten von Leid und Tod entspringt. Gott ist überall gegenwärtig und wirksam. Aber Gottes schöpferische Gnade und Liebe offenbart sich am Kreuz, und nur von hier aus können wir sagen, *wie* Gott überall gegenwärtig und aktiv ist: als schöpferische Liebe. Dies ermöglicht neue Einsichten (wir können Gott dort finden, wo Gott vorher niemand erwartet hätte), aber es stellt uns auch vor neue Herausforderungen (wo ist Gott in all dem Übel und Bösen, das Menschen erleben und erleiden?).

Nehmen wir einen Text wie Römer 10,13–15, der Luther inspiriert hat:[22]

> »Denn ›wer den Namen des Herrn anruft, wird selig werden‹. Wie sollen sie aber den anrufen, an den sie nicht glauben? Wie sollen sie aber an den glauben, von dem sie nichts gehört haben? Wie sollen sie aber hören ohne Prediger? Wie sollen sie aber predigen, wenn sie nicht gesandt werden?«

Paulus skizziert in dieser Argumentation eine Folge von Aktivitäten: Senden – Predigen – Hören – Glauben – Anrufen Gottes – Erretten. Die erste und die letzte Aktivität dieser Sequenz sind Gottes Tun (Senden, Erretten), die anderen sind menschliche Taten (Predigen, Hören, Glauben, Anrufen Gottes). Aber die menschlichen Aktivitäten sind nicht nur in die Gottesaktivitäten eingebettet, sondern sie sind auch permanent auf sie bezogen und durch sie bestimmt. Das Zentrum der menschlichen Aktivitäten ist die Beziehung zwischen dem Predigen (des Evangeliums) und dem Hören und Glauben (des Evangeliums). Niemand tut das, indem er nur vernimmt, was er hört. Man muss als wahr akzeptieren, was man hört, sonst glaubt man es nicht, und man glaubt es nicht richtig, wenn man nicht dazu bewegt wird, Gott anzurufen und um die eigene Rettung zu bitten. All das tun Menschen nicht von sich aus. Wo es geschieht, wird es dem Wirken des Geistes zugeschrieben. Der Geist bringt die Menschen dazu, das Evangelium zu predigen, der Geist bringt die Menschen dazu, das Wort des Evangeliums zu glauben, und der Geist bringt die Menschen dazu, Gott anzurufen. Wir wissen vielleicht nicht, wofür wir beten sollen, aber der Geist hilft uns (Röm 8), und wir wissen vielleicht nicht, ob wir glauben sollen oder nicht, aber der Geist macht uns gewiss. Was auch immer wir tun, ob wir predigen oder zuhören oder glauben oder rufen, wir tun es nicht aus eigener Kompetenz oder Kraft, sondern durch die tatkräftige Gegenwart und schöpferische Wirksamkeit Gottes. Gott ist nicht nur der Anfang und das Ende dieser Abfolge von Aktivitäten, sondern auch das Zentrum, das jederzeit für das Gelingen das Ganzen sorgt.

Das ist die zentrale Erkenntnis. Wir können nichts tun oder wollen, ohne dass Gott uns dazu ermächtigt. Alles hängt von der absoluten Prio-

---

22 I. U. Dalferth, Luther on the Experience of Faith, HeyJ 21 (1980), 50–56.

rität der freien Liebe Gottes ab, die jene erschafft, auf die sie sich bezieht, indem sie die liebt und ins Dasein bringt, die sie beschenkt. Nur Gott allein kann das tun. Nur Gott ist absolut frei, weil er die Kontrolle über die Güte der Ergebnisse seines Tuns und Wirkens hat. Gott will, was er tut, und er erreicht, was er will. Nicht immer auf eine Art und Weise, die für uns verständlich ist. Aber immer so, dass wir darauf vertrauen können, dass sie das für uns Gute bewirkt.

Außerdem, wenn Gott überall am Werk ist, sind wir Gott in allen Lebensbereichen nahe und nicht nur in religiösen Kontexten oder Gottesdienstsituationen. Unser ganzes Leben sollte in der Gegenwart Gottes als ein Leben des Dankes an Gott gelebt werden, und alles, was wir tun, muss im Licht der schöpferischen Gegenwart Gottes beurteilt werden. Vor 500 Jahren durchbrach diese reformatorische Einsicht die Grenzen zwischen religiösen und nichtreligiösen Aktivitäten, führte zur Auflösung besonderer religiöser Lebensformen (Klöster) und verlieh dem normalen Familienleben und Erwerbstätigkeiten wie Landwirtschaft, Handwerk und Handel den Status einer göttlichen »Berufung« und den Charakter einer christlichen Glaubenspraxis. Es gibt keine Tätigkeiten, die frömmer oder weniger fromm sind, keine heiligen und weniger heiligen Bereiche des Lebens. Die einzig maßgebliche Unterscheidung für die Orientierung des christlichen Lebens ist die zwischen Schöpfer und Schöpfung, wie sie durch das Evangelium konkretisiert ist, nicht die vertikalen Differenzen zwischen Kirche und Staat, Sakral und Profan, Religiös und Säkular, Heilig und Moralisch, Frömmigkeit und Politik. Wenn das ganze Leben als ein Leben der Dankbarkeit gegenüber Gott zu leben ist, dann wird das christliche Leben niemals nur auf der einen Seite dieser Unterscheidungen gefunden. Wer das behauptet, verwechselt das Menschliche mit dem Göttlichen. Alle diese vertikalen Unterscheidungen müssen durch die horizontale Unterscheidung zwischen Gott und Schöpfung, göttlichem Wirken und menschlicher Passivität kritisch in Schach gehalten werden.

Die ganze Welt ist Gottes Schöpfung, und alles, was wir tun, muss aus Dankbarkeit gegenüber dem Schöpfer geschehen. Wir sind verantwortlich dafür, wie wir in allen Bereichen unseres Lebens leben, religiös und nicht religiös, sakral und säkular. Aber wir müssen unsere Grenzen beachten, und wir dürfen Gott nicht für das verantwortlich machen, was wir tun, oder versuchen, uns in das einzumischen, was nur Gott tun kann.

12. Tiefenpassivität

Die Betonung von Gottes schöpferischer Präsenz und Aktivität und unserer radikalen Passivität ist heute genauso provozierend wie vor 500 Jahren. Heute leben wir in einer Welt, die nicht nur durch die säkularisierenden Kräfte des Konsumkapitalismus eine spirituelle Wildnis darstellt, sondern in der auch, und vielleicht noch wichtiger, die globale Ausbreitung des »Spirit Unchained«[23] stattfindet. Die Pfingstbewegung in all ihren verschiedenen Formen ist zahlenmäßig eine der größten Bewegungen in der Christentumsgeschichte. 500 Jahre nach der spirituellen Revolution der Reformation leben wir inmitten einer weiteren spirituellen Revolution. Auf unterschiedliche Weise fordert sie uns heraus, Gott als aktive Kraft im Leben und in der Geschichte des Menschen anzuerkennen. Gott ist der Poet des Möglichen, der uns verfügbar macht, was wir brauchen, um ein wahrhaft menschliches Leben zu führen – ein Leben in Dankbarkeit, Hingabe und Hoffnung, das die Gegenwart des Schöpfers und die Bedürfnisse seiner Geschöpfe nicht ignoriert, das Gott überall am Werk sieht, das die Mitmenschen als Nächste Gottes und als Nutznießer der Liebe Gottes achtet und das darauf vertraut, dass Gottes schöpferische Liebe die Übel und das Böse überwindet und sicherstellt, dass am Ende das Gute die Oberhand behält. Das fordert uns heraus, Gott in den Mittelpunkt unseres Denkens und Handelns zu stellen und unser Leben so zu führen, dass es dies bezeugt. Diese beiden Herausforderungen sind zwei Seiten derselben Medaille. Die erste fordert, unsere Tiefenpassivität zum orientierenden Zentrum unseres Lebens zu machen, die zweite erinnert uns daran, wie sich unser Leben verändern wird, wenn alles, was wir tun, von der Aufmerksamkeit für diese Tiefenpassivität bestimmt wird.

Die rigorose Art und Weise, in der sie Gott in den Mittelpunkt stellte, machte die Reformation zu einer spirituellen Revolution: Alles wurde durch diese Linse gesehen, und nichts durfte diese Linse verdunkeln. Die Unterscheidung zwischen Kreatur und Schöpfer zu vernachlässigen, zu verdunkeln oder zu verwischen, ist der sichere Weg ins Verderben. Das ist es, was die Bibel von der ersten bis zur letzten Seite zeigt, und das ist es, was Geschichte und Erfahrung ausgiebig belegen. Ein Leben, das sich

---

23 B. D. Cowan, The Spirit Unchained: Towards the Construction of Pneumatology rooted in the Pentecostal and Black Tradition (Diss. Claremont 2017).

nicht am Leitfaden der Unterscheidung zwischen Schöpfer und Geschöpf und damit an der schöpferischen Gegenwart Gottes orientiert, ignoriert seine Grenzen und missversteht sein Potential. Es weiß nicht, wo es aufhören soll und muss, und es wird seinen Möglichkeiten nicht gerecht, weil es mehr anstrebt, als es erreichen kann, oder weniger, als es zu erreichen vermag. Das alljährliche Gedenken an die Reformation ist eine Gelegenheit, das immer wieder in Erinnerung zu rufen.

Eine der heutzutage umstrittensten Fragen lautet: Was heißt es, wirklich menschlich zu leben? Die Standardantwort der westlichen Moderne lautet: ein autonomes Subjekt zu sein, ein Poet seiner selbst und ein Schöpfer der eigenen Welt, ein freier, kreativer und (wenn wir Glück haben) moralisch verantwortlicher Akteur. Kreative Wirkkraft und Selbstbestimmung, die vom Schöpfer auf das Geschöpf übertragen werden, sind zentrale Merkmale des modernen Subjekts.

In einer postmodernen Welt, die vom globalen Kapitalismus getrieben wird, ist diese Sichtweise stark herausgefordert. Die heutige Konsumgesellschaft lässt uns glauben, dass wir Akteure sind, die ständig zwischen einer unendlichen Menge von Möglichkeiten frei und ungehindert entscheiden und das wählen, was wir wollen und wünschen. Doch in Wirklichkeit werden wir von den Kräften einer globalisierten Marktwirtschaft manipuliert, die unsere Wünsche und Sehnsüchte in einer Weise formen und beeinflussen, die die Idee des autonomen menschlichen Handlungssubjekts aushöhlt[24] und uns in Abhängigkeiten zwingt, die wir frei zu wählen scheinen, weil wir sie nicht durchschauen und uns ihren Wirkweisen nicht entziehen können.[25]

Die Sichtweise der Reformatoren unterscheidet sich sowohl von der handlungsbasierten Subjektivität der Moderne als auch von der postmodernen Dekonstruktion der Subjektivität und der Erosion der freien Handlungsfähigkeit durch den globalen Kapitalismus. Sie hebt die Bedeutung von Aktivität und Passivität im menschlichen Leben hervor, betont aber, dass das kreative Zentrum des menschlichen Lebens nicht unsere eigene Aktivität ist, sondern die Tiefenpassivität unserer Exis-

---

24 Vgl. Y. Yoo, Towards a New Postmodern Connection of Subjectivity for the Age of Globalization: Revisiting the Hegelian Vision of »Spiritual Subjectivity« (PRT Dissertation proposal Claremont 2017).

25 C. Knop, Wem gehört unser digitaler Zwilling? FAZ 19.02.2018, (http://www.faz.net/aktuell/wirtschaft/software-weckruf-behaltet-die-kontrolle-ueber-euer-digitales-ich-15448079.html) (19/2/2018).

tenz. Das meiste von dem, was wir sind, verdanken wir nicht uns selbst. Unsere Existenz ist nicht von uns selbst gemacht; und unsere Art zu existieren ist nur zu einem kleinen Teil das Ergebnis dessen, was wir tun. In einem wichtigen Sinne können wir unsere eigene Identität nicht ändern. Wir können nicht wiederherstellen, was schief gelaufen ist, oder unser Leben noch einmal von vorne beginnen. Von Anfang bis Ende ist unser Leben von Passivität geprägt. Es gibt so viel, was uns passiert, und so wenig, was wir selbst tun. Eine Ur-Passivität geht allen unseren Aktivitäten voraus. Bevor wir etwas geben können, müssen wir selbst da sein, und bevor wir handeln können, müssen wir selbst wirklich sein. Tatsächliches Leben ist immer eine Mischung aus Aktivität und Passivität, ein kontinuierliches »Ineinandersein und Auseinanderfolgen von Thun und Leiden« (Schleiermacher).[26] Es hat die Fähigkeit, von anderen beeinflusst zu werden (Empfänglichkeit), und die Fähigkeit, andere zu beeinflussen (Tätigkeit), und beides sind polare Gegensätze, die unterschiedliche Mischungsgrade zulassen. Aber es gibt auch eine Tiefenpassivität, die nicht nur anders ist als die menschliche Tätigkeit und Empfänglichkeit, sondern die diejenige Wirklichkeit ist, ohne die es weder aktive noch passive Prozesse im menschlichen Leben geben würde.

Die Reformatoren verlagerten den Fokus ihrer theologischen Entwürfe des menschlichen Lebens, der Existenz und der Welt auf diese Tiefenpassivität, die nichts anderes als die reale Resonanz der göttlichen Schöpferaktivität ist. Gott in dieser Weise in den Mittelpunkt zu stellen, bedeutet nicht, Gott mit einem weltlichen Wesen zu verwechseln, nicht einmal mit dem höchsten und notwendigsten Wesen der Welt (*ens realissimum, ens necessarium*), sondern alles andere als etwas zu verstehen, was ohne Gott unmöglich wäre: Er ist der Schöpfer allen endlichen Wesens, aber kein Wesen, mit dem sie interagieren könnten. Endliche Geschöpfe können die Grenzen ihrer Endlichkeit nicht überschreiten und sich auf den unendlichen Gott beziehen. Sie können sich nur darauf beziehen, wie Gott sich auf sie bezieht, indem er in der Schöpfung gegenwärtig und zugänglich wird, und das werden sie nur tun, wenn Gott selbst ihnen bewusst macht, dass und wie er ihrer Gegenwart gegenwärtig ist. Deshalb gibt es keinen Weg zu Gott, der nicht ein Weg

26 F. D. E. Schleiermacher, Der christliche Glaube nach den Grundsätzen der evangelischen Kirche im Zusammenhange dargestellt. Zweite Auflage (1830/31), hrsg. v. R. Schäfer, KGA I, Bd. 13,1, Berlin/New York 2003, 76.

durch Christus (den Logos) und den Geist ist, wie immer wir das auch ausdrücken mögen. Ohne den Schöpfer kein Geschöpf; ohne den Schöpfer, der in der Schöpfung gegenwärtig wird, keinen Zugang des Geschöpfes zum Schöpfer; ohne den Schöpfer, der unsere Augen, Ohren und Herzen für seine Gegenwart in der Schöpfung öffnet, kein Bewusstsein seiner Gegenwart und kein Leben, das von dieser Gegenwart geprägt ist. Ehe wir so leben können, müssen wir sein, aber wir können uns nicht selbst ins Leben rufen, und wir können uns nicht selbst dazu bringen, anzuerkennen, dass wir unser Leben Gott verdanken. Es ist ein Geschenk zu sein, und es ist ein Geschenk zu sehen, dass es ein Geschenk ist zu sein. Nur wenn wir es tun, werden wir unser Vertrauen in Gott setzen, aber wenn wir es tun, wäre es widersprüchlich, Gott nicht zu vertrauen. Wir verdanken unsere Existenz Gott, und wir verdanken Gott die Einsicht, dass wir unsere Existenz Gott verdanken. Ohne Gott können wir nicht sein, und ohne Gott können wir nicht verstehen, dass wir nicht ohne Gott sein können. Deshalb muss alles, was wir sind und tun und sagen können, vor dem Hintergrund der Unterscheidung zwischen Schöpfer und Geschöpf verstanden werden. Bevor wir handeln können, müssen wir sein, aber unser Sein ist nichts, was wir selbst hervorgebracht hätten, und es als Geschenk Gottes zu verstehen, ist keine Einsicht, zu der wir durch unsere eigenen Kräfte gelangen können.

Deshalb ist der Wechsel vom alten Leben des Ausblendens Gottes zum neuen Leben des Glaubens und des Vertrauens in Gott nicht nur ein Wechsel von einem Zustand in einen anderen innerhalb desselben Lebens, sondern ein Wechsel von einem alten Leben zu einem neuen Leben, das über einen Abgrund des Nichtseins und der völligen Unfähigkeit führt, der nur vom Schöpfer und nicht vom Geschöpf überbrückt werden kann. Paulus interpretiert es in Röm 6,4 als einen Wechsel vom Tod zum Leben, der den Tod und die Auferstehung Jesu Christi widerspiegelt: »So sind wir ja mit ihm begraben durch die Taufe in den Tod, auf dass, wie Christus auferweckt ist von den Toten durch die Herrlichkeit des Vaters, so auch wir in einem neuen Leben wandeln.« Gott allein ist hier aktiv, während wir völlig passiv in Gottes Wirken einbezogen sind. So wie wir ohne unsere Mitwirkung in dieses Leben hineingeboren werden, so werden wir auch ohne unsere Mitwirkung in das neue Leben hineingeboren. Wir sind keine Kooperationspartner bei der Umsetzung dieses Wechsels ins neue Leben, und wir haben keine Kapazitäten oder Potentiale dafür, bevor es geschieht. Wir können es nur rückwirkend als das überraschende Aufleuchten einer Tiefenpassivität beschreiben, die unser Leben und uns für die schöpferische Gegenwart Gottes transparent macht. Geschöpf zu sein, ist kein Mangel, sondern ein Gewinn: der Gewinn endlichen Lebens. Wir sind keine endlichen Wesen, die sterben müssen, sondern Wesen, die Gott gewollt hat.

13. Etsi deus daretur: Als ob es einen Gott gäbe.

Wenn wir das ernst nehmen, dann muss es die Art und Weise verändern, in der wir unser Leben führen. Die moderne Kultur und Gesellschaft haben weithin akzeptiert, dass wir *etsi deus non daretur* leben. Aber das ist ein Fehler. Wir sollten *etsi deus daretur* leben. Unsere Kultur braucht einen spirituellen Neubeginn, der unsere völlige Abhängigkeit von Gott als Gewinn und nicht als Verlust aufdeckt, als den schöpferischen Grund unserer Autonomie und Verantwortung und nicht als Bedrohung für sie. Wir müssen uns nicht von dieser göttlichen Gegenwart emanzipieren, um wirklich frei und selbstbestimmt zu leben, sondern sie ist es, die uns ein solches Leben ermöglicht.

Es liegt auf der Hand, dass das nicht bedeuten kann, Gott in unserer Kultur zu einer unumstrittenen Größe zu machen. Selbst die Behauptung, dass es wahrscheinlicher ist, dass es einen Gott gibt, als dass es keinen gibt, verfehlt die entscheidende Pointe. In der Auseinandersetzung mit den Wissenschaften wird Gott regelmäßig zum Idol, indem er als Erklärungsprinzip weltlicher Phänomene ausgegeben wird. Aber die Welt ist Schöpfung, und Gott ist kein Moment oder Teil der Schöpfung, sondern ihr Schöpfer. Gott ist nicht eine der Wirklichkeiten, die wir in der Welt sehen oder entdecken können. Wenn überhaupt, dann ist er an dem blinden Fleck, von dem aus wir sehen, und wir sehen alles anders, auch uns selbst, wenn wir uns der Gegenwart Gottes am Ort unserer eigenen Gegenwart bewusst werden. Denn Gott ist *semper ubique actuosus*, er ist der dynamische Poet des Möglichen, der unser Leben unaufhörlich verwandelt, indem er uns Möglichkeiten zur Verfügung stellt, die wir nicht voraussehen konnten. Wo wir am Ende unserer Kräfte angelangt sind, erschafft Gott weiterhin Gutes aus dem Bösen, Leben aus dem Tod und Sein aus dem Nichtsein. Das ist es, was Christen aus dem Evangelium lernen, und deshalb vertrauen sie auf Gott.

Auf Gott zu vertrauen, bedeutet deshalb, darauf zu vertrauen, dass es in unserem Leben mehr gibt, als wir jemals in der Lage sein werden herauszufinden oder selbst aus unserem Leben machen können. Wir sind nicht dafür verantwortlich, in der Welt zu sein, aber wir sind dafür verantwortlich, wie wir in der Welt leben. Wenn wir die Gabestruktur unserer Tiefenpassivität ignorieren, leben wir auf eine zutiefst konfuse Art und Weise. Wenn wir sie anerkennen, wie wir es sollten, müssen wir die gängigen Antworten auf das, was es bedeutet, wirklich menschlich zu leben, überdenken und unsere Tiefenpassivität in unsere Vorstellungen von menschlicher Subjektivität, Handlungsfähigkeit und Selbstbestimmung integrieren. Da das menschliche Selbst individuelle und gemeinschaftliche Dimensionen hat, muss dies entlang der Bahn nicht nur unseres individuellen Lebens und unserer privaten Lebenswelt geschehen, sondern auch unseres gemeinschaftlichen Lebens und unserer sozialen und politischen Welt. Was das besagt, sei kurz an drei Bereichen unserer heutigen Welt verdeutlicht, in denen diese Um- und Neuorientierung einen wichtigen Unterschied machen kann.

Erstens führt die Aufmerksamkeit auf Gottes Gegenwart und schöpferische Wirkkraft im individuellen Leben zu einer existentiellen Neuorientierung, die unsere Identität nicht in uns selbst sucht, sondern in Gottes transformierendem Wirken in und an uns. Das führt dazu, dass wir unser Leben anders leben, nämlich in den Formen des Vertrauens in Gott, der Hoffnung auf Gott und der Liebe zu Gott und zum Nächsten. Glaube, Hoffnung und Liebe bezeichnen nicht bestimmte Arten von Aktivitäten, die wir neben all den anderen Dingen, die wir tun, oder anstelle von ihnen tun sollten. Sie spezifizieren nicht bestimmte Handlungen, sondern besondere Handlungsweisen, die unsere Ausrichtung auf die schöpferische Gegenwart Gottes widerspiegeln. Lieben heißt, alles, was wir tun, liebevoll zu tun (Kierkegaard), d. h. auf eine nicht selbstsüchtige Art und Weise, die den Bedürfnissen der anderen gerecht wird und ihre Würde als Nächste Gottes ernst nimmt. Hoffen bedeutet, alles, was wir tun, hoffnungsvoll zu tun, d. h. auf eine Art und Weise, die auf die Möglichkeit des Guten vertraut, auch angesichts von Bösem, Tod und Zerstörung. Glauben bedeutet, in einer Weise zu leben, die alles Gute von Gott erwartet und darauf vertraut, dass Gott das für uns Gute für jeden einzelnen von uns bereithält. Auf diese Weise zu leben, bedeutet, ernst zu nehmen, dass unser endliches Leben in das ewige Leben Gottes eingebettet und vom ewigen Leben Gottes getragen wird. Die letzte Wahrheit über unser Leben ist nicht das, was wir sehen, erleben und erfahren können, sondern das, was Gott daraus macht und als Wahrheit unseres Lebens beurteilt.

Zweitens erfordert die Aufmerksamkeit für Gottes schöpferische Präsenz im Gemeinschaftsleben der Menschen eine Neuorientierung auf Formen und Modi des Gemeinschaftslebens, die durch das Bekenntnis zu Freiheit und Gleichheit, Solidarität und Gerechtigkeit bestimmt sind. Keine von ihnen sind ausschließlich christliche Orientierungen, und oft sind sie mit einem ideologischen Gewicht belastet, das das Gute, für das sie stehen, verzerrt. Dann müssen sie kritisiert und korrigiert werden, nicht indem man die Interessen einer Kultur, Tradition oder Ideologie alle anderen dominieren lässt, sondern indem man ihre Pointe im Lichte von etwas überdenkt, das über alle menschlichen Interessen und Kulturen hinausgeht: der Unterscheidung zwischen Schöpfer und Geschöpf, die Freiheit, Gleichheit, Solidarität und Gerechtigkeit als Gemeinschaftsfolgen der Neuorientierung des menschlichen Lebens auf die Gegenwart Gottes hin ausweist. Ausgangspunkt ist dabei die Veränderung einzelner Personen zu einem Leben des Glaubens, der Hoffnung und der Liebe: Wenn wir uns nicht ändern, wird sich die Welt nicht ändern. Aber diese Veränderung ist nicht nur eine Privatangelegenheit. Sie betrifft alle Dimensionen unseres Lebens, einschließlich der Ausübung von Freiheit und Gleichheit, Solidarität und Gerechtigkeit in unserem gemeinsamen Leben. Von hier aus betrachtet, sind Freiheit, Gleichheit, Solidarität und Gerechtigkeit keine willkürlichen Prinzipien des sozialen und politischen Lebens, und für sie einzutreten, bedeutet nicht, sich auf eine willkürliche politische oder ideologische Agenda einzulassen. Wenn sie auf Glauben, Hoffnung und Liebe im individuellen Leben beruhen, sind Freiheit, Gleichheit, Solidarität und Gerechtigkeit Grundsätze des Gemeinschaftslebens, die die Orientierung an der Gegenwart Gottes widerspiegeln, auch wenn Menschen nicht ausdrücklich ein religiöses Leben führen. Sie profitieren von einem Leben nach diesen Grundsätzen auch dort, wo sie ihre Bedeutung nicht verstehen. Das gibt christlichem Leben einen stellvertretenden Charakter, weil in ihm deutlich wird, was in jedem Leben gilt und für jedes Leben Bedeutung hat.

Drittens wird unsere globalisierte Welt politisch und kulturell immer pluralistischer und polyzentrischer. Dies führt zu Spannungen mit den vereinheitlichenden Kräften der Weltwirtschaft, des weltweiten

Konsumverhaltens, der weltumspannenden Informationstechnologie, aber auch mit der globalen Menschenrechtspolitik und dem Versuch, transnationale Rechtsstrukturen aufzubauen. Die Spannungen sind überall zu spüren, am intensivsten im Kampf zwischen Kräften, die versuchen, Barrieren zwischen Menschen abzubauen, und den Gegenkräften, die Mauern und Zäune errichten, um nationale Identitäten und Interessen zu sichern. Die politischen Bestrebungen, rechtliche und politische Strukturen zu schaffen, die es den Menschen ermöglichen, lokale kulturelle Zugehörigkeit, besondere nationale Identität und allgemeine kosmopolitische Subjektivität zu entwickeln und zu kombinieren, sind wichtig, reichen aber nicht aus, um sich mit den widerstreitenden Kräften der heutigen Welt auseinanderzusetzen. Die intrinsisch konkurrierende Struktur einer polyzentrischen Welt steht im Widerspruch zu allen Tendenzen, die sozialen und politischen Konkurrenten in eine politische, kulturelle oder rechtliche Einheit zu integrieren, die wahrhaft universell ist und nicht nur ein vorübergehendes Ergebnis des politischen, wirtschaftlichen oder militärischen Imperiums, das von Partikularinteressen getrieben wird und auf dem Gebrauch und dem Missbrauch von Macht beruht.

Die Frage ist, ob das alles ist, was wir sagen können. Gibt es eine universelle Orientierung, die nicht eine Verallgemeinerung eines bestimmten Partikularinteresses ist und nicht auf dem Gebrauch von Macht beruht, um Opposition zu unterdrücken und Kritik zum Schweigen zu bringen? Gott als eine Kraft in den Mittelpunkt zu stellen, mit der man rechnen muss, könnte eine Antwort auf diese Frage sein. Die Ausrichtung an Gott bietet eine universelle Orientierung, die nicht im Widerspruch zum polyzentrischen Charakter unserer kulturellen, politischen und wirtschaftlichen Welt steht, weil sie mit nichts in der Welt konkurriert, sondern die Welt für die Gegenwart Gottes jenseits der Welt öffnet. Gott ist einzigartig, und das Leben des Menschen in der schöpferischen Gegenwart Gottes ist nicht nur eine universellere Orientierung als jedes kosmopolitische Ideal, sondern sie bietet auch einen Modus der Universalität, die den Bezug zum Schöpfer charakterisiert (und folglich nur auf der Tiefenpassivität basiert) und nicht den Bezug zu Geschaffenem (und folglich nicht auf Praktiken beruht, die Konflikte mit sich bringen und daher immer offen sind für Machtmissbrauch). Die Gleichheit vor Gott ist universeller und weniger durch menschliche Interessen verzerrt als die Gleichheit vor Gesetzen oder Institutionen, die immer Motive und Interessen beinhalten, die nicht von allen geteilt werden.

Auf diese und andere Weise kann die menschliche Tiefenpassivität in unsere individuellen und gemeinschaftlichen Praktiken integriert werden, indem Modi, Formen und Prinzipien des individuellen und gemeinschaftlichen Lebens ausgearbeitet werden, die der Tiefenpassivität unserer Existenz entsprechen und gerecht werden. Dies ist ein wichtiges Gegenmittel gegen den Druck unserer Kultur, die menschliche Aktivität in den Mittelpunkt zu stellen und alles, was sich nicht durch eigenes Tun in etwas Eigenes verwandeln lässt, herunterzuspielen. Wir müssen wieder lernen, unsere Endlichkeit und Kontingenz ernst zu nehmen und sie nicht als etwas Negatives zu verunglimpfen, sondern sie als etwas Positives zu würdigen, als eine gottgegebene Offenheit für die Möglichkeiten, die Gott uns zuspielt, als ein Profitieren von der schöpferischen Gegenwart Gottes, das die Unterscheidung zwischen Schöpfer und Geschöpf nicht verwischt, sondern sie als kreative Grundunterscheidung aller kontingenten Ordnungszusammenhänge begreift. Wir sind Schöpfer unserer selbst in der Art und Weise, wie wir unser Leben führen. Aber wir sollten es verantwortungsbewusst tun, und wir gehen gefährlich in die Irre, wenn wir vergessen, dass wir uns nur deshalb selbst machen können, weil wir uns nicht dazu gemacht haben, uns selbst zu machen. Wir sind Geschöpfe, nicht der Schöpfer. Nichts, was wir tun, wird das ändern. Deshalb sind wir gut beraten, den Reformatoren zu folgen und diese Erkenntnis zum orientierenden Bezugspunkt unseres Lebens zu machen.

III
Die Vernunft des Glaubens

1. Reformation als Revolution

Anfang des 16. Jahrhunderts wollten Christen überall in Europa sich nicht länger von einer Kirche gängeln lassen, die vor allem an ihre eigene Macht und Pracht dachte. Überall gab es Reformbewegungen, die den beklagenswerten Zustand der Christenheit ändern wollten. Seit langem gab es Kritik an der Kirche, von innen und von außen.

Doch in Wittenberg – das im Verhältnis zu Rom so bedeutungslos war wie Bethlehem im Verhältnis zu Jerusalem – kam es zur Revolution. Unter Berufung auf das biblisch bezeugte Gotteswort und den darauf gegründeten Glauben stellten Luther und seine Mitstreiter die Kirche ihrer Zeit von ihrem geistlichen Ursprung her in Frage und leiteten so – nicht auf einen Schlag, aber Schritt für Schritt – eine radikale Umwälzung der christlichen Lebens- und Denkart ein: Nicht in triumphalen Machtbauten und theologischen Denkkathedralen zeigt sich die Herrlichkeit Gottes, sondern in Krippe und Kreuz, in Elend, Leiden und Tod. Gott gehört nicht zu einer kirchlichen Sonder- oder religiösen Gegenwelt, sondern ist überall am Werk, gerade auch da, wo Menschen um ihr Leben und Überleben kämpfen. Man muss sich nicht auf lange Pilgerwege zu heiligen Orten begeben, um Gott zu finden – warum nach Jerusalem reisen, wenn man sein Geld auch in Görlitz ausgeben kann? Man braucht Gottes Nähe auch nicht in klösterlicher Klausur außerhalb des Weltbetriebs zu suchen. Es genügt darauf zu achten, wie Gott im alltäglichen Leben gegenwärtig und wirksam ist. Gott ist nahe, nicht fern, er sorgt wie ein guter Vater für seine Geschöpfe. Auch wer nichts von ihm wissen will, verdankt alles Gute im Leben ihm. Mitten im Leben ist Gott am Werk, und wenn mitten im Leben der Tod herrscht, dann ist Gott auch mitten im Tod am Werk. Nirgendwo, nicht einmal im Tod, lässt Gott einen allein. Deshalb kann man sich überall ganz auf ihn verlassen.

Das zu tun, ist Glaube, wie die Reformatoren ihn verstanden. Wer glaubt, setzt ganz und ausschließlich auf Gott, von ihm erhofft er alles

Gute, nicht nur für sich, sondern für alle Menschen. Gott lässt seine Liebe allen zugute kommen, alle Menschen sind seine Nächsten, und so sind sie auch zu behandeln. Für Christen ist Gott das Zentrum des Lebens, Gott allein gebührt alle Ehre, nicht weltlichen Potentaten oder kirchlichen Würdenträgern. Wer sich an Gottes Gegenwart orientiert, ist frei. Alle, die das tun, sind gleich. Deshalb haben weltliche Hierarchien und Machtgefüge in der Kirche nichts zu suchen. Niemand hat im Glauben einem anderen irgendetwas voraus. Alles ist allein Gott zu verdanken. Zwar ist jeder Mensch anders als jeder andere, aber keiner ist frei für Gott und die Nächsten, den nicht Gott selbst dazu befreit hat. Das ist der Grund aller menschlichen Gleichheit: Die Freiheit eines jeden durch Gott begründet die Gleichheit aller vor Gott.

Das war die reformatorische Revolution der Denkart: *Gott allein* steht im Zentrum, nicht die Kirche, nicht der Staat, nicht die Menschen, nicht die Welt. Sie alle sind von Gottes schöpferischer Gegenwart her zu denken und nicht nur so zu verstehen, wie unsere Erfahrung es nahelegt. Nicht Gott ist das Dunkel, an dem alle Aufklärung scheitert, sondern wir sind es, wir sind das Rätsel, dessen Lösung wir nicht kennen, Gott ist das offenkundige Geheimnis, das im Evangelium zur Sprache kommt und von dem her sich alles in neuer Weise erschließt. Wer Gott kennt, versteht sich selbst und seine Welt besser, und wer Gott verstehen will, ohne sich selbst von Gott her neu zu verstehen, wird nichts verstehen. Gott steht an erster Stelle, nicht wir, er hat das letzte Wort, nicht unsere Vernunft. Nicht wir entscheiden über Gott, sondern wir sind eingebettet in einen Zusammenhang, der größer ist als wir.

God First – das ist die Kurzformel der reformatorischen Revolution. Ihr Echo hallte weit hinein in die spekulative Metaphysik der Leibniz-Epoche, in den Deutschen Idealismus des 19. Jahrhunderts und in die dialektische Theologie des 20. Jahrhunderts. Das Potential dieser Revolution ist noch lange nicht ausgeschöpft. Wer ohne Gott anfängt, wird auch ohne Gott enden. Alle Debatten um die Gottesfrage bis zur Gegenwart belegen das in trauriger Regelmäßigkeit. *God First* – das ist die reformatorische Einsicht, an die zu erinnern angesichts der zum säkularen Lebensstil gewordenen Ausblendung Gottes aus dem Leben und Denken auch heute jeder Grund besteht.

2. Orientierung an Gottes Freiheitsmacht

Es gibt keine Einsicht, die Menschen nicht pervertieren könnten und würden. Das gilt auch hier. Das reformatorische *God First* wurde bald umbesetzt durch das aufklärerische *Reason First*, das romantische *People First*, das nationale *Nation First*, das völkische *We First*. Und jede Umbesetzung machte deutlich, wie schnell die Abweichung von der Orientierung an Gott zur Idolatrie, zur Fehlorientierung des Lebens an einem selbstgeschaffenen Götzen wird.

Das begann schon mitten in der Reformationsepoche. Die reformatorische Revolution des Glaubens löste bald Freiheits- und Religionskriege aus, in denen die Freiheit, für die man focht, mit Füßen getreten und der Glaube, für den man eintrat, bis zur Unkenntlichkeit entstellt wurden. Bauernkrieg, Judenhetze, staatlicher Konfessionalismus, nationaler Lutherkult im 19. Jahrhundert und protestantische Demokratieromantik seit der Mitte des 20. Jahrhunderts sprechen eine deutliche Sprache.

Die protestantischen Reformationen des 16. Jahrhunderts – von Wittenberg bis Genf und von Zürich bis Kopenhagen und Stockholm – gehören zu den grundstürzenden Revolutionen der Freiheit in Europa. Allerdings wurde ihr Freiheitsruf mannigfach missverstanden, weil man die sozialen und politischen Folgen dieser Glaubensrevolutionen ins Zentrum stellte, aber nicht die existenzielle Neuorientierung an Gott, ohne die es diese Folgen nicht gegeben hätte.

Um welche Freiheit ging es? Luthers Antwort war eindeutig: um die Freiheitsmacht Gottes, der Ja sagt zu denen, die zu ihm Nein sagen. Dieses Ja bleibt nicht ohne Resonanz, und diese Resonanz ist der Glaube. Zu bejahen, dass man bejaht ist, ist geradezu eine Kurzformel des christlichen Glaubens. Und dieses doppelte Ja verändert alles. Durch die damit angezeigte Umorientierung des ganzen Lebens auf Gott hin wird das Leben nicht länger in religiöse (Gott nahe) und nichtreligiöse (Gott ferne) Bereiche aufgeteilt, der klassischen Säkularisierungsdebatte also an einem zentralen Punkt von vornherein der Boden entzogen. Im Licht der Grundunterscheidung zwischen Schöpfer und Geschöpf wird das *ganze* Leben als Resonanzraum der Gegenwart Gottes verstanden, nicht nur die Kirche, sondern auch Gesellschaft und Staat, nicht nur der Sonntagsgottesdienst, sondern auch der Alltag in Familie und Beruf.

Gott ist jeder Gegenwart gegenwärtig, und jeder lebt an seinem Ort in Gottes schöpferischer Gegenwart. Man kann Gott zwar ausblenden und leben, als gäbe es Gott nicht. Und das tun auch alle Menschen. Aber man kann es nur, weil Gott gegenwärtig ist, auch wenn er nicht in die Augen springt.

Das für eine vormoderne Weltsicht zu halten, ist ein intellektueller Missgriff. Die Orientierung an Gott ist nicht vormodern und eine Welt »nach Gott« nicht modern oder nachmodern. Sie ist unmöglich, weil es ohne Gott keine Welt gäbe, ob man sein Leben an Gott ausrichtet oder nicht. Gottes Gegenwart trägt jede Gegenwart, davon waren die Reformatoren überzeugt. Ohne Gott kein Sein, keine Welt, kein Leben. Ohne Christus keine Erkenntnis, dass Gott auch die liebt, die ihn ablehnen. Ohne die Schrift kein Verstehen, dass Christus der Schlüssel zum Verständnis der Liebe Gottes ist. Ohne Gottes Geist keine Gewissheit, dass die Schrift das rechte Verständnis Christi und damit der Liebe Gottes erschließt. Gott ist der Grund und Bezugspunkt des ganzen Lebens. Von Gott, durch Gott und auf Gott hin ist alles. Gott aber ist Liebe, Liebe ist wesentlich wirksam, und die Allwirksamkeit der Liebe Gottes ist die schöpferische Macht, Leben aus dem Tod, Gutes aus Übel und Freude aus Leid zu schaffen.

Nicht nur schaffen zu *wollen*. So müsste man von den Menschen sagen. Wir wollen vieles, und erreichen wenig. Wir haben die Folgen unseres Tuns nicht unter Kontrolle, kaum in den Nahbereichen unseres Lebens und überhaupt nicht in den Fernwirkungen. Immer wieder werden wir überrascht von dem, was wir angerichtet oder ausgelöst haben, ohne es zu wollen. Wir wollen Gutes und bewirken Übel, und wir tun Übles und fördern damit Gutes.

Gott dagegen wird nicht überrascht von den Folgen seines Wollens und Tuns. Er hat die Macht, das Gute, das er will, auch zu verwirklichen und diese Verwirklichung zu garantieren. Das können Menschen nicht, selbst wenn sie es zusammen versuchen. Jeden Samstag will jede Mannschaft der Bundesliga siegen. Aber vor dem Ende des Spiels weiß niemand, was dabei herauskommt. Das macht es spannend. Aber es zeigt auch, dass wir nicht die Macht haben, das, was wir wollen, genau so auch zu realisieren. Nicht nur zwischen Wollen und Tun, sondern auch zwischen Tun und Vollbringen klafft eine Kluft, die wir nicht schließen können.

Das gilt besonders, wenn es um das Gute und Gerechte geht. Ständig müssen wir nachjustieren, um die üblen Folgen unserer gut gemeinten Taten nicht überhand nehmen zu lassen. Ich erspare mir, Beispiele zu nennen. Wir kennen sie alle: Unsere Parlamente arbeiten sich an ihnen ab. Wir mögen so gelegentlich Schlimmeres verhindern. Aber wir können nicht garantieren, dass es am Ende heißt: »Ende gut, alles gut«.

Anders Gott. Gott hat den Willen und die Macht, alles zum Guten zu führen. Wer auf ihn setzt, kann gewiss sein, dass das Gute auch realisiert wird. Das heißt nicht, dass es immer so gehen müsste, wie man sich das ausmalt, oder dass Gottes Güte am Leben ablesbar wäre. Im Gegenteil. Das Leben ist selten so, dass es das Wirken von Gottes Güte nahelegt. Wer auf Erfahrung baut, kommt nicht weit. Christen gründen ihre Zuversicht in Gottes Güte daher auch nicht auf ihre Lebenserfahrungen oder das, was sich in der Welt ereignet, sondern auf das Wort des Evangeliums, das mehr über die Welt sagt, als sich an dieser ablesen lässt: dass sie Gottes gute Schöpfung ist. Das Evangelium nennt Gott nicht deshalb gut, weil die Welt gut wäre, sondern weil Gott zusagt, sie gut zu machen, und das Geschehen von Kreuz und Auferstehung Christi Grund gibt, dieser Zusage zu trauen. Wer glaubt, vertraut Gottes Zusage, alles gut zu machen. Das heißt nicht, dass Menschen nichts tun könnten oder sollten. Wir können gar nicht leben, ohne aktiv zu sein. Doch unsere Grenzen sind deutlich. Wir haben nicht das Zeug, die Welt zum Paradies zu machen. Unsere Weltverbesserungsprogramme ziehen eine Spur der Verwüstung durch die menschliche Geschichte. Gewiss, manche haben auch Gutes erreicht, wer wollte das bestreiten? Aber sie berechtigen nicht, auf ein »Ende gut, alles gut« zu hoffen.

Dazu muss man – so die reformatorische Überzeugung – auf Gott setzen. Wer sich auf Gott verlässt, nimmt Teil an Gottes Freiheitsmacht, auch aus Üblem Gutes zu schaffen. Wer Gott überlässt, was er selbst nicht vermag (im Glauben), der wirkt Gutes, ohne es selbst zu tun (in der Liebe). Er wird zum Ort, an dem Gott Gutes für andere wirkt. *Gott* wirkt es, nicht die Glaubenden selbst! Christen sind keine besseren Menschen, sondern frei davon, das sein zu wollen und sein zu müssen – nur um dann immer wieder zu erleben, dass sie es nicht sind und nicht sein können. Der Glaube macht frei von solchen falschen Ansprüchen an sich selbst und befreit eben so dazu, sich den Nöten der anderen zuzuwenden. Und die Liebe wirkt Gutes durch Menschen, auch wenn diese es vielleicht gar nicht wollen. In beiden Fällen ist es nicht der Mensch, sondern Gott, der hier am Werk ist. Deshalb soll das ganze Leben der Christen Buße sein, ein Leben also, dass alles Gute von Gott erhofft und sich nicht einbildet, selbst dazu einen Beitrag leisten zu können. Nur wer im Glauben ganz auf Gott setzt, kann auch zum Ort werden, an dem Gottes Liebe Gutes wirkt. Wo Gutes geschieht, sind es nicht die Menschen, die das tun, sondern Gottes Liebe, die es durch ihr Tun bewirkt.

3. Orientierung an Gott und die Gleichheit der Menschen

So zu leben und zu denken, versteht sich nicht von selbst. Nicht einmal in der Kirche, wie die Reformatoren aus eigener Erfahrung wussten. Ihnen musste man nicht erklären, was im Christentum alles anstößig, abstoßend und korrekturbedürftig ist. Keine konfessionelle Tradition ist davon ausgenommen, auch nicht der Protestantismus. Jede ist ständig reformbedürftig. Aber nicht durch Anpassung an den Zeitgeist und auch nicht einfach durch den Widerspruch zu ihm. Sonst erklärt man – je nach gesellschaftlicher Meinungslage – die Monarchie für christlich, oder die eigene Nation, die Demokratie, die multikulturelle Gesellschaft, den ökologischen Landbau oder die vegane Lebensweise. Oder man definiert das Christliche als Einspruch und Widerstand gegen alles, was man in der Gegenwart als Übel erkennt und benennt. Doch nicht der Zeitgeist ist die Norm, an der sich Christen auszurichten haben, auch nicht dadurch, dass man ihm widerspricht. Das kann man auf christliche Weise nur, wenn man seinen eigenen Maßstab hat, an dem man nicht nur andere, sondern zuerst und vor allem sich selbst misst. Stets reformbedürftig sind die Christenheit und ihre Institutionen vielmehr, weil sie immer wieder kritisch an der Sache des Glaubens gemessen werden müssen.

Diese ist keine Orientierung an Werten, die für alle Menschen guten Willens einsichtig sind und die sich im Lebensvollzug realisieren lassen, wenn man sich ein bisschen Mühe gibt. Das unterschätzt die provozierende Anstößigkeit des Glaubens. Dieser orientiert sich nicht an Werten, sondern an Gott, auf dessen Freiheitsmacht zum Guten er setzt. Er plädiert nicht für eine bestimmte Wertehaltung, sondern misst alles an der Grunddifferenz zwischen Schöpfer und Geschöpf, Gott und Mensch, indem er an zwei grundlegende Sachverhalte erinnert. Zum einen: Gott ist göttlich, indem er sich zum Nächsten der Menschen macht und diese so dazu befreit, ihre eigene Vernunft zu gebrauchen in der Wahl ihrer Werte, der Setzung ihrer Gesetze und der verantwortungsvollen Gestaltung ihres Zusammenlebens. Er wispert ihnen nicht ins Ohr, was sie zu tun haben. Das müssen sie selbst herausfinden. Und das können sie auch, wenn sie sich im Glauben selbstkritisch an Gott orientieren. Denn – das ist das andere – Menschen leben genau dann menschlich, wenn sie sich weder ins Göttliche überheben, also mehr sein wollen, als sie sein können, noch ignorieren, dass Gott sich ihnen zum Nächsten macht, und damit weniger sein wollen, als sie sein könnten.

Was heißt es, auf wahrhaft menschliche Weise mit anderen zusammenzuleben? An der Antwort auf diese Frage scheiden sich die Geister. Christen beantworten sie mit Verweis auf Gottes Gegenwart. Wer sein Leben daran ausrichtet, lebt anders, weil er sich und alle anderen Menschen als Gottes Nächste versteht und behandelt, egal woher sie kommen oder wie er sonst zu ihnen stehen mag.

Für Christen ist die Gleichheit der Menschen keine Wertegemeinschaft, sondern Gleichheit vor Gott unbeschadet unterschiedlicher Wertorientierungen, Kulturtraditionen und Herkunftsgeschichten. Die Menschen sind ein bunter Haufen mit wenigen Gemeinsamkeiten, jeder ist anders als jeder andere, aber sie alle sind gleich vor Gott. Diese Gleichheit wird immer dann gefährdet, wenn man sie nicht ausschließlich von Gott her denkt, sondern an den Besitz gemeinsamer Glaubens- und Moralüberzeugungen knüpft. Dann gibt es zwangsläufig Bedingungen, denen Menschen genügen müssen, um mit anderen gleich zu sein, und da Menschen alle verschieden sind, öffnet das Tor und Tür dafür, Unterschiede zwischen Menschen zu machen und Gleichheit ohne Rekurs auf Gott über gemeinsame Fähigkeiten, Rechte, Bedürfnisse und Werte zu definieren. Doch die sind nie neutral, sondern bringen immer die Interessen einer Gruppe, Kultur oder Tradition anderen gegenüber zur Geltung, zwingen anderen also unser Bild von ihnen auf, auch wenn das mit den besten Absichten geschieht. All unser Wollen und Handeln leidet an dieser Gefahr interessengeleiteter Blindheit für die Andersheit der anderen.

Deshalb ist es keine schlechte, sondern eine gute Nachricht, dass Menschen im Blick auf Gott *gar nichts* tun können, sondern *alle* in gleicher Weise davon leben, wie Gott sich zu ihnen verhält. Nicht was wir tun, entscheidet darüber, wie Gott uns gegenwärtig ist. Sondern was wir tun oder nicht tun, zeigt, wie wir darauf reagieren.

4. Vernunft oder Glaube?

Man kann es auch anders sehen, und das ist nicht erst eine Entdeckung des Aufklärungsdenkens. Wenn alle in gleicher Weise davon leben, wie Gott sich zu ihnen verhält, dann scheint man Gott ignorieren zu können. Was keinen Unterschied im Leben macht, ist für das Leben irrelevant. Anstatt uns mit Gott zu beschäftigen, sollten wir uns lieber darauf konzentrieren, mit den Möglichkeiten und Konflikten des Lebens vernünftig umzugehen. Vernünftig aber ist es zu leben, als gäbe es Gott nicht, und im Umgang mit den Schwierigkeiten des Lebens auf die eigene Vernunft zu setzen.

Das klingt vernünftiger, als es ist. Wer auf die Vernunft setzt, sollte die Vernunft als Lebensphänomen ernst nehmen und das Leben so sehen, wie es ist. Das menschliche Leben aber ist von Affekten und Emotionen bestimmt, die sich auch die Vernunft dienstbar machen, wie die Reformatoren wussten, vor allem aber ist es endlich, und das gilt auch für unsere Vernunft. Sie verdankt sich nicht sich selbst, sondern lebt von etwas jenseits ihrer selbst. Immer wieder hat man der Vernunft daher eine Tendenz zugeschrieben, über sich selbst hinaus auf das Unendliche zu verweisen. Ganze Gottesbeweisgebäude hat man auf diese Tendenz gebaut.

Luther hat diese Tendenz nicht bestritten, aber er hat sie als ein Tappen im Dunkeln beschrieben, ein geistiges Topfschlagen, bei dem die Vernunft mit verbundenen Augen immer daneben schlägt und Gott nicht trifft.[27] Das ändert sich erst, wenn man ihr die Binde des Unglaubens von den Augen nimmt und sie zur Vernunft des Glaubens wird. Dann sieht man das Leben, wie es ist, weil man auch dort mit Gott rechnet, wo nichts von Gott zu sehen ist. Gott ist jeder Gegenwart gegenwärtig, aber nicht jeder Gegenwart in gleicher Weise. Er ist überall am Werk, aber nicht überall ist sein Wirken zu erkennen. Niemand kann daher auf Gottes Gegenwart setzen, ohne das zu kennen, was Luther *Anfechtung* genannt hat: dass einem die Gewissheit von Gottes Gegenwart verloren geht, weil das Leben ganz andere Geschichten erzählt.

Eigene Erfahrung hilft dann nicht weiter. Aber im Blick auf Gott ist Erfahrung niemals genug. Dass Gott sich zum Nächsten der Menschen macht, also Ja zu ihnen sagt, ist kein datengestütztes Erfahrungswissen.

27 Vgl. M. Luther, Der Prophet Jona ausgelegt (1526), WA 39 I; 47.

Gott ist keine Erfahrungsgröße, und die Beziehung zu Gott kein Erfahrungsdatum. Alles Erfahrbare gehört zur Schöpfung, Gott aber ist der Schöpfer, also keine Wirklichkeit neben anderem im Erfahrungsraum der Schöpfung, sondern der, ohne den es diesen Erfahrungsraum nicht gäbe. Als Schöpfer ist er mit allem da, was es gibt, und deshalb fällt er nirgends besonders auf. Er ist wie der blinde Fleck unseres Gesichtsfelds: Wir sehen ihn nicht, aber wir können nur etwas sehen, weil wir alles, was wir sehen, von ihm aus sehen. Wer nicht von Gott ausgeht, wird nichts Bedenkenswertes über Gott sagen können, nicht einmal, dass es ihn nicht gibt.

5. Zur Grammatik von »Glaube« und »Vernunft«

Das provoziert Widerspruch, und die gesamte Denkgeschichte der Neuzeit hat sich an diesem Widerspruch abgearbeitet. In der Regel nimmt er die Form an, dass man die Vernunft dem Glauben entgegensetzt. Der Glaube wird dann von der Vernunft her als vernunftloser Fideismus kritisiert, und umgekehrt wird die Vernunft vom Glauben her als glaubenswidriger Rationalismus abgetan.

Beides ist falsch. Der Gegensatz von Glaube ist Unglaube (oder Nichtglaube), nicht Vernunft. Und der Gegensatz von Vernunft ist Unvernunft (oder Vernunftlosigkeit) und nicht Glaube. Vernunft und Glaube müssen sich nicht ausschließen, wenn man sie richtig versteht. Vernunft und Unvernunft gehören zu unserem Leben wie Verstand und Sinnlichkeit, Fühlen und Wollen, Wünschen, Begehren und Tun. All das können wir vernünftig oder unvernünftig tun. Vernunft ist eine Vollzugsweise unseres Lebens, und man kann und muss in jedem Lebensbereich genauer bestimmen, worin sie besteht, was es also im Alltagsleben, in der Wirtschaft, in der Politik, in der Bildung, in der Kirche heißt, vernünftig oder unvernünftig zu handeln.

Das ist anders bei Glaube und Unglaube. Sie sind keine Aspekte unseres Lebens neben anderen, sondern die beiden grundlegenden Weisen, unser Leben mit allen seinen Aspekten in Gottes Gegenwart zu gestalten, indem man diese anerkennt (Glaube) oder indem man das nicht tut (Unglaube). Glaube ist eine Existenzweise, in der man sein Leben in allen seinen Dimensionen und Vollzügen vor Gott lebt, und Unglaube auch.

Der vielbeschworene Gegensatz zwischen Vernunft und Glaube ist daher häufig das Resultat einer ungenügenden Analyse der Grammatik beider Ausdrücke in ihren vielfältigen alltäglichen und religiösen, philosophischen und theologischen Gebrauchskontexten. »Vernunft« wird dann als eine Aktivität ausgelegt wie »ich denke«, und »Glaube« als eine Aktivität wie »ich glaube«, und beide werden anthropologisch als Bezeichnungen menschlicher Fähigkeiten oder mentaler Operationen verstanden, die sich an verschiedenen Stellen auf derselben Skala geistiger Aktivitäten ansiedeln lassen.

Doch das ist eine grammatische Illusion. Wer denkt, ist mental tätig, wer glaubt, kann das sein, muss es aber nicht, und seine mentale Aktivität ist nicht das, worum es theologisch geht, wenn gesagt wird, der Mensch werde durch den Glauben gerechtfertigt. Die Aktivitätsform von Verben wie »schlafen«, »träumen«, »zürnen«, »fühlen« oder »glauben« führt in die Irre, wenn man meint, damit würde auch sachlich eine Aktivität von dem ausgesagt, von dem sie prädiziert werden. In all diesen Fällen passiert eher etwas mit einem als dass man etwas tut. Nietzsche hat dies selbst für das Denken herausgestrichen:

> »Was den Aberglauben der Logiker betrifft: so will ich nicht müde werden, eine kleine kurze Thatsache immer wieder zu unterstreichen, welche von diesen Abergläubischen ungern zugestanden wird, – nämlich, dass ein Gedanke kommt, wenn »er« will, und nicht wenn ›ich‹ will; so dass es eine *Fälschung* des Thatbestandes ist, zu sagen: das Subjekt ›ich‹ ist die Bedingung des Prädikats »denke«. Es denkt: aber dass dies ›es‹ gerade jenes alte berühmte ›Ich‹ sei, ist, milde geredet, nur eine Annahme, eine Behauptung, vor Allem keine ›unmittelbare Gewissheit‹. Zuletzt ist schon mit diesem ›es denkt‹ zu viel gethan: schon dies ›es« enthält eine *Auslegung* des Vorgangs und gehört nicht zum Vorgange selbst. Man schließt hier nach der grammatischen Gewohnheit ›Denken ist eine Thätigkeit, zu jeder Thätigkeit gehört Einer, der thätig ist, folglich –‹.«[28]

Will man solche Irrtümer vermeiden, muss man »Vernunft« und »Glaube«, »denken« und »glauben« nicht substantivisch oder verbal, sondern *modal* oder *adverbial* lesen. Sie sagen nicht, was man ist, sondern *wie* man es ist; und sie sagen nicht, was man tut, sondern *wie* man etwas tut. Menschen leben vernünftig oder unvernünftig, und sie leben im

28 F. Nietzsche, Jenseits von Gut und Böse, Erstes Hauptstück: Von den Vorurtheilen der Philosophen, § 17, KSA 5, 30 f.

Unglauben (glaubend) oder im Glauben (nicht glaubend). Beides kann nicht aufeinander reduziert oder auseinander abgeleitet, sondern nur miteinander kombiniert werden. Man kann vernünftig im Unglauben oder vernünftig im Glauben leben, aber es ist nicht unvernünftig zu glauben, oder vernünftig, nicht zu glauben, und es ist auch nicht unvernünftig, nicht zu glauben, oder vernünftig zu glauben. »Unglaube« und »Glaube« sind Modi menschlicher Existenz in der Gegenwart Gottes, »Vernunft« und »Unvernunft« dagegen Modi menschlichen Lebens in der Welt. Man kann in der Welt aber nicht leben, ohne damit faktisch auch in Gottes Gegenwart zu leben, und man kann in Gottes Gegenwart nicht leben, ohne das entweder nicht glaubend (im Unglauben) oder glaubend (im Glauben) zu tun. Lebt aber jeder Mensch in der Welt vernünftig oder unvernünftig (manchmal so, und ein anderes Mal so), dann lebt so auch jeder, der im Unglauben lebt, und jeder, der im Glauben lebt. Es gibt Nichtglaubende, die vernünftig leben, und Glaubende, die unvernünftig leben. Aber es gibt auch Glaubende, die vernünftig leben, und Nichtglaubende, die es nicht tun.

Zwischen den Modalbestimmungen der Vernunft (vernünftig/unvernünftig) und denen des Glaubens (glaubend/nicht glaubend) besteht aber eine folgenreiche Asymmetrie. Wie man *lebt* (vernünftig oder unvernünftig), dafür ist man selbst verantwortlich, und diese Entscheidung muss man immer wieder treffen, solange man lebt. Wie man dagegen *vor Gott* bzw. *in Gottes Gegenwart* lebt, ob im Glauben oder im Unglauben, das ist nicht Sache der eigenen Entscheidung, sondern Folge dessen, was einem vor allem Entscheidenkönnen widerfährt und eine Entscheidungsalternative überhaupt erst eröffnet.[29] Im Unglauben, in

29 Den Ausdruck »Unglaube« verwende ich in der Regel als Oberbegriff für alles, was nicht Glaube ist, also für alle Formen des Nichtglaubens, Aberglaubens, Andersglaubens etc., und zwar deshalb, weil im Deutschen die Vorsilbe »un-« nicht nur eine Negation anzeigt, sondern einen Mangel, der nicht sein müsste. Wird Glaube so dem Unglauben kontrastiert, dann wird zugleich angezeigt, dass niemand auf der Seite des Unglaubens stehen müsste, sondern jeder Mensch auf der des Glaubens stehen könnte (und – wenn er vernünftig wäre – stehen sollte). Man kann das Verständnis von »Unglaube« aber auch enger fassen und den Ausdruck nur für diejenigen Vollzüge des Lebens gebrauchen, die sich der Verweigerung des Glaubens oder der Zurückweisung des Glaubens verdanken, also aus einer aktiven Ablehnung des Geschenks des Glaubens entspringen und nicht nur den Zustand des Nichtglaubens meinen, in dem sich jedes menschliche Leben zunächst vollzieht und in dem es oft auf Dauer verharrt.

dem jeder Mensch zunächst lebt und die meisten Menschen auf Dauer leben, gibt es keinen Anlass und keine Möglichkeit, sich für oder gegen etwas zu entscheiden: Man lebt, wie man lebt, und das ist alles, was es zu sagen gibt. Im Glauben ist das anders. Man kann sich im Glauben gegen den Unglauben, aber nicht im Unglauben für den Glauben entscheiden.

Im Unglauben steht nichts zur Entscheidung, weil man keine Möglichkeit und keinen Anlass hat, sich überhaupt unter der Differenzbestimmung von Glaube und Unglaube wahrzunehmen und zu verstehen. »Glaube« und »Unglaube« sind keine Unterscheidungsbestimmungen der Vernunft, sondern Orientierungsdifferenzen im Glauben. Sie taugen nicht zur Beschreibung bestimmter religiöser oder weltanschaulicher Optionen vom Standpunkt beobachtender Vernunft aus. In deskriptiver Haltung kann man nicht bestimmte Lebenseinstellungen als Glaube und andere als Unglaube klassifizieren, sondern nur verschiedene (religiöse) Lebenseinstellungen beschreiben, die man für mehr oder minder überzeugend, haltbar oder vertretbar hält. Die Unterscheidung von »Glaube« und »Unglaube« ist keine Beschreibungsdifferenz der Vernunft, sondern eine Orientierungsdifferenz im Glauben: Nur vom Glauben aus lässt sich etwas als Unglaube qualifizieren, und vom Glauben aus ist vor allem das Unglaube, von dem her man zum Glauben gekommen ist und kommt. Im Glauben aber steht nicht zur Entscheidung, den Glauben zu wählen, sondern nur, es abzulehnen, in den Nichtglauben und Unglauben zurückzufallen. Das ist nicht unmöglich, wie wir wissen. Man kann nur wählen, was man nicht schon ist, und sagt man, dass man das, was man ist, »wählt« oder sich »dafür entscheidet«, dann heißt das, dass man nichts anderes wählt, sondern bei dem bleibt, was man ist. Wählen kann man nur das, was man nicht ist und von dem man zugleich weiß, dass es eine valable Existenzmöglichkeit für einen ist. Deshalb kann man im Glauben nur den Unglauben wählen oder nicht wählen, und im Unglauben weder das eine noch das andere.

Nur *im Glauben* kann man sich daher für oder gegen den Unglauben entscheiden. *Für den Glauben* aber entscheidet man sich nie, weil es im Unglauben nicht möglich und im Glauben nicht nötig ist. Sich im Glauben gegen den Unglauben und in diesem Sinn für den Glauben zu entscheiden, ist keine Option für den Glauben von einem Standpunkt außerhalb des Glaubens, sondern eine Weise, den Glauben im Leben zu vollziehen, also glaubend zu leben. Wo man sich *bewusst* für den Glauben entscheidet, also das mit Überzeugung zu leben beginnt, was man zuvor nur formal durch die Taufe war, spricht man gelegentlich von »Wiedergeburt«; und zuweilen wird diese als das eigentliche Wechselereignis stilisiert. Doch auch sie ist keine Entscheidung für den Glauben, durch die man als Nichtglaubender vom Unglauben in den Glauben wechselte. Wer »wiedergeboren« wird, das spricht die Metapher aus, vollzieht diesen Wechsel nicht als eigene Entscheidung, sondern stimmt dem Wechsel, den man Gott verdankt, mit Amen zu. So wenig die Geburt eine eigene Entscheidung des Kindes ist, welches das Leben wählt, so wenig ist die Wiedergeburt eine eigene Entscheidung des Menschen, der den Glauben wählt. Es ist vielmehr eine Form, in der man im Glauben die Form seines Lebens wählt, und die kann verschieden sein. Wie man den Glauben lebt, kann man entscheiden, und das Christentum kennt nicht nur eine Weise, das zu tun. Ob man aber im Glauben lebt, leben kann oder leben will, ist nicht Sache der eigenen Entscheidung und dementsprechend auch nicht aus dem abzuleiten, ob man vernünftig oder unvernünftig lebt.[30] Das Vorher des Glaubens ist stets der Unglaube (niemand glaubt, der nicht zuvor im Nicht- und Unglauben gelebt hätte), das Woher des Glaubens aber ist nicht die Vernunft oder die Unvernunft, sondern die Unterbrechung des vernünftig oder unvernünftig gelebten Lebens in der Welt durch das, was Paulus die δύναμις θεοῦ, die Kraft des Evangeliums (Röm 1,16) bzw. des Wortes vom Kreuz nennt (1Kor 1,18). In der Sache des Glaubens kann die Vernunft nicht Ausgangspunkt, Schiedsrichter oder Prüfstein sein, sondern allenfalls die Rolle einer sekundären und nachgeordneten Hilfskraft spielen. Es gibt sie nicht als neutrale Urteilsinstanz, wie nicht nur Locke, sondern die meisten Philosophen der Neuzeit meinten.[31] Es gibt sie

30 Hier zeigt sich eine wichtige Parallele zwischen Leben und Leben im Glauben. Vernünftig oder unvernünftig kann man nur leben, wenn man lebt. Wie man lebt, ist daher eine Sache der Entscheidung, ob man lebt dagegen (zunächst) nicht. Erst wenn man lebt, kann man sich gegen das Weiterleben und für das Nicht-mehrleben entscheiden. Ähnlich im Glauben. Dass man im Glauben lebt, ist keine Folge eigener Entscheidung. Im Glauben aber kann man sich gegen den Glauben und für den Unglauben entscheiden. Ob das vernünftig oder unvernünftig ist, ist eine andere Frage. Und welche Gründe, Motive oder Lebensumstände einen dazu bringen, es zu tun oder nicht zu tun, auch.

31 John Locke zufolge hat die Vernunft dem Glauben gegenüber das letzte Wort, weil sie zwar nicht in der Lage ist, über Offenbarungswahrheiten zu urteilen, wohl aber

vielmehr nur in konkret qualifizierter Form als Vernunft des Unglaubens (vernünftig gelebter Unglaube) oder als Vernunft des Glaubens (vernünftig gelebter Glaube), aber nicht als das dem Glauben gegenüber Dritte, mit dessen Urteil der Glaube steht und fällt.

6. Glaube, Unglaube, Vernunft, Unvernunft

Mit der Entgegensetzung von Glaube und Vernunft ist daher vorsichtiger umzugehen, als das oft geschieht. Sie stehen sich nicht auf einer Ebene gegenüber, so dass das eine abnehmen müsste, wenn das andere zunimmt. Wer glaubt, orientiert sich an Gottes Gegenwart und versteht und behandelt sich und alle anderen als Gottes Geschöpfe. Man kann das auf vernünftige oder auf unvernünftige Weise tun, aber man ist nicht dann vernünftig, wenn man es nicht tut, und auch nicht dann unvernünftig, wenn man es tut. Glaube bzw. Unglaube qualifizieren das ganze Leben, nicht nur einen Teil davon, und deshalb kann man im Glauben vernünftig oder unvernünftig leben, und im Unglauben auch. Unglaube ist ja keine Untat, für die man Strafe verdiente, und Glaube kein gutes Werk, das man sich selbst zuschreiben könnte. Wie gelebter Glaube Dankbarkeit ist für die Gegenwart Gottes, der man sein Leben verdankt, so ist gelebter Unglaube ein Leben, das solche Dankbarkeit nicht kennt.

Das aber ist der Normalfall für alle. Niemand beginnt sein Leben im Glauben. Alle Menschen leben zunächst oder auf Dauer in einer natürlichen Gottesblindheit. Um auf Gott aufmerksam zu werden, müssen einem die Augen für Gottes Gegenwart geöffnet werden, so dass man lernt, die Welt in bestimmter Weise zu sehen. Dazu genügt es nicht, die

---

darüber, ob sie überhaupt offenbart sind. Vgl. J. Locke, An Essay Concerning Human Understanding, Book IV, Chapter XVIII: Of Faith and Reason, and their Distinct Provinces, The Works of John Locke in Nine Volumes, Vol. 2, London 1824, 269. Doch genau das ist zu bestreiten, wenn man »Offenbarung« nicht kognitivistisch konstruiert und als besondere Erkenntnisquelle missversteht. Vgl. I. U. Dalferth, Radikale Theologie, Leipzig 2010, Kap. XII. Dass Neutralität im übrigen kein Wesensmerkmal der Vernunft, sondern immer erst anzustrebender, nur schwer zu erreichender und nicht immer angemessener Modus eines bestimmten Gebrauchs von Vernunft ist, ist ebenfalls nicht zu vergessen. Die Bemühung um Neutralität ist nicht auf den Gebrauch der Vernunft außerhalb des Glaubens beschränkt, sondern kann ebenso den Gebrauch der Vernunft im Glauben charakterisieren.

Welt zu erforschen. Auf Gott stößt man weder im ganz Großen noch im ganz Kleinen, weder im Rückgang auf einen ersten Anfang noch im Vorgriff auf ein letztes Ende, sondern alles Forschen bewegt sich immer nur im Erfahrungsraum der Welt. Wissenschaft und Philosophie können Vieles über die Welt herausfinden, nur eines nicht, wie Luther zu Recht betonte: dass sie Schöpfung ist.[32] Wer Schöpfung sagt, muss vom Schöpfer sprechen, und das kann niemand ernsthaft tun, ohne sich selbst als Geschöpf zu verstehen, das Gott sein Leben verdankt und alles Gute von Gott erhofft. Das aber ist keine wissenschaftliche, sondern eine existenzielle Einsicht, die von Gott nicht mehr in der dritten, sondern in der zweiten und ersten Person spricht: »Du bist mein Schöpfer«, »Ich bin dein Geschöpf«. Man spricht noch nicht ernsthaft von Gott, wenn man nur wissenschaftliche Forschungen und philosophische Überlegungen anstellt und keine existenziellen Konsequenzen zieht, sei es im positiven oder negativen Sinn, indem man sich als Gottes Geschöpf bekennt oder das bestreitet. Das Thema »Gott« ist nichts, was einen unberührt lassen könnte oder das man in distanzierter Neutralität behandeln könnte. Gäbe es Gott nicht, fehlte der Welt nicht nur ein mehr oder weniger interessantes Problem, sondern es gäbe sie nicht, es gäbe niemand, der sie erforschen könnte, und nichts, was sich erforschen ließe. Dass es die Welt gibt, beweist aber als solches auch nicht, dass es Gott gibt. Die Tatsache der Welt gibt nur dann einen Hinweis auf Gott, wenn man die Welt *als Schöpfung* versteht, also nicht nur anerkennt, dass Gott ihr gegenwärtig, sondern wie er es ist, nämlich – so die Grundeinsicht von Luthers Kreuzestheologie – als schöpferische Liebe, die aus Übel Gutes, aus dem Tod Leben, aus Nichts Sein schafft, die Welt also nicht so lässt, wie sie ist, sondern neu macht und zum Guten verändert.

Auch hier also gilt die Maxime: *God First*. Geht man nicht von Gott aus, dann wird man Gott auch nicht finden. Tut man es aber, versteht also sich und alles übrige als Gottes Schöpfung, dann wird nicht etwa mit einem Schlag alles klar, sondern gerade umgekehrt, dann verliert die Welt ihre eindimensionale Eindeutigkeit und wird in kreativer Weise vieldeutig. Man beginnt dann alles, was man sieht, erlebt und erfährt, noch einmal anders zu verstehen, weil es so, wie es ist, noch

32 Vgl. M. Luther, Disputatio de Homine, prop. 14, in: Martin Luther. Lateinisch-Deutsche Studienausgabe, Band 1: Der Mensch vor Gott, hrsg. v. W. Härle, Leipzig 2006, 665.

nicht so ist, wie es als Gottes gute Schöpfung sein kann, sein soll und sein wird. Was man hier und jetzt erfährt, ist allenfalls das Material für das, was einmal daraus werden wird, wie Luther schreibt.

Diese doppelte Sicht auf alles zeichnet den Glauben aus. Er deckt auf, dass das Leben mehr ist als das, was in die Augen springt, weil er das, was ist, vor dem Hintergrund dessen versteht, was sein kann, sein soll und durch Gott auch sein wird. Trotz aller gegenteiligen Erfahrungen in dieser Zuversicht leben zu können, ist das Gottesgeschenk des Glaubens. Doch es sind immer Menschen, die glauben oder das nicht tun, sei es auf vernünftige oder auf unvernünftige Weise. Was aber ist der Mensch?

7. Das Wesen, an dem Gott baut

Luthers Antwort ist ungewöhnlich: Der Mensch ist das Wesen, an dem Gott baut. Er ist ein Wesen im Werden, dessen bisherige Erscheinungsformen nur das Material sind für das, was er künftig sein wird. Nicht woher wir kommen, definiert unser Menschsein, sondern wozu wir werden, nicht das Alte, das wir sind, sondern das Neue, das Gott aus uns macht. Menschen sind Wesen der Hoffnung, über deren Zukunft nicht das entscheidet, was sie können und tun, aus sich gemacht haben und zu machen vermögen, sondern das, was ihnen über alles ihnen Verfügbare hinaus widerfährt und mit ihnen geschieht – durch Gott.

Das Eigentümliche dieser Sicht des Menschen ist, dass sie auf keinem Vergleich beruht, sondern den Menschen als Ort göttlichen Wirkens bestimmt: Der Mensch ist der, an dem Gott baut. Er ist nicht nur das, was er selbst aus sich macht oder andere aus ihm machen. Im Leben eines Menschen spielt sich mehr ab als das, was man selbst erlebt: In ihm ist Gott am Werk.

Das begründet die Würde der Menschen. Sie hängt nicht am Besitz irgendwelcher Fähigkeiten, schon gar nicht einem besonderen Sensorium für Gott, sondern daran, dass Menschen zum Ort werden, an dem Gott Gutes wirkt – für sie und durch sie für andere. Der Glaube entspringt nicht besonderen Gotteserfahrungen, sondern der Einsicht, dass Gott auch dann am Werk ist, wenn man das nicht erfährt. Nicht wie man sich selbst erlebt, ist entscheidend, sondern was einem widerfährt und was anderen dadurch deutlich wird. Jesus starb am Kreuz mit einem Schrei der Gottverlassenheit, aber andere vernahmen ihn als

Hoffnungsruf zum Glauben. Luther zog daraus die Konsequenz und definierte den Menschen als den, der zum Glauben gerufen ist, nicht weil er das Potential und die Sehnsucht dazu in sich trägt, sondern weil Gott an ihm baut, und der im Glauben Gutes wirkt, nicht weil er gar nicht anders kann, sondern weil Gottes Liebe durch ihn am Werk ist.

Diese Antwort war damals so ungewöhnlich wie heute. Die gängige Methode, die Frage nach dem Menschen zu beantworten, ist der Vergleich. Man vergleicht Menschen mit *anderen Menschen* im Hinblick auf ihre Fähigkeiten und Verhaltensweisen, mit *Nichtmenschlichem* (anderen Tieren) im Hinblick auf Werkzeuggebrauch, Kooperationskompetenz, Lernfähigkeit oder Sprachvermögen, oder mit *Übermenschlichem* (Gött-lichem, Göttern oder Gott) im Hinblick auf ihre Vergänglichkeit oder Unvergänglichkeit, das Wissen um Wahrheit oder die Unterscheidungs-fähigkeit zwischen Gut und Böse. Alle drei Betrachtungsweisen gehen *vom Menschen aus* und sind in *anthropomorpher Perspektive* entworfen. Schon die Bezeichnung der Vergleichshinsichten (Übermenschliches, Nichtmenschliches, Menschliches) belegt das.

Genau das ist anders in der reformatorischen Bestimmung des Menschen. *God First* gilt auch hier, und das besagt, dass der Mensch nicht vom Menschen aus, sondern von Gottes Wirken her verstanden wird. Das ist eine radikale Zuspitzung auch gegenüber der christlichen Tradition. Diese versuchte alle drei Vergleichshorizonte des Menschseins in einem einzigen Gedanken zu verknüpfen: dem der Vernunft. Die Vernunft verbindet Gott und die Menschen, sie unterscheidet die Menschen von anderen Lebewesen, und sie ist das, worin Menschen mit anderen Menschen auf differenzierte Weise übereinkommen: die einen sind vernünftiger als die anderen, aber niemand ist ohne Vernunft. Die Vernunft ist die höchste Auszeichnung des Menschen, aber sie ist zugleich auch das Menetekel seines größten Versagens. »Welch ein Meisterwerk ist der Mensch!« sinniert Shakespeares Hamlet. »Wie edel durch Vernunft! Wie unbegrenzt an Fähigkeiten! In Gestalt und Bewegung wie bedeutend und wunderwürdig! Im Handeln wie ähnlich einem Engel! Im Begreifen wie ähnlich einem Gott! Die Zierde der Welt! Das Vorbild der Lebewesen! Und doch, was ist mir diese Quintessenz von Staub?«[33] Menschen haben alle Fähigkeiten, die wunderbarsten Ge-

---

33 W. Shakespeare, Hamlet, Akt II, übers. v. A. W. von Schlegel (http://gutenberg.spiegel.de/buch/-5600/3).

schöpfe der Welt zu sein, mehr engelgleich und gottähnlich als irgendein anderes Lebewesen. Aber sie sind das nur der Möglichkeit nach, nicht in Wirklichkeit. Wenn sie ihre Fähigkeiten praktizieren, versagen sie jämmerlich. Sie haben alle Möglichkeiten - und enttäuschen auf der ganzen Linie, wenn es darum geht, sie zu realisieren.

Das ist eine uralte Einsicht, und es hat mit der Neigung der Menschen zu tun, sich selbst zu überschätzen. Die biblische Schöpfungsgeschichte hat es unserem kulturellen Gedächtnis eingeschrieben. Gott setzt die Menschen ein, mit ihm über alle anderen Geschöpfe zu herrschen. Aber das genügt ihnen nicht. Sie wollen nicht nur die besten Geschöpfe, sondern wie der Schöpfer sein. Das werden sie, indem sie sich durch das Essen der verbotenen Früchte die Fähigkeit aneignen, wie Gott zwischen Gut und Böse zu unterscheiden. Aber eben dadurch verspielen sie die Möglichkeit, ihre Fähigkeit lebensdienlich zu gebrauchen, weil sie missverstehen, wer sie selbst in Wahrheit sind: Geschöpfe und eben nicht der Schöpfer. Wie Gott haben sie jetzt das Potential, zwischen Gut und Böse zu unterscheiden, aber weil *gut* und *böse* immer heißt, gut oder böse *für jemanden*, und man wissen muss, wer oder was man ist, um sagen zu können, ob etwas gut oder böse für einen ist, können Menschen ihr Wissen nicht für sich fruchtbar machen, weil sie nicht mehr wissen, was sie in Wahrheit sind. Sie haben eine göttliche Fähigkeit gewonnen, aber das Wissen um ihr Geschöpfsein verloren und sind damit unfähiger als zuvor: Sie können sein wie Gott, aber sie sind nicht mehr in der Lage zu sein, was sie in Wahrheit sind.

Hamlet, der traurige Realist, sieht das. Menschen wollen wie Gott sein, und werden doch gerade dadurch unfähig, wahrhaft Menschen zu sein. Das Vorbild der Lebewesen wird zum Albtraum für alle anderen Geschöpfe.

8. Der Mensch als Selbstgeschöpf

Realistisches Menschenbild, meinen die einen, und das bis zum heutigen Tag. Üble Verzeichnung, sagen die anderen, und das schon lange. Immer wieder wird gegen das (angeblich) negative Menschenbild der christlichen Tradition der säkulare Humanismus der antiken und neuzeitlichen Aufklärung ins Feld geführt, der Hoffnung gebe und Mut mache, weil er auf menschlichen Fortschritt und nicht auf menschliches Versagen setze. Das sei der Weg in die Zukunft, nicht die Depressionsanthropologie der christlichen Theologie und der Reformatoren. Man müsse den Glauben an Gott daher minimieren und die Vernunft maximieren.

Doch die Sache ist komplizierter. Man muss Glaube und Vernunft gar nicht so gegeneinander ausspielen, wie wir sahen. Und man kann die Vernunft nicht maximieren, ohne die Grenzen im Blick zu behalten, bei deren Überschreitung sie zur Unvernunft wird. Die vergangenen Jahrhunderte haben die abgründige Dialektik der Aufklärung überdeutlich gemacht. Eine auf sich allein gestellte menschliche Vernunft steht in Gefahr, sich nur zu leicht gegen sich selbst zu kehren und die Menschen nicht besser, sondern schlechter zu machen, als sie sein müssten. Sie wird selbstzerstörerisch, wenn sie sich nicht selbst Grenzen setzt. Dazu aber muss sie sich von anderem unterscheiden, und um sie richtig setzen zu können, muss sie sich von anderem auf die richtige Weise unterscheiden.

Das haben Renaissancedenker und Reformatoren auf gegenläufige Weise getan. Die einen betonten die *Kreativität* und *Schaffenskraft* der Menschen, die anderen ihre *Endlichkeit* und *Passivität*. Die einen priesen sie als Schöpfer ihrer selbst, die anderen als Gottes ausgezeichnete Geschöpfe.

In seiner *Rede über die Würde des Menschen* (1486), verfasst kurz nach Luthers Geburt, beschreibt Giovanni Pico della Mirandola den Menschen als Resultat eines göttlichen Planungsdesasters. Nach Abschluss seines Schöpfungswerks sehnte Gott sich »nach jemandem, der fähig wäre, den Sinn seines grossen Werkes zu begreifen, dessen Schönheit zu lieben, dessen Erhabenheit zu bewundern«. Deshalb »beschloss er [...], als letztes Werk Menschen zu erschaffen«. Sein Pech war, dass von »den Urbildern [...] keines mehr da [war], um daraus das neue Geschöpf zu formen«, und dass es »auf der ganzen Welt« keinen Ort mehr gab, der nicht schon von anderen Wesen »besetzt« gewesen wäre. Da nahm der göttliche »Baumeister [...] den Menschen als ein Werk unbestimmter Art [...], stellte ihn in die Mitte der Welt und sprach zu ihm [...]: ›Ich erschuf dich weder himmlisch noch irdisch, weder sterblich noch unsterblich, damit du als dein eigener, gleichsam freier, unumschränkter Baumeister dich selbst in der von dir gewählten Form aufbaust und gestaltest.‹«[34]

34 http://www.willensbekundung.net/Assets/PDF_Dateien/Mirandola_Wuerde_des_Menschen.pdf.

Tiere sind von Anfang an auf das festgelegt, was sie sein werden, und Engel sind von Anfang an alles, was sie sein können. Menschen aber haben das Potential, sich selbst zu Pflanzen, Tieren, Menschen, Engeln oder Teufeln zu machen. Zielen sie zu niedrig, verfehlen sie ihre Möglichkeiten und leben nicht menschlich, zielen sie zu hoch, überschätzen sie ihre Möglichkeiten und leben unmenschlich. Beide Abstürze sind die Regel, wie Pascal zweihundert Jahre später desillusioniert feststellt: »Der Mensch ist weder Engel noch Tier, und das Unglück will es, dass, wer einen Engel aus ihm machen will, ein Tier aus ihm macht.«[35] Die Menschen haben ein immenses Potential, aber auch eine enorme Verantwortung, denn sie schaffen Elend für alle, wenn sie ihr Potential missbrauchen.

Picos Rede markiert anthropologisch den Beginn der Neuzeit. Diese fragt nicht mehr nach einem unveränderlichen Wesen des Menschen, sondern nach den Möglichkeiten und Grenzen menschlicher Kreativität und Selbstbestimmung. Wo bleiben wir unter unseren Möglichkeiten, und wo schießen wir über sie hinaus? Worauf müssen wir achten, um nicht zu klein von uns zu denken? Und was müssen wir beachten, um uns vor der Gefahr der Selbstüberschätzung zu schützen?

Die klassische Antwort auf diese Fragen verwies auf die Vernunft: Wir sind *endliche Vernunftwesen,* nicht unendlich wie der Schöpfer, aber auch nicht vernunftlos wie die übrige Schöpfung. Das richtige Verständnis der Vernunft ist der Schlüssel zum rechen Verständnis unserer selbst.

In einer postdarwinischen Welt springt die Fragwürdigkeit dieser Antwort in die Augen. Wenn Vernunft das ist, was uns mit dem Schöpfer verbindet, und zugleich das, was uns von den anderen Lebewesen unterscheidet, dann muss die wachsende Einsicht in die Vernunftfähigkeit unserer tierischen Artgenossen als Angriff auf die Sonderstellung des Menschen als Gottes Ebenbild in der Schöpfung verstanden werden. Nur wenig unterscheidet uns vom Wurm und noch weniger vom Makaken.

Doch wie immer man die graduellen Unterschiede beurteilen mag, theologisch ist es ein Irrweg, den Menschen aufgrund seiner Vernunft für ausgezeichnet zu halten. Was immer man darunter versteht, andere

35 B. Pascal, Pensées VI, 358: »L'homme n'est ni ange ni bête, et le malheur veut que qui veut faire l'ange fait la bête.« (dtsch.: B. Pascal, Gedanken, Bremen o. J., 91, Nr. 213).

haben solche Vernunft auch und in manchen Hinsichten in viel größerem Maße als wir. Man muss kein Vertreter von PETA sein, um zuzugestehen, dass auch andere Lebewesen vernunftfähig sind und entsprechend behandelt gehören. Und man muss kein Transhumanist sein, um zuzugeben, dass uns nicht erst Quantencomputer in vielem den Rang ablaufen. Der Schritt aus der analogen in die digitale Welt dürfte im Rückblick eine ähnlich einschneidende Singularität darstellen, wie es der Schritt von einer vorsprachlichen in eine sprachliche Welt gewesen war. Das Menschsein hat sich damit so verändert, dass es kein Zurück zu den Erfahrungen und Denkweisen davor gibt. Es gibt daher mehr als einen guten Grund, theologisch nicht zu exklusiv auf Vernunft zu setzen, wie sie sich in einer bestimmten Phase der Menschheitsgeschichte herausgebildet hat.

Aus den gleichen Gründen genügt es aber auch nicht, gegenüber der klassischen Vernunftbetonung auf Sinne und Sinnlichkeit, Körperlichkeit und Materialität zu setzen, um die wirkliche oder vermeintliche Einseitigkeit einer abstrakten Vernunftanthropologie zu korrigieren. Aus reformatorischer Perspektive ist nicht die Wiedergewinnung von Sinnlichkeit und Körperlichkeit die theologische Herausforderung angesichts einer fragwürdig gewordenen Vernunfttradition, sondern die Wiedergewinnung der Orientierung an der Unterscheidung von Schöpfer und Geschöpf. Vernunft, Verstand, Sinnlichkeit, Körperlichkeit markieren allesamt Unterschiede in der Schöpfung. Doch theologisch entscheidend ist die Unterscheidung der Schöpfung mit all ihren Unterschieden vom Schöpfer, dem sie sich verdankt und ohne den sie nicht wäre.

Es gehört zu den grundlegenden Einsichten des christlichen Glaubens, dass menschliches Leben und Denken in die Irre geht, wo Gott ausgeblendet wird und man lebt, als gäbe es Gott nicht. Und es gehört zu den grundlegenden Einsichten der Reformatoren, dass diese Verirrungen von uns aus nicht behoben werden können, ob man auf Vernunft oder Moral, Affekt oder Gefühl, Sinnlichkeit oder Körperlichkeit setzt. Wo Gott minimiert wird, wird das Andere Gottes maximiert, wie immer man es nennt. Aber wenn es maximiert wird, ohne seine Grenzen zu beachten, resultiert das im menschlichen Zusammenleben leicht in wachsender Unmenschlichkeit und nicht in größerer Menschlichkeit. Das gilt für die Vernunft ebenso wie für die Affekte, das Gefühl oder die Körperlichkeit. Sie alle lassen sich missbrauchen. Um das zu vermeiden, muss man ihre Grenzen beachten, und zwar nicht nur die, die sie als endliche Phänomene von einander unterscheiden, sondern vor allem die Grenze, die alles Endliche zusammen vom Unendlichen unterscheidet. Nicht die Differenzen innerhalb der Schöpfung sind theologisch das Entscheidende, sondern die Grunddifferenz zwischen Schöpfer und Geschöpf. Nicht dass sie Vernunft haben, zeichnet Menschen anderen Lebewesen gegenüber aus, sondern wie sie mit ihr umgehen. Genau darauf zielten die Reformatoren, indem sie alles auf Gott und den Glauben konzentrierten.

9. Der Mensch als Gottesgeschöpf

Pico della Mirandola meinte, wir hätten die Wahl, uns zu Engeln oder zu Teufeln zu machen. Luther hielt diese Wahlfähigkeit für einen lebensfremden Traum. Wir befinden uns niemals in einer Situation, in der wir frei zwischen einem menschlichen, einem übermenschlichen oder einem nichtmenschlichen Leben wählen können. Wir haben uns immer schon entschieden, das zu wollen und wenn möglich auch zu tun, was uns richtig, gut und gerecht zu sein scheint, ohne an Gott auch nur zu denken. Aber der Schein kann trügen, und er trügt immer, wenn wir nicht wissen, wer wir sind, so dass wir gar nicht entscheiden können, was das *für uns* Richtige, Gute und Gerechte ist. Nicht alles, was ich für gut halte, ist es auch; nicht alles, was für andere gut ist, ist es auch für mich; und nicht alles, was für mich in einer Hinsicht (als Vater, Bürger, Mensch, Geschöpf) gut ist, ist es auch in der anderen. Wir leben in Konfliktsituationen, die wir nicht vermeiden können, und dem muss theologisches Denken Rechnung tragen.

Luther tut es, indem er den Konflikt bis in die menschliche Identität hinein verfolgt. Wir sind nicht nur die, die wir zu sein glauben, weil wir uns so erleben, sondern mehr, als wir meinen. Es genügt daher nicht, nur *eine* Geschichte über uns zu erzählen. Menschen sind nicht nur, was sie sind, sondern sie müssen entscheiden, wie sie Mensch sein wollen, denn sie können menschlich oder unmenschlich leben. Menschsein ist nicht nur ein biologischer Sachverhalt, sondern das Resultat von Entscheidungen, wie man sein Menschsein leben will.

Das hatte Pico im Blick, aber Luther geht noch einen Schritt weiter. Menschen lassen sich niemals auf das reduzieren, was sie sind und aus sich machen können. Versteht man sie in Bezug auf Gott, dann kommen sie als etwas in den Blick, zu dem sie sich selbst niemals machen können: Gottes Geschöpfe. Geschöpfsein ist keine Option, die man wählen kann oder nicht. Es ist die Voraussetzung dafür, dass man überhaupt Optionen hat und etwas wählen kann. Man muss daher immer in mehrfacher Weise über die Menschen reden, nämlich so, wie sie sich selbst verstehen und wie sie von Wissenschaft und Philosophie verstanden werden, und so, wie sie zu verstehen sind, wenn sie als Geschöpfe Gottes beurteilt werden.

Wie das geht, zeigt Luther in seiner *Disputatio de Homine* (1536).[36] Er spricht zunächst philosophisch, dann theologisch über den Menschen. Die Philosophie – und das umfasst das ganze wissenschaftliche Wissen der Zeit – versteht den Menschen im Vergleich mit anderen Lebewesen als »ein vernunftbegabtes, sinnenhaftes, körperliches [mit den Tieren zusammengehöriges] Lebewesen«.[37] Dabei ist die Vernunft »die Hauptsache von allem«, denn sie ist »von allen übrigen Dingen dieses Lebens das Beste und geradezu etwas Göttliches«.[38] »Sie ist Erfinderin und Lenkerin aller freien Künste, der Medizin, der Rechtswissenschaft und all dessen, was in diesem Leben an Weisheit, Macht, Tüchtigkeit und Herrlichkeit von Menschen besessen wird.«[39] Ohne Vernunft geht nichts. Wir haben nichts Besseres als sie.

Doch den Menschen so vom Vergleich mit anderen Lebewesen her zu verstehen, greift zu kurz: Zum einen hat diese Sicht »nur den sterblichen und irdischen Menschen«[40] im Blick, ist also ganz auf dieses Leben beschränkt. Zum anderen ist die Vernunft zwar das Höchste, was Menschen in diesem Leben haben, aber sie ist eine ganz und gar dürftige Größe: Nicht einmal über unsere »Entschlüsse oder Gedanken haben wir volle und zuverlässige Macht, sondern wir sind in ihnen dem Zufall und der Nichtigkeit unterworfen«.[41] Die Gedanken kommen eben nicht, wenn wir es wollen, sondern wenn sie wollen, und was wir wollen, wird von uns selten auch erreicht. Die Vernunft gibt daher bei Licht betrachtet ein äußerst dürftiges Bild ab.

---

36 Luther, Disputatio de Homine (s. Anm. 30), 663–669.
37 A. a. O., prop. 1.
38 A. a. O., prop. 4.
39 A. a. O., prop. 5.
40 A. a. O., prop. 3.
41 A. a. O., prop. 18.

Die theologische Bestimmung des Menschen geht daher anders vor. Sie bestreitet das philosophische Verständnis nicht, bettet es aber ein in einen umfassenderen Zusammenhang, indem sie Menschen nicht als Lebewesen unter Lebewesen, sondern vom Schöpfer her als Geschöpfe versteht. In dieser Sicht aber sind die Fähigkeiten klar verteilt: Gott *ist*, das Geschöpf *wird*. Gott *wirkt*, das Geschöpf *wird gewirkt*. Der bestimmende Seinsmodus des Schöpfers ist Aktivität, der des Geschöpfs Passivität. Das heißt nicht, dass Menschen nicht aktiv wären, aber sie sind es nur auf dem Tiefengrund eines Gewordenseins, das sie nicht sich selbst verdanken. Ohne Gott gäbe es sie nicht, ob sie dem zustimmen oder nicht. Geschöpfsein markiert ja keinen Unterschied im Erfahrbaren, sondern charakterisiert alles Erfahrbare im Bezug zu Gott. Es gibt hier nur ein Ja oder Nein, und beides gilt für alles. Entweder sind wir (und alles andere) Geschöpfe, oder wir sind es nicht. *Tertium non datur*.

Für Luther war die Antwort klar: Alle Menschen leben, als ob sie keine Geschöpfe wären, und alle Menschen irren. Diesen Irrtum können die Irrenden selbst nicht beheben, weil sie es gar nicht wollen. Menschen wollen wie Gott – und das heißt ja: ohne Gott – sein, und deshalb wollen sie, dass Gott nicht ist. Dieses irrige Wollen muss geändert werden, und das können die Menschen nicht selbst.

Dass wir Geschöpfe sind, lässt sich ja an keiner Erfahrung ablesen. So wenig der Horizont eine Eigenschaft des Meeres ist, das er begrenzt, so wenig ist Geschöpfsein eine Eigenschaft der Lebewesen, die so bestimmt werden. Der Horizont gehört nicht zum Meer, das man sieht, sondern zu dem Standpunkt, von dem aus man das Meer betrachtet. Entsprechend gehört auch das Geschöpfsein nicht zum Menschen, den man Geschöpf nennt, sondern zu dem Standpunkt, von dem aus man die Menschen und alle anderen Lebewesen in den Blick fasst. Um sie als Geschöpfe zu verstehen, die ihr Dasein Gott verdanken, muss man sie vom Schöpfer her beurteilen, der ihr Dasein will und bejaht.

Das gilt für alle Geschöpfe. Menschen aber zeichnet aus, dass sie nicht leben können, ohne zu diesem Gottesurteil und damit zu ihrem Geschöpfsein *faktisch* Stellung zu nehmen durch die Art und Weise, wie sie leben. Menschen sind Geschöpfe, die nicht umhin können, ihr Leben positiv oder negativ an der Präsenz des Schöpfers auszurichten. Sie können darauf mit Dankbarkeit reagieren, also glauben. Aber auch wenn sie das nicht tun, belegt das, was der Fall sein könnte, aber nicht der Fall ist.

Auch beim Reden von Schöpfung und Geschöpf ist daher mit Gott und nicht mit den Menschen anzufangen. Kein Mensch hat sich selbst geschaffen, und kein Mensch hält von sich aus Gott für seinen Schöpfer. Darauf muss man zuerst einmal gebracht werden. Deshalb definiert Luther den Menschen im Anschluss an Paulus als dasjenige Geschöpf, das durch Gott selbst ins rechte Verhältnis zu Gott gesetzt wird. Das rechte Verhältnis aber ist der Glaube, der ganz auf Gott setzt, also alles Gute von Gott erwartet. Und so bestimmt Luther den Menschen mit Paulus (Röm 3,28) als den, der »durch den Glauben gerechtfertigt wird«.[42] Was Menschen auszeichnet, ist nicht, dass sie Vernunft, Sinne, Affekte und Körper besitzen, dass sie die Fähigkeit haben, sich selbst zu bestimmen und sich an Werten auszurichten. All das mag oder mag nicht der Fall sein. Entscheidend aber ist ein anderes: Dass sie Ort eines Geschehens sind, das sie zu etwas macht, was sie von sich aus niemals werden könnten: Geschöpfe, zu denen Gott Ja sagt.

Das gilt ganz unabhängig von den Fähigkeiten eines Menschen. Es verdankt sich einzig der Zuwendung Gottes, nicht dem, ob und wie man darauf reagiert. Versteht man Menschen so als Geschöpfe, dann zeichnet sie nicht ihre schöpferische *Aktivität* aus, sondern gerade umgekehrt ihre kreative *Passivität*. Das Wichtigste, was man über sie sagen kann, ist nicht, dass sie sich selbst wählen können und müssen, sondern dass gerade, wenn sie das tun, mehr mit ihnen geschieht, als sie je selbst tun könnten. Sie sind nicht nur das, was sie selbst aus sich machen oder wozu andere sie machen, sondern sie werden, was Gott in ihnen sieht und aus ihnen macht.

10. Kreative Passivität

Das ist – in anthropologischer Hinsicht – die reformatorische Revolution der Denkart: Menschen sind nicht nur Produkte ihrer selbst. In ihrem Leben geschieht mehr, als sie wissen und unter Kontrolle haben, weil Gott an ihnen baut. Diese schöpferische Passivität ist der Ursprung ihrer Kreativität. Die Pointe ihres Lebens ist nicht das, was Menschen aus eigenem Vermögen erreichen können, sondern dass sie, wie immer sie leben, zum Resonanzboden von Gottes Gegenwart werden, da sie

42 A. a. O., prop. 32.

diese durch die Art und Weise, in der sie leben, zum Ausdruck bringen oder verdunkeln. Beides hat wenig mit Religion im üblichen Sinn zu tun. Es sind nicht immer die Religiösen, die Gottes Gegenwart erhellen, und es sind nicht immer die Nichtreligiösen, die sie verdunkeln. Menschen können religiös oder nicht religiös leben, und auf beide Weisen können sie Gottes Gegenwart erhellen oder verstellen. Auch wer ohne Gott zu leben beansprucht, lebt vor Gott. Und auch wer mit Gott zu leben meint, kann für andere zum Zeichen der eigenen Gottesferne werden.

Deshalb ist das Leben der Christen *semper reformanda*, also immer wieder neu an Gottes Gegenwart auszurichten, weil dann auch das Leben und menschliche Miteinander anders wird. *God First* – das ist die reformatorische Revolution der Denkart, an die auch heute zu erinnern ist. Sie stellt keine Norm auf, der man genügen müsste. Sie erinnert vielmehr daran, die Augen nicht vor der Wirklichkeit zu verschließen, sondern die Dinge so zu sehen, wie sie sind: Zuerst Gott, dann alles übrige. Wer sich und die Welt so sieht, lebt anders, weil er oder sie nicht wie Gott sein will, sondern als Mensch einfach nur menschlich zu leben versucht – mit allen Schwächen, Zweifeln, Unklarheiten und Fehlbarkeiten, die Menschen in diesem Leben auch dann kennzeichnen, wenn sie als Gottes Geschöpfe leben.

IV
Die Freiheit des Glaubens

1. Glaubensfreiheit

Im Folgenden geht es nicht um das, was in Artikel 4 des Grundgesetzes als Glaubensfreiheit definiert ist – die Freiheit, seine Religion oder Weltanschauung frei zu wählen, seine Religion ungestört auszuüben, sie zu wechseln oder auf jede Religion zu verzichten. Unter Freiheit des Glaubens wird dort die Freiheit verstanden, zu glauben oder nicht zu glauben. Mir dagegen geht es um die Freiheit des Glaubens nicht im *genetivus objectivus*. sondern im *genetivus subjectivus* bzw. *auctoris* – um die Freiheit also, die der Glaube ermöglicht und bewirkt. Mein Thema ist nicht die Freiheit, die Menschen dem Glauben gegenüber haben, sondern die Freiheit, die sie dem Glauben verdanken.

Unter »Glaube« verstehe ich dabei das, was im Christentum darunter verstanden wird. Dort hat diese Kurzformel historisch und sachlich ihren Sitz im Leben: Ohne von Glauben zu reden, lässt sich das Christentum nicht verstehen. Das ist bei anderen religiösen Traditionen nicht so. Die Ausweitung dieses Ausdrucks auf andere Religionstraditionen und Lebensorientierungen ist ein westlicher Christentumszentrismus in der Betrachtung der Welt der Religionen und meist eine begriffliche Schludrigkeit. Aus »Glaube« wird dann »Glaubensweise«, andere Traditionen werden durch die Brille dessen gelesen, was für das Christentum charakteristisch ist, und umgekehrt wird christlicher Glaube zu einem Fall dessen, was man auch in anderen Traditionen zu finden meint.

Das führt regelmäßig zu Missverständnissen, auch über das, was »Glaubensfreiheit« meint. Dieser Kerngedanke des Christentums ist kein Euphemismus für blinden Gehorsam oder für den Verzicht auf Freiheit aus Glaubensgründen, sondern kennzeichnet gerade umgekehrt das, was menschliche Freiheit im Kern auszeichnet. Menschen können manches, aber nicht alles. Sie haben deshalb guten Grund, nach den Voraussetzungen, Möglichkeiten und Grenzen ihrer Freiheit zu fragen. Menschliche Freiheit ist endliche Freiheit, und um Endliches zu bestimmen, muss man es nicht nur von anderem Endlichen abgrenzen, sondern vom Unendlichen unterscheiden. Eben das leistet die Glaubensfreiheit für die menschliche Freiheit. Sie tritt nicht als eine Art der Freiheit neben andere, sondern konkretisiert im Licht der Unterscheidung von unendlicher und endlicher Freiheit, was menschliche Freiheit auszeichnet.

In einem ersten eher philosophischen Teil erläutere ich daher zunächst einige zentrale Aspekte endlicher Freiheit. In einem zweiten theologischen Teil soll dann gezeigt werden, was das Eigentümliche der Freiheit ist, um die es im Glauben geht.

2. Endliche Freiheit

2.1 Kontingenz und Freiheit

Alles, was wir kennen, könnte auch nicht oder anders sein. Es ist also kontingent. Das sind auch wir. Anders als andere kontingente Wesen können wir uns aber zu unserer Kontingenz verhalten – wir ignorieren sie, lehnen sie ab, begrüßen sie, leben sie so oder anders. Wir leben nicht nur, sondern wir erleben, wie wir leben, und wie wir uns und anderes erleben, so leben wir, indem wir uns so oder anders entscheiden.

Diese Konstellation von Erlebensmodus und Lebensweise ist Ausdruck unserer Freiheit: Weil wir unser Leben so oder anders erleben, können wir es so oder anders leben. Wir können Entscheidungen treffen, wir müssen es, und wir treffen sie auch ständig. Wir sind Freiheitswesen. Werden wir daran gehindert, unsere Freiheit zu praktizieren, erleben wir das als Freiheitsbehinderung oder Freiheitsentzug. Der Mangel zeigt, dass nicht der Fall ist, was eigentlich der Fall sein sollte. Man ist nur frei, wenn man seine Freiheit auch leben kann.

2.2 Schöpfer und Geschöpf

Das gilt, wie immer man Freiheit versteht. Es ist ein Grundzug der Freiheit, dass man sie nicht haben kann, ohne sie zu gebrauchen: Frei ist nur, wer seine Freiheit auch praktiziert. Das aber kann auf verschiedene Weise geschehen. Absolut oder unendlich ist Freiheit, wenn man sich ihres Gebrauchs auch enthalten kann, weil diese Enthaltung selbst ein Vollzug dieser Freiheit ist: Nichts zu tun, ist hier auch eine Option – die freie Entscheidung, seine Freiheit nicht zu praktizieren, also *weder* das eine *noch* das andere zu tun. Endliche Freiheit dagegen muss praktiziert werden, indem man *entweder* das eine *oder* das andere tut. Frei zu sein, so oder anders zu handeln, schließt hier nicht ein, nicht zu handeln: Nichts zu tun, ist hier keine Option. Endliche Freiheit kann niemals nichts, sondern immer nur das eine oder das andere tun. Sie handelt unvermeidlich, und eben diese Unvermeidlichkeit verleitet immer wieder dazu, auch Freiheitshandeln als kausal bedingtes Verhalten verstehen zu wollen.

Die Differenz zwischen unendlicher und endlicher Freiheit wird theologisch seit alters zur Unterscheidung von Schöpfer und Geschöpf herangezogen: Der Schöpfer *kann* handeln, der Mensch *muss* es. Der Sabbat des absoluten Nichtstuns ist eine Option für Gott, aber nicht für uns. Für uns ist jeder Tag ein Werktag, auch der Sonntag, weil wir auch Nichtstun nur als ein Tun vollziehen können und nicht als Enthaltung von allem Tun oder Nichtstun. Für absolute Freiheit ist Nichtstun das, was es sagt: ein *Nichts*-Tun. Für endliche Freiheit dagegen ist auch Nichtstun ein *Tun*. Menschen sind nicht frei, ihre Freiheit nicht zu praktizieren. Sie *müssen* es tun.

2.3 Die Vielfalt der Freiheitsverständnisse

Doch das ist bestenfalls ein Anfang. Freiheit hat viele Facetten. Kaum ein anderes philosophisches und theologisches Thema hat eine so wichtige Rolle in der westlichen Tradition gespielt, und kaum ein anderes Thema ist so eng mit vielen anderen Fragen des menschlichen Lebens, Erlebens, Verstehens und Selbstverstehens verknüpft wie die Freiheit. Das zeigt sich schon an der Vielzahl und Vielfalt der Freiheitsdefinitionen. Wir verstehen Freiheit als die *Spontaneität*, aus eigenem Antrieb Ereignisreihen zu starten und eine Situation, in der man sich befindet, von sich aus gezielt zu verändern; oder als die *Handlungsfreiheit*, ungezwungen so oder anders zu handeln, also das, was wir tun oder lassen wollen, auch tun oder lassen zu können; oder als *Entscheidungsfreiheit*, sich für oder gegen etwas zu entscheiden, also ohne Nötigung oder Zwang aus einer Menge hier und jetzt wählbarer Alternativen eine wählen und andere verwerfen zu können; oder als die *Willensfreiheit*, sich für das Gute und gegen das Böse entscheiden zu können; oder als *Selbstbestimmung*, also die Fähigkeit, unser Wollen und Entscheiden an Kriterien auszurichten, die wir selbst setzen, um unsere Entscheidungen daran zu orientieren und zwischen Optionen zu wählen; oder als *moralische Autonomie*, also die Fähigkeit, uns aus Vernunftgründen zur Wahrung der Würde jedes Menschen auf das Prinzip festzulegen, uns für keine Weise des Entscheidens zu entscheiden, die nicht am intrinsisch Guten orientiert ist, an dem also, für das sich jede moralische Person unter den gleichen Umständen auch entscheiden müsste.

Die Vielzahl der Verständnisse lässt sich auf keinen gemeinsamen Nenner bringen, die Bestimmungen sind aber auch nicht willkürlich, sondern stehen in einem bestimmten Zusammenhang. Ohne freie Entscheidungen gibt es keine freien Handlungen, ohne freie Selbstbestimmung keine freien Entscheidungen, und ohne moralische Autonomie keine Entscheidungen und Handlungen, die daraus entspringen, dass sich Personen frei am Guten orientieren.

2.4 Handeln und Verhalten

Ausgangspunkt dieses ganzen Gedankengefüges von Handlung, Entscheidung, Selbstbestimmung und Autonomie ist eine Unterscheidung, die wir lebensweltlich wie selbstverständlich machen: die Unterscheidung zwischen *Verhalten* (das immer durch etwas bedingt ist) und *Handeln* (das von uns selbst zu verantworten ist). Während alles Handeln auch als Verhalten beschrieben werden kann, wenn man sich an das hält, was beobachtbar ist, gilt das Umgekehrte nicht. Wer handeln kann, hat die Fähigkeit, sich selbst zu bewegen, sich von sich aus auf andere zu beziehen, sich selbst so oder anders zu bestimmen, also einen Zustand *von sich aus* zu verändern. Der Akzent liegt nicht auf dem, was geschieht, sondern darauf, dass es nur geschieht, wenn es *von jemandem* getan wird, wenn es also einem Urheber zugeschrieben werden kann.

Zwei Aspekte sind dabei wichtig. Zum einen geht es um etwas, das unter gegebenen Bedingungen sein kann, aber nicht sein muss. Der neue Zustand ist möglich, aber er tritt nicht ein, wenn er nicht gezielt herbeigeführt wird. Zum anderen geht es um den Akteur, nicht um einen Ursache-Wirkung-Zusammenhang von Ereignissen oder Sachverhalten. Der neue Zustand ist nicht Wirkung einer Ursache, sondern Resultat des Tuns eines Täters.

Kant definiert Freiheit dementsprechend als »das Vermögen, einen Zustand von selbst anzufangen, deren Causalität also nicht nach dem

Naturgesetze wiederum unter einer anderen Ursache steht, welche sie der Zeit nach bestimmte«.[43] Handlungen sind vermeidbare Neuanfänge, nicht unvermeidliche Wirkungen vorausgehender Ursachen. Es gibt sie nicht ohne Handlungssubjekte, die solche Neuanfänge herbeiführen können. Wer von Handlungen spricht, spricht deshalb von Selbstbewegern (Selbsten), die Handlungen vollziehen können.

Das steht in Spannung zu gegenwärtigen neurophysiologischen Versuchen, alles Handeln als Verhalten zu verstehen und kausal als Wirkung von Ereignissen im Gehirn erklären zu wollen. Doch die Differenz zwischen Verhalten und Handlung ist tief in unserer Lebenswelt verankert. Wir können uns selbst nicht verstehen, ohne zwischen Verhalten, das mannigfach bedingt sein kann, und Handeln, für das wir selbst verantwortlich sind, zu unterscheiden. Wer atmet oder wem vor Schrecken der Atem stockt, der verhält sich, aber er handelt nicht. Wer dagegen bei Grün die Straße überquert oder bei Rot wartet, der verhält sich nicht, sondern handelt. Die Unterscheidung ist gut begründet und der Fußpunkt aller Freiheitserfahrung. Unser Verhalten zeigt, wie Situationen auf uns wirken und wie wir auf sie reagieren. Unser Handeln belegt, wie wir Situationen sehen und zielgerichtet verändern. Beides sind lebensweltlich distinkte Phänomene, die wir unterscheiden müssen, wenn wir uns selbst verstehen wollen. Das erste lässt sich in objektiver Beobachterhaltung beschreiben. Das zweite erfordert es, den Teilnehmerstandpunkt von Akteuren einzunehmen, also auf ihre Sicht der Dinge zu rekurrieren.

Dieser Unterschied ist auch neurophysiologisch relevant. Wo immer gehandelt wird, stellt sich die Freiheitsfrage. Aber nicht alles Handeln ist frei. Zwischen *Handlungen* und *freien Handlungen* kann man sinnvoll unterscheiden. Frei ist eine Handlung, wenn *ohne Zwang* gehandelt wird, die Handlung also nicht deshalb stattfindet, weil man aus inneren oder äußeren Gründen keine Alternative hatte, sondern weil man einiges von dem, was man hätte tun können, nicht getan hat und stattdessen anderes getan hat, für das man die Verantwortung nicht auf andere abschieben kann. Wir haben die Fähigkeit, Nein zu sagen zu etwas, was möglich wäre, und Ja zu sagen zu dem, was man nicht hätte tun müssen. Wo Kinder diese Fähigkeit zum Nein und zum Ja entdecken, beginnen sie, ihre Freiheit zu erleben. Und was für Kinder

43 I. Kant, Kritik der reinen Vernunft, B 561, AA III, 363.

gilt, gilt auch für uns. Die negative Freiheit, nicht gezwungen zu sein zu dem, was man tut, und die positive Freiheit, etwas tun zu können, was man nicht tun müsste, sind die beiden Seiten aller handlungsgegründeten Freiheitserfahrung.

2.5 Handlungsfreiheit

Der Reformator Melanchthon formuliert daher eine alte Einsicht, wenn er Freiheit bestimmt als die Fähigkeit, »zu handeln oder nicht zu handeln. So oder anders handeln zu können«: »Est autem libertas agere aut non agere. Posse sic aut aliter agere.«[44] Allerdings verdunkelt diese Doppelbestimmung einen entscheidenden Punkt. Handeln oder nicht handeln zu können, ist etwas anderes, als so oder anders handeln zu können. Weder Wasser noch Wein zu trinken, ist etwas anderes als gar nichts zu trinken. Trinken müssen wir alle. Wer frei ist, so oder anders zu handeln, ist nicht ohne weiteres auch frei, weder so noch anders zu handeln. Das geht nur, wenn man eine dritte Option hat, die man wählen kann, und die haben wir nicht immer.

Es ist ein Kennzeichen endlicher Freiheit, dass man sich entscheiden muss, wenn man sich entscheiden kann. Sich nicht zu entscheiden, ist selbst eine Entscheidung: die Entscheidung, weder das eine noch das andere, sondern etwas von beidem Verschiedenes zu tun. Deshalb sind wir nicht nur für das verantwortlich, was wir tun, sondern auch für das, was wir nicht tun, obwohl wir es hätten tun können. Wenn endliche Wesen die Freiheit haben, zu entscheiden, dann wird auch ihr Nichtentscheiden zu einer Entscheidung, für die sie Verantwortung tragen. Das Entscheiden ist so selbst ein Handeln, das eine unter verschiedenen Möglichkeiten wählt, und steht damit wie alle Handlungen unter der Bedingung, dass es auch anders hätte ausfallen können. Wer keine Alternativen hat, der kann nicht handeln. Wer sie hat, aber sie nicht kennt, kann sich nicht entscheiden. Wer sie kennt und sich zwischen ihnen nicht entscheidet, der handelt nicht. Aber auch wer sich entscheidet, handelt erst, wenn er das Gewählte auch auszuführen vermag. Man kann an jedem Punkt scheitern: weil es nichts zu wählen gibt, weil man die gegenwärtig möglichen Optionen nicht kennt, weil man sich nicht

---

44 P. Melanchthon, Lucubratiuncula, Opera, CR 21, Sp. 11-48, hier Sp. 13 f.

zwischen ihnen entscheiden kann, oder weil man seine Entscheidung nicht realisiert.

Auch das Entscheiden bzw. Nicht-Entscheiden ist daher ein Handeln, das eine unter verschiedenen Möglichkeiten wählt, und es steht wie alle Handlungen unter der Bedingung, dass es auch anders hätte ausfallen können. Oder wie Leibniz definiert: Freiheit »besteht [...] in der Einsicht, die eine deutliche Erkenntnis des zu beschließenden Gegenstandes in sich faßt, in der Spontaneität, mit der wir uns entscheiden, und der Zufälligkeit, d. h. dem Ausschluss logischer oder metaphysischer Notwendigkeit«.[45] Man muss die verfügbaren Möglichkeiten kennen, um sich zwischen ihnen entscheiden zu können, und das Resultat der Entscheidung wird immer eine kontingente Wirklichkeit sein, die nicht so sein muss, wie sie ist, sondern die auch nicht oder anders hätte sein können.

2.6 Entscheidungsfreiheit

Doch das für sich genommen genügt noch nicht, wie Leibniz wusste. Eine Heizungsanlage, die bei einer bestimmten Temperatur anspringt, »entscheidet« auch zwischen Möglichkeiten, aber sie entscheidet zwischen ihnen nicht von sich aus, weil sie unter denselben Umständen nichts anders hätte tun können, wenn sie entsprechend eingestellt ist. Freie Handlungen gibt es nur auf der Grundlage freier Entscheidungen, freie Entscheidungen aber setzen nicht nur das Vorliegen alternativer Möglichkeiten voraus, sondern auch die Fähigkeit, zwischen diesen *mit Gründen* (und nicht aus kausaler Veranlassung) zu wählen. Ich *entscheide*, indem ich *mich* entscheide, und ich entscheide mich, indem ich mich *durch Gründe* dazu bestimme, das eine und nicht das andere zu wollen und zu tun.

Das besagt nicht, dass ich es tatsächlich auch tue. Ich will das Buch zurückgeben, das ich mir ausgeliehen habe. Aber ich kann es nicht, weil es mir gestohlen wurde. Freies Handeln setzt freies Entscheiden voraus, aber dieses resultiert nicht zwangsläufig im Tun des frei Gewollten, und das Tun realisiert nicht zwangsläufig das, was man wollte. Freiheit ist

---

45 G. W. Leibniz, Versuche in der Theodicée über die Güte Gottes, die Freiheit des Menschen und den Ursprung des Übels, Dritter Teil, §288, hrsg. u. übers. v. A. Buchenau, Hamburg 1996, 303.

offenkundig kein Selbstläufer. Freie Entscheidungen können zu nichts führen, sie können unfreie Handlungen zur Folge haben, und freie Handlungen können Ereignisse bewirken, die sie nicht intendierten. Umgekehrt können Entscheidungen auch dann frei sein, wenn sie nicht zu freien Handlungen führen. Man kann mich zwingen, Übles zu tun. Aber man kann mich nicht zwingen, dieses Üble für etwas Gutes zu halten, mich also für das Üble zu entscheiden, das ich tue. Ich will es nicht, auch wenn ich gezwungen werde, es zu tun. Auch wo freie Handlungen durch Zwang oder Nötigung unterbunden werden, kann es freies Entscheiden geben. Wo es aber freies Entscheiden gibt, gelten dieselben Bedingungen wie bei allem freien Handeln: Ich kann mich nur frei entscheiden, wenn es auch möglich wäre, mich nicht oder anders zu entscheiden. Und ich handle nur frei, wenn ich frei entschieden habe, so und nicht anders zu handeln.

Wenn Handeln im Entscheiden gründet und dieses Entscheiden selbst als Handeln zu verstehen ist, dann ist die klassische Bestimmung der Freiheit, unter denselben inneren und äußeren Umständen so oder auch anders handeln zu können, unzureichend. Sie lässt nicht nur unbedacht, dass wir handeln müssen, wenn wir handeln können, in der Regel also nicht die Option haben, weder das eine noch das andere zu tun. Sondern sie blendet auch aus, dass die Wahl zwischen Optionen erst dann ein Freiheitsphänomen wird, wenn sie nicht nach einer mechanischen Regel stattfindet (wie im Fall der Heizungsanalage), sondern nach Gründen erfolgt, die man haben kann, aber nicht muss, und über die man daher immer streiten kann. Gründe nötigen nicht, und selbst wenn sie einem einleuchten, ist das noch keine Garantie dafür, dass auch entsprechend gehandelt wird.

Das ändert sich auch nicht, wenn ich mich für Gründe zweiter Ordnung entscheide, um zwischen Gründen für Handlungen wählen zu können. Auch wenn ich mir vornehme, aus Gesundheitsgründen nur noch gut gebratenes Fleisch und keine veganen Gemüsesuppen mehr zu essen, kann ich mich im konkreten Fall durchaus für die vegane Option entscheiden. Gründe nötigen nicht, weder um zu wählen, was man will, noch um zu tun, was man gewählt hat. Angesichts dieser Kluft zwischen Gründen und Handeln kann man die Verantwortung für das, was man tut, nicht den Gründen zuschieben, die man hat, sondern ist selbst verantwortlich dafür, wie man entscheidet und handelt. Nur wo man in diesem Sinn verantwortlich ist, ist man frei.

2.7 Freiheit als Fiktion (Kant)

Dass wir selbst zur Debatte stehen, wenn es um Freiheit geht, hat keiner deutlicher gesehen als Kant. Nicht unser Verhalten, Handeln, Wollen oder Entscheiden ist das Entscheidende, sondern dass es *unser* Verhalten, Handeln, Wollen oder Entscheiden ist. Freiheit ist kein Phänomen, das wir erfahren können, sondern ohne Freiheit gäbe es für uns keine Phänomene, die wir erfahren könnten.

Der Typ von Argumentation ist nicht neu. Leibniz hatte Lockes Tabula rasa-Argumentation (»Nichts ist im Verstand, was nicht aus der Erfahrung stammt«)[46] entgegengehalten: »Ja, ausser dem Verstand selbst«: »Nihil est in intellectu, quod non fuerit in sensu, excipe: nisi ipse intellectus.«[47] Kant argumentiert analog, nicht nur im Blick auf unsere Erkenntnis, sondern auch im Blick auf unsere Freiheit: Kein Phänomen der empirischen Erfahrung belegt unsere Freiheit, aber ohne Freiheit könnten wir keine empirischen Erfahrungen machen. Blicken wir auf die Phänomene, sehen wir keine Freiheit. Blicken wir auf die, für die es Phänomene gibt, kommen wir nicht umhin, von Freiheit zu sprechen.

Die Suche nach einem wissenschaftlichen Beweis der Freiheit ist daher ein Unding. Kein menschliches Phänomen belegt von sich aus unsere Freiheit. Was immer wir *wollen,* ist durch unsere Interessen, Wünsche und Motive bestimmt, und was immer wir tun, ist durch die Umstände bedingt, unter denen wir handeln. Alles lässt sich daher als eine Art von Verhalten erklären. Nur dass wir uns selbst dabei als Freiheitswesen erleben, wird nicht erklärt. Im Erklärungszusammenhang weltlicher Erfahrung kommt Freiheit nicht vor. Sie wird zur Fiktion.

Genau diese Konsequenz zieht auch Kant, allerdings mit einer wichtigen Präzisierung: Freiheit ist *eine für uns unverzichtbare Fiktion.* Nach Kant sind Fiktionen »gedichtete und zugleich dabei für möglich

---

46 J. Locke, An Essay Concerning Human Understanding (s. Anm. 31), Book I, Chap. III, Sec. 21: »Whatever idea was never perceived by the mind was never in the mind«; sowie Book II, Chap. I, Sec. 2: »Whence has it [the mind] all the materials of reason and knowledge? To this I answer, in one word, from EXPERIENCE.« Vgl. schon Thomas von Aquin, Quaestiones disputatae de veritate, q. 2, a. 3, arg. 19, Opera omnia, Bd. 22, Rom 1975, 49: »nihil est in intellectu, quod non sit prius in sensu.«

47 G. W. Leibniz, Neue Abhandlungen über den menschlichen Verstand, Buch II, Kapitel I, § 2, Philosophische Schriften, Bd. 3,1, hrsg. v. W. von Engelhardt/H. Holz, Frankfurt a. M. 1996, 102.

angenommene Gegenstände«,[48] aber nicht alle so für möglich angenommenen bzw. annehmbaren Gegenstände sind von derselben Art. Während ein fiktionaler Gegenstand bzw. Sachverhalt wie Pegasus, das Spaghettimonster oder »Mahomets Paradies«[49] so ist, dass man ihn für möglich annehmen kann, aber nicht muss, gibt es Kant zufolge auch Fiktionen, auf die man nicht verzichten kann, wenn man ein menschliches Leben auf menschliche Weise führen will. Sie sind keine verzichtbaren Erfindungen, aber auch keine falsifizierbaren Hypothesen, sondern heuristische Fiktionen, die wir im Feld der Erfahrung als regulative Prinzipien des systematischen Verstandesgebrauchs oder im Feld des Handelns als Grundpostulate der freien Selbstbestimmung benötigen, um ein autonomes menschliches Leben führen zu können.

Zu diesen unverzichtbaren Fiktionen zählen nach Kant die Ideen der *Freiheit*, der *Unsterblichkeit* und *Gottes.* Freiheit, Unsterblichkeit und Gott sind keine Phänomene der realen Erfahrungswelt, sondern Fiktionen. Aber in einem menschlich gelebten Leben sind sie unverzichtbare Fiktionen, ob wir sie affirmieren, bestreiten oder ignorieren. Sie sind nicht weniger, sondern *mehr* als fallible Hypothesen über kontingente Sachverhalte. Sie sind unverzichtbar, um unser Selbstsein als Personen verstehen zu können.

Was er damit meint, wird deutlich, wenn wir die drei Substantive in Sätze übersetzen.

(1) *Freiheit* heißt: *Ich bin frei,* das heißt, ich bin imstande, mir Regeln meines Handelns zu geben und diese Regeln an einer moralischen Regel, der Maxime des guten Willens, auszurichten.

(2) *Unsterblichkeit* heißt: *Ich werde weiter existieren.* Um tatsächlich ein nicht nur moralisch gutes, sondern auch physisch glückliches Leben erreichen zu können, muss ich als endliches Wesen mit einem physischen Körper und den entsprechenden Neigungen und Bedürfnissen darauf setzen können, dass sich die asymptotische Annäherung an das Ideal des guten und glücklichen Lebens auch über den Tod hinaus fortsetzen wird, auch wenn sich das Ziel nie erreichen lässt (sonst wäre ich ein heiliges Wesen, d. h. Gott selbst).

---

48 I. Kant, Kritik der reinen Vernunft, B 799, AA III, 503.

49 I. Kant, Kritik der praktischen Vernunft, A 216-218, AA V, 120 f.

(3) *Gott* heißt: *Es gibt einen Gott*, das heißt, dasjenige, was wir zusammengenommen mit dem Ausdruck »Gott« bezeichnen, ist wirklich, und zwar so, dass es ohne Gott nichts anderes gibt oder geben könnte.

Alle drei Sätze sind Kant zufolge theoretisch nicht begründbar oder widerlegbar, d. h. sie sind möglicherweise wahr, aber weder ihre Wahrheit noch ihre Falschheit ist theoretisch zu erweisen.

Allerdings sind diese drei Fiktionen nicht beliebig oder willkürlich. Sie sind mit unserer Wirklichkeit als zwecksetzende Handlungswesen gesetzt, da wir ohne diese Fiktionen unser Leben als freie Personen nicht verstehen können.

(1) So ist *Ich bin frei* kein Satz, der einen Sachverhalt der realen Welt beschreibt, sondern eine *Fiktion*, die ich machen muss, um mein eigenes Agieren in meiner Umwelt zu verstehen (also meinem Leben als Person einen Sinn abzugewinnen), und die ich genau dadurch als »wirklich« erweise, dass ich mich so verhalte: Ich bin frei, *indem ich frei handle*.

(2) *Ich werde weiter existieren* ist kein Satz, dessen Wahrheit ich hier und jetzt erweisen könnte – nicht nur, weil er über etwas Zukünftiges spricht, das mir hier und jetzt nicht zugänglich ist, sondern auch, weil er nur wahr ist, wenn *ich selbst* ihn bewahrheiten kann. Das erste setzt voraus, dass es nicht unmöglich ist, weiter zu existieren, sonst wäre es nicht vernünftig, damit zu rechnen. Das zweite setzt voraus, dass das Ich, das jetzt spricht, und das Ich, das dann bewahrheitet (wenn es das denn tut), dasselbe ist. Die Möglichkeit der Unsterblichkeit kann ich denkend erproben, die Identität des hier Denkenden und des – möglicherweise – dort Erfahrenden kann ich nur erhoffen. Hier und jetzt kann ich daher nur sagen: *Ich hoffe*, dass ich weiter existieren werde, aber nicht: Ich weiß, dass ich weiter existieren werde. Nicht das Wissen, dass das so ist, sondern nur das Wissen, dass es *möglich* ist, weiter zu existieren, ist die Bedingung der Möglichkeit vernünftigen Hoffens.

(3) *Es gibt einen Gott* schließlich ist ebenfalls kein Satz über die reale Welt, sondern über das, ohne das die Welt nicht so sein könnte, dass ein moralisches menschliches Leben in ihr möglich wäre, und es niemanden gäbe, der sich so zu leben verpflichtet fühlen würde. Auch dieser Satz beschreibt keinen übernatür-

lichen Sachverhalt, sondern formuliert eine Bedingung, die Menschen für erfüllbar annehmen müssen, wenn sie als Vernunftwesen moralisch gut und zugleich als Naturwesen auch glücklich sein wollen. Auch hier kann man daher nicht sagen: Ich *weiß*, dass es Gott gibt, sondern allenfalls: *Ich will* – nicht: ich wünsche! –, dass es Gott gibt, »ich will, daß ein Gott, daß mein Dasein in dieser Welt auch außer der Naturverknüpfung noch ein Dasein in einer reinen Verstandeswelt, endlich auch daß meine Dauer endlos sei, ich beharre darauf und lasse mir diesen Glauben nicht nehmen«.[50] Denn ließe ich mir diesen Glauben nehmen, hörte ich auf, als Person zu leben.

Als Personen, die sich frei am Prinzip des guten Willens ausrichten können und sollen, erhoffen und wollen wir eine Welt, in der ein moralisch gutes und menschlich glückliches Leben möglich ist. Als Vernunftwesen sollen wir moralisch leben und als Naturwesen wollen wir glücklich sein, und weil wir als Vernunftwesen Naturwesen und als Naturwesen Vernunftwesen sind, wollen wir, dass beides zusammen geht. Das aber ist in der Erfahrungswelt, in der wir leben, häufig nicht der Fall: Den Guten geht es schlecht, und den Schlechten geht es gut. Moralisch zu leben, heißt nicht zwangsläufig, auch glücklich zu sein; und unmoralisch zu leben heißt nicht zwangsläufig, unglücklich zu sein. Doch stünde Moralität in unüberwindlichem Widerspruch zum glücklichen Leben, gäbe es für uns als Naturwesen keinen guten Grund, moralisch zu leben, und wäre ein glückliches Leben prinzipiell unvereinbar mit Moralität, hätte es für uns als Vernunftwesen keinen Sinn, nach Glück zu streben. Weil Freiheit aber eine für ein menschliches Leben in Würde und Selbstbestimmung unverzichtbare Fiktion ist, werden auch Unsterblichkeit und Gott zu dadurch unverzichtbar gemachten Fiktionen.

Man beachte das Gefälle von Kants Argumentation: Erst durch Freiheit werden Unsterblichkeit und Gott *unverzichtbare* Fiktionen im menschlichen Leben. Sie unter Absehung von Freiheit verstehen und konstruieren zu wollen, heißt die in ihnen sich artikulierende Hoffnung in ein Hirngespinst oder einen metaphysischen Traum zu verkehren. Freiheit ist die grundlegende unverzichtbare Fiktion für das Leben von Personen, Unsterblichkeit und Gott dagegen sind die dadurch unver-

50 I. Kant, Kritik der praktischen Vernunft, A 257-260, AA V, 143.

zichtbar gemachten Folge-Fiktionen. Dass wir frei sind, wissen wir. Dass wir unsterblich sind, hoffen wir. Dass es Gott gibt, wollen wir. Ohne Freiheit gibt es keinen vernünftigen Glauben an Gott. Gibt es aber Freiheit, dann gibt es keinen vernünftigen Grund, nicht an Gott zu glauben und nicht auf ein ewiges Leben zu hoffen.

Alle drei Fiktionen haben gemeinsam, dass sie ihren Wirklichkeitsbezug im konkreten Vollzug selbstbestimmten Lebens haben: Nur *im frei selbstbestimmten Handeln* gibt es Freiheit, nur *im Anstreben des höchsten Gutes* – der Möglichkeit eines Lebens, das sowohl moralisch als auch glücklich ist – gibt es zu Recht Hoffnung auf Unsterblichkeit und den unbedingten Willen, einen Gott zu haben. Wer die Freiheit negiert, entzieht daher nicht nur aller vernünftigen Religion ihren Boden, sondern vermag sich auch nicht mehr als Person zu verstehen, deren Würde unantastbar ist.

3. Gottes Freiheit

3.1 Willensfreiheit (Augustinus)

Kants Freiheitsphilosophie ist keine Verteidigung der Willensfreiheit. Ihm geht es um Autonomie, die personale Verantwortungsfähigkeit für das eigene Wollen, Entscheiden und Tun, nicht um Willensfreiheit, und schon gar nicht um eine bloße Wahlfähigkeit zwischen Optionen. Dass das Problem der Willensfreiheit unterbestimmt ist, wenn man es nur als Wahlfähigkeit zwischen Optionen fasst, wussten schon die Alten. Sie meinten damit nicht nur die Fähigkeit, sich so oder anders zu entscheiden, sondern die Fähigkeit, zwischen Gut und Böse zu unterscheiden und sich für das Gute und gegen das Böse zu entscheiden.

Das öffnet Tor und Tür für nicht endende Debatten über das, was für wen aus welchen Gründen in welchen Situationen gut oder schlecht, richtig oder falsch, gut oder böse, gut oder übel ist. Offenkundig gibt es auf diese Fragen nicht nur eine Antwort. Wir alle können Beispiele für das eine oder das andere nennen, auch wenn wir das, was wir für gut und für übel oder böse halten, unterschiedlich bestimmen mögen. Doch die interessanten Fälle sind die, wo sich Gutes und Übles in welchem Sinn auch immer nicht auf verschiedene Situationen verteilen, sondern ein und dasselbe Ereignis für die einen gut und die anderen übel ist. Das ist der Normalfall im Kinderzimmer, im Sportstadion und in der Universität. Alle streben danach, das Gute zu realisieren, aber über das, was das Gute ist, herrscht Dauerstreit, und über das, was man für übel hält und zum Bösen erklärt, auch.

Das ändert sich auch dann nicht, wenn man eine objektive Wertordnung des Guten und Bösen postuliert, die sich nicht kulturellen Setzungen verdankt, sondern menschlichem Entscheiden und Wählen vorgegeben ist. Mit diesem Verständnis der Willensfreiheit kommt man theologisch in Teufels Küche. Sind Gut und Böse Optionen, die unserem Entscheiden vorgegeben sind, dann sind nicht die Geschöpfe, sondern ist letztlich Gott für die Wirklichkeit des Bösen verantwortlich. Das hatte schon Augustin gesehen.[51] Deshalb fasste er das Freiheitsproblem als Alternative zwischen zwei grundlegenden Weisen des Wählens: Gut und Böse sind keine Gegenstände der Wahl (Optionen), sondern Weisen (Modi) des Wählens. Gutes wählen heißt, auf gute Weise wollen und auf böse Weise nicht wollen (*bene velle et male nolle*), und Böses wählen heißt, auf schlechte Weise wollen und auf gute Weise nicht wollen (*male velle et bene nolle*). Auf gute Weise will, wer sich an Gott orientiert, auf schlechte Weise dagegen, wer sich an sich selbst ausrichtet. Menschen sind im Prinzip frei, das eine oder andere zu tun. Im Unterschied zum Schöpfer aber müssen sie wählen und sind nicht frei, nicht zu wählen. Es ist das Kennzeichen endlicher Freiheit, dass man sie nicht haben kann, ohne sie zu praktizieren. Menschen sind daher zwar frei, aber sie wählen falsch, wenn sie sich bei der Bestimmung des Guten nicht an der Liebe zu Gott, sondern an ihrer eigenen Selbstliebe ausrichten.

Genau das aber tun alle Menschen, wie Paulus, Augustinus und Luther betonen. Alle wollen das, was sie für sich selbst für gut halten. Aber nicht alles, was man für gut hält, ist es auch; nicht alles, was für den einen gut ist, ist es auch für andere; und nicht alles, was für mich unter einer Beschreibung (als Sohn, Vater, Bürger, Mensch, Geschöpf)

---

51 A. Augustinus, Confessiones, Liber VII, cap. III: »[...] itaque cum aliquid vellem aut nollem, non alium quam me velle ac nolle certissimus eram, et ibi esse causam peccati mei iam iamque advertebam. quod autem invitus facerem, pati me potius quam facere videbam, et id non culpam, sed poenam esse iudicabam, qua me non iniuste plecti te iustum cogitans cito fatebar. sed rursus dicebam: quis fecit me? nonne deus meus, non tantum bonus, sed ipsum bonum? unde igitur mihi male velle et bene nolle? ut esset, cur iuste poenas luerem?« (http://faculty.georgetown.edu/jod/latinconf/7.html).

gut ist, ist es auch unter den anderen. Das ist eine Quelle permanenter ethischer Konflikte. Deshalb brauchen wir ein Verständnis von Sohn, Tochter, Mutter oder Vater, das deutlich macht, was für Söhne, Töchter, Mütter oder Väter gut ist, ein Verständnis des Bürgers, das erhellt, was für Bürger gut ist, einen Begriff des Menschen, der klarstellt, was für Menschen gut ist, ein Verständnis von Geschöpf, das anzeigt, was für Menschen als Geschöpfe gut ist.

Kein Mensch wird mit solchen Verständnissen geboren. Niemand weiß von sich aus, was für ihn oder sie als Vater oder Mutter, Sohn oder Tochter gut ist, oder was für ihn oder sie als Bürger oder Bürgerin im Staat oder als Mensch unter Menschen gut ist. All das muss man lernen, und in verschiedenen Kulturen lernt man da Verschiedenes. Das gilt auch für das Verständnis von Geschöpf. Niemand weiß von sich aus, was für ihn oder sie *als Geschöpf* gut ist. Auch das muss man zuerst einmal lernen, und man kann es, wenn man will. Aber niemand will es wirklich wissen. Das ist nicht erst in einer säkular gewordenen Welt so. Das war schon immer so, wie die christliche Sündenlehre in Erinnerung hält (die nichts mit Moral, sondern mit unserer Einstellung zu Gott zu tun hat). Wir alle eignen uns durch Erziehung und Kultur ein Verständnis dessen an, was es bei uns heißt, zu einer Familie, zu einem Staat, einer Gesellschaft oder zur Menschheit zu gehören. Aber niemand muss sich als Geschöpf verstehen, und niemand will es von sich aus. Im Gegenteil, wir suchen es nach Möglichkeit zu vermeiden, weil es uns in ein Unterscheidungsverhältnis zum Schöpfer setzt, das uns fremd ist – nicht erst fremd geworden ist, wie es säkulares Denken nahe legt, sondern immer schon gewesen ist, wie reformatorische Theologie betont. Von sich aus wollen die Menschen nicht Geschöpfe, sondern Gott sein. Denn wie könnten sie es ertragen, kein Gott zu sein, wenn es Götter gäbe, wie Nietzsche fragte?[52]

Das kulturell Gängige, moralisch Gute, religiös Geforderte und für Geschöpfe Rechte fällt offenkundig nicht zusammen. Wer im einen Sinn gut ist, ist es keineswegs auch schon im anderen. Als Mütter, Väter, Bürger, Menschen mögen wir mehr oder weniger gut wählen und entscheiden können, als Geschöpfe aber entscheiden wir regelmä-

52 F. Nietzsche, Also sprach Zarathustra. Ein Buch für Alle und Keinen, Zweiter Theil: Auf den glückseligen Inseln: Wenn es »Götter gäbe, wie hielte ich's aus, kein Gott zu sein!« (http://www.nietzschesource.org/#eKGWB/Za-II-Inseln).

ßig falsch, weil kein Mensch sich von sich aus so versteht. Wer aber nicht weiß, wer und was er ist, kann nicht entscheiden, was für ihn in dieser Hinsicht bzw. unter dieser Beschreibung gut ist. Das ist die Grundeinsicht der biblischen Tradition. »Ihr werdet sein wie Gott«, raunt die Schlange, um Menschen zu verführen, sich die göttliche Fähigkeit der Unterscheidung zwischen Gut und Böse anzueignen. Doch die Unterscheidungsfähigkeit nützt nichts, wenn man sie nicht recht gebrauchen kann, weil man den Unterschied zwischen Geschöpf und Schöpfer verwischt und damit sich selbst nicht recht versteht. Das hebt diesen Unterschied nicht auf. Aber vergangenes Fehlentscheiden lässt sich nicht mehr aus der Welt schaffen und künftiges Gutsein nicht garantieren. Menschen wollen wie Gott sein und scheitern schon an ihrem Menschsein.

Dass die Menschheitsgeschichte nicht damit endet, ist für Augustin die Pointe der christlichen Botschaft. Gott beendet das universale Scheitern, indem er selbst Mensch wird und so den Menschen hilft, die Differenz zwischen Schöpfer und Geschöpf zu wahren und wirklich nur Menschen zu sein. Das ist man, wenn man sein Menschsein so lebt, dass es dem eigenen Geschöpfsein nicht widerspricht, wenn man die Differenz zwischen Schöpfer und Geschöpf also wahrt in der Ausrichtung seines Lebens, indem man sich nicht an sich selbst, sondern an Gott orientiert. Wer an Christus glaubt, so Augustin, tut eben das. Er setzt nicht auf sich selbst, sondern ganz auf Gott und ist nicht mehr willens, auf schlechte Weise zu wollen und auf gute Weise nicht zu wollen. Er lebt als Mensch auf menschliche Weise, weil er aufhört, wie Gott sein zu wollen.

Die ursprüngliche Möglichkeit, auf gute oder schlechte Weise zu wollen (*bene velle vel male velle*) und die faktische Wirklichkeit, nur noch auf schlechte Weise zu wollen (*male velle et bene nolle*) wird dann überboten dadurch, dass man nur noch auf gute Weise will und anders nicht mehr will und wollen kann (*bene velle et male nolle*).

3.2 Drei Gegenmodelle

Es gibt drei Haupteinwände gegen diese augustinische Sicht, die an gegenläufigen Punkten ansetzen: das katholische Kooperationsmodell, das aufklärerische Perfektionsmodell und das reformatorische Gabemodell.

1) Das katholische Kooperationsmodell

Der katholische *mainstream* hält die augustinische Auffassung, wir könnten hier und jetzt überhaupt nicht mehr gut wollen, für eine einseitige Übertreibung. Wir können zwar nicht alles, aber manches, so heißt es, andernfalls stünde es übel um uns als Freiheitswesen. Unsere Freiheitsfähigkeit ist beeinträchtigt, aber nicht gänzlich zerstört. Wir sind nicht völlig unfähig, das Gute zu wollen, sondern nur nicht hinreichend willens, es auch zu tun. Daher sind wir auf die Kooperation mit denen angewiesen, die wissen, was das Gute ist (die Kirche), und die es auch gegen Widerstände realisieren können (Gott). Ohne die Kirche gibt es für uns keine Gewissheit, was das Gute ist, und ohne die Zusammenarbeit mit Gott keine Chance, es zu realisieren.

Bis zum heutigen Tag reden katholische Theologen so von einem »Austausch [...] von Freiheiten« zwischen dem sündigen Geschöpf und dem rechtfertigenden Schöpfer.[53] Als ob das Geschöpf einen eigenständigen Beitrag zu seinem Geschaffenwerden leisten könnte oder Glaubende einen eigenständigen Beitrag zum Wechsel von einem Leben, das Gott ignoriert, zu einem Leben, das sich an Gott orientiert. Keiner, der lebt, hat sich selbst ins Dasein gebracht oder selbst am Wechsel vom Nichtsein zum Sein mitgewirkt. Und keiner, der glaubt, hat sich selbst zum Glauben gebracht oder selbst dazu beigetragen, seine Gottesblindheit zu überwinden. Man muss nur den Schöpfungsgedanken ins Zentrum stellen, um zu sehen, wie abwegig hier alle Kooperationsfiguren sind. Als Geschöpf und als Glaubender ist man etwas, zu dem man selbst nichts beiträgt, sondern zu dem man sich in seinem Leben nur verhalten oder nicht verhalten kann, weil und insofern man es unabhängig davon ist. Das ist kein theologischer Ungedanke, sondern ein auch lebensweltlich wohlvertrauter Sachverhalt: Keiner macht sich selbst zum Kind oder zum Erben. Das eine verdankt man seinen Eltern, das andere dem Erblasser. Das heißt nicht, dass man nichts tut. Kinder toben herum, und Erben streiten sich. Man kann ein Erbe annehmen oder ablehnen, aber man kann es nur, weil und insofern man der Erbe ist. Nur Erben können sich um das Erbe streiten. Zum Erben aber wird man ganz ohne eigenen Beitrag. Zum Geschöpf auch. Und zum Glaubenden auch.

---

53 Vgl. J.-H. Tück, Herr über alles und allen untertan. Warum die Macht der Gnade die Freiheit des Menschen nicht überspielen kann, NZZ 1.10.2017.

2) Das aufklärerische Perfektionsmodell

Die Aufklärung ist da konsequenter. Sie verwirft den augustinischen Ausgangspunkt und betont, dass die Möglichkeit, auf gute oder auf schlechte Weise zu wollen und zu handeln, keine verlorene Fähigkeit einer unvordenklichen Vergangenheit ist, sondern unsere gegenwärtige Realität: Wir können, wenn wir wollen, wir müssen nur wirklich wollen, dann können wir auch. Wir können erkennen, was gut ist, wir können es tun, und wir können, wenn wir uns anstrengen, das Gute auch verwirklichen.

Dass das keineswegs so ist, haben die vergangenen zweihundert Jahre zur Genüge gezeigt. Wir können zwar immer mehr, und wir sind dabei, uns in ungeahnten Weisen zu optimieren. Aber wir haben keine Kontrolle über das, was wir damit anrichten. Und wir müssen ständig nachjustieren, um das Schlimmste zu vermeiden.

3) Das reformatorische Gabemodell

Die reformatorische Theologie wusste das. Sie stimmt Augustin zu, dass wir hier und jetzt auf gute Weise nicht wollen können, sondern immer nur auf schlechte Weise wollen. Uns fehlt die Einsicht in das Gute und der Wille, es zu tun. Für Luther, den radikalen Augustiner, ist angesichts der Realität menschlicher Gottesblindheit die Freiheitsfigur einer Wahl zwischen Gut und Böse leeres Gerede. Menschen sind unfähig und unwillig, das für sie als Geschöpfe Gute zu erkennen und zu wollen, weil sie den Schöpfer ignorieren und ihr Geschöpfsein leugnen. Und selbst wenn sie wüssten und wollten, was für sie gut ist, wären sie nicht in der Lage, das Gewollte auch zu verwirklichen.

3.3 Urteilsenthaltung und Wahlfreiheit (Erasmus)

Das wird überdeutlich in Luthers Auseinandersetzung mit Erasmus, mit dem er den augustinischen Hintergrund teilt. Erasmus vertritt die skeptische Version der katholischen Sicht eines Zusammenwirkens von Mensch und Gott im Heilsprozess. Seine Position lässt sich in drei Sätzen umreißen.

(1) Wenn wir wissen, was in einer bestimmten Situation gut für uns ist, dann können wir es tun, wenn und soweit es die Umstände erlauben.

(2) Wenn wir es nicht wissen, dann müssen wir uns eines Urteils enthalten und dann ist es besser, nichts zu tun, als das Falsche zu tun.
(3) Wenn wir das nicht können, sondern handeln müssen, dann ist es besser, in Glaubensdingen das zu tun, was die Kirche sagt, als es nicht zu tun.

Luther widerspricht jedem dieser Punkte.

Ad (3). Selbst wenn uns die Kirche sagen würde, was existenziell – also für ein Leben vor und mit Gott – gut ist (und sie lässt uns durch ihre permanente Vermischung von göttlichem Willen und eigenem Wollen gefährlich im Unklaren), können wir das Gute nicht tun, weil wir es nicht tun wollen. Und selbst wenn wir es wollten, könnten wir es nicht tun, weil wir nicht die Macht haben, das Erreichen des Guten auch zu bewerkstelligen und zu garantieren.

Ad (2). Auch wenn wir nicht wissen, was in einer bestimmten Situation gut oder nicht gut wäre für uns, können wir uns in lebensrelevanten Angelegenheiten eines Urteils nicht enthalten und können nicht nichts tun. Auch wer nicht weiß, was in einer Situation gut ist, wird faktisch so oder anders handeln, also sich lebenspraktisch eines Urteils nicht enthalten können. Kognitive Urteilsenthaltsamkeit ist kein Ausweg aus lebenspraktischer Handlungsnotwendigkeit. Wer frei ist, muss seine Freiheit praktizieren, kann also nicht nichts tun.

Ad (1). Auch wenn wir das Gute kennen, wollen wir es nicht tun. Und auch wenn wir es tun wollen, können wir es nicht tun. Wir können handeln, aber wir können nicht garantieren, dass wir das Gute, das wir wollen, auch realisieren. Doch wirklich frei zu sein, das Gute zu tun, heißt, die Macht zu haben, das Gute auch zu realisieren. Die haben wir nicht. Und deshalb sind wir nicht wirklich frei.

Der zentrale Differenzpunkt zwischen Erasmus und Luther ist das Verständnis der Freiheit. Für Erasmus ist Freiheit die Fähigkeit, das Gute zu wählen oder nicht zu wählen. Das gilt für Gott nicht weniger als für uns. Gott kann das uneingeschränkt, während unsere Freiheitsfähigkeit massiv beeinträchtigt ist. Wir sehen nicht alles, was mög-lich wäre, wir sehen nicht um die Ecke der Zukunft, und wir wissen nicht, was die besten Folgen hätte. Wenn man aber nicht weiß, wie man sich entscheiden soll, ist es klüger, sich des Urteils zu enthalten und sich nicht zu entscheiden, also weder das eine noch das andere zu wollen oder zu tun.

Doch bei Licht betrachtet ist diese skeptische Reduktion der Freiheit auf das Sich-Enthalten und Nichtstun lebensfremd. Wer nicht weiß, was er will, aber nicht nichts tun kann, solange er lebt, tut in der Regel etwas, was er nicht will, und in den meisten Fällen ist das nichts Gutes. Weil es unmöglich ist, nicht zu handeln, solange wir leben, können wir nicht darauf verzichten, in lebenswichtigen Fragen Position zu beziehen, denn das nicht zu tun, ist selbst eine Entscheidung, und zwar eine negative: Wer sich nicht für das Gute, die Wahrheit und das Recht einsetzt, ist nicht neutral, sondern arbeitet gegen sie. Wer sich nicht selbst entscheidet, wird abhängig von Autoritäten wie der Kirche, die beanspruchen, das Gute zu kennen. Und weil sich auch Skeptiker zwar des Urteils, aber nicht des Handelns enthalten können, bleibt ihnen nur, sich darauf zu verlassen, dass die Kirche weiß, was sie sagt.

3.4 Freiheitsmacht (Luther)

Luthers Erfahrung war, dass die Kirche das nicht tut, sondern ihre eigenen Interessen als die Gottes ausgibt und damit das Gute, das Gott will, durch die Vorteile, die sie will, verdunkelt. Für ihn ist Freiheit nicht primär die Fähigkeit, das Gute zu wählen oder nicht zu wählen, sondern die Macht, das Gute herbeizuführen. Luther spitzt alles auf einen Freiheitsbegriff zu, der ganz an Gottes Freiheit orientiert ist.[54] Nicht der ist

54 M. Luther, De servo arbitrio, WA 18, 636-637, Übersetzung nach Martin Luther, Lateinisch-Deutsche Studienausgabe, Band 1: Der Mensch vor Gott, hrsg. v. W. Härle, 293 f.: »Denn die Kraft des freien Willensvermögens ist nichts und tut nichts und vermag nichts Gutes, wenn die Gnade fehlt. Es sei denn, du wolltest ›Wirksamkeit‹ eine neue Bedeutung verleihen und ›Vollkommenheit‹ nennen in dem Sinne, dass das freie Willensvermögen zwar anfangen und wollen könne, aber nicht vollenden. Das glaube ich jedoch nicht. [...] Jetzt folgt, dass das freie Willensvermögen vollständig ein göttlicher Titel ist und niemandem zustehen kann als allein der göttlichen Majestät. Diese nämlich kann und tut (wie der Psalm singt) alles, ›was sie will im Himmel und auf Erden‹. Wenn dies den Menschen zugebilligt wird, könnte ihnen mit gleichem Recht auch die Göttlichkeit selbst zugebilligt werden. [...] Es ist ein zu herrliches, zu weites und inhaltsreiches Wort: freies Willensvermögen. Das Volk glaubt, damit würde die Kraft bezeichnet [...], die sich frei nach beiden Seiten wenden könne, und die Kraft, die niemandem weicht oder unterworfen ist. Wenn es wüsste, dass es sich anders verhält und kaum ein winziges Fünkchen damit bezeichnet wird und dass es, auf sich selbst gestellt, völlig unwirksam ist, ein Gefangener und Knecht des Teufels – was ein Wunder, wenn sie uns nicht steinigten.«

wahrhaft frei, der zwischen Gut und Böse wählen kann. Auch nicht der, der nur auf gute und nicht auf schlechte Weise will. Sondern allein der, der das Gute, das er will, auch vollbringen kann. Frei sein heißt, die Macht zu haben, das Gute, das man will, auch zu verwirklichen, also das Gutsein der Folgen seines Wollens und Tuns garantieren zu können. Das aber kann kein Mensch. Wir mögen das Beste wollen und bewirken Übles, und wir mögen Übles wollen und bewirken Gutes. Dass unser Wollen und Tun zu einem guten Ende führt, liegt nicht in unserer Macht.

Erasmus und seine Anhänger haben das bis heute nicht begriffen. Das Freiheitsproblem wird unterbestimmt, wenn man es nur als Wahl zwischen Optionen konzipiert. Es geht auch nicht nur um die Fähigkeit, das Gute zu erkennen, und den Willen, sich dafür zu entscheiden. Es geht um die Macht, das Gute auch zum Zug zu bringen.

Menschen scheitern an jedem Punkt. Sie wissen nicht, was existenziell (also vor Gott) für sie gut ist, und sie können das für sie Gute nicht selbst verwirklichen. Frei werden sie nur durch die Teilhabe an Gottes Freiheit und Macht, alles zum Guten zu führen. Diese Teilhabe gibt es nur als unverdiente Teilgabe. Luther nennt sie »Glaube«. Glaube ist keine Schwachform des Wissens, sondern das vertrauensvolle Sichverlassen auf Gottes Zusage, alles gut zu machen.

Dieses Gottvertrauen ist reines Geschenk. Man kann es sich nicht selbst verschaffen, sondern es ist allein Gott zu verdanken, eine Gottesgeburt in der menschlichen Seele, wie Meister Eckhart sagte, über die niemand selbst verfügt. Niemand bildet sich selbst zum Glaubenden, sondern Glaube ist und bleibt Einbildung – ein Einbezogen- und Hineingebildetwerden in Gottes Leben durch Gott selbst. Gerade deshalb sind Menschen im Glauben und nicht im Nein zum Glauben wirklich frei. Im Glauben nehmen sie teil an Gottes Ja zum Menschen und seiner Freiheitsmacht, selbst aus Üblem Gutes zu schaffen. Alles Gute ist möglich bei Gott, der Glaube setzt ganz und ausschließlich auf Gott, und deshalb ist alles Gute möglich dem, der glaubt. Im Glauben sind Christen freie Herren über alle Dinge und niemand untertan, wie Luther 1520 schreibt, und zugleich in der Liebe dienstbare Knechte aller Dinge und jedermann untertan. Wer sich im Glauben ganz auf Gottes Freiheitsmacht zum Guten verlässt, wird frei wie Gott und für andere zum Ort, an dem Gott Gutes wirkt.

Jeder Versuch, die theologische Freiheitsfrage als Zusammenwirken von Gott und Mensch zu denken, geht für Luther daher an der Sache vorbei. Es gibt keine menschliche Freiheit neben einer göttlichen Freiheit. Es gibt nur die Freiheitsmacht Gottes, die das Gute verwirklicht. Menschen können Ereignisketten erzeugen, Nein sagen, zwischen Gut und Böse wählen. Aber sie wissen nicht, was für sie gut ist, solange sie ausblenden, dass sie Gottes Geschöpfe sind. Und auch dann sind sie unfähig, das Gute selbst zu verwirklichen. Sie haben keine Kontrolle über die Folgen ihres Entscheidens und Tuns. Sie sind nicht die Herren ihres Lebens, ihre Freiheit ist Illusion.

Wahrhaft frei werden Menschen erst im Glauben. Im Glauben setzen sie ganz auf Gottes Güte, Freiheit und Macht, das für sie und alle Geschöpfe Gute auch tatsächlich herbeizuführen. Sie wollen, was Gott will, nicht weil sie wissen, was das ist, sondern weil sie darauf setzen, dass Gott will, was gut ist, und deshalb gut ist, was Gott will. Das macht sie frei, im Vertrauen auf Gott und in Achtung der Würde seiner Geschöpfe ihr Leben in eigener Verantwortung zu führen. Wer glaubt, ist frei, weil er darauf setzt, dass die Verwirklichung des Guten in Gottes Händen liegt, so dass er sich um die Nöte der Nächsten kümmern kann. Glaube ist keine Unmündigkeit und Untätigkeit, sondern die Gott verdankte Ermächtigung, an Gottes Freiheit teilzuhaben, indem man zum Ort wird, an dem Gott Gutes für andere und für einen selbst wirkt.

4. Die Säkularisierung der Glaubensfreiheit

In entscheidender Hinsicht wird Freiheit von den Reformatoren also nicht als Fähigkeit der Wahl zwischen Gut und Böse verstanden, sondern als Machtphänomen. Der Gedanke hat Schule gemacht. Am Ende der Aufklärungsepoche formulierte die französische Nationalversammlung im 6. Artikel der französischen Konstitution von 1793: „Die Freiheit ist die Macht, die dem Menschen erlaubt, das zu tun, was den Rechten eines anderen nicht schadet; sie hat als Grundlage die Natur, als Maßstab die Gerechtigkeit, als Schutzwehr das Gesetz. Ihre moralische Begrenzung liegt in dem Grundsatz: »Was du nicht willst, das man dir tu, das füg auch keinem andern zu«.[55] Freiheit wird hier nicht libertär

55 La Constitution du 24 juin 1793: Declaration des Droits de l'Homme et du Citoyen,

bestimmt als die Fähigkeit, zu tun und zu lassen, was man will und kann, sondern liberal so, dass die Grenze der Freiheit die Freiheit des anderen ist. Wir sind frei zu tun, was wir wollen, sofern es den Rechten der anderen nicht schadet. Diese Rechte gründen in unserer gemeinsamen menschlichen Natur, sie haben einen von allen geteilten Maßstab (die Gerechtigkeit), sie werden durch das Gesetz vor Missbrauch geschützt, und sie unterliegen dem moralischen Minimalprinzip, anderen nichts zu tun, was man von anderen selbst nicht erleiden will.

Welche Idealisierungen diese Bestimmungen darstellen, wissen wir heute. Wir haben wachsende Schwierigkeiten, von einer gemeinsamen menschlichen Natur auszugehen, ein verbindliches Verständnis von Gerechtigkeit zu formulieren, einzusehen, dass Gesetze notwendig für unsere Freiheitspraxis sind, und uns gemeinsam an Moralprinzipien zu orientieren, auch wenn Trittbrettfahrer Vorteile daraus ziehen, sie zu ignorieren. Übrig bleibt eine Auffassung von Freiheit als die Macht, seine Wünsche und Interessen anderen gegenüber durchzusetzen. Freiheit wird zum Recht der Stärkeren gegenüber den Schwächeren, auf individueller und auf nationaler Ebene, und sie kennt nur noch die Grenze, nicht stark genug zu sein, das auch zu tun. Im politischen und privaten Zusammenleben reduziert sich Freiheit auf die Durchsetzungsmacht eigener Wünsche – sie mögen berechtigt sein oder nicht.

Genau dem hatten die Reformatoren widersprochen. Nicht die Fähigkeit, seine eigenen Wünsche durchzusetzen, ist die Macht der Freiheit, sondern die, das Gute, das man will, auch zu Wege zu bringen. Beides gehört zusammen: Orientierung am Guten und die Macht, es zu realisieren. Wer nichts Gutes will, ist auch nicht frei, was immer er für Wünsche hat und zu realisieren sucht. Aber auch wer Gutes will, ist nicht frei, wenn er nicht in der Lage ist, es auch zu realisieren. Freiheit ist die Macht, das Gute, das man will, auch zu tun, also nicht nur gesin-

---

Article 6: »La liberté est le pouvoir qui appartient à l'homme de faire tout ce qui ne nuit pas aux droits d'autrui: elle a pour principe la nature; pour règle la justice; pour sauvegarde la loi; sa limite morale est dans cette maxime: Ne fais pas à un autre ce que tu ne veux pas qu'il te soit fait.« (http://www.conseil-constitutionnel.fr/conseil-constitutionnel/francais/la-constitution/les-constitutions-de-la-france/constitution-du-24-juin-1793.5084.html) (15/4/2018).

nungsethisch das Gute zu wollen, sondern das Gewollte auch umsetzen und das Gute verwirklichen zu können.

Niemand hat das philosophisch besser verstanden als Kant. Die Freiheit, sich selbst zu bestimmen, impliziert nicht nur die Möglichkeit, das auch zu tun, sondern – als endliche Freiheit – auch die Unmöglichkeit, es nicht zu tun. Wir sind frei, uns selbst zu bestimmen, aber nicht so, dass wir es auch nicht tun könnten, sondern nur so, dass wir nicht vermeiden können, es zu tun. Das gilt für alle Ebenen der Freiheit, von der Handlungsfreiheit über die Entscheidungsfreiheit und freie Selbstbestimmung bis zur moralischen Autonomie. Allein in der moralischen Selbstbestimmung sind wir völlig autonom, weil wir das, was wir wollen, tatsächlich auch können und tun. Für meine Moralität oder deren Fehlen ist niemand anders als ich selbst verantwortlich. Meine Handlungen können andere verhindern, mein Entscheiden kann durch meine Wünsche, Bedürfnisse und Interessen beeinträchtigt sein, meine Selbstbestimmung mag meinem kalkulierenden Verstand zur Maximierung des für mich Profitablen oder meinen Privatinteressen zur Steigerung meines Wohlbefindens folgen und alle moralischen Verpflichtungen ignorieren oder leugnen. Aber dafür, welche Art von Person ich bin und wie ich mein Personsein lebe, trage ich selbst die Verantwortung.

Die Freiheit zur moralischen Selbstbestimmung kann mir niemand streitig machen und am Vollzug dieser Selbstbestimmung kann mich niemand hindern. Wie es Freiheit nur gibt, wo sie gelebt wird, so gibt es moralische Selbstbestimmung nur, wo Freiheit auf moralische Weise gelebt wird. In der moralischen Selbstbestimmung sind wir wirklich autonom, weil es hier zwischen Wollen und Vollbringen keinen Hiat gibt. Wer moralisch leben will, der kann es, indem er es tut, er tut es, indem er sich dazu bestimmt, und er bestimmt sich dazu, indem er sich tatsächlich am Moralprinzip orientiert.

Kants Freiheitsphilosophie lässt sich in entscheidender Hinsicht als Säkularisierung des reformatorischen Freiheitsgedankens verstehen. Um das Gute zu tun, muss man es nicht nur klar und eindeutig erkennen, sondern man muss auch die Macht haben, es zu realisieren. Die Reformatoren hatten das auf Gott beschränkt, weil die Menschen an beiden Punkten versagen. Sie kennen das für sie Gute nicht, weil sie gottlos sind, und würden sie es kennen, könnten sie es nicht realisieren, weil sie endlich sind. Kant weicht davon an einem entscheidenden Punkt ab. Es gibt etwas, was Menschen ohne Wenn und Aber nicht nur als gut erkennen, sondern tatsächlich auch verwirklichen können, nämlich den guten Willen: »Es ist überall nichts in der Welt, ja überhaupt auch außer derselben zu denken möglich, was ohne Einschränkung für gut könnte gehalten werden, als allein ein *guter Wille*.«[56] Wer sein Wollen an diesem Willen orientiert, der will dieses Gute nicht nur, sondern der realisiert es auch. Zu wollen, was das moralische Gesetz befiehlt, ist gut, und es zu wollen, ist hinreichend, den eigenen Willen auch so zu bestimmen. An dem einen Punkt der moralischen Selbstbestimmung sind damit die beiden Bedingungen wahrer Freiheit erfüllt: Man will Gutes, und man erzielt, was man will, weil der eigene Wille tatsächlich so bestimmt wird – ob das im Leben zum Zuge kommt oder nicht.[57] Wir haben die Fähigkeit, uns am guten Willen zu orientieren, und wir haben die Macht, dieses Gut dadurch, dass wir uns so bestimmen, auch zu realisieren.

5. Der Überschuss der Glaubensfreiheit

Kant hat die Kerneinsicht der reformatorischen Glaubensfreiheit im Autonomiegedanken so aufgenommen, dass er nicht von Gott auf unsere Freiheit, sondern von unserer Freiheit her auf Gott hin argumentiert hat. Seine Argumentation stellt klar, was wir verlieren, wenn wir unsere Freiheit bestreiten oder leugnen: Wir werden damit uns selbst unverständlich und verstricken uns in Widersprüche. Wir haben die Macht, uns selbst zu bestimmen. Bestreiten wir das, dann belegen wir es, indem wir uns dazu bestimmen, uns *nicht* so zu bestimmen. Denn man *muss* es ja nicht bestreiten, sondern ist nur frei, es zu tun.

Dennoch hat Kants Sicht den Mangel, Freiheit zwar als anthropologisches Grundphänomen zu thematisieren, sie aber nicht als Gabe zu verstehen, die Gottes Freiheitsmacht am Ort des Menschen zum Zuge bringt. Der Gottesgedanke ist zwar unverzichtbar, um unsere Freiheit zu verstehen. Aber er verweist nur auf die Wirklichkeit unserer end-

---

56 I. Kant, Grundlegung zur Metaphysik der Sitten, A 1, AA IV, 393.

57 Wie Gottes Güte nicht dadurch in Frage gestellt wird, dass es in der Welt Übel und Böses gibt, so ist die Güte des guten Willens nicht dadurch in Frage gestellt, dass er im Handeln nur manchmal und meist nicht zum Zuge kommt.

lichen Freiheit, nicht auf die von Gottes unendlicher Freiheit. Damit wird zwar unsere moralische Autonomie als Macht gedacht, das Gute, das sie will, auch zu realisieren, aber unser Handeln bleibt nach wie vor ambivalent, weil der Hiat zwischen dem, was wir wollen, und dem, was wir erzielen, bestehen bleibt. Die Macht, das Gute, das wir wollen, auch zustande zu bringen, haben wir nur in der Selbstbestimmung zur Orientierung am Guten, nicht im Leben und Handeln. Dort gilt weiterhin, dass Gutes zu wollen nicht verhindert, dass Übles dabei herauskommt, und dass Übles zu wollen nicht ausschließt, dass es zu Gutem kommt.

Um mit Recht darauf hoffen zu können, dass es im Leben aufwärts geht, also Übles verhindert und Gutes realisiert wird, muss man auf der Basis der autonomen Selbstbestimmung zum Guten auf Gott setzen und den vernünftigen Willen haben, dass es Gott gibt und es möglich ist, dass im Leben Gutes aufgebaut und Übles abgebaut wird, also auch aus Üblem Gutes hervorgeht und Gutes nicht Übles nach sich zieht. Dafür aber genügt es nicht, mit Kant den Gottesgedanken für unverzichtbar zu halten, um unsere Autonomie zu verstehen. Man muss vielmehr die Wirklichkeit unserer endlichen Freiheit in Gottes unendliche Freiheit eingebettet verstehen, die sich nicht darauf beschränkt, Gutes zu wollen, sondern die auch die Macht hat, es zu realisieren, nicht nur in der eigenen Selbstbestimmung, sondern im gesamten Wirklichkeitsprozess. Gott ist nicht nur gut, weil er sich zum Guten bestimmt, sondern er ist gut, weil er gut macht – nicht nur sich selbst, wie das Kant im Autonomiegedanken für den Menschen durchdenkt, sondern die, die nicht gut sind, und das, was nicht gut ist, indem er aus Üblem Gutes, aus Tod Leben, aus Nichts Sein schafft. Genau das kann Kant nicht denken. Er bleibt bei der Wirklichkeit unserer endlichen Freiheit stehen und geht nicht zu Gottes unendlicher Freiheit weiter. Er beschränkt sich darauf, die Unverzichtbarkeit des Gottesgedankens aufzuzeigen, um vernünftig auf die Realisierung des höchsten Gutes hoffen zu können, aber er weist Gott keine aktive Rolle bei der Realisierung dieses Gutes zu.

Doch wer Gott minimiert, der muss die Vernunft maximieren, und wer das tut, macht sie meist größer, als sie ist. Auch unsere Vernunft ist endlich und hat Grenzen, die sie kritisch beachten muss. Sie ist kein Selbstprodukt, sondern eingebettet in eine umfassendere Wirklichkeit, wie unsere Freiheit auch. Menschliche Freiheit wird nicht kleingeredet, sondern besser verstanden, wenn sie von der göttlichen Freiheit her gedacht wird. Sie ist nicht absolut, sondern Resonanz einer Wirklichkeit, der sie sich verdankt.

Es ist kein Zeichen der Mündigkeit, diese grundlegende Passivität zu bestreiten. Zur Mündigkeit gehört, sich selber nichts vorzumachen über das Vermögen der eigenen Kräfte. Menschen tendieren dazu, sich zu überschätzen. Doch wir sind nicht die Schöpfer unserer selbst, auch wenn wir nicht leben können, ohne uns selbst zu schaffen. Ohne da zu sein, können wir nichts tun, aber dass wir da sind, ist nicht das Ergebnis unseres eigenen Tuns. Nur weil wir wurden, können wir werden. All unsere Aktivität gründet in einer vorgängigen Passivität, ohne die nicht möglich wäre, was uns möglich ist. Wir tun gut daran, das nicht auszublenden, sondern unsere Aktivitäten von dieser grundlegenden Passivität her bestimmt sein zu lassen.

Um diese kreative Passivität geht es der Glaubensfreiheit. Sie erinnert an die Einbildung endlicher Freiheit in die Wirklichkeit unendlicher Freiheit, an die Einbettung menschlichen Lebens in das Leben Gottes. Darüber kann man trefflich streiten. Wir sind frei, uns auf eine größere Freiheit zu verlassen, indem wir anerkennen, dass wir anerkannt sind. Niemand muss das tun, jeder kann es tun. Aber ist das die Realität, dann kann keiner vermeiden, sich im Vollzug seines Lebens faktisch zu ihr zu verhalten – negativ, indem man sie ignoriert, obwohl man von ihr profitiert, oder positiv, indem man sich an ihr orientiert und seine endliche Freiheit im Vertrauen auf Gottes unendliche Freiheitsmacht vollzieht.

Ohne Freiheit kein vernünftiger Glaube an Gott, argumentierte Kant. *Ohne Glaube keine wahre Freiheit,* insistierte Luther. Beide sagen etwas Richtiges, gerade weil sie Verschiedenes unter Freiheit verstehen. Beides schließt sich nicht aus, aber nur, wenn man nicht bei Kant stehen bleibt, sondern Kant von Luther her versteht.

Alle Menschen streben nach dem, was sie für gut und gerecht halten. Wir sind selten einer Meinung, was das ist. Aber wir wissen aus Erfahrung: Es genügt nicht, es zu wissen, um es auch zu wollen, und es zu wollen, um es auch zu tun. Christen sind daher keine Träumer, sondern Realisten, wenn sie betonen: Es gibt nichts Gutes, es sei denn, Gott tut es. Das lässt viel Raum zum Streit um das Gute und Gerechte. Aber es entlastet auch davon, von den eigenen Freiheitsversuchen mehr zu erwarten, als man vernünftigerweise kann. Niemand kann darauf setzen, das Gute, nach dem man strebt, aus eigener Kraft tatsächlich auch zu erreichen. Zu vieles kann schief gehen, und zu vieles geht schief. Aber – und das sagen Kant und Luther auf ihre verschiedenen Weisen – es gibt Grund zu hoffen. Man darf nur nicht sich selbst mit Gott verwechseln.

V
Die Vielfalt und Verschiedenheit des Glaubens

1. Glauben ist menschlich

Glauben ist menschlich – wer wollte das bestreiten? Aber was ist damit gesagt? Geht es um den *Glauben,* und falls ja, in welchem Sinn? Oder geht es um die *Menschen,* und falls ja, in welcher Hinsicht? Was wäre denn die Gegenthese? Glauben ist unmenschlich? Oder Nichtglauben ist menschlich? Will man sagen, dass die Menschen glauben, andere Lebewesen aber nicht? Oder dass Menschen erst dann wirklich menschlich leben, wenn sie glauben? Oder dass Menschen zwar glauben, aber nichts wissen können? Oder dass Glauben die Form ist, in der wir wissen, während es Wissen auch auf alle möglichen anderen Weisen gibt – in Büchern, Bibliotheken, Börsen, Behörden, Akademien, Verlagen, Unternehmen oder im Internet?

Oder geht es gar nicht um *Glauben* (eine sachverhaltsbezogene Wahrscheinlichkeitsvermutung: »Ich glaube, dass das oder jenes der Fall ist«), sondern um *Glaube* (eine personbezogene Vertrauenshaltung: »Ich glaube dir»; »Ich glaube an dich«) oder gar um den *Glauben an Gott*? Müsste man im Fall des *Gottesglaubens* aber nicht eher sagen, *Unglaube ist menschlich,* Glaube aber gerade nicht, weil dieser immer nur göttliche Gabe ist, aber keine menschliche Fähigkeit, keine menschenmögliche Haltung, kein menschlicher Besitz? Müsste man im Fall des *Vertrauensglaubens* nicht sagen, dass *Glauben keineswegs nur menschlich,* sondern uraltes Herdentierverhalten ist, weil Kühe der Leitkuh und Hunde ihrer Herrin nicht weniger vertrauensvoll folgen als manche Menschen manchen anderen Menschen? Und müsste man im Fall des *Sachverhaltsglaubens* nicht präzisieren, ob es um ein *epistemologisches Problem* geht, die These also lautet: »Glauben ist menschlich, weil alle Menschen nach Wissen streben und das Streben nach Wissen eben das ist, was wir ›glauben‹ nennen«? Oder ob die *wissenssoziologische* These zur Debatte steht: Glauben ist menschlich, weil es Glauben nur als Glauben von Menschen geben kann, während Wissen als »die Gesamtheit aller organisierten Informationen und ihrer wechselseitigen Zusammenhänge, auf deren Grundlage ein vernunftbegabtes System handeln kann«[58] heute nichts mehr mit Menschen zu tun hat, sondern ein bloßer Systembegriff ist? Wer von Glauben spricht, sagt stets, dass es jemanden gibt, der glaubt. Wer dagegen von Wissen spricht, sagt nicht, dass es jemanden gibt, der das weiß, sondern nur, dass dieses Wissen irgendwo implementiert und irgendwie repräsentiert ist.

Glauben ist menschlich, nicht zu glauben ist menschlich, glauben ist nicht nur menschlich, nicht nur glauben ist menschlich – um all das und noch manches andere kann es bei der Themathese also gehen. Auch der großzügigste Geist wird nicht behaupten wollen, dass das Wort »glauben« in all diesen Fällen im gleichen oder gar im selben Sinn verwendet wird. »Glauben« kann vieles heißen, was es konkret heißt, hängt am Kontext, in dem es verwendet wird, und diese verschiedenen konkreten Verwendungsweisen lassen sich selbst bei erbarmungsloser Übervereinfachung nicht in einen einsinnigen Glaubensbegriff integrieren.

Diese Verständnisvielfalt ist eine Hauptquelle der vielen Missverständnisse, die sich mit dem Glaubensthema verknüpfen. Wollen wir das Thema daher einigermassen vernünftig diskutieren, sollten wir eine Reihe von Distinktionen beachten, die der Gebrauch des Wortes »glauben« in der alltäglichen Sprachpraxis nahelegt.

Menschen glauben, dass es regnet und dass die Regierung schlecht ist, sie glauben an Freunde und an sich selbst, sie glauben an Gott und die Windkraft, und sie glauben noch an viel mehr Dinge zwischen Himmel und Hölle, als man sich manchmal vorzustellen wagt. All diese vielfachen Weisen, von »glauben« zu sprechen, nehmen Unterschiede in Anspruch, durch die das jeweils Gemeinte von anderem abgegrenzt und damit bestimmt wird. Diese Unterschiede lassen sich in vier Leitunterscheidungen bündeln, die den Sinn des Wortes »glauben« in je anderer Hinsicht präzisieren:

(1) die *grammatische Leitunterscheidung von Sachverhaltsglauben/Personglaube*
(2) die *erkenntnistheoretische Leitunterscheidung von Glauben/Wissen*

58 Artikel »Wissen«, Wikipedia (http://de.wikipedia.org/wiki/Wissen#Formen_des_Wissens) (10.10.2011).

3) die *anthropologische Leitunterscheidung von Glauben/Nichtglauben*

4) die *theologische Leitunterscheidung von Glaube/Unglaube.*

Diese Leitunterscheidungen können in verschiedener Weise kombiniert, aber nicht aufeinander oder auf ein gemeinsames Anderes reduziert werden. Sie antworten nicht auf dieselbe, sondern auf verschiedene Fragen. Und deshalb können sie auch nicht ohne Verkürzungen und Verkrümmungen in ein allgemeines Verständnis von Glauben integriert werden, das durch seine Verwendung in bestimmten Theorie- und Praxiszusammenhängen spezifisch näher bestimmt wird. Es gibt, mit anderen Worten, nicht *einen Begriff* von Glauben, und deshalb auch nicht nur *ein richtiges Verständnis* des Glaubensthemas, sondern mindestens vier verschiedene Problemkreise.[59] Ich erläutere das in der gebotenen Kürze.

2. Die grammatische Leitunterscheidung Sachverhaltsglaube/Personglaube

Im Deutschen (und nicht nur da) wird der Ausdruck »glauben« in dreifacher Weise gebraucht: zum Ersten im Sinn eines *Fürwahrhaltens von Sachverhalten* (»Ich glaube, dass etwas der Fall ist«), zum Zweiten im Sinn von *einer Person Vertrauen schenken* (»Ich glaube jemandem« und

59 Das wird auch in philosophischen Studien zum Glauben immer wieder übersehen. Vgl. A. Beckermann, Glaube, Berlin/Boston 2013. Zwar ist Beckermann zuzustimmen, dass es um die Frage nach den Gründen für oder gegen einen Glauben geht, wenn man nach der Vernünftigkeit oder der Wahrheit von Überzeugungen fragt. Aber es greift zu kurz, alles Glauben auf das Vertreten mehr oder weniger wahrscheinlicher Überzeugungen zu reduzieren und es nur unter der Fragestellung nach epistemischen bzw. nichtepistemischen Gründen für diese Überzeugungen zu diskutieren. Selbst wenn man überzeugt ist, dass es so etwas wie »religiösen Glauben« gibt, ist noch lange nicht ausgemacht, dass dieser Glaube zur Gattung alltäglicher Wahrscheinlichkeitsüberzeugungen gehört und entsprechend zu behandeln ist. Meine These ist demgegenüber, dass der Ausdruck »glauben« im Deutschen sehr unterschiedlich gebraucht wird und diese Gebrauchsweisen keineswegs auf nur ein Kernverständnis reduziert werden können, das in einer epistemischen Haltung besteht und dementsprechend am Leitfaden der Frage nach der Vernünftigkeit der Gründe zu erörtern ist, die für oder gegen diese epistemische Haltung angeführt werden können.

zum Dritten im Sinn eines *Sichverlassens auf jemanden* (»Ich glaube an jemanden«).

Das erste ist eine *theoretische Haltung*, die davon lebt, dass der Sachverhalt, der geglaubt wird, nicht dadurch zustande kommt, dass er geglaubt wird. Wer glaubt, dass es regnet, glaubt nicht, dass es regnet, weil er es glaubt, sondern weil es regnet, glaubt er es, wenn er es bemerkt. Er kann sich natürlich täuschen, dann ist sein Glaube falsch und er hat den Schirm umsonst mitgenommen. Aber er muss nicht glauben *wollen*, was er glaubt, sondern er kann gar nicht anders, als zu glauben, dass es regnet, wenn er es bemerkt: Glauben als Fürwahrhalten verdankt sich keinem Willen zum Glauben, es ist nicht die Folge einer Entscheidung, sondern – nicht nur, aber in wichtiger Hinsicht – die Wirkung der Wahrnehmung eines Sachverhalts. Wer wahrnimmt, dass es regnet, kann nicht beschließen, es nicht zu glauben, so sehr er sich auch wünschen mag, dass es nicht wahr sein möge, denn das wäre nichts anderes, als die Augen vor der Wirklichkeit zu verschließen. Fürwahrhalten verdankt sich keinem Entschluss zum Glauben, und es lässt sich durch einen Entschluss auch nicht beenden oder außer Kraft setzen. Wer das versucht, den halten wir mit Recht für wirklichkeitsblind oder für krank.

Das ist anders im zweiten und dritten Fall. Vertrauenschenken und Sichverlassen sind *praktische Haltungen*, die es nicht gibt, ohne dass man sich dazu entschließt oder sie durch Willensentschluss aufrechterhält. Ich muss niemandem vertrauen, sondern ich kann es. Ich kann dabei der Regel folgen »Traue niemand, ehe er sich nicht als vertrauenswürdig erwiesen hat«, oder ich kann jemandem vertrauen, um ihm oder ihr die Chance zu geben, sich vertrauenswürdig zu erweisen. Wenn ich jemanden auf der Straße nach der Urzeit frage, gehe ich nicht davon aus, dass er mich anlügt, sondern vertraue seiner Auskunft, sofern es keine guten Gründe gibt, das nicht zu tun. Die Vertrauensmaxime »Traue jedem, solange nichts (oder nicht hinreichend viel) dagegen spricht«, mag im Umgang mit Mitmenschen, Freunden oder Familienmitgliedern vernünftig und angemessen sein. Doch im Umgang mit Banken, Behörden oder Beamten sollten wir uns eher an die Misstrauensmaxime halten: »Traue niemand, solange nichts (oder nicht hinreichend viel) dafür spricht«. Beides freilich unterstreicht, dass wir anderen Menschen nicht glauben müssen, sondern können oder auch nicht können, und deshalb gibt es keinen Vertrauensglauben, ohne einen Willensentschluss dazu.[60]

Das Wort »glauben« verwenden wir also so, dass es theoretisch ein *Fürwahrhalten von Sachverhalten* (Sachverhaltsglauben) oder praktisch ein *Vertrauen in* bzw. *Sichverlassen auf Personen* (Personglauben) zu verstehen gibt. Das lässt sich weiter konkretisieren.

3. Die erkenntnistheoretische Leitunterscheidung Glaube/Wissen

»Alle Menschen«, so schreibt Aristoteles im ersten Satz seiner Metaphysik, »streben [ὀρέγονται] von Natur [φύσει] aus nach Wissen [εἰδέναι].« Wissen ist Wissen von Wahrem, und stellt sich heraus, dass nicht wahr ist, was man zu wissen meinte, dann hat man es nicht gewusst, sondern sich geirrt.

Nach Wissen von Wahrem streben alle Menschen, meint Aristoteles. Hat er die Menschen nicht gekannt? Oder kannte er die Unterschiede nicht zwischen partikularen Sätzen und allgemeinen (»*Manche* Menschen streben nach Wissen«) oder zwischen Feststellungen, dass etwas der Fall ist, und Wünschen, dass etwas der Fall sein möge («*Es wäre schön*, wenn wenigstens ein paar Menschen nach Wissen strebten«)?

Aristoteles kannte all diese Unterschiede sehr wohl, und er formulierte seinen Eingangssatz in die (später so genannte) *Metaphysik* in aller wünschenswerten Präzision. Wer nach etwas strebt, hat es noch nicht. Hätte man es, müsste man nicht mehr danach streben. Aber wie kann man nach etwas streben, wenn man es nicht kennt? Muss man nicht wenigstens wissen, was man nicht hat, damit man danach streben kann?

Wäre das wahr, wäre Aristoteles' Satz von vornherein falsch. Müsste man wissen, dass man nicht weiß, dann würde sein Satz ganz gewiss nicht für alle Menschen zutreffen, sondern allenfalls für ein paar Philosophen, und auch da nur für wenige. Im antiken Athen war es gerade einmal Sokrates, der das von sich sagte. Aristoteles formuliert daher vorsichtiger: Wir streben nach Wissen nicht deshalb, weil wir wissen, dass wir nicht wissen, sondern »von Natur aus«. Menschen sind Wesen, die nach Wissen streben, weil sie als Menschen nicht anders können. Nicht

60 Vgl. I. U. Dalferth, In God We Trust: Trust, Mistrust and Distrust as Modes of Orientation, in: A. Grøn/C. Welz, Trust, Sociality, Selfhood, Tübingen 2010, 135–152.

das Wissen, dass wir nicht wissen, macht uns zu Menschen, sondern weil wir Menschen sind, streben wir nach Wissen – ohne zu wissen, was wir da tun und was uns fehlt. Nicht Wissen, sondern das Streben nach Wissen ist menschlich.[61]

Mit dem Streben nach Wissen sind wir schon ziemlich nahe an dem, was man später »glauben« genannt hat. Zu diesem Streben nach Wissen gehört nicht, dass man weiß, dass man danach strebt. *Glauben* ist menschlich, nicht Wissen, dass man glaubt. Wir müssen nicht wissen, dass das Streben nach Wissen menschlich ist, um menschlich zu sein. So hat es Joseph Simon verstanden: »Wenn der Mensch als das Lebewesen gedacht ist, das den Logos *hat*, und das Wesen von etwas (τὸ τί ἦν εἶναι) als das, wovon der Logos die Definition oder die Wesensbestimmung ist (ὅσων ὁ λόγος ἐστὶν ὁρισμός),[62] dann ist *vorausgesetzt*, dass der Mensch von sich selbst die wahre Wesensbestimmung habe, dergemäß er den Logos bestimme, in dem das Wesen von allem ausgesagt wird.«[63] Der Mensch weiß, wer und was er in Wahrheit ist: das Logoswesen. Kennt der Mensch aber sich selbst, dann kennt er den Logos, in dem und durch den er alles erkennt, was sich erkennen lässt. ΓΝΩΘΙ ΣΑΥΤΟΝ heißt dann: »Erkenne, was du bist (nämlich Logos), dann weißt du alles, was du erkennen kannst.« Doch das ist eher eine transzendentalphilosophische Denkfigur[64] als das, was der Menschenbeobachter Aristoteles sagt. Menschen streben *von Natur aus* nach Wissen, aber sie sind nicht erst dann Menschen, wenn sie wissen, dass sie das tun. Die Geburt, nicht der erste Schultag ist das Eintrittsbillet ins Menschsein.

Von *Natur aus* nach Wissen zu streben, heißt, dass man gerade insofern Mensch ist, als man nach Wissen strebt, weil man *gar nicht*

---

61 Die Philosophen sind daher bloß ein besonderer Fall dessen, was wir alle tun. Auch sie sind keine Wissenden (σοφοί), sondern Liebhaber des Wissens (φιλόσοφοι), streben also nach dem, was wir alle gerne hätten, aber nicht haben, nur eben als Liebhaber: Sie tun gern, was wir alle nur irgendwie tun.

62 Aristoteles, Metaphysik, 1030a 6–7.

63 J. Simon, Horizonte der Wahrheit bei Kant, in: I. U. Dalferth/ Ph. Stoellger (Hrsg.), Wahrheit in Perspektiven. Probleme einer offenen Konstellation, Tubingen 2004, 119–140, hier 119.

64 Vgl. B. Lonergan, Insight: A Study in Human Understanding, New York/London 1958, XXVIII (im Original kursiv): »Thoroughly understand what it is to understand and not only will you possess the broad lines of all there is to be understood but you will also possess a fixed base, an invariant pattern opening upon all further developments in understanding.«

anders kann (und nicht etwa, weil man weiß, dass man das tut oder tun soll). Philosophen unterscheiden sich von anderen Menschen nicht durch ihr Streben nach Wissen, sondern dadurch, dass sie wissen, dass sie nichts wissen. Aber ob wir das wissen oder ob nicht, wir sind Wesen, die nach Wissen streben – das zeichnet Aristoteles zufolge uns Menschen aus. Aber wem gegenüber zeichnet uns das aus und wovon werden wir dabei unterschieden?

Zum einen von denen, die *wissen* und nicht nur nach Wissen *streben*. Und zum anderen von denen, die *weder* wissen *noch* nach Wissen streben. Das erste kann man von den Göttern oder von Gott, nur gelegentlich, in bestimmter Hinsicht und näherungsweise aber vom Menschen sagen: Menschen sind nicht Götter, und meist wissen sie die Wahrheit nicht, sondern müssen sich mit Meinungen herumschlagen. Das andere gilt von den Tieren: Zwar streben auch sie, aber nicht nach dem Wissen von Wahrheit, sondern nach der Sicherstellung dessen, was zu ihrem Überleben notwendig ist. Wissensstreben ist das, was den Menschen von den Tieren unterscheidet und den Göttern ähnlich macht. Diese haben die Wahrheit. Wir streben danach, sie zu wissen. Die Tiere leben, ohne danach zu streben. Oder anders gesagt: Die Götter wissen die Wahrheit. Wir streben danach. Die Tiere interessiert das nicht.

Das Wissen, nach dem wir Aristoteles zufolge streben, ist wahrheitsbezogen. Das machte seine metaphysische These auch theologisch interessant. Denn ist Gott die Wahrheit, dann ist das Streben nach Wahrheit im Streben nach Wissen ein Streben nach Gott. »Glauben ist menschlich«, weil nicht die Tiere, sondern nur die Menschen nach Wissen und damit nach der Wahrheit streben, die Gott ist.

Der Wahrheitsbezug wird so zum zentralen Kriterium, um zwischen *Wissen, Glauben* und *Meinen* zu unterscheiden als verschiedenen Weisen, sich auf Wahrheit zu beziehen. Dabei kommt es zu einer eigenartigen Entwicklung: Zunächst sind Glauben und Wissen auf dasselbe Ziel hin ausgerichtet (Wahrheit), das Wissen ist dem Glauben gegenüber aber selbständig (Wer weiß, braucht nicht – mehr – zu glauben). Dann wird Glauben auf das hin zugespitzt, was wir nicht wissen, sondern nur glauben können: die göttliche Wahrheit. Im Gegenzug dazu säkularisiert die Moderne das Glauben und integriert das Wissen in das Glauben (Wissen ist der Grenzwert eines höchstwahrscheinlich wahren Glaubens). Und heute wird entweder nur noch von Glauben (*belief*) gesprochen und auf den Wissensbegriff verzichtet, oder Wissen und Glauben werden so entkoppelt, dass Wissen als Systembegriff fungiert, der mit dem Glauben als subjektiver Wahrscheinlichkeitsvermutung nichts mehr zu tun hat. Ich erinnere knapp an die wichtigsten Entwicklungsetappen des Problems.

3.1 Vom Wissen zum Glauben

1. *Entweder wissen oder glauben*: Das antike Denken – ich halte mich an Augustins Schrift *De mendacio*[65] – unterschied zwischen *meinen* (*opinari*), *wissen* (*scire*) und *glauben* (*credere*). *Meinungen* sind immer mit einem Fehler (*vitium*) verbunden. Wer meint, glaubt zu wissen, was er nicht weiß. Er sucht daher nicht weiter und versäumt dementsprechend in falscher Gewissheit, seine Meinung zu überprüfen und sie zum Wissen fortzubestimmen. Der Glaubende dagegen weiß, dass er nicht weiß, was er glaubt, obgleich er nicht an dessen Wahrheit zweifelt. Eben deshalb bemüht er sich darum, sein Glauben zum Wissen zu machen. Der Wissende schließlich weiß, dass wahr ist, was er weiß und dass er nicht fehlgehen kann.[66] Denn *Wissen* (*scire*) ist *semper sine vitio*, also stets wahr. Sollte sich etwas, das wir zu wissen meinen, als falsch herausstellen, wäre damit auch klar, dass es kein Wissen, sondern eben nur ein Meinen war. Wer weiß, braucht nicht mehr zu glauben, und wer glaubt, weiß noch nicht und strebt eben deshalb nach Wissen.

2. *Sowohl wissen als auch glauben*: Diese Analyse des Verhältnisses von *scientia*, *fides* und *opinio* wird im mittelalterlichen Denken in Grundzügen übernommen[67] und in mannigfachen Variationen tradiert. Auch Thomas v. Aquin definiert: »fides est media inter scientiam et opinionem«.[68] Der Glaube besitzt zwar nicht die Sicherheit beweisbaren Wissens, aber er geht über das bloße Meinen hinaus, insofern die »fides importat assensum intellectus ad id quod creditur«. Der *intellectus* indes erteilt den *assensus* auf zweierlei Weise: entweder »quia ad hoc movetur ab ipso objecto«, d. h. wenn sein Gegenstand selbst, da erkannt,

---

65 Vgl. I. U. Dalferth, Malum. Theologische Hermeneutik des Bösen, Tübingen 2008/2010, 309 f.

66 K. Löwith, Wissen und Glauben, Augustinus Magister I (1954) 403–410; A. Mandouze, Saint Augustin, Paris 1968, 265–288; K. Flasch, Augustin. Einführung in sein Denken, Stuttgart 1980, 314–326.

67 Thomas vom Aquin, Summa Theologica (STh) IIa IIae q.1 a.1 und a.2.

68 STh. IIa IIae q.1 a.2.

als solcher Beweggrund ist, oder »per quamdam electionem voluntarie declinans in unam partem magis quam in aliam«, wenn er also vermöge einer Wahlentscheidung, die willentlich mehr der einen als der anderen Seite zuneigt. Wird eine solche Entscheidung unter Zweifel und Besorgnis getroffen, ob nicht doch vielleicht die andere Seite die richtige sein könnte, handelt es sich um eine *opinio*, geschieht sie ohne eine solche Besorgnis, handelt es sich um *fides*.[69] Deshalb ist es zwar unmöglich, dass man dasselbe zugleich weiß und glaubt, aber es ist keineswegs ausgeschlossen, dass das, was der eine weiß, ein anderer nur glaubt.[70]

3. *Fürwahrhalten*: Am Ende der Aufklärungsepoche wird diese Tradition der Glaubensanalyse von Kant in der Transzendentalen Methodenlehre der *Kritik der reinen Vernunft* in klassischer Weise aufgegriffen und als Unterscheidung von drei Arten des Fürwahrhaltens von Sachverhalten oder Propositionen dargestellt.[71] Wer etwas *meint*, hält es zwar für möglich, aber er ist weder im Hinblick auf den Sachverhalt (also objektiv) noch ihm Blick auf sich selbst (also subjektiv) davon überzeugt, dass es auch wirklich (so) ist. Meinen ist ein »problematisches« oder »vorläufiges« Urteilen, das sich als falsch oder richtig herausstellen kann. Wer etwas *glaubt*, ist dagegen zwar subjektiv davon überzeugt, dass es nicht nur möglich, sondern auch wirklich ist, aber er hat keine objektiven Gründe, um die Wahrheit seiner Überzeugung auch als allgemeingültiges Wissen zu vertreten. Glauben ist deshalb ein assertorisches Urteilen über einen Sachverhalt, den ich für wahr halte, ohne das beweisen zu können. Wer etwas *weiß*, ist nicht nur subjektiv überzeugt, dass es wahr (möglich und wirklich) ist, sondern es gibt dafür auch objektive und für andere nachvollziehbare Gründe. Wissen ist ein apodiktisches Urteilen, das die begründete Gewissheit artikuliert, dass der zur Debatte stehende Sachverhalt wahr ist.

4. *Alles ist Glauben*: Kants Versuch, Meinen, Glauben und Wissen als unterschiedlich starke Arten des Fürwahrhaltens auf eine Reihe zu bringen, ist in neueren Ansätzen doxastischen Glaubens im Rahmen einer Logik des Glaubens (*belief*) fortentwickelt worden.[72] Glauben wird

69 STh. IIa IIae q.1 a.4.

70 STh. I q.1 a.5. »impossibile est quod ab eodem idem sit scitum et creditum. Potest tamen contingere ut id quod est visum vel scitum ab uno, sit creditum ab alio«.

71 Kant, KrV B 851/A 823.

72 W. Lenzen, Glauben, Wissen und Wahrscheinlichkeit, Wien 1980.

dabei als eine wahrscheinlichkeitstheoretisch fassbare und entscheidungslogisch präzisierbare propositionale Einstellung relativ zu je bestimmten Alternativen bestimmt, von denen eine für wahrscheinlicher gehalten wird als die andere(n). Zu glauben, dass etwas der Fall ist, heißt zu glauben, dass es wahrscheinlicher ist als sein Gegenteil.[73] Wer glaubt, dass heute Freitag ist, glaubt, dass es wahrscheinlicher ist, dass heute Freitag ist, als dass irgendein anderer Wochentag ist. Wissen und Meinen werden so zu Grenzfällen des Glaubens. Ordnet man Sachverhalten eine subjektive Wahrscheinlichkeit zwischen 0 und 1 zu, je nachdem wie wir auf ihrer Basis zu handeln geneigt sind, dann bietet Meinen als ein Glauben von subjektiv für eher unwahrscheinlich gehaltenen Sachverhalten eine schlechte Basis für vernünftiges Handeln und Wissen als ein Glauben von (nahezu) für gewiss gehaltenen Sachverhalten eine recht gute, während Glauben eine rationalere Handlungsgrundlage ist als Meinen, aber eine weniger rationale als Wissen. Deshalb ist es immer geboten, Glauben in Wissen zu überführen oder Wissen an die Stelle von Glauben und Meinen zu setzen, um vernünftiger leben und handeln zu können. Aber diese Überführung und Ersetzung ist kein Übergang in etwas kategorial anderes als Glauben, sondern eine Steigerung der Glaubensgewissheit, die unser Handeln leitet.

Wissen ist damit zum Grenzfall des Glaubens (*belief*), Glauben zur Schwachform von Wissen geworden. Hieß es bei Aristoteles »Streben nach Wissen ist menschlich«, so heißt es jetzt »Glauben ist menschlich«, wobei »glauben« als eine subjektbasierte Form des wahrscheinlichkeitsgeleiteten Fürwahrhaltens verstanden wird.

Der Preis für diese elegante Lösung ist allerdings hoch: Auf der einen Seite wird der Wissensbegriff systematisch überflüssig, auf der anderen wird der Glaubensbegriff epistemologisch verkürzt.

3.2 Vom Wissen ohne Glauben

Zunächst wird Wissen im Rahmen der skizzierten Entwicklung als *gerechtfertigtes wahres Glauben* bestimmt. Für einen Sachverhalt p (»Der Eurorettungsschirm hält«) gilt: Ein Subjekt S weiß, dass p, dann und nur dann, wenn (1) S glaubt, dass p (Überzeugungsbedingung), (2) p wahr ist

73 R. Swinburne, Faith and Reason, Oxford 1981.

(Wahrheitsbedingung) und (3) S gute Gründe hat, zu glauben, dass p (Rechtfertigungsbedingung). Die Überzeugungsbedingung besagt: *Man kann nur wissen, was man auch glaubt*; die Wahrheitsbedingung: *Man kann nur wissen, was wahr ist*; die Rechtfertigungsbedingung: *Man muss Gründe für seine Überzeugung anführen können*. Jede dieser Bedingungen wirft Probleme auf, vor allem aber die dritte Bedingung ist, wie Paul Gettier gezeigt hat, ungenügend, weil man leicht Beispiele konstruieren kann, die ihr genügen, ohne dass man sagen würde, es liege Wissen vor.[74] So kann ich gute Gründe haben zu glauben, dass der Eurorettungsschirm hält, weil die Regierung es verbindlich erklärt hat. Tatsächlich aber hat die Regierung es nur behauptet, weil sie an der Macht bleiben wollte, und es selbst nicht geglaubt. Wenn der Eurorettungsschirm trotzdem hält, habe ich zwar zu Recht geglaubt, dass es so sei, aber ich habe es nicht gewusst, weil ich keine guten und richtigen, sondern falsche Gründe hatte.

Man hat viel Scharfsinn darauf verwendet, diese Mängel zu beheben und eine haltbarere Bestimmung von Wissen vorzulegen. Doch die Schwierigkeiten scheinen sich umfassend kaum ausräumen zu lassen. Angesichts dieser Sachlage gibt es folgende Möglichkeiten:[75]

(1) *Nicht Begriff, sondern Netz*: Man kann mit Wittgenstein argumentieren, der Alltagsbegriff »Wissen« habe keine scharfen Grenzen, sondern seine verschiedenen Verwendungsweisen seien nur durch Familienähnlichkeiten zusammengehalten, die man mehr oder weniger genau beschreiben, aber nicht auf einen Begriffskern notwendiger und hinreichender Bedingungen reduzieren könne.

(2) *Nicht ein Begriff, sondern verschiedene*: Man kann versuchen, »Wissen« als einen diffusen Begriff bzw. Komplexbegriff zu verstehen und typische Merkmale für das anzugeben, was in bestimmten Kontexten als Wissen gilt, ohne an einem einheitlichen Begriff des Wissens festzuhalten.[76]

---

74 Vgl. E. Gettier, Is Justified True Belief Knowledge?, Analysis 23 (1963), 121–123.

75 Vgl. Art. ›Wissen‹, Wikipedia (http://de.wikipedia.org/wiki/Wissen# Formen_des _Wissens) (10.10.2011)

76 N. Gottschalk-Mazouz, Was ist Wissen? Überlegungen zu einem Komplexbegriff an der Schnittstelle von Philosophie und Sozialwissenschaften, in: S. Ammon et al. (Hrsg.), Wissen in Bewegung. Dominanz, Synergien und Emanzipation in den Praxen der »Wissensgesellschaft«, Weilerswist 2007, 21–24.

(3) *Entkoppelung von Wissen und Glauben*: Man kann den Wissensbegriff ganz auf den Aspekt des Informationsgehalts reduzieren und, mit Robert Solso, als »Speicherung, Integration und Organisation von Information im Gedächtnis« definieren. Oder noch allgemeiner und ohne Bezug auf das Gedächtnis: »Wissen ist organisierte Information, es ist Teil eines Systems oder Netzes aus strukturierten Informationen«,[77] das in verschiedenen Medien und Institutionen, keineswegs nur oder vor allem im menschlichen Denken und Erinnern implementiert wird. Glauben mag dann noch menschlich sein, Wissen ist es nicht.

(4) *Verzicht auf den Wissensbegriff*: Schließlich kann man, wie Ansgar Beckermann, vorschlagen, »auf den Wissensbegriff ganz [zu] verzichten. Es gibt in der Erkenntnistheorie keine interessante Frage und keine interessante These, die wir nicht auch ohne diesen Begriff formulieren könnten. Was ist das Ziel unserer Erkenntnisbemühungen? Wahrheit.«[78] Und alles, was wir dazu sagen wollen, können wir mit dem Begriff des Glaubens (belief) aussagen.

Das Resultat dieser Entwicklung ist paradox. Auf der einen Seite scheint nur noch der Glaubensbegriff wichtig zu sein, auf der anderen nur noch der Wissensbegriff.

Erkenntnistheoretisch wird der Wissensbegriff verabschiedet: Er ist alltagssprachlich gebräuchlich, wissenschaftlich aber nicht zu gebrauchen, weil er sich nicht präzis bestimmen lässt, und er ist auch gar nicht nötig, weil sich alles Wichtige ohne ihn sagen lässt. »Glauben ist menschlich«, weil sich alles Wissen auf Glauben zurückführen lässt.

Kultur- und wissenschaftstheoretisch dagegen ist nur noch der Wissensbegriff, nicht mehr der Glaubensbegriff wichtig: *Wissenssysteme* sind Informationsspeicher in unserer Gesellschaft, die alles weit überschreiten, was einzelne Menschen wissen könnten. Menschliches Glauben als Streben nach Wissen bietet keinen brauchbaren Ansatzpunkt mehr, das zu erklären oder zu erfassen. Mit *Glauben* ist die Wahrscheinlichkeitsvermutung gemeint, mit der wir uns in bestimmten Situationen zu bestimmten Möglichkeiten verhalten. »Glauben ist menschlich«

77 R. L. Solso, Kognitive Psychologie, Heidelberg 2005, 242. Vgl. G. Reinmann-Rothmeier/H. Mandl, »Wissen«, in: Lexikon der Neurowissenschaften, Band 3, Heidelberg 2001, 466.

78 A. Beckermann, Zur Inkohärenz und Irrelevanz des Wissensbegriffs. Plädoyer für eine neue Agenda in der Erkenntnistheorie, ZPhF 55 (2001), 571–593.

heißt jetzt: Glauben ist eine Vor- und Schrumpfform des Wissens. In einer Wissensgesellschaft sollte man nicht das Glauben pflegen, sondern nach Wissen streben.

Mit dem Bezug auf den Glauben ist in diesem Wissensverständnis freilich auch der Bezug auf den Menschen entsorgt. Wissen wird systemtheoretisch expliziert, und Glauben spielt nur insofern noch eine Rolle, als es ebenfalls systemtheoretisch verstanden werden kann.

Angesichts dieser Entwicklung kann die These »Glauben ist menschlich« als Protest dagegen gehört werden, dass versucht wird, Glauben auf eine wahrscheinlichkeitstheoretisch explizierbare Systemoperation zu reduzieren. Denn damit scheint nur noch das Sachverhaltsglauben, nicht mehr der Personglaube eine Rolle zu spielen. Oder noch schlimmer: Der Glaube an Personen wird nach Maßgabe eines Sachverhaltsglaubens verstanden, der im Modus objektiven Systemwissens, aber nicht im Modus menschlicher Lebenspraxis entwickelt wird. Wo Mensch war, ist nur noch System. Die Konzentration auf das Wissen hat nicht nur den Glauben, sondern den Menschen verdrängt. Damit aber ist der Sinnhorizont verloren gegangen, in dem nach Glauben und Wissen zu fragen überhaupt wichtig wurde. Und deshalb müssen wir uns zum Verstehen des Glaubens dem Verständnis des Menschen und Menschlichen zuwenden, also die beiden anderen genannten Leitunterscheidungen betrachten.

4. Die anthropologische Leitunterscheidung Glaube/Nichtglaube

Werden Menschen als Glaubende in den Blick gefasst – und das ist schon eine bestimmte Weise, sie in den Blick zu nehmen –, dann lässt sich ihr Glauben nicht nur anthropologisch in theoretischer Hinsicht als Führwahrhalten beschreiben (»Glauben ist menschlich«, weil Menschen nur überleben können, wenn sie sich situationsgerecht verhalten), sondern auch in praktischer Hinsicht als Vertrauen und Sichverlassen auf andere.

In theoretischer Hinsicht wird das, was mit »Glauben« gemeint wird, in der Regel im Gegensatz zum *Wissen* oder zum *Handeln* oder *zu beidem* bestimmt. So wird Glauben *kognitiv* als Anderes des Wissens verstanden – sei es im Sinn eines ausschließenden Gegensatzes (Glauben ist nicht Wissen, Wissen nicht Glauben: »Wer etwas glaubt, weiß es nicht, und wer etwas weiß, braucht es nicht zu glauben«), sei es im Sinn einer einschließenden Entgegensetzung (Glauben ist eine schwache Form des Wissens, Wissen eine starke Form des Glaubens: »Wer glaubt, hält einen Sachverhalt für mehr oder weniger wahrscheinlich; wer weiß, hat Gründe, die Wahrscheinlichkeit des Bestehens oder Eintretens dieses Sachverhalts für sehr hoch zu halten«). Oder Glauben wird *pragmat(ist)isch* (handlungsbezogen) dargestellt als subjektive Wahrscheinlichkeitshaltung, auf bestimmte Weise zu handeln bzw. etwas Bestimmtes zu tun oder nicht zu tun (»Was jemand glaubt, zeigt sich an dem, was er bereit ist zu tun«). Oder Glauben wird *emotionsbezogen* als eine Weise des Erlebens und Selbsterlebens bestimmt (»Wer glaubt, erlebt, wie er lebt«) bzw. fundamentalanthropologisch als existentielles Grundgefühl (»Glauben ist das präreflexive Grundvertrauen, ohne das man weder leben noch das Leben in Frage stellen kann«).

In all diesen Fällen wird Glauben als eine Operation beschrieben, die kognitiv oder emotional etwas Vorgegebenes mental repräsentiert (»Für-wahr-halten«) und so mehr oder weniger deutlich zum Bewusstsein bringt. »Glauben ist menschlich«, weil Menschen nur leben und überleben können, insofern sie Informationen aus ihren Umgebungen aufnehmen und mental so verarbeiten, dass sie sich situationsgerecht verhalten und mit Aussicht auf Erfolg handeln können. Wer – in diesem Sinn – nicht glaubt, lebt nicht nur nicht menschlich, sondern sehr schnell gar nicht mehr.

In praktischer Hinsicht hingegen ist Glauben eine *Vertrauenshaltung* anderen Personen gegenüber, die unter verschiedenen Bedingungen und in verschiedenen Situationen unterschiedlich verständlich oder vernünftig, falsch oder richtig sein kann. Zwar kann man in jedem Einzelfall darüber streiten, ob es angemessen oder unangemessen ist, einer bestimmten Person zu vertrauen oder sich auf sie zu verlassen. Aber weil Menschen keine solitären Raubtiere sind, die sich nur und ausschließlich auf sich selbst verlassen, sondern soziale Herdentiere, die nicht allein, sondern zusammen mit anderen leben, ist es ein unvorstellbarer Grenzfall, dass sie sich überhaupt nicht auf andere und anderes verlassen oder niemals und nirgends anderen vertrauen. In jedem konkreten Einzelfall mag das Vertrauen verfehlt und der Entschluss zum Vertrauen falsch sein, doch dass Menschen überhaupt vertrauen und sich zum Vertrauen entschließen, gehört zu ihrem Menschsein: Glauben – in diesem Sinn – ist menschlich, weil Menschen Mitmenschen sind. Der

Mensch ist zwar ein Tier, aber dieses Tier kann menschlich oder unmenschlich leben, und menschlich lebt es nur, weil und insofern es seine Mitmenschlichkeit lebt, also das Zusammenleben mit anderen so gestaltet, dass man glauben, einander Vertrauen schenken, sich aufeinander verlassen kann.

Die These »Glauben ist menschlich« ist also nicht nur vor dem Hintergrund der *biologischen Unterscheidung Mensch/Tier* zu verstehen, sondern auch (und vor allem) vor dem Hintergrund der *anthropologischen Unterscheidung Mensch/Mensch.* Glauben ist nichts, was Menschen in grundsätzlicher Weise von Tieren unterschiede (auch Kühe, Hunde und Vögel nehmen Veränderungen in ihrer Umwelt wahr und verlassen sich auf andere und aufeinander). Aber die Art und Weise, wie Menschen ihren Glauben leben, entscheidet mit darüber, ob sie ein menschliches oder ein unmenschliches, ein menschenwürdiges oder ein menschenunwürdiges Leben führen. Wo die Verhältnisse so sind, dass jedem misstraut werden muss und man sich auf niemanden verlassen kann, ist es ebenso schwer oder unmöglich, ein menschliches Leben zu führen, wie dort, wo die Grundmöglichkeiten zum Lebensunterhalt nicht gegeben sind.

Die eigentliche Provokation der These »Glauben ist menschlich« steckt nicht darin, dass man nicht darum herum kommt, irgendetwas für wahr zu halten, solange man lebt, sondern dass man so lange nicht wirklich *menschlich* leben kann, als man sich nicht auf andere verlassen und ihnen vertrauen kann. Glauben als Modus *biologischen Überlebens* ist eines, Glauben als Modus *menschlichen Zusammenlebens* ein anderes und Glaube als Modus *menschlichen Miteinanderlebens vor Gott* ein drittes. Zur Debatte steht nicht nur die biologische *Frage nach dem Menschen,* sondern die anthropologische Frage *nach der Menschlichkeit des Menschen,* und diese wird theologisch so beantwortet, dass im Blick auf das Leben von Menschen vor Gott unterschieden wird zwischen denen, die sich daran orientieren (Glaube) oder das nicht tun (Unglaube).

5. Die theologische Leitunterscheidung Glaube/Unglaube

Theologisch wird das durch die Leitunterscheidung *Glaube/Unglaube* zum Ausdruck gebracht. Ich beschränke mich auf vier Bemerkungen.

5.1 Modales Glaubensverständnis

In den bisher besprochenen Versionen wird »glauben« grammatikalisch entweder als Substantiv verstanden (der Glaube, das Glauben) oder als Verb (glauben = *cum assensione cogitare*). Als Substantiv wird Glauben von Wissen und Tun unterschieden, als Verb von wissen und meinen. Hier dagegen wird »glauben« weder substantivisch noch verbal, sondern modal, adverbial oder (in metaphorischem Sinn) lokal konstruiert – also nicht als »Peter glaubt«, sondern als »Peter lebt *glaubend*« bzw. »*auf glaubende Weise*« oder »*im Glauben*«.

Nun kann man im Blick auf jeden lebenden Menschen unterscheiden zwischen dem, *dass* er ist (Existenz), *was* er ist (Bestimmung) und *wie* er das ist, was er ist und dass er ist (Modus). Spätestens seit Kant ist klar, dass die Beantwortung der Frage nach der Existenz von etwas oder jemand (dass etwas bzw. jemand ist) keinen Beitrag zur Beantwortung der Bestimmungsfrage leistet, was es bzw. er oder sie ist. Der Feststellung »Peter ist ein Maurer, Vater von drei Kindern, arbeitslos und SPD-Wähler« fügt die Präzisierung »und er existiert« keine weitere Bestimmung hinzu, vielmehr sagt sie, dass es den so bestimmten Peter tatsächlich gibt.

Weder mit der Was-Frage noch mit der Existenzfrage wird freilich beantwortet, wie Peter lebt – zuversichtlich oder enttäuscht, vernünftig oder unvernünftig, vertrauensvoll oder ohne Vertrauen. Die Modusfrage fällt weder mit der Bestimmungsfrage noch mit der Existenzfrage zusammen, sondern erfordert eigenständige Antworten.

Auch die Modusfrage kann allerdings in zwei Hinsichten gestellt werden, nämlich im Blick auf das Was und das Dass eines menschlichen Lebens: Wie leben Menschen ihr Leben? (Wie des Was-Seins). Wie existieren Menschen, indem sie ihr Leben vollziehen? (Wie ihres Da-Seins). Die erste Frage zielt auf die Art und Weise ihres Lebensvollzugs und damit, normativ gewendet, auf die moralische Frage nach dem guten Leben (im Unterschied zum schlechten Leben): Wie soll ein Mensch leben, um wirklich menschlich zu leben? Die zweite Frage zielt auf die Art und Weise ihres Daseins- oder Existenzvollzugs und damit auf die existenzielle Frage nach dem rechten Leben (im Unterschied zum falschen Leben).

Beide Fragen setzen voraus, dass man so oder anders leben (sein) bzw. so oder anders existieren (dasein) kann. Wie die ethische Reflexion die Frage nach dem guten Leben zum Thema hat (Wie *sollen* wir leben –

als Menschen unter Menschen, als Menschen unter anderen Lebewesen?), so hat die theologische Reflexion die Frage nach dem rechten Leben zum Thema (Wie *können* wir existieren – vor Gott, mit Gott, durch Gott?).

Die theologische Antwort lautet: Menschen existieren vor Gott entweder in der Weise des *Unglaubens* oder in der Weise des *Glaubens*. Beides sind mögliche Existenzmodi eines jeden Menschen, und es sind die beiden einzigen, die es im Blick auf Gottes Gegenwart gibt. Im Blick auf Gott gibt es keine neutrale Position.

Die theologische Leitunterscheidung beantwortet die Frage nach dem Wie menschlichen Lebens also nicht im Hinblick darauf, wie ein Mensch das lebt, was er ist (Frage nach dem Lebensmodus), sondern im Hinblick darauf, wie er seine Existenz *vor Gott* vollzieht, indem er lebt (Frage nach dem Existenzmodus). Die Frage »Wie lebt Peter?« und die Antwort: »vernünftig oder unvernünftig, vertrauensvoll oder hoffnungslos, religiös oder nicht religiös« ist eines, die Frage »Wie existiert Peter vor Gott?« und die Antwort: »glaubend oder nicht glaubend«, ein anderes. Wie es kein Beitrag zur Bestimmung dessen ist, wer und was Peter ist, wenn man sagt, dass er existiert, so ist es kein Beitrag zur Bestimmung dessen, wer und was er ist, wenn man sagt, dass er glaubt (oder nicht glaubt). Damit gibt man vielmehr Auskunft darüber, wie er existiert, und zwar genauer: wie er *vor Gott* existiert, wie sein Leben also zu beurteilen ist, wenn man es daraufhin betrachtet, dass und wie es angesichts der Gegenwart Gottes vollzogen wird.

Das ist keine sich wie von selbst aufdrängende Betrachtungsweise. Die Wie-Frage kann vielmehr auf verschiedenen Ebenen beantwortet werden, indem man in fortlaufender Konkretion das Wie menschlichen Seins biologisch als Menschsein (*menschlich/nichtmenschlich*), das Wie des Menschseins ethisch als Menschlichkeit (*menschlich/unmenschlich*) und das Wie der Menschlichkeit theologisch als Gottes- und Nächstenliebe (*menschlich/göttlich*) bestimmt, die im Glauben gelebt und im Unglauben nicht gelebt wird.

5.2 Religiöses vs. theologisches Glaubensverständnis

Die *theologische* Leitunterscheidung beschreibt keine religiösen Lebensphänomene, sondern markiert eine praktische Orientierungsunterscheidung. Sie taugt nicht zum Sortieren von Phänomenen oder zur Klassifizierung von Menschen, sondern orientiert sich an der Grundalternative menschlicher Einstellung zur Gegenwart Gottes. Aber so wenig diese phänomenal beschrieben werden kann, so wenig können es die Existenzmodi des Glaubens und des Unglaubens. Als theologische Orientierungsunterscheidung sind sie ebenso wenig unabhängig von denen gegeben, die ihr Leben an Gottes Gegenwart ausrichten, wie es die Unterscheidung von Links und Rechts unabhängig von denen gibt, die sich so im Raum orientieren.

Das aber heißt: *Religiöse Beschreibungsrede* und *theologische Urteilsrede* vom Glauben sind zu unterscheiden.

Religiös-lebenspraktisch wird »glauben« als ein Modus menschlichen Lebensvollzugs betrachtet und verstanden als *Vertrauen* und *Sichverlassen auf Gott* bzw. auf das, was man dafür hält, ob man es »Gott« nennt oder nicht. Wer glaubt, setzt sein Vertrauen in seinen »Gott«, d. h. in das, von dem man sich Hilfe erhofft in allen Nöten. Dieses lebenspraktische Verhalten kann in allen Abstufungen gewisser, skeptischer, fragender, zweifelnder Überzeugung und in allen Mischformen des Glaubens und Aberglaubens auftreten: Wer glaubt, setzt sein Vertrauen in »seinen Gott« (ob er ihn so nennt oder nicht), aber was »Gott« meint und ob mit »Gott« überhaupt etwas, der rechte Gott oder ein Idol (Abgott) getroffen wird, das kann phänomenal nicht geklärt und über alle Zweifel erhaben gemacht werden. Glaube und Aberglaube lassen sich nicht deskriptiv anhand anthropologischer oder religiöser Phänomene unterscheiden, sondern nur in der Orientierung an Gott. Gottes Gegenwart aber ist kein Lebensphänomen, sondern das, was die Gesamtheit der Lebensphänomene als Feld seines Wirkens und damit als seine Schöpfung qualifiziert. Sie ist der Operator, der die Welt zur Schöpfung macht, also vor der Klammer steht, die alle weltlichen Phänomene einschließt, und gerade deshalb selbst nicht innerhalb der Schöpfungswelt phänomenal in Erscheinung tritt. Deshalb ist es nicht natürlich, auf Gottes Gegenwart zu achten (d. h. im Glauben zu leben), sondern im Gegenteil natürlich, sie nicht zu beachten (d. h. im Unglauben zu leben).

Theologisch-reflektiert wird »glauben« dementsprechend als Modus menschlicher Existenz vor Gott verstanden und als *Überwindung* oder *Negation des Unglaubens* bestimmt (»Wer glaubt, hat einen lebensverändernden Wechsel vom Unglauben zum Glauben vollzogen.«), von einer Sicht und Praxis des Lebens, die nur Weltliches kennt, zu einer

Sicht der Welt als Schöpfung. In diesem Sinn gibt es Glauben nur als Abwendung vom Unglauben – ob »Unglauben« das faktische Ignorieren der Gegenwart Gottes meint oder den Aberglauben an ein fälschlicherweise für Gott gehaltenes Idol oder die aktive Bestreitung des Gottesglaubens als Irrtum, Phantasma oder bösartige Irreführung von Menschen. So oder so sind Glaubende *keine anderen Menschen* als Nichtglaubende, sondern leben *auf andere Weise*, insofern sie ihr Leben in Dank und Bitte, Lobpreis und Klage vor Gott vollziehen.

Weder die Charakterisierung des religiösen Glaubens (Gottvertrauen) noch das theologische Glaubensverständnis (Überwindung des Unglaubens) sind als Beitrag zur Bestimmung des Menschseins des Menschen im Unterschied zum Tier zu verstehen. Wenn sie so verstanden werden, dann werden sie missverstanden. Die Frage, auf die sie antworten, ist nicht: »Was ist der Mensch im Unterschied zum Tier?«, sondern die andere und für unsere Lebenspraxis meist wichtigere Frage: »Was heißt es, menschlich und nicht unmenschlich mit anderen zusammenzuleben?«. Diese Frage lässt sich nicht im biologischen Horizont des Lebens, sondern nur im anthropologischen Horizont des menschlichen Zusammenlebens mit anderen beantworten, und seitens der Theologie geschieht das durch Ausarbeitung der Antwort, die der christliche Glaube im Horizont der Beziehungen von Gott und Mensch darauf gibt. Glaube und Unglaube werden dabei als mögliche Existenzmodi eines jeden Menschen verstanden, und zwar als die einzigen, die es im Hinblick auf Gottes Gegenwart gibt: Wer lebt, glaubt oder glaubt nicht (d. h. lebt glaubend oder nicht). Gerade deshalb sind sie keine Optionen, zwischen denen man neutral wählen könnte. Wer glaubt, hat vielmehr stets den Unglauben im Rücken, kann also gar nicht als glaubend verstanden werden, ohne dies negativ als Abwendung von einem nicht glaubenden und positiv als Hinwendung zu einem glaubenden Leben in der Gegenwart Gottes zu verstehen. Der Unglaube ist so der universale Modus des alten Lebens (der für alle Menschen gilt), der Glaube dagegen der universale Modus des neuen Lebens (der für jeden Menschen gelten kann).

5.3 Existenzielle Unterbrechung und Neuausrichtung des Lebens

Allerdings wechselt niemand von sich aus vom Unglauben zum Glauben – nur *im Glauben* kann man sich für oder gegen den Unglauben entscheiden, *für den Glauben* dagegen entscheidet man sich nie, weil es im Unglauben nicht möglich und im Glauben nicht nötig ist. Auch wenn man sich *bewusst* für ein Leben im Glauben entscheidet, sagt man nur *ausdrücklich* Ja zu dem, was schon der Fall ist, und macht dieses durch sein Ja nicht erst möglich oder wirklich. Man muss sich nicht zuerst für den Glauben entscheiden, um im Glauben zu leben, sondern wenn man im Glauben lebt, wäre es selbstwidersprüchlich, sich nicht dazu zu bekennen, wenn die Gelegenheit es erfordert. Im Glauben lebt man nicht aufgrund seiner eigenen Entscheidung, sondern infolge von Gottes Entscheidung, im Leben eines Menschen so gegenwärtig zu sein, dass seine Gegenwart durch diese Gegenwart für einen Menschen lebensbestimmend wird. Das Ja zum Glauben ist daher kein Ja zu dem, was man (noch) nicht versteht, sondern ein Ja zu dem, wie man schon existiert, ohne selbst dazu einen Beitrag geleistet zu haben. Zum Leben im Glauben gehört deshalb das Bekenntnis, nicht durch eigene Vernunft und Kraft, sondern durch Gott selbst zum Glauben gekommen und zum Wechsel des Existenzmodus veranlasst worden zu sein.

Das mag langsam und allmählich oder plötzlich und überraschend geschehen sein. So oder so aber markiert die theologische Leitunterscheidung einen fundamentalen Wechsel des Modus menschlicher Existenz vor Gott, der sich negativ als existenzielle Unterbrechung des bisherigen Lebens (Dislozierung und Desorientierung) und positiv als dessen Neuausrichtung im Licht dieser Unterbrechung auf Gott hin chiffrieren lässt (Reorientierung). Diese Neuausrichtung fügt dem bisherigen Leben keinen bloß zusätzlichen, bislang übersehenen Aspekt hinzu. Gott ist kein Etwas unter anderen, nicht einmal ein *ens necessarium et realissimum*, ein ganz und gar notwendiges und voll bestimmtes Etwas, sondern mit Gott geht es um alles, und zwar auf neue und andere Weise: Wo man sich lebensorientierend auf Gott bezieht, versteht man nicht nur Gott anders (als seinen Schöpfer), sondern auch sich selbst (als Geschöpf) und seine Welt (als Gottes Schöpfung). Solche Menschen leben in einer anderen Sinnwelt mit eigener Semantik – nicht mehr nur in der *Welt*, sondern in der *Schöpfung*, nicht mehr nur als *Menschen*, sondern als *Geschöpfe*, nicht mehr nur als *Mitglied oder Nichtmitglied einer Religionsgemeinschaft*, sondern als *Glaubende* oder *Nichtglaubende*.

5.4 Neue Ausrichtung des Lebens an Gottes Gegenwart

In dieser Sinnwelt wird auch die ethische Frage nach dem Sinn von Mitmenschlichkeit durch die Praxis der Gottes- und Nächstenliebe auf neue Weise beantwortet. »Glauben ist menschlich« heißt jetzt, dass Glaubende anders leben, insofern sie nicht nur Mitmenschen, sondern Nächste kennen – Menschen also, denen Gott ebenso nahe kommt wie ihnen selbst, deren Würde daher nicht in dem besteht, was sie sich oder ihnen zusprechen, sondern was Gott in ihnen sieht. Darüber aber haben Menschen keine Verfügungsmöglichkeit, und deshalb ist die Würde der Menschen nichts, worüber Menschen verfügen könnten.

Das heißt nicht, dass es ein moralisch gutes Leben allein im Glauben gäbe. Im Gegenteil: Ein moralisch gutes Leben kann man im Glauben *und* im Unglauben führen, ein vor Gott *rechtes* Leben aber gibt es *nur im Glauben*. Glaube und Unglaube sind keine Modi des moralischen Lebensvollzugs (Differenz gutes/schlechtes Leben), sondern Modi des existenziellen Daseinsvollzugs vor Gott (Differenz rechtes/falsches Leben). Wer vor Gott ein falsches Leben führt, ist nicht deshalb auch schon ein moralisch schlechter Mensch, und moralisches Versagen gibt es nicht nur bei denen, die sich nicht an Gottes Gegenwart orientieren.

Umgekehrt ist aber auch ein moralisch gutes Leben etwas anderes als ein rechtes Leben im Glauben: Man kann mehr oder weniger moralisch leben, aber keine Steigerung des moralischen Lebens wird vom Unglauben in den Glauben, vom falschen in das rechte Leben vor Gott führen. Zwischen Unglaube und Glaube besteht eine existenzielle Kluft, die vom Unglauben aus nicht überwunden werden kann und erst retrospektiv vom Glauben aus überhaupt wahrgenommen wird. Zum Leben im Glauben gehört daher das Bekenntnis, dass man den Wechsel nicht sich selbst, sondern allein Gott verdankt – und die Metaphern vom neuen Leben, von Geburt und Wiedergeburt, von Tod und Auferweckung, von der Gabe des Lebens und des Glaubens unterstreichen das.

6. Glaube und Unglaube als Existenzmodi menschlichen Lebens in Gottes Gegenwart

Das theologische Glaubensverständnis lässt sich nicht auf eines der anderen reduzieren oder mit deren Hilfe zureichend entfalten. Es ist ein Glaubensverständnis *sui generis*, das weder im Horizont der erkenntnistheoretischen Differenz Glauben/Wissen noch der anthropologischen Differenz Glauben/Nichtglauben richtig verstanden werden kann, also weder als Fürwahrhalten von Sachverhalten noch als Vertrauen oder Sichverlassen auf eine Person zureichend begriffen wird. All das gibt es im Leben des Glaubens nicht weniger als im Leben des Unglaubens. Die Differenz zwischen Glaube und Unglaube aber ist keine Unterscheidung bestimmter Lebensvollzüge, sondern eine Unterscheidung des Existenzmodus, in dem ein Leben vor Gott gelebt wird, und der daher alles betrifft und qualifiziert, was man ist, tut und erlebt: Menschen leben (im Hinblick auf Gott) entweder glaubend oder nicht glaubend. *Tertium non datur.*

Deshalb ist *beides menschlich*: zu glauben, weil es Menschen gibt, die glaubend leben; und nicht zu glauben, weil niemand von sich aus glaubend lebt.

Daraus folgt nur (doch das genügt): Es ist möglich, dass Menschen glauben. Aber diese Möglichkeit ist keine Fähigkeit, sie hängt nicht daran, ob man religiös, musikalisch oder unmusikalisch ist, sondern sie ergibt sich da, wo einem aufgeht, dass man von einem Geheimnis her existiert, das der Glaube nicht schafft und der Unglaube nicht aufhebt, sondern das die immer schon in Anspruch genommene Vorgabe für beides ist: für ein Leben im Glauben und für ein Leben im Unglauben. Dass alle Menschen glauben können, heißt ja nicht, dass alle Menschen glauben müssen oder glauben werden. Es heißt aber sehr wohl, dass man ohne Gott noch nicht einmal nicht an Gott glauben könnte. Das mögen nicht alle gern hören. Aber so ist es eben.

VI
Das Denken des Glaubens

1. Nachdenken über den Glauben

Genetive haben es in sich. Sie lassen sich immer auf mehr als eine Weise verstehen. Es kann darum gehen, den Glauben zu denken (*genetivus objectivus*). Oder um das, was der Glaube denkt (*genetivus subjectivus*). Oder man kann beides verknüpfen und das zu denken versuchen, was der Glaube denkt. Darum geht es im Folgenden.

Dass der Glaube denkt, wird manchmal als Kurzformel zur Charakterisierung des Christentums angeführt: Christlicher Glaube ist denkender Glaube.[79] Wird dieses Denken »Theologie« genannt, dann ist der Glaube als solcher *fides quaerens intellectum,* ein Glaubensdenken, das nach Einsicht in das Glauben, Denken und Tun des Glaubens strebt. »Theologie« kann aber auch die Bemühung genannt werden, das denkend zu entfalten, was im Glauben, der theologischem Denken vorausgeht und vorgegeben ist, bekannt, gehofft, gelebt und gedacht wird. Dann gehört das Denken des Glaubens zum Material theologischen Denkens und ist nicht mit diesem gleichzusetzen. Theologie ist kein Glaubensdenken, sondern ein kritisches und systematisches Nachdenken über den Glauben, in dem auch das Denken des Glaubens noch einmal anders gedacht wird.

Wie unterscheidet sich dieses theologische Nachdenken von nichttheologischen Weisen, über den Glauben nachzudenken? Eine mögliche Antwort ist, dass Theologie den Standpunkt des Glaubens teilt, also das affirmiert, was der Glaube affirmiert, und das negiert, was dieser bestreitet. Doch das zieht die Differenz zwischen dem Denken des Glaubens und dem Nachdenken über den Glauben wieder ein, reduziert theologisches Denken also auf das Denken des Glaubens. Um das zu vermei-

79 Vgl. C. H. Ratschow, Das Christentum als denkende Religion, NZSTh 5 (1963), 16–33; O. Kaiser (Hrsg.), Denkender Glaube: Festschrift Carl Heinz Ratschow, Berlin/New York 1976; Chr. Schwöbel, Christlicher Glaube im Pluralismus: Studien zu einer Theologie der Kultur, Tübingen 2003, 158 f.

den, muss Theologie auch noch etwas anderes tun als der Glaube, und zwar auch dann, wenn dieser über sich nachdenkt oder zu verstehen sucht, was er glaubt. Dieses andere kann darin bestehen, dass Theologie das Denken des Glaubens so denkt, dass es dieses in seinen Kontexten denkt, also nicht nur den Glauben denkend entfaltet, sondern den Glauben im Kontext des Nichtglaubens, Andersglaubens und Unglaubens bedenkt. Theologie geht über das Denken des Glaubens hinaus, weil es die Differenz zwischen Glaube und Nichtglaube entfaltet und den Glauben immer auch als angefochtenen Glauben in der Welt der Religionen und der säkularen Welt zur Sprache bringt.[80]

Das wirft die Frage auf, ob das Denken des Glaubens im Christentum von sich aus auf ein theologisches Denken dieser Art hindrängt, das den Glauben im Kontext des Nichtglaubens, Andersglaubens oder Unglaubens bedenkt. Und es wirft umgekehrt die Frage auf, ob theologisches Denken immer einen denkenden Glauben voraussetzt oder ob es Theologie auch ohne Glauben geben kann.

2. Theologie und Glaube

Gibt es Glaube ohne Theologie? Gewiss. Und gibt es Theologie ohne Glaube? Selbstverständlich. Zweifellos kann man »Glaube« und »Theologie« auf vielerlei Weisen verstehen. Aber keiner, der glaubt, ist deshalb auch schon Theologe, und niemand, der Theologie treibt, belegt allein damit schon, dass er glaubt. Man muss nur an die platonischen τύποι τῆς θεολογίας, die stoische *theologia tripartita* oder die neuzeitliche philosophische Theologie erinnern, um zu sehen, dass die Bindung der Theologie an den Glauben eine christliche Eigentümlichkeit darstellt, die nicht der Normalfall, sondern die Ausnahme ist. Man kann den Theologiebegriff in einer Weite gebrauchen, die nichts Spezifisches über christliche oder gar reformatorische Theologie auszusagen erlaubt. Und man kann den Glaubensbegriff so generalisieren, dass er – wie der Religionsbegriff – eine unbrauchbare europäische Kategorie wird, mit der sich die Eigentümlichkeiten anderer kultureller Transzendenztraditionen nicht fassen lassen.

80 C. H. Ratschow, Der angefochtene Glaube: Anfangs- und Grundprobleme der Dogmatik, Berlin ^{5}1983.

Auch deshalb empfiehlt es sich, den Terminus »Glaube« theologisch konkret zu gebrauchen und von dort her zu bestimmen, wo er historisch und systematisch seinen ausgezeichneten Ort hat: im Christentum. Von Anfang an spielte das Glaubensthema im sich formierenden Christentum eine herausragende Rolle. Das besagt nicht, dass von einem einheitlichen Verständnis des Glaubens ausgegangen werden könnte, weder in den Texten des Neuen Testaments noch in der Folgezeit. Die christliche Betonung des Glaubens ging stets einher mit erheblichen Differenzen im Glaubensverständnis.[81] Ohne den Streit um das rechte Verständnis des Glaubens ist das Christentum nicht zu denken, und eben dieser Streit hat wesentlich zur Ausbildung dessen beigetragen, was wir heute »Theologie« nennen.

Entsprechend empfiehlt es sich, den Terminus »Theologie« so zu fassen, dass damit die Reflexionsgestalten des christlichen Glaubens gemeint sind und nicht jedes Nachdenken, das sich in religiösen oder weltanschaulichen Transzendenztraditionen findet. Nicht alles Nachdenken über Religion ist Theologie, und nicht alles Nachdenken über den christlichen Glauben in der Geschichte des Christentums hat sich »Theologie« genannt. Ich erspare mir, das ausführlich zu belegen. Es ist ein allbekannter Sachverhalt.[82]

Im Folgenden werde ich daher unter »Glaube« den – in seinem Verständnis stets strittigen – *christlichen Glauben* verstehen;[83] unter »christlicher Theologie« das *methodisch geordnete kritische und konstruktive Nachdenken über den christlichen Glauben in der Vielfalt seiner Verständnisse*, unter »reformatorischer Theologie« die *Reorientierung theologischen Denkens vom systematischen Durchdenken der Lehrtradition der Kirche auf das kritische Entfalten des dieser Tradition voraus-*

---

81 Vgl. J. Frey/B. Schliesser/N. Ueberschaer (Hrsg.), Glaube: Das Verständnis des Glaubens im frühen Christentum und in seiner jüdischen und hellenistischen Umwelt, Tübingen 2017.

82 Vgl. I. U. Dalferth, Jenseits von Mythos und Logos. Die christologische Transformation der Theologie, Freiburg/Br. 1993; O. Bayer, Theologie, Gütersloh 1994. Auch wenn es sich eingebürgert hat, den Theologiebegriff aus dem christlichen Kontext auf andere Traditionen zu übertragen, insbesondere das Judentum und den Islam, sollte nicht vergessen werden, dass jüdische und muslimische Gelehrte sich nicht Theologen, sondern Rechtsgelehrte (Rabbi und Imam) nennen.

83 I. U. Dalferth, Über Einheit und Vielfalt des christlichen Glaubens. Eine Problemskizze, MJTh IV: Glaube (1992), 99–137.

und zugrundeliegenden Glaubens, wie ihn die Schrift in vielfältiger und vielstimmiger Weise bezeugt; unter »protestantischer Theologie« das *kritische Durchdenken des biblisch bezeugten Glaubens und seiner Sicht der Schöpfung im Horizont der Wissenschaften,* wie es sich im Verlauf der Neuzeit entwickelt hat; und unter »evangelischer Theologie« *diejenige Version der Theologie* – protestantisch oder nicht –, *die sich dabei maßgeblich am Evangelium von Gottes schöpferischer, helfender und tröstender Gegenwart als der zentralen Botschaft des christlichen Glaubens* orientiert.

3. Irrwege protestantischer Theologie in der Moderne

Damit ist ein weites Feld aufgespannt, und ich kann mich nur auf einige zentrale Punkte konzentrieren. Doch eines sollte man nicht vergessen: Reformatorische Theologie war niemals eine bloße Fortsetzung und Fortschreibung der vielfältigen Rede vom Glauben in den biblischen Texten. Sie interpretierte nicht einfach diese Texte, sondern die *Schrift,* also den kanonischen Gebrauch dieser Texte zur Verkündigung des Evangeliums in der Kirche.[84] Deshalb konnte Luther das wichtigste und schwierigste theologische Problem im Umgang mit den biblischen Texten des Alten und Neuen Testaments in der rechten Unterscheidung von Gesetz und Evangelium sehen – eine Unterscheidung, die bei Exegeten heute keine erwähnenswerte Rolle mehr spielt. Das zeigt, wie grundlegend sich der Umgang mit der Schrift in der protestantischen Theologie der Neuzeit und Gegenwart verändert hat: Man hat sie auf ihre Texte reduziert und diese in die Menge der vorderorientalischen und mediterranen Texte des Altertums eingereiht. Damit kommen sie aber weder als Schrift (Kanon) noch als Gottes Wort in den Blick.

Diese Texte mit Gottes Wort zu identifizieren, ist die falsche Reaktion des christlichen Fundamentalismus auf die Entwicklungen der Neuzeit. Er macht das Christentum zu einer Buchreligion und schreibt den Bibeltexten eine Heiligkeit zu, die allein Gottes Wort zukommt.

84 I. U. Dalferth, Wirkendes Wort. Bibel, Schrift und Evangelium im Leben der Kirche und im Denken der Theologie, Leipzig 2018.

Gegen diese Fehlidentifikation wendet sich nicht nur der liberale Protestantismus, der die Bibel im Gegenzug nur noch als religiöse Textsammlung einer vergangenen Epoche versteht, sondern auch der pentekostale Protest, dass sich Gottes Geist nicht zwischen zwei Buchdeckeln einkerkern lasse, sondern wirke, wo und wann er will. Heute ist der liberale Protestantismus weithin in Selbstauflösung begriffen, während der charismatische Pentekostalismus zur zahlenmäßig größten und weltweit wirksamen Bewegung des Christentums geworden ist.[85] Die traditionellen Kirchen stehen etwas orientierungslos dazwischen, und auch die protestantische Theologie weiß auf den globalen Pentekostalismus oft wenig mehr zu sagen, als dass dessen Theologie »unwissenschaftlich« sei.

Um aus dieser verfahrenen Situation einen Ausweg finden, ist es unerlässlich, theologisch einige wichtige Differenzen zu beachten: Gesetz und Evangelium sind Näherbestimmungen des *Wortes Gottes*; die Unterscheidung von Altem und Neuem Testament betrifft die *Schrift*, also den kanonischen Gebrauch dieser Texte zur Verkündigung des Evangeliums; die Liste der biblischen Bücher ist eine Unterscheidung am *biblischen Text* bzw. der *Bibel*. *Bibel*, *Schrift* (oder *Kanon*) und *Wort Gottes* aber sind nicht gleichzusetzen oder undifferenziert zu gebrauchen. Ein Großteil der Verwirrungen und Verirrungen in der Geschichte der protestantischen Exegese und Theologie geht auf Unklarheiten in der Unterscheidung dieser differenten Problemfelder zurück. Reformatorische Theologie ist kein theologisches Schlussfolgern aus der historisch-kritischen Exegese der biblischen Texte, sondern das systematische Durchdenken und Entfalten der theologischen Implikationen des *Gebrauchs* dieser Texte zur Verkündigung und Kommunika-

---

85 Vgl. W. J. Hollenweger, Pentecostalism: Origins and Developments Worldwide, Peabody, MA 1997; W. Vondey, Beyond Pentecostalism. The Crisis of Global Christianity and the Renewal of the Theological Agenda, Grand Rapids 2010; ders., Pentecostal Theology. Living the Full Gospel, London 2017; J. Haustein/G. Maltese (Hrsg.), Handbuch pfingstliche und charismatische Theologie, Göttingen 2014; C. M. Robeck Jr./A. Young (Hrsg.), The Cambridge Companion to Pentecostalism, Cambridge 2015; D. Castelo, Pentecostalism as a Christian Mystical Tradition, Grand Rapids, MI 2017; W. J. Sundaraj, Pfingstlich-charismatische Bewegung im Licht lutherischer Pneumatologie, in: F. Nüssel/H.-P. Grosshans (Hrsg.), Lutherische Theologie in außereuropäischen Kontexten. Eine Zusammenschau aus Anlass des 500. Reformationsjubiläums, Leipzig 2017, 71–96.

tion des Evangeliums. Ihr Text ist keine historische Textsammlung (Bibel), sondern der christliche Gebrauchszusammenhang dieser Texte (als Kanon der Evangeliumskommunikation). Sie ist keine auf ein Buch, sondern eine auf das Evangelium gegründete Theologie, und sie verliert ihre Pointe, wenn man sie auf Ersteres verkürzt. Eben das kommt zum Ausdruck, wenn man sie als Theologie bestimmt, die in all ihren Überlegungen den Konnex zwischen Evangelium und Glauben zu entfalten sucht, den Paulus in Röm 10,14–15 klassisch formuliert hat und den Luther als den *ordo* verstand, dem theologisches Denken zu folgen habe.[86]

4. Glaube als Möglichkeitsbedingung der Theologie

»Der christliche Glaube«, so lautet eine weitverbreitete These gegenwärtiger protestantischer Theologie, ist »die vorgängige Möglichkeitsbedingung aller Theologie«[87] – aller christlichen Theologie, so darf man wohl präzisieren. Das heißt: Ohne Glaube (also ohne Menschen, die glauben) keine Theologie (keine Menschen, die kritisch-suchend über den Glauben nachdenken). Aber das heißt keineswegs, dass auch die Umkehrung gültig wäre. Im Gegenteil: Der Satz »Ohne Theologie kein Glaube« ist falsch, wie immer man »Theologie« versteht. Theologie und Glaube sind der Sache nach nicht dasselbe, und zwar aus mindestens vier Gründen.

Zum einen unterscheiden sie sich darin, dass sie auf verschiedene Weise vom Glauben sprechen. Für Glaubende ist der Glaube das, was sie zu Glaubenden macht, Theologie dagegen kann den Glauben nur anhand der verschiedenen Glaubenszeugnisse thematisieren, die sie in den christlichen Grundtexten, im christlichen Leben und in der christlichen Denktradition vorfindet. Ihr Material sind Glaubenszeugnisse von Menschen, die unterschiedliche Glaubensverständnisse artikulieren. Diese sucht sie kritisch zu verstehen, um das herauszuarbeiten, was sie mit Glauben meinen. Wenn sie vom Glauben spricht, spricht sie daher vom Resultat einer kritischen Analysearbeit und Verstehensbemühung.

---

86 Vgl. Dalferth, Luther on the Experience of Faith (s. Anm. 20), 50–56.

87 E. Herms, Das Kirchenrecht als Thema der theologischen Ethik, ZevKr 28 (1983), 199–277, hier: 200.

Ihre Rede vom Glauben ist ein theologisches Konstrukt (ein *Begriff* des Glaubens), und zwar auch dann, wenn es ihr um die Wirklichkeit geht, die Christen zu Christen macht und die sie als ihren Glauben zum Ausdruck bringen. Wenn dagegen Glaubende vom Glauben sprechen, sprechen sie von dem, was sie aus einem alten in ein neues Leben versetzt hat, ihre existenzielle Grundorientierung im Hinblick auf Gottes Gegenwart also grundlegend verändert hat. Für sie ist der Glaube eine lebensverändernde Kraft Gottes, für die Theologie ist die Bestimmung oder der Begriff des Glaubens das Resultat kritischer Denkarbeit.

Zum anderen unterscheiden sich Glaube und Theologie in ihrer Genese und ihrem Charakter. Der Glaube, der das Leben verändert, indem er es auf Gott hin öffnet, entsteht aus dem Evangelium, Theologie dagegen lernt man in einem gründlichen Studium. Der Glaube ist Gabe Gottes, für die man nichts tun kann, Theologie ist harte Denkarbeit, die zu nichts führt, wenn man nicht viel dafür tut. Zerbricht der Glaube, lebt man in einer anderen Welt, verliert man das Interesse an der Theologie, sucht man sich eine andere Tätigkeit. Der Glaube kann schwach werden, wenn man durch Anfechtungen verunsichert und verwirrt wird, die Theologie kann schlecht sein und zu nichts führen, wenn man auf falsche und fruchtlose Denkwege gerät. Die kann man korrigieren, indem man noch einmal neu und anders zu denken anfängt, den Glauben aber kann man sich nicht selbst (zurück)geben, sondern um ihn kann man nur bitten und für ihn kann man nur danken.

Zum dritten ist der Standpunkt der Theologie nicht identisch mit dem Standpunkt des Glaubens. Wer heute in der Spätneuzeit in Deutschland Theologie studiert, studiert ein Arsenal von Methoden, die nicht nur in der Theologie, sondern in allen geisteswissenschaftlichen Disziplinen verwendet werden. Man muss nicht glauben, um diese Methoden verwenden zu können. Man verwendet sie aber umgekehrt auch nicht erst dann recht, wenn man nicht (mehr) glaubt. Theologie zu treiben, ist kein Glaubensbekenntnis. Aber wer Theologie treibt, um ein Bekenntnis des Glaubens unmöglich zu machen, ist von der Kritik der Theologie im *genetivus subjectivus* zur Kritik der Theologie im *genetivus objectivus* übergegangen. Das kann in jeder einzelnen theologischen Disziplin oder in allen zusammen geschehen, und das verändert in jedem Fall den Charakter dessen, was man tut. Während es keine gute Theologie ohne Sach- und Selbstkritik gibt, ist bloße Kritik keine Theologie mehr. Wer sich im Negativen erschöpft, hat der Negation ihren kritischen Stachel gezogen. Man mag dann immer noch alle Methoden regelgerecht verwenden. Aber man treibt keine Theologie mehr, sondern überbrückt die Zeit bis zu seinem Ruhestand.

Zum vierten lässt sich Theologie auch deshalb nicht dem Glauben sachlich gleichsetzen, weil sie immer auch *über* den Glauben sprechen muss, indem sie die verschiedenen Glaubensverständnisse aus den vielstimmigen Glaubenszeugnissen kritisch erhebt und diskutiert, um zu einem klareren Begriff des Glaubens zu kommen. Theologie wiederholt also nicht nur, was Glaubende sagen, sondern reflektiert kritisch, warum und in welchem Sinn sie sagen, was sie sagen, und tun, was sie tun. Einerseits muss sie also mehr sagen als Glaubende, weil sie auch das explizit thematisieren muss, was diesen ganz selbstverständlich ist – Gottes Existenz etwa. Andererseits ist nichts Thema der Theologie, was nicht zur Existenz des christlichen Glaubens gehört, der theologischer Reflexion vorgegeben ist und sich nicht ihr verdankt.

Theologie schafft keinen Glauben, sondern findet ihn vor. Sie ist nicht das Privatvergnügen, die Weltwirklichkeit nach eigenem Gusto spekulativ zu durchdringen oder in freier Sammelleidenschaft möglichst viele Glaubensverständnisse in Geschichte und Gegenwart zusammenzutragen, zu katalogisieren und in Büchern abzulegen. Sie hat vielmehr eine kirchliche Gemeinschaftsverantwortung und die Aufgabe, die faktische Praxis des Glaubens an dem ihr vorgegebenen Glauben kritisch zu messen, um sie vor Irrwegen und Abstürzen zu bewahren und zu einer sachgerechteren Praxis anzuleiten.

5. Glaube als Gegenstand der Theologie

Der Gegenstand evangelischer Theologie ist der Glaube in seiner Selbstunterscheidung von allem Nichtglauben, Unglauben und Aberglauben. Sie erhebt den Glauben anhand der Glaubensverständnisse und Glaubensauslegungen der christlichen Tradition. Sie beurteilt diese im Licht der biblischen Zeugnisse des Glaubens daraufhin, inwiefern sie *christliche* Glaubensverständnisse genannt zu werden verdienen. Dazu bleibt sie nicht bei den Verständnissen und Zeugnissen des Glaubens stehen, sondern fragt nach dem, was diese zu verstehen vermeinen und bezeugen wollen, indem sie kritisch einen theologischen Begriff des Glaubens entwirft: Glaube ist das, was sich dem Evangelium und damit Gottes

Selbstvergegenwärtigung in seinem Wort verdankt. Dieses Wort widerfährt Menschen von Gott her so, dass sie auf Gottes Gegenwart in ihrem Leben ausgerichtet werden. Es bricht den verblendeten Selbstbezug menschlichen Lebens auf, das Gott ausblendet und nur sich selbst kennt. Und es öffnet dieses Leben für die Wahrnehmung von Gottes Gegenwart, der es sich verdankt und ohne die es nicht wäre. Drei Aspekte sind daran besonders hervorzuheben.

Zum einen gibt es keinen Glauben ohne expliziten Bezug auf den Grund, dem sich der Glaube verdankt. Der Glaube ist stets Glaube an den, ohne den es ihn nicht gäbe, und ebendiesen Grund nennen Christen »Gott«. Gott ist der Gegenstand des Glaubens als dessen alleiniger Grund. Er ist der, dem sich der Glaube verdankt und auf den sich der Glaube richtet. Glaubende brauchen daher keinen Beweis der Existenz Gottes, weil ihr Glaube selbst dieser Beweis ist. Nicht von ungefähr war das *solus deus* das Grundbekenntnis reformatorischen Glaubens, und nicht von ungefähr ist die Orientierung an Gott, der den Glauben schenkt, der Grundzug evangelischen Glaubenslebens in allen seinen konfessionellen und individuellen Ausprägungen.

Zum anderen gibt es Glaube nicht ohne Menschen, die glauben, und die gibt es nicht ohne die Kirche, durch die sie zum Glauben kommen und in der sie als Glaubende leben. Wer Glaube sagt, der sagt daher immer auch Kirche, und wer Kirche sagt, der spricht von der Kommunikation des Evangeliums in der Geschichte und vom Leben der Glaubenden unter den Bedingungen und im Zusammenhang der Wirklichkeiten und Möglichkeiten dieser Welt.

Zum dritten tritt der Glaube nur in der Vielfalt verschiedener Glaubensverständnisse, Glaubenspraktiken, Glaubensformen und Glaubensinstitutionen im christlichen Glaubensleben in der Geschichte in Erscheinung. Die Phänomene, welche die Theologie thematisiert, um den Glauben kritisch zu bestimmen, sind anderen Disziplinen nicht unzugänglich, auch wenn diese sie unter anderen Gesichtspunkten, anderen Fragestellungen und in einer anderen Semantik behandeln (also nicht von *Glaube,* sondern von *Religion* sprechen, nicht von *Schöpfung,* sondern von *Welt,* nicht von *Kirche,* sondern von *Religionsgemeinschaft,* nicht von *Gott,* sondern von *Ursprungsmacht*). Theologie aber verliert ihre Pointe, wenn sie nichts anderes tut als dieselben Fragestellungen wie die anderen Disziplinen zu traktieren. Sie macht sich überflüssig, wenn sie die Lebensphänomene des christlichen Glaubens nicht unter Gesichtspunkten behandelt, die anderen Disziplinen fremd sind und diese kreativ ergänzt.

Die ihr eigentümliche Aufgabe nimmt Theologie dann wahr, wenn sie die Lebensphänomene des Glaubens auf den Glauben hin durchdenkt, der sich in ihnen manifestiert, den Glauben im Blick auf seinen Grund hin durchleuchtet, dem er sich verdankt, und diesen schöpferischen Grund als den göttlichen Urgrund entfaltet, ohne dessen Gegenwart es keine andere Gegenwart gäbe. Das tut sie, indem sie die Phänomene des Lebens im allgemeinen und des Glaubenslebens im besonderen unter dem Gesichtspunkt der Gegenwart Gottes beschreibt und am Leitfaden von Grundunterscheidungen wie Schöpfer/Geschöpf, Glaube/Unglaube, Sünde/Gnade, neues Leben/altes Leben usf. beurteilt, die im theologischen Diskurs kritisch ausgearbeitet und in ihren Implikationen durchdacht werden. Das Gegenstandsfeld theologischer Reflexion ist also nicht nur das, was Glaubende glauben und bekennen (Glaubensinhalt), sondern auch das, was bei diesem Glauben und Bekennen unthematisiert mitgesagt und vorausgesetzt wird (der Glaubensstandpunkt und der darin mitgesetzte Horizont des Glaubens) und wie dieser Glaube sich in der Wirklichkeit dieser Welt kirchlich und existenziell vollzieht (die Praxis des Glaubens oder das Glaubensleben). Und weil all das im Verlauf der Geschichte unterschiedlich entwickelt und konkretisiert wurde, gibt es keine Theologie ohne kritische Durcharbeitung ihrer eigenen Geschichte der Thematisierung des Glaubens.

6. Geschenkter Glaube

Zentraler Zug des reformatorisch verstandenen Glaubens ist seine *Freiheit*, und das in mehrfacher Hinsicht.

Zum einen ist der Glaube eine freie Gabe Gottes, die unverdient geschenkt wird. Man kann ihn sich nicht selbst verschaffen, und man kann ihn anderen nicht weitergeben. Man kann ihn nur bezeugen und leben. Glaube ist immer fremder, also von Gott her empfangener Glaube: Er ist Glaube an Jesus Christus, der als Grund und Urheber dieses Glaubens geglaubt wird. Das ist der gleichbleibende Zug des Glaubens der Christen durch den Wechsel der Zeiten.

Zum anderen macht dieser Glaube frei – Gott gegenüber, den Mitmenschen gegenüber und sich selbst gegenüber. Er befreit davon, sich

Gott gegenüber in eine Position bringen zu müssen, in der man mit Gottes Anerkennung rechnen kann. Und er befreit dazu, sich um die Nächsten zu kümmern, weil man sich um sich selbst nicht mehr zu sorgen hat.

Luther fasst das im Anschluss an Paulus bekanntlich in die Doppelthese: »Ein Christenmensch ist ein freier Herr über alle Dinge und niemandem untertan. Ein Christenmensch ist ein dienstbarer Knecht aller Dinge und jedermann untertan.«[88] Das erste ist er im Glauben, das zweite in der Liebe, die der Glaube im Leben wirkt, indem er darauf setzt, dass sich in seinem eigenen Tun Gottes Liebe selbst zur Wirkung bringt. Im Glauben partizipieren Glaubende an der Freiheit Gottes, der anders als Menschen die Macht hat, das Gute, das er will, auch tatsächlich zu realisieren. Und in der Liebe partizipieren Glaubende am Vollzug dieser Gottesliebe, die das Leben der Menschen und Geschöpfe auf das hin verändert, was sie in der Gegenwart der Liebe Gottes sein können und sollen. Glaube und Liebe sind daher die beiden korrespondierenden Weisen, in Gottes Liebe einbezogen zu sein. Dass man im Glauben Anteil an Gottes Freiheit bekommt, ist reines Geschenk, und auch, dass man dadurch zum Wirkort und zum Medium von Gottes Liebe wird. Diese ist immer tätig, insofern sie hervorbringt, wen und was sie liebt. Sie schafft Glaubende, indem sie Glauben und Vertrauen auf Gott wirkt, und sie macht Glaubende zum Ort ihres Wirkens, indem sie durch Gottes Liebe zum Ort und Instrument der Liebe Gottes für andere werden.

Glaube und Liebe sind im Leben der Glaubenden deshalb stets zwei Seiten desselben Vorgangs, des Wirksamwerdens der Liebe Gottes in einer Welt, die Gottes Gegenwart ignoriert oder bestreitet. Es gibt keinen Glauben, der nicht in der Liebe tätig wäre, und es gibt keine Liebe, die nicht im Glauben gründen würde. Der Glaube macht die Menschen frei, sich durch Gottes Gegenwart dazu bewegen zu lassen, sich den Nächsten in Liebe zuzuwenden.

Diese neue Einstellung und Haltung zur Welt, zu sich selbst und zu den Mitmenschen ist aber kein eigenständiges Tun der Glaubenden, sondern bringt Gottes Liebe zum Zug. Der Dienst der Liebe ist kein Sollen, das aus dem neuen Sein des Glaubens folgt und von den Glaubenden zu realisieren wäre. Er ist vielmehr das, wozu menschliches Leben

88 Luther, Freiheit eines Christenmenschen, (s. Anm. 21), 1–4.

wird, wenn es zum Ort der Gegenwart von Gottes Liebe wird: Nicht die Glaubenden tun Gutes, sondern Gott tut Gutes durch sie für andere und für sie selbst. Im Dienst der Nächstenliebe sind Glaubende in das Wirken von Gottes Liebe einbezogen, weil sie das wollen und tun, was Gott will und tut. Sie stehen Gott nicht mehr als Fremde gegenüber, die sich selbst an die Stelle Gottes zu setzen versuchen und ohne Gott meinen leben zu können, sondern sie haben im Glauben das neue Herz, Gottes Willen aus eigenem Antrieb und eigener Überzeugung zu tun, also es ganz und gar Gott zu überlassen, das Gute zu wirken, das nur er wirken kann und von dem all seine Geschöpfe leben, und sich selbst auf den Dienst der Nächstenliebe zu konzentrieren, durch die Gottes Liebe im menschlichen Leben für andere konkret zum Zuge kommt.

7. Freiheit der Theologie

Die Freiheit des Glaubens verlangt nach einer Theologie, die diese spezifische Form der Freiheit und Dienstbarkeit respektiert und beachtet. Auch das lässt sich nach verschiedenen Seiten entwickeln.

Auf der einen Seite ist die Freiheit der Theologie nicht mit der Freiheit des Glaubens zu verwechseln. Sie ist keine spirituelle Gabe Gottes, sondern eine intellektuelle Verpflichtung des Denkens. Schlechte Theologie ist kein Ausdruck schwachen Glaubens, sondern unzulänglichen Denkens. Wer nicht frei denkt, denkt überhaupt nicht. Und wer meint, um des Glaubens willens auf das Denken verzichten zu müssen, hat nicht verstanden, was Glaube und was Denken ist. Die Freiheit der Theologie missversteht sich aber selbst, wenn sie sich als Freiheit vom Glauben stilisiert. Der Glaube bleibt auch dann die Möglichkeitsbedingung evangelischer Theologie, wenn diese sich kritisch mit den konkreten Wirklichkeitsgestalten des Glaubens in Geschichte und Gegenwart auseinandersetzt. Eine Theologie, die in diesem Sinn nicht kritisch ist, verfehlt ihre Aufgabe und ihr Ziel.

Auf der anderen Seite aber gilt: Die Freiheit des Glaubens bindet die Theologie. Das wird oft vergessen oder ignoriert. Evangelisch ist nur eine Theologie, die ihre Aufgabe im kritisch-konstruktiven Durchdenken des Glaubens und seiner Praxis *im Licht des Evangeliums* sieht. Evangelische Theologie geht vom Glauben (und damit von der Unterscheidung von Glaube/Unglaube) aus, versteht den Glauben aber nicht nur als eine Quelle ihres Nachdenkens neben Vernunft, Erfahrung und Tradition. Den Glauben in diese Reihe zu stellen, manifestiert vielmehr ein grundsätzliches Missverständnis des Glaubens: Der Glaube ist als Wirkung von Gottes Liebe kein Phänomen in der Reihe der Lebensphänomene, sondern der Operator, der alle Phänomene des Lebens durch Aufdeckung ihres Bezugs zur Gegenwart Gottes als Phänomene eines – Gott verleugnenden oder Gott verdankten – Lebens vor Gott qualifiziert. Oder wie es bei Luther im »Schönen Confitemini« heißt: »Der Glaube kann nicht an irgendetwas haften noch hängen, was in diesem Leben gilt, sondern bricht hinaus und hängt an dem, was über und außer diesem Leben ist, das ist Gott selbst.«[89] Mit dem Glauben ist also das ganze menschliche Leben in allen Dimensionen in einem ganz bestimmten Modus im Blick: dem Modus der Schöpfung, die ihren Schöpfer ignoriert oder bezeugt.

Evangelische Theologie kann das menschliche Leben aber so nicht in den Blick nehmen, ohne zwischen dem *Glauben* und den *konkreten Gestalten gelebten Glaubens* zu unterscheiden, also darauf zu achten, keine geschichtliche Gestalt christlichen Glaubenslebens mit dem Glauben zu identifizieren, weil dieser in verschiedenen Gestalten authentisch gelebt werden kann. Das kann die Theologie nur, indem sie den Glauben strikt vom Evangelium her versteht und die Gestalten des Glaubenslebens immer wieder kritisch am Evangelium und damit der Zusage von Gottes helfender und zurechtbringender Gegenwart misst. Und wie beim Glauben gilt auch hier: Die kritische Orientierung am Evangelium ist kein Kriterium neben anderen (Vernunft, Erfahrung, Wissenschaftlichkeit), sondern das einzige, was für eine evangelische (also eine am Evangelium ausgerichtete) Theologie zählt. Als *Theologie* nimmt sie jede Form der Vernunft, Erfahrung und Wissenschaft in Anspruch, die ihr hilft, ihr Geschäft zu vollziehen, als *evangelische* Theologie aber beurteilt sie alle diese Mittel und Methoden, Aufgaben und Resultate kritisch unterscheidend im Licht und am Leitfaden des Evangeliums.

89 M. Luther, Auslegung des 118. Psalms 1530/Das schöne Confitemini, WA 31/1; 34–182, hier: 156, 25–28.

8. Evangelische Theologie

Am Kriterium des Evangeliums entscheidet sich, ob das, was an Fakultäten, Fachbereichen und sonstigen kirchlichen oder staatlichen Ausbildungseinrichtungen gelehrt wird, tatsächlich evangelische Theologie ist – also ein Nachdenken über Gott, Welt und Menschsein, das am Evangelium von Gottes Zuwendung zu seiner Schöpfung orientiert ist.

Luther hatte das im Blick, als er Theologie nicht auf das gründete, was der menschliche Verstand schlussfolgernd aus der Erfahrung zu erschließen versucht oder vermag (*theologia gloriae*), sondern sie darauf ausrichtete, wie sich Gottes Zuwendung zur Welt im Wort vom Kreuz erschließt (*theologia crucis*).[90] Er sah deshalb auch die Hauptherausforderung der Theologie nicht im argumentativen Erweis der Wirklichkeit Gottes aus der Erfahrung oder der Vernunft, sondern im rechten Unterscheiden von Gesetz und Evangelium, also in der differenzierenden Wahrnehmung der verschiedenen Weisen, in denen Gott im menschlichen Leben in der Welt wirksam und gegenwärtig ist. Ihm ging es nicht um eine epistemisch abgesicherte, sondern um eine existenziell fundierte Theologie. Gute Theologen sind nicht schon die, die ihre Gegenstände argumentativ überzeugend entwickeln, sondern die erleiden, wovon sie sprechen, die Anfechtungen nicht nur vom Hörensagen kennen, die nicht weiter kommen als zu den *aposteriora dei*, auf die sie verwiesen bleiben, und die von ihrem theologischen Denken nicht mehr erwarten, als sie im Glauben erhoffen können. An der Unterscheidung dieser armseligen *theologia crucis* von aller hochtrabenden *theologia gloriae* bemisst es sich, ob man die Differenz von Schöpfer und Geschöpf im theologischen Denken des Glaubens wahrt oder verwischt, ob man theologisch also von der menschlichen Wirklichkeit her auf Gottes Möglichkeit hin denkt, oder von Gottes Wirklichkeit her die Möglichkeiten der Menschen und ihrer Welt erhellt.

Es ist ein aufklärungsbedürftiges Vorurteil der Moderne, dass Gottes Wirklichkeit erst erwiesen werde müsse, wenn es vernünftig sein soll, mit ihr zu rechnen. Das Gegenteil ist richtig und vernünftig. Nichts wäre zugänglich, wenn man nicht von Gottes Wirklichkeit ausgehen

---

90 M. Luther, Disputatio Heidelbergae habita, in: Martin Luther: Lateinisch-Deutsche Studienausgabe. Band 1: Der Mensch vor Gott, hrsg. v. W. Härle, Leipzig 2006, 52–57.

könnte. Sie ist der *blind spot* unserer Wirklichkeitserfahrung, den man selbst nicht sehen kann, weil man sich immer schon an ihm befindet, solange man überhaupt etwas sieht. Gottes Wirklichkeit ist kein kontingenter Sachverhalt, der auch nicht sein könnte. Sie ist das, ohne das es keine kontingenten Sachverhalte geben würde. Wer nach Gottes Wirklichkeit fragt oder sie bestreiten bzw. aufweisen will, geht immer schon von ihr aus. Man lebt von ihr, ehe man nach ihr zu fragen beginnt, und man lebt von ihr auch dann noch, wenn man sie in Frage stellt und bezweifelt. Wäre Gott nicht wirklich gegenwärtig, gäbe es für uns keine Gegenwart und damit auch keine Vergangenheit und keine Zukunft. Gott ist jeder Gegenwart schöpferisch gegenwärtig. In seinem Wirken ist er wirklich, und nur weil Gott anderes möglich und wirklich macht, gibt es eine von ihm verschiedene Wirklichkeit.

Weil sie in diesem Sinn immer schon mit Gott anfängt, missversteht evangelische Theologie sich selbst, wenn sie meint, *nicht* von Gott handeln zu können, sondern nur von Religion, Religionen und ihren Gottesverständnissen, oder nur so von Gott handeln zu können, wie er von Menschen her in den Blick kommt. Sie blendet dann aus, dass man *nur aus Gott* und *von Gott* her über Gott oder irgendetwas Wirkliches oder Mögliches mit einem Hauch von Wirklichkeitsanspruch sprechen kann. Gott ist immer schon im Spiel, ob man sich mit Gott beschäftigt oder nicht. Deshalb kann man sich mit Gott nicht wirklich befassen, ohne diesem uneinholbaren Voraus methodisch und inhaltlich Rechnung zu tragen.

Nimmt man das ernst, dann hat vieles, was an protestantischen Fakultäten als Theologie praktiziert wird, diesen Namen nicht verdient, weil es eher am phänomenerklärenden Denken der Neuzeit als am lebensorientierenden Denken der Reformatoren ausgerichtet ist.

Wir folgen der klassifizierenden Begriffslogik subsumptiven Beschreibens, wenn wir den christlichen Glauben unter die Religionen und die Religionen unter die weltanschaulichen Orientierungssysteme des menschlichen Lebens einzeichnen. Doch das ganze Verfahren ist (theologisch gesprochen) auf den Zusammenhang der Schöpfung ausgerichtet, aber nicht auf die rechte Unterscheidung von Schöpfer und Geschöpf, an der die Bezeichnung der Welt als Schöpfung hängt. Wer die Welt als Schöpfung versteht, muss sich nicht mehr um die Gottesfrage sorgen, weil die Antwort auf sie analytisch im Schöpfungsgedanken mitgesetzt ist. Die Frage ist vielmehr, warum man die Welt so sehen und verstehen soll, und das lässt sich nicht beantworten, ohne von sich selbst als Geschöpf und von Gott als dem Schöpfer der Welt zu sprechen.

Eine Theologie, die sich an der reformatorischen Differenzlogik ausrichtet, muss das *solus deus* im Zentrum behalten, von dem her alles in das Licht der Schöpfung tritt. Sie kann sich nicht auf die religiösen Kulturphänomene der Welt beschränken, die Theologie zur Beschäftigung mit einem Teilbereich der Kultur verkürzt und in eine falsche Konkurrenz zur Religionswissenschaft setzt. Sie greift weiter und tiefer, weil sie sich nicht an Phänomenen in der Schöpfung orientiert, sondern an der Grunddifferenz von Schöpfer und Schöpfung und von ihr her alles, Natur und Kultur, Mensch und Gesellschaft, Gott und Welt thematisiert.

9. Die theologische Leitdifferenz zwischen Schöpfer und Schöpfung

Diese Grunddifferenz wird immer wieder falsch verstanden, sei es als abstrahierende Entgegensetzung von Schöpfer und Schöpfung, die aus einer Differenz eine Relation zwischen zwei unabhängig bestimmbaren Relaten macht, sei es als Unterscheidungsmoment an der Schöpfung, die den Schöpfer als Aspekt der Schöpfung missversteht. Doch es gibt keine Schöpfung, die für sich und als solche thematisierbar ist und ohne Differenzbezug zum Schöpfer das wäre, was sie ist. Und keiner, der die Grammatik des Schöpfungsglaubens versteht, kann ernsthaft bestreiten, dass der Schöpfer kein Teil oder Aspekt der Schöpfung ist und das Geschöpf nicht selbsterschaffen im radikalen Sinn der *creatio ex nihilo*.

Allerdings wird jeder, der die Geschichte der Theologie und Philosophie der Neuzeit seit Spinoza kennt, feststellen müssen, dass eben das im Horizont des Selbstverwirklichungsparadigmas der Neuzeit immer wieder zu denken versucht wird. Gott wird als kreativer Aspekt oder sich selbst realisierender Schöpfungsprozess der Welt verstanden und der Mensch als sich selbst verwirklichendes Selbstgeschöpf, das ist, wozu es sich macht, und sich auf Gott dabei allenfalls beziehen kann, aber eigentlich nicht muss und zur Vermeidung unnötiger und historisch überholter Konflikte mit Andersdenkenden und Andersgläubigen besser auch nicht beziehen sollte. Beide Entwicklungen stehen in scharfem Gegensatz zur Rechtfertigungstheologie, die das Sein der Schöpfung, die

Erkenntnis der Welt als Schöpfung am Ort des Menschen und das Wahrsein des Menschen als Gabe und Gott als den unbedingten Geber dieser bedingungslosen Gaben versteht. Nichts, was auch nicht sein könnte, ist von sich aus, niemand versteht sich und die Welt aus eigener Einsicht als Schöpfung und kein Mensch wird durch sich selbst das, was er vor Gott sein könnte und sollte. Ein Teil der Schwierigkeiten, die das Rechtfertigungsdenken der reformatorischen Theologie in der Gegenwart hat, ist dieser Spannung zwischen geistesgeschichtlichem Selbstverwirklichungsparadigma und theologischem Gabedenken geschuldet.

Wie kann mit diesen Spannungen theologisch verantwortlich umgegangen werden? Die in der Regel zu hörende Antwort, man müsse die Eigenständigkeit der Welt bzw. des Menschen und die Eigenständigkeit Gottes kombinieren, um der Wahrheit beider Seiten gerecht zu werden, ist keine Lösung, sondern nur eine Wiederholung des Problems, und zwar unter der – aus religiösen oder aus säkularen Gründen – durchaus fragwürdigen Voraussetzung, Schöpfung ließe sich als externe Relation zwischen zwei eigenständigen Relaten denken und beide Seiten könnten je für sich in den Blick genommen und auf ihre Wahrheit hin thematisiert werden. Die Frage ist ja, ob man zwei Eigenständigkeiten dieser Art überhaupt so unterscheiden kann und, falls das gehen sollte, wie beide Seiten ins Verhältnis zu setzen sind, damit der jeweiligen Wahrheit Rechnung getragen wird. Folgt man dem Denkgefälle der Neuzeit, dann sind beide Fragen – ob es hier überhaupt um zwei Wahrheiten geht und wie sie ins Verhältnis zu setzen wären – von Seiten der Welt bzw. des Menschen her zu beantworten. Man muss von der Welt ausgehen, wenn man die Welt verstehen will. Man muss vom Menschen ausgehen, wenn man den Menschen verstehen will. Und nur von der Welt bzw. vom Menschen her lässt sich – positiv oder kritisch – auch das Gottesthema entwickeln.

An diesem Punkt trifft sich die Rechtfertigungstheologie mit ihren Kritikern: Es geht nicht einfach um Gott (Gott an sich), sondern um das, was Gott als Schöpfer, Retter und Tröster für uns ist und tut (Gott für uns), und es geht nicht um die Menschen als solche, sondern um das Verhältnis, in dem Menschen zu Gott stehen, stehen können und stehen sollen. Der entscheidende Unterschied ist, dass reformatorisches Denken nicht vom Menschen, sondern von Gott ausgeht, um diese Fragen zu klären. Von Gott kann aber niemand von sich aus ausgehen, sondern das ist nur möglich, wenn Gott sich so präsentiert und erschließt, dass man von ihm ausgehen kann. Theologisch von Gott ausgehen heißt daher, von einem Verständnis Gottes auszugehen, das Gottes Selbstverständnis entspricht, wie es in seinem Wirken an und für seine Schöpfung zum Ausdruck kommt. Nur wenn wir Gott so verstehen, wie Gott sich selbst versteht, verstehen wir ihn recht. Und ohne Gott recht zu verstehen, kann auch der Mensch nicht recht verstanden und gedacht werden.

Gott wird daher nicht nur verfehlt, wenn er im Paradigma des Weltverhältnisses (Selbst-Welt-Verhältnis) gedacht wird, sondern auch, wenn er im Paradigma des Selbstverhältnisses (Selbst-Selbst-Verhältnis) gedacht wird. Gott ist weder ein Moment der Welt, in die wir im Austauschprozess des Lebens empfangend und gestaltend eingebettet sind, noch ein Konstrukt unseres Selbstverhältnisses, in dem wir uns und unser Verhältnis zu anderem und anderen in Idealgestalt denken, wie es in der Tradition Feuerbachs immer wieder heißt. Das Gottesverhältnis ist sowohl gegenüber dem Weltverhältnis als auch gegenüber dem Selbstverhältnis ein Verhältnis *sui generis*. Nur weil es auf diese anderen Verhältnisse nicht zurückzuführen ist, kann man überhaupt den Versuch machen, es als Bedingung der Möglichkeit menschlicher Selbst- und Weltverhältnisse zu konzipieren. Gott ist weder ein bloßer Gedanke, den wir haben oder nicht haben können (Gottesgedanke), noch das bloße Korrelat eines Gefühls, das wir empfinden oder nicht empfinden können (Gottesgefühl). Er ist weder ein notwendiger noch ein kontingenter Aspekt des Weltzusammenhangs, den wir als Natur, Kultur, Geschichte oder Gesellschaft konzeptualisieren und zu dem wir uns als Naturwesen, Kulturwesen, Geschichtswesen oder soziale Wesen verhalten. Allenfalls ist Gott das, ohne das es weder Gottesgedanken noch Gottesgefühle, weder Selbste noch eine Welt, weder mich noch andere geben könnte. Denn all das ist Schöpfung, Gott aber ist der Schöpfer.

10. Der Grundcharakter der Differenz zwischen Schöpfer und Schöpfung

Die theologische Grundunterscheidung zwischen Schöpfer und Geschöpf lässt sich auf keine Unterscheidung innerhalb der Schöpfung zurückführen oder mit einer solchen gleichsetzen. Wo immer das versucht wird, breitet sich vielmehr das Chaos aus, von dessen Zurückdrängung die alttestamentlichen Schöpfungstexte erzählen und dessen

Hereinbrechen ins Leben dessen permanente Bedrohung und Gefährdung darstellt. Menschen leben in einem prekären und hoch gefährdeten Bereich nur beschränkt verlässlicher Ordnungen, aber diese hängen ganz davon ab, dass die Grundordnung der Unterscheidung von Schöpfer und Geschöpf gewahrt bleibt.

Gerade diese Grundunterscheidung aber stellt der Mensch – verführt vom Verlangen, wie Gott zu sein, und das heißt nichts anderes, als ohne Gott zu sein – immer wieder in Frage mit der Folge, dass das menschliche Leben und Zusammenleben mit anderen Menschen und Geschöpfen gestört, entstellt, gefährdet wird, dass es zum Kampf zwischen Mensch und Tier kommt und zu Konkurrenz und Wettstreit auf Leben und Tod zwischen Mensch und Mensch. Der Versuch, die Grundunterscheidung zwischen Schöpfer und Geschöpf einzuziehen oder sie in eine der Schöpfungsunterscheidungen im menschlichen Leben und seinem Ort in der Welt zu überführen, indem man sie anthropologisiert (Gott zu einem notwendigen oder kontingenten Phänomen des menschlichen Lebens macht), kosmologisiert (Gott zu einem notwendigen oder kontingenten Aspekt der Phänomenwelt macht) oder sozialisiert (Gott zu einem notwendigen oder kontingenten Leitgedanken von Staat oder Gesellschaft macht), ist das Grundübel, an dem die Theologie zumindest nicht mitwirken sollte.[91]

Das aber heißt, dass man auch die Einstellung und Beziehungen der Menschen zu Gott anders verstehen muss als ihre Beziehungen zu sich selbst, zu anderen Menschen oder zu anderem in der Welt. Gottvertrauen etwa kann nicht als Sonderfall des Vertrauens in Menschen oder als Einsetzungsfall der Struktur »x vertraut auf y« konzipiert werden[92]

---

91 Das betont für den Staat und die Verfassung zu Recht H. Dreier, Staat ohne Gott. Religion in der säkularen Moderne, München 2018.

92 Vgl. U. Schmiedel, Vertrauen verstanden? Zur Vertrauenstrilogie von Ingolf U. Dalferth und Simon Peng-Keller, NZSTh 56 (2014), 379–392, bes. 391 f. Die Alterität Gottes kann nicht als Verlängerung der Alterität des Anderen verstanden werden, wenn man die Leitdifferenz von Schöpfer und Geschöpf ernstnimmt. Das gilt auch dort, wo man versucht, über den Abgrund der Differenz von Unendlichkeit und Endlichkeit hinweg Analogien zu konstruieren. Der Verweis auf Gott steht nicht für ein besonderes Vertrauensphänomen im üblichen lebensweltlichen Orientierungshorizont, sondern für einen grundlegenden Wechsel des Orientierungshorizonts. Die Anerkennung der Alterität des Anderen setzt einen Horizont voraus, in dem diese Anerkennung möglich und wirklich ist. Der an der christologisch präzisierten Leitdifferenz von Schöpfer und Geschöpf ausgerichtete christliche Horizont

und Gottesglauben nicht als ein Fall von Person- oder Sachverhaltsglauben. *Glaube* und *Unglaube* sind keine Beschreibung von Lebensphänomenen, die zur Klassifizierung von Menschen in Gruppen taugten. Sie sind theologische Urteilskategorien, die das Leben von Menschen im Hinblick auf den Modus ihres Daseins vor Gott beurteilen. Wie der Existenzprädikator der Beschreibung eines Menschen keine weitere inhaltliche Bestimmung hinzufügt (»Peter ist ein arbeitsloser Junggeselle, Vater von vier Kindern *und existiert*«), sondern diesen im Bereich des Erfahrbaren lokalisiert, so fügt auch die Lozierung eines Lebens im Glauben oder im Unglauben der Beschreibung dieses Lebens keine inhaltliche Bestimmung hinzu, die sich empirisch-lebensphänomenologisch einlösen ließe, sondern beurteilt dieses Leben in seinem Verhältnis zu Gott, seinem Schöpfer: »Peter ist ein arbeitsloser Junggeselle, Vater von vier Kindern *und ignoriert, dass er vor Gott lebt* (Unglaube) bzw. *und ignoriert nicht, dass er vor Gott lebt* (Glaube)« – wobei das, was mit den Wendungen »ignorieren« und »nicht ignorieren« angesprochen ist, durch sehr unterschiedliche Lebensphänomene konkretisiert werden kann.

Daran ändert sich auch nichts, wenn man den Dual von *Glaube* oder *Unglaube* durch ein *Anders-Glauben* aufbrechen will. Damit wird kein differenzierteres Vokabular zur lebensnäheren Beschreibung von Glaubensphänomenen geboten, sondern es wird das Thema gewechselt und von einem theologischen Urteil über die richtige oder falsche Weise eines Lebens vor Gott zu einer empirischen Beschreibung menschlichen Lebens übergegangen. Doch was auf der empirischen Beschreibungsebene nicht von der Hand zu weisen ist (dass es viele verschiedene – religiöse und nichtreligiöse – Weisen gibt, sein Leben zu leben), gilt für die theologische Urteilsebene nicht: *Vor Gott* kann man nicht *weder* im Glauben *noch* im Unglauben leben, wenn mit »Glaube« und »Unglaube« das richtige bzw. nicht richtige Leben vor Gott gemeint wird, weil es im Blick auf das Leben in Gottes Gegenwart für das menschliche Geschöpf keine neutrale Position gibt. Gäbe es diese, wäre Gott nicht der Gott

---

unterscheidet sich von anderen dadurch, dass er die anderen als Gottes Nächste versteht und behandelt, und zwar im gleichen Sinn, wie man sich selbst so versteht. Genau das aber setzt voraus, dass der, dessen Nächste alle sind (Gott), nicht einer von diesen Nächsten ist. Gottvertrauen ist kein Fall des Vertrauens zum Nächsten, sondern diejenige Haltung Gott gegenüber, die den Anderen als Nächsten Gottes zu würdigen ermöglicht.

aller, sondern nur der Gott mancher, und das wäre gleichbedeutend damit, von Gott zu sagen, dass er nicht Gott ist. Neutralität im Verhältnis der Menschen zu Gott ist ausgeschlossen, weil Gott immer mit allen zu tun hat und nicht nur mit einigen manchmal und gelegentlich.

Der theologische Rekurs auf die Orientierungsdifferenz Glaube/Unglaube ist deshalb auch keine menschliche Inanspruchnahme des göttlichen Urteils über das Leben von Menschen, sondern gerade umgekehrt der Verweis darauf, dass nicht wir, sondern Gott im Entscheidenden sagt, wie es um uns steht. Keine eigene oder fremde menschliche Lebensbeschreibung kann das ersetzen, weil sie immer nur das präsentiert, über das Gott urteilt, aber nicht dieses Urteil zur Darstellung bringt. Theologisches Denken hat gerade die Pointe, die kritische Differenz zwischen dem, wie wir die Menschen und uns selbst sehen und wie Gott über sie und uns urteilt, offen zu halten, sich selbst also Gott gegenüber zurückzunehmen und das Urteil über Glaube oder Unglaube allein Gott anheimzustellen.

Eben deshalb kann theologisches Denken nicht darauf verzichten, sich an dieser Differenz kritisch zu orientieren, also damit zu rechnen, dass nicht jede faktische Weise zu leben ein vor Gott richtiges Leben ist, das den Möglichkeiten gerecht wird, die Gott ihm zuspielt. Wenn Gott sich den Menschen kommuniziert, dann können diese das ignorieren oder nicht, aber sie können es nicht *weder* ignorieren *noch* nicht ignorieren, weil das unterstellte, es gäbe eine dritte Position, die es *coram deo* nicht gibt, und sie können nicht davon ausgehen, dass jede menschliche Antwort darauf recht ist, egal wie sie faktisch ausfällt, weil Gott sich auf *bestimmte* Weise kommuniziert und damit auf eine *bestimmte* und nicht nur irgendeine Reaktion seitens der Menschen angelegt ist.

Wenn *Glaube* die Gott selbst zu verdankende Annahme von Gottes Selbstgabe ist (in welcher konkreten Lebensgestalt auch immer) und *Unglaube* die Nichtannahme (ob in Gestalt des Ignorierens, Nichtbeachtens, Ausblendens, Zurückweisens, Ablehnens, Bestreitens oder wie auch immer), dann ist der Verweis auf »Anders-Glauben« kein Verweis auf ein Drittes gegenüber Glaube und Unglaube, sondern eine der Konkretionsformen dieser Unterscheidung: »Ich glaube dir« ist eines, »Ich glaube dir nicht« ein anderes, aber »Ich glaube einem anderen« oder »Ich glaube anders« oder »Weder glaube ich dir noch glaube ich dir nicht, sondern ich mache etwas anderes« sind keine dritten Positionen gegenüber den ersten beiden, sondern wechseln das Thema. Anders-Glaube ist deshalb keine dritte Möglichkeit, die das theologische Unterscheidungsrepertoire gegenüber der Unterscheidung von Glaube und Unglaube erweitern würde, sondern der Wechsel in ein anderes Problem: die empirische Beschreibung von religiösen Glaubenshaltungen.

Das Unbehagen mit dem Dual Unglaube/Glaube gründet offenkundig in der Befürchtung, dass Lebensphänomene wie Anfechtung, Zweifel, Unsicherheit, Ungewissheit usf. nicht ernstgenommen würden. Auf deren Gewicht zu bestehen, ist wichtig und richtig. Nur ist das mit der Orientierungsunterscheidung Glaube/Unglaube gar nicht ausgeschlossen oder bestritten. Im Gegenteil: Von diesen Lebensphänomenen so zu sprechen oder zu denken, setzt die Orientierungsunterscheidung von Glaube und Unglaube und damit den kritischen Rekurs auf Gott gerade voraus. Nur wo es Glaube gibt, kann es Anfechtung geben. Weil Glaube nicht selbstverständlich ist, gibt es sie. Aber der angefochtene Glaube ist nicht selbst seine eigene Anfechtung, sondern er ist dadurch angefochten, dass es Unglaube gibt und Gottes Urteil nicht in die Augen springt, so dass der Rekurs darauf nur im Modus der Hoffnung und nicht in dem des Erweises möglich ist.

Soviel aber lässt sich sagen: Wenn es richtig ist, dass es für die Menschen keinen neutralen Ort vor Gott gibt, an dem sie nicht von der Selbstkommunikation Gottes betroffen wären, dann verhalten sie sich in allem, was sie tun, dazu – ob sie sich bewusst oder faktisch darauf einlassen oder das bewusst oder faktisch nicht tun. *Weder* das eine *noch* das andere, sondern *etwas anderes* zu tun, ist keine Erweiterung der theologisch relevanten Verhaltenspallette, sondern – im Hinblick auf die Frage nach dem Wie eines Lebens vor Gott – ein Widerspruch: man kann nicht weder richtig noch nicht richtig vor Gott leben, sondern anders. Solange man lebt, tut man das eine oder das andere. Aber nur Gott urteilt, was man tut. Dazu gibt es keine Alternative. Und eben das unterstrichen die Reformatoren, indem sie konsequent auf Gott und den Glauben setzten – auf *Gott* als den, der Menschen, die ihn ignorieren (Sünder), durch Christus und seinen Geist den Weg zum Glauben eröffnet, und auf *Glaube* als die Gabe, die die Menschen ganz und ausschließlich Gott verdanken.

Mit diesen Bestimmungen werden keine besonderen christlichen Themen in die Debatte eingeführt. Die Grunddifferenz von Schöpfer und Geschöpf wird durch den christlichen Rekurs auf Christus und den Geist vielmehr so konkretisiert, dass die in dieser Differenz angezeigte

Beziehung des Schöpfers zum Geschöpf als Liebe aussagbar wird. Diese Liebe ist keine abduktive Schlussfolgerung aus dem Zusammenleben der Geschöpfe, sondern der Grundcharakter des schöpferischen Vollzugs der Grunddifferenz zwischen Schöpfer und Schöpfung. Sie wird nicht an den Phänomenen der Welt abgelesen, sondern erschließt diese als Resonanzphänomene der Liebe des Schöpfers. Nur vom Schöpfer her kann die Schöpfung als Schöpfung erkannt werden, und wo das geschieht, tritt sie als Resultat der kreativen Liebe Gottes in den Blick. Diesen Blick auf das Leben entfaltet die reformatorische Theologie, die ihre Aufgabe darin sieht, das Evangelium und seine Rezeption im Glauben zu durchdenken.

11. Kirchliche, akademische und gesellschaftsbezogene Theologie

So verstandene reformatorische Theologie kann in vielen Gestalten und an unterschiedlichen Orten praktiziert werden, nicht nur als kirchliche, konfessionelle und ökumenische Theologie, und auch nicht nur an kirchlichen Einrichtungen und Hochschulen, sondern auch (zum Beispiel) als akademische Theologie an Universitäten und als gesellschaftsbezogene Theologie in Bildungsinstitutionen, Akademien und anderen gesellschaftlichen Fortbildungszusammenhängen.

In keinem dieser Felder ist reformatorische Theologie aber in aseptischer Reinkultur zu haben, in jedem dieser Felder verbindet sich das reformatorische Theologieverständnis vielmehr mit anderen Theologietraditionen: mit trinitarischen, unitarischen oder pentekostal-charismatischen Theologiekonzeptionen im ersten Fall; mit Konzeptionen der *theologia naturalis*, Naturtheologie oder Vernunfttheologie im zweiten Fall; mit Entwürfen politischer, sozialethischer, interkultureller, genderbasierter, indogener, postkolonialer, LGBTQ-Theologie usf. im dritten Fall. In jedem dieser Felder können die nichtreformatorischen Theologiekonzeptionen die reformatorischen Theologietraditionen überformen, verdrängen oder unkenntlich machen, und oft tun sie das auch. In jedem dieser Felder kommt es seitens reformatorischer Theologieansätze daher darauf an, Unterscheidungen zu entwickeln, die sich in den jeweiligen Zusammenhängen aus der Orientierung an der Grundunterscheidung von Schöpfer und Geschöpf in der Zuspitzung des christlichen Evangeliumsverständnisses ergeben: Kirchliche Theologie wird so z. B. die Unterscheidung von Sünde/Gnade betonen und andere Theologiekonzepte an dieser Unterscheidung prüfen. Akademische Theologie wird auf der Unterscheidung von Wahrheit/Falschheit pochen und andere Theologiekonzepte mit dieser Unterscheidung konfrontieren. Gesellschaftsbezogene Theologie wird sich an der Unterscheidung von Gotteswirken/Menschenhandeln ausrichten und andere Theologiekonzepte von dort her kritisch beurteilen.

Der Unterschied zwischen diesen Konkretionsgestalten reformatorischer Theologie liegt vor allem darin, dass kirchliche Theologie sich durchgehend an theologischen Unterscheidungen ausrichtet und dementsprechend eine eigene christliche Semantik entfaltet (Dogmatik). Akademische Theologie dagegen richtet sich an Unterscheidungen aus, die nicht spezifisch glaubensbezogen, sondern vernunftbestimmt sind, zu einer nichttheologischen Semantik gehören und sich funktionsgleich in anderen Wissensgebieten verwenden lassen. Und gesellschaftsbezogene Theologien arbeiten mit Unterscheidungen, die jeweils theologische mit nichttheologischen Kontrastseiten kombinieren, also eine hybride Mischsemantik entwickeln, die in verschiedenen historischen Konstellationen von Christentum und Gesellschaft unterschiedliche Gestalten annehmen (müssen).

Das wiederum heißt: *Kirchliche Theologie* wird fragwürdig, wenn sie ihre theologische Semantik unpassend entwickelt, sich in Selbstwidersprüchen verfängt oder fragwürdige Folgerungen zieht, oder wenn sie unfähig wird, die Kontinuitäten und Differenzen zur eigenen Herkunft und Vergangenheit und zu anderen kirchlichen und theologischen Traditionen des Christentums in Geschichte und Gegenwart zu thematisieren. Das Christentum ist keine einheitliche Religion, die Kirche kein einheitliches geschichtliches Phänomen, die kirchliche Theologie keine Entfaltung eines einheitlichen Lehrzusammenhangs. Kirchliche Theologie muss pluralismusfähig und differenzsensibel entfaltet werden, nicht dogmatistisch und fundamentalistisch.

Akademische Theologie wird fragwürdig, wenn sie ihre Rekonstruktion des Glaubens ausschließlich an nichttheologischen Gesichtspunkten ausrichtet und damit ihren Charakter als evangelische Theologie aufs Spiel setzt. Wer meint, evangelische Theologie in einen auf Prinzipien gegründeten Wissenszusammenhang einzeichnen zu können, geht ebenso fehl wie jeder Versuch, evangelische Theologie als Reflexionsgestalt eines Teilbereichs kultureller Phänomene zu verstehen. Sie wird notwendig über jeden Wissensbereich hinausweisen müssen, weil sie sich auf Gott den Schöpfer ausrichtet und erst von da her die Schöpfung in allen ihren Dimensionen, als Natur und als Kultur, als Feld der wirksamen Gegenwart Gottes in den Blick nimmt.

Gesellschaftsbezogene Theologie schließlich wird fragwürdig, wenn sie die nötige Distanz zur gesellschaftlichen, politischen und ökonomischen Realität und Theoriebildung nicht wahrt, sondern einseitig bestimmte Positionen und Entwicklungen in diesem Feld nur noch affirmiert und nicht mehr kritisiert. Sie wird dann zu einer bloßen religiösen Wiederholung dessen, was man nichtreligiös auch schon gesagt, erkannt und getan hat bzw. haben könnte. Das braucht niemand, und es genügt theologisch auch nicht, weder im affirmativen Sinn einer religiösen Begründung für bestimmte Ereignisse oder Projekte noch im kontrafaktischen Sinn des Entwurfs einer utopischen Gegenwelt zur faktischen Gesellschaft. Mit all dem bewegt sich gesellschaftsbezogene Theologie ausschließlich im Horizont der Schöpfung, aber verweist nicht auf den grundlegenden Differenz-Bezug zwischen Schöpfer und Geschöpf, ohne den es keine Schöpfung gäbe.

Die angedeuteten Gefahren sind allgegenwärtig. Drei Beispiele mögen genügen.

12. Irrwege kirchlicher Theologie

Kirchliche Theologie geht fehl, wenn sie versucht, die Kirche als die irdische Verwirklichung von Gottes Reich auf Erden zu verstehen und sie als schon erfahrbare Wirklichkeit der neuen Schöpfung unter den Bedingungen der alten zu begreifen. Das führt zu einer ekklesiologischen Überhöhung und Verzeichnung einer geschichtlichen Institution, die alle Zeichen einer sehr menschlichen Einrichtung aufweist. Auf der anderen Seite ist es aber auch nicht genug, kirchliche Theologie als systematische Entfaltung der Gestaltungsordnung eines protestantischen Religionssystems zu konzipieren, dessen Ziel es ist, die Studierenden mit den nötigen Kompetenzen zur Leitung der Kirche und zur Vermittlung der christlichen Tradition im gegenwärtigen Bildungssystem auszustatten. Das erste ist eine zu hoch greifende, das zweite eine zu tief zielende Auffassung kirchlicher Theologie. Recht verstanden ist sie der immer wieder neu zu unternehmende Versuch, den christlichen Glauben in der Vielfalt seiner Gestalten unter den Bedingungen und im Kontext der jeweiligen Zeit so zu durchdenken, dass die Kommunikation des Evangeliums gefördert und erkennbare Verkürzungen und Verzeichnungen des Evangeliums und seiner Auswirkungen im christlichen Glaubensleben vermieden und korrigiert werden.

Kirchliche Theologie kann diese Aufgabe nicht erfüllen, wenn sie als zeitloses Lehrsystem konzipiert wird. Sie muss vielmehr die wechselnde kirchliche Praxis kritisch reflektieren, die jederzeit der theologischen Klärung bedarf, weil sie Gottes Evangelium nur zum Zug bringen kann, wenn sie sich selbst immer wieder kritisch an ihm ausrichtet. Die Veränderungen im jeweiligen Kontext der Kirche, im Feld der Religionen und in der säkularen Kultur der Gegenwart sind dabei wichtige Faktoren, die zu beachten sind. Vor allem aber kann kirchliche Theologie nicht ignorieren, dass es die christliche Kirche nicht in nur einer maßgeblichen Gestalt, sondern nur in der Vielfalt verschiedener Gestaltungen gibt. Keine von ihnen kann mit dem Wesen der Kirche identifiziert werden, in jeder muss sich vielmehr das wesentliche Geschehen, das Kirche zu Kirche macht, aufweisen lassen, um sie zu Recht als eine Gestaltung der Kirche verstehen zu können.

Kirchliche Theologie ist daher heute nicht mehr in konfessioneller Selbstgenügsamkeit, sondern nur in ökumenischer Weite zu praktizieren, aber so, dass die kritische Bestimmung des Evangeliums und die Beurteilung kirchlicher Praxis anhand dieses Kriteriums überall im Vordergrund stehen. Das Überbrücken kirchlicher Trennungen und theologischer Teilungen ist nur dann gelungen, wenn es nicht durch das bloße Verwischen von Differenzen oder Verdunkeln von Einsichten erzielt wird, an denen die Klarheit des Evangeliums und die Wahrung der Unterscheidungsbeziehung von Schöpfer und Schöpfung hängen.

So wichtig es daher ist, sich unter Christen stets um den *common ground* zu bemühen, der im Evangelium als Gottes freier Zuwendung zu einer Schöpfung zum Ausdruck kommt, die nichts von Gott wissen will, so wichtig ist es auch, die *defensible differences* zu benennen, an denen sich zeigt, ob man sich in verschiedener Weise am Evangelium orientiert oder ob man sich an Verschiedenem als Evangelium ausrich-

93 »Versöhnte Verschiedenheit« ist daher in manchen Fällen ein gutes ökumenisches Ziel, in anderen Fällen muss man dagegen auf einer klaren Unterscheidung beste-

tet.[93] Das Zusammenleben der Christen wird nicht immer schon dadurch gefördert, dass man Zäune abbaut. Manchmal helfen Zäune, die Nachbarschaft besser oder überhaupt erst möglich zu machen, weil sie verdeutlichen, worum es auf der eigenen und der anderen Seite im Kern eigentlich geht.

Die Förderung der Kommunikation des Evangeliums wird es nie anders geben können als im Streit um die Bestimmung des Evangeliums. Dieser Streit muss nicht kirchentrennend sein. Aber Kirchentrennungen werden auch nicht wirklich überwunden, wenn man den Streit einstellt, ohne ihn vom Evangelium her gelöst oder eingedämmt zu haben.

13. Irrwege akademischer Theologie

Die akademische Theologie der europäischen Neuzeit ist dem wissenschaftlichen Ethos verpflichtet, sich im Namen der Wahrheit auf methodisch nachvollziehbare Weise um die Erkenntnis der Wirklichkeit zu bemühen. Ihr Forum ist die menschliche Vernunft, und ihre Kriterien sind die formalen, methodischen und inhaltlichen Kriterien des logischen, historischen und empirischen Denkens der Neuzeit.

Man sagt nichts Neues, wenn man hervorhebt, mit welchem Erfolg vor allem die deutschsprachige protestantische Theologie in diesem Sinn in den letzten zwei Jahrhunderten ein Theologiekonzept ausgearbeitet hat, das in seiner sachlichen Kohärenz und methodischen Differenziertheit von der biblischen Theologie über die Kirchengeschichte und systematische Theologie bis zur praktischen Theologie und Religionswissenschaft seinesgleichen sucht. Hier wurden wissenschaftliche Maßstäbe theologischer Lehre und Forschung gesetzt, die nach wie vor Vorbildcharakter haben.

Man kann dieses wissenschaftliche Ethos aber auch nicht in Erinnerung rufen, ohne zu beachten, dass es heute weithin im Begriff ist, sich in Luft aufzulösen. Die Zeiten eines differenzierten Wissenschaftssystems, in dem auch die Theologie einen klar beschreibbaren Platz hat, sind unwiderruflich vorbei. Es gibt kein kohärentes Universitätskon-

---

hen. Nicht jede Tradition, in der Jesus verehrt wird, ist auch eine Version des Christentums: Auch bei Muslimen und Mormonen spielt Jesus eine wichtige Rolle, aber das macht sie nicht zu Vertretern einer Version des christlichen Glaubens.

zept mehr, und wissenschaftstheoretische Systemüberlegungen haben als Orientierungshorizonte für Wissensschafts- und Bildungspolitik ausgedient. Universitäre Wissenschaft soll Wissen produzieren, dass technologisch, empirisch und gesellschaftlich verwertbar ist. Ihre Ziele sind pragmatisch, und sie werden politisch und finanziell gesteuert, weil sich nicht alle Forschung, die man betreiben möchte, auch finanzieren lässt. Nicht Wahrheitserkenntnis, sondern gesellschaftlicher Impact ist das Ziel der Forschung, nicht Persönlichkeitsbildung, sondern Berufsqualifikation das Ziel der Lehre. Wo aber politische Vorgaben die Forschung steuern, haben stets zufällige Interessenmehrheiten das letzte Wort und nicht die wissenschaftlichen Herausforderungen.

Für die Theologie hat das eine interessante Umkehrung zur Folge. Nachdem sie seit der Epoche der Aufklärung[94] mit dem religionskritischen Vorwurf konfrontiert war, eine überholte religiöse Ideologie an den Universitäten am Leben zu erhalten, die gesellschaftlich keine Rolle mehr spiele, spielen solle oder spielen werde, wächst ihr heute geradezu die Aufgabe zu, für das Gewicht und die Bedeutung der Orientierung an Wahrheit einzustehen. Nicht jede Meinung ist eine Einsicht, nicht jeder Wunsch verdient es, realisiert zu werden, nicht jedes Forschungsprojekt vertieft unser Wissen. Die Bedienung gesellschaftlicher Wünsche, Erwartungen und Vorurteile ist keine Aufgabe der Wissenschaften, auch wenn immer wieder so getan wird, als sei das die selbstverständliche Folgerung aus ihrer Finanzierung durch Steuergelder.[95]

Weil sie auf Wahrheit besteht, ist reformatorische Theologie ein Fremdkörper in einer universitären Welt geworden, die alles Wissen nennt, was einen möglichen propositionalen Gehalt haben könnte, aber nicht mehr zwischen Meinen, Glauben und Wissen zu unterscheiden

---

94 Nur zur Erinnerung: Wir leben noch immer nicht in einem aufgeklärten Zeitalter, sondern allenfalls in einem Zeitalter der Aufklärung. Und auch das kann man mit guten Gründen bezweifeln.

95 Auch wenn das Gegenteil lautstark vertreten wird: Wissenschaftliche Forschung ist nicht dem Steuerzahler verantwortlich, wer bezahlt, bestimmt nicht das Ergebnis oder wie es verfügbar gemacht wird, »Universitäten und Großforschungseinrichtungen haben keine wissenschaftspublizistische Funktion« und »das Kosten- und das Sparinteresse des Wissenschaftsverbrauchers rechtfertigt keine Freiheitsbeschränkung«. V. Rieble, Forscher sind nicht normale Angestellte, http://www.faz.net/aktuell/feuilleton/forschung-und-lehre/open-access--forscher-sind-nicht-normale angestellte-1588481.html.

weiß. Gerade wenn sie den intrinsischen Zusammenhang von Gottesbezug und Wahrheitsorientierung herausstellt, ist Theologie nicht das Relikt einer vergangenen Epoche, sondern könnte der Stachel im Fleisch einer Denkweise sein, die sich von der Orientierung an Wahrheit weitläufig verabschiedet und in ihrem überbordenden Konstruktivismus das Bildungssystem des Westens zu ruinieren im Begriff ist.

14. Irrwege gesellschaftsbezogener Theologie

In der gesellschaftsbezogenen Theologie der Gegenwart ist das noch deutlicher der Fall. Sie bestimmt die Rolle von Christentum, Kirche und Theologie in der global werdenden Gesellschaft am Leitfaden zeit- und zeitgeistbedingter Fragen und Herausforderungen. So geht es derzeit etwa um Probleme eines transnationalen Konsumkapitalismus, der weltweiten Klimaveränderungen, der ungleichen Verteilung der Chancen und Möglichkeiten der Menschen in verschiedenen Teilen der Welt, der dadurch verursachten Migrationsbewegungen, der wachsenden Spannungen zwischen Technologieeuphorie und Technologiephobie in vielen Ländern und der Folgen eines gendertranszendierenden Radikalindividualismus ohne Gemeinwohlinteressen in der westlichen Hemisphäre.

All das sind Probleme, denen man sich stellen muss und die nach ökonomischen, politischen, kulturellen, ethischen und religiösen Antworten verlangen. Dass diese nicht überall gleich ausfallen, sollte nicht verwundern. Auch die kirchlichen und theologischen Reaktionen auf diese Probleme sind weltweit unterschiedlich und bestimmt von den jeweiligen sozialen, ökonomischen und politischen Milieus und ihren sehr unterschiedlichen Haltungen zu den lokalen und globalen Herausforderungen. Hierzulande folgen diese Reaktionen weithin dem linksliberalen Muster eines zivilgesellschaftlichen Konglomerats von Friedens-, Gerechtigkeits- und Gleichheitspostulaten. Man setzt sich (durchaus verdienstvoll) für ökopolitischen Klimaschutz und zivilgesellschaftliche Friedensprojekte ein und polemisiert (weniger verdienstvoll) gegen nichtvegane Lebensweisen, technische Großprojekte, neue Technologien und transhumanistische Zukunftsvisionen. Anstatt positive Anregungen zur differenzierten Orientierung in einer zunehmend technologisch geformten globalen Welt zu bieten, praktiziert man einseitig eine nur negative Kulturhaltung, die ihre Stärken darin hat, Schäden zu beklagen und Schädiger anzuklagen. Man versteht Christen als das Salz in der Suppe der Welt, aber steht in Gefahr, die Rolle der christlichen Kirchen auf die von NGOs zur Weltverbesserung zu verkürzen und sie damit um ihre religiöse und gesellschaftliche Wirkkraft zu bringen. Wenn Kirche und Theologie nur noch als religiöse Verstärker gesellschaftlicher Traumata und zivilgesellschaftlicher Optionen in Erscheinung treten, werden sie nur noch so und nicht mehr als Kirche und Theologie wahrgenommen.[96]

Das ist gewiss sehr pauschal gesagt. Doch mein Punkt ist, dass die theologische Kritik auch in gesellschaftsbezogenen Theologieentwürfen mehr sein muss als nur ein Plädoyer für eine bessere Version der gegenwärtigen Welt. Der Glaube zielt nicht auf eine verbesserte alte, sondern auf eine grundlegend neue Welt. Es geht um eine radikale Erneuerung, nicht nur um ein ökoromantisches Warnen vor Desastern am Leitfaden allgemeinverfügbarer Einsichten – so zeitgemäß dies auch klingen mag. Doch nur eine Theologie, die auch an diesem Punkt radikal unzeitgemäß ist, ist eine Theologie, die dem evangelischen Glauben Rechnung trägt. Denn worin die hier und jetzt relevante Unzeitgemäßheit besteht, ist theologisch immer wieder neu zu bestimmen und nicht auf verkürzende moralische Formeln zu bringen.

Als Kritik an kirchlicher Christlichkeit, undifferenziertem religiösem Pluralismus und spirituellem Synkretismus, menschenverachtender politischer Praxis und ökonomischer Ungerechtigkeit ist die Theologie nicht nur eine gesellschaftliche Kritikbewegung neben anderen. Sie nimmt vielmehr allen anderen gegenüber eine andere Position ein. Sie orientiert sich an Gott, genauer daran, wie Gott sich in Christus durch

96 Hier besteht die Gefahr, im allgemeinen Benennen der Übel aufzugehen und die christliche Pointe seines öffentlichen Redens und Handelns zu verlieren. Die christliche Theologie sollte diese Gefahr von der Geschichte ihrer Sündenlehre her zur Genüge kennen. Wenn die Beispiele so überzeugend sind, dass nur noch sie, aber nicht mehr das gesehen wird, wofür sie Beispiele sein sollen, hat man sein Ziel auch dann verfehlt, wenn man lauter Richtiges gesagt hat. Vgl. I. U. Dalferth, Müssen wir heute noch von Sünde reden? Der Sonntag 73, Nr. 7, 18. Februar 2018, 3. Und wenn man nur noch das sagt, was alle anderen auch sagen würden, wenn sie aufmerksam wären und nachdenken würden, dann hat man auch dann nicht Genügendes gesagt, wenn man allgemein nur Zustimmung erhält.

seinen Geist erschließt, und sie vertritt diese Orientierung nicht als eine partikulare Option neben anderen, sondern als das, ohne das es keine verlässliche Wahrheits- und Orientierungsgewissheit gibt. Gott ist der schöpferische Poet alles Möglichen und damit das Realitätsprinzip der Wirklichkeit. Ohne Gott ist nichts möglich, und ohne Gott wird nichts wirklich. Wer sich an seiner Gegenwart orientiert, wird stets weiter blicken als auf das, was sich positiv oder negativ im Leben zeigt und häufig den Blick verstellt für das, was sich hinter den Kulissen zusammenbraut oder andeutet. Wenn das Prophetische theologisch eine Rolle spielen soll, dann ist es hier zu suchen, nicht im Ausziehen bekannter Statistiken auf mögliche Schreckensszenarien und in den damit verknüpften moralischen Empörungen.

15. Orientierung an Gott

Die reformatorische Theologie hat sich radikal am *solus deus* orientiert. Das ist zurückzugewinnen, wenn man heute nach den Auswirkungen und Gestalten reformatorischer Theologie in der Gegenwart fragt. Christen sehen mehr in der Welt als einen brüchigen Ökozusammenhang. Sie sehen Gottes Schöpfung, die auf Erlösung hofft. Für diese Hoffnung müssen Christen eintreten, nicht indem sie die Übel der Welt aufzählen, wie das auch andere tun, sondern indem sie die Hoffnung zur Sprache bringen, die im christlichen Glauben und Leben Gestalt gewinnt. Der Bezugspunkt ihrer Orientierung sind nicht die Abgründe, Irrtümer und Plagen der Welt, sondern die Güte Gottes, der sie nicht überhandnehmen lässt. Christlicher Glaube lebt von der Hoffnung auf Gott, und theologisches Denken wird diesem Glauben nur gerecht, wenn es dazu beiträgt, diese Hoffnung auf Gott immer wieder neu und konkret zur Geltung zu bringen. Es muss deutlich machen, *von wo her* es die Probleme beschreibt und seine Urteile fällt. Wird seine Orientierung am *solus deus* nicht deutlich, wird seine Haltung nicht verstanden und sein Beitrag nicht einsichtig. Es kann diese explizite Orientierung an Gott nicht den Glaubenden überlassen und sich selbst davon freihalten. Evangelische Theologie muss vielmehr selbst klar und deutlich von Gott reden, wenn sie die Hoffnung des Glaubens zur Sprache bringen will. So – und nur so – kommt die Freiheit des Glaubens auch im Denken der Theologie zum Zuge.

VII
Die Denkform evangelischer Theologie

Gibt es eine wissenschaftliche Rede von Gott? Die Antwort ist: Nein – jedenfalls nicht in einer der gegenwärtig gängigen Bedeutungen von »wissenschaftlich«. Es gibt philosophische Rede von »Gott« (Gottesgedanken bzw. Gottesideen[97]), theologische Rede vom Glauben an Gott (als Schöpfer, Erlöser, Vollender), empirische und historische Rede von religiösen, philosophischen und theologischen Gottesverständnissen, aber keine wissenschaftliche Rede von Gott. Alle Wissenschaft handelt, theologisch gesprochen, von der Schöpfung. Gott aber ist weder Teil noch Aspekt noch Moment noch Strukturprinzip der Schöpfung, sondern deren Schöpfer. Wo wissenschaftlich geredet wird, ist daher nicht von Gott die Rede. Und wo von Gott geredet wird, handelt es sich nicht um Wissenschaft – jedenfalls nicht in dem Sinn, in dem im Blick auf

---

97 Ich rede nicht von Gottesbegriffen, weil unter Begriffen meist semantische Sinnkomplexe verstanden werden, die – als empirische Begriffe – ihre Bestimmtheit aus der Erfahrung gewinnen, von denen sie abgezogen sind, oder – als imaginative Möglichkeitskonzepte – durch die Anschauungen konkretisiert werden, auf die sie angewandt werden könnten, wenn es sie gäbe. Begriffe in diesem Sinn sind entweder Generalisierungen bestimmter deskriptiver Erfahrungsaspekte, also Allgemeinbegriffe, die im Ausgang von bestimmten Erfahrungen durch Abstraktion, Selektion und Kombination gebildet werden und deren Gemeinsamkeiten semantisch so bündeln, dass sie auf jeden einzelnen von beliebig vielen Gegenständen einer bestimmten Art (Entitäten) zutreffen. Oder sie sind Einzelbegriffe, die genau einen Gegenstand benennen, insofern sie die Gesamtheit der distinktiven Bestimmungen dieser realen oder imaginären Entität zusammenfassen, durch die diese sich von allen übrigen Entitäten unterscheidet. Im ersten Fall werden Begriffe von Gegenständen prädiziert, um diese als Beispiele eines Allgemeinen zu bestimmen. Im zweiten Fall wird mit Begriffen ein Gegenstand (*idealiter* total) bestimmt, so dass im Begriff dieser Gegenstand für andere vollständig oder doch zureichend zur Darstellung kommt. So oder so erhebt die Verwendung von Begriffen einen deskriptiven Anspruch, der sich in der Erfahrung der jeweiligen Gegenstände bestätigen kann (Verifizierung) oder durch diese widerlegt wird (Falsifizierung). Weder das eine noch das andere taugt dazu, das zu erfassen, worauf Christen mit dem Ausdruck »Gott« verweisen, wenn sie ihren Glauben ausdrücken und in Gebet, Bekenntnis, Verkündigung oder Theologie zur Darstellung bringen.

alles von Gott Verschiedene empirisch, historisch oder formal von Wissenschaft gesprochen wird.[98]

1. Eigentümlichkeiten der Rede von Gott

Das gilt auch im Horizont eines pragmatizistischen Wissenschaftsverständnisses. Wissenschaft gibt es Charles Sanders Peirce zufolge von dem, was zu den »three Universes of Experience«[99] gehört, die semiotisch durch Erstheit (»all mere Ideas«), Zweitheit („the Brute Actuality of things and facts«) und Drittheit (»everything whose being consists in active power to establish connections between different objects, especially between objects in different Universes«) gekennzeichnet sind.[100] Gott kann auf allen drei Ebenen thematisiert werden,[101] gehört aber zu keinem dieser Universen so oder ähnlich, wie anderes dazu gehört: als Teil oder Aspekt oder Qualität oder Modus des Kontinuums des Erfahrbaren. Zwar meint Peirce, in allen theoretischen Wissenschaften gehe es um ein Wissen, »whose purpose is simply and solely knowledge of God's truth«.[102] Aber diese *Wahrheit* wird wissenschaftlich durch die Erforschung des Erfahrungskontinuums des Erschaffenen zu erkennen gesucht, nicht des Schöpfers; und dass sie eine Wahrheit *Gottes* ist, verlangt immer noch einen weiteren Schritt, den Peirce wie Thomas von Aquin oder auch Hermann Deuser mit dem abschließenden Zusatz zu aller wissenschaftlichen Argumentation im Blick auf Gott zum Ausdruck bringt: »et hoc omnes intelligunt Deum«.[103]

Der Unterschied bzw. das Verhältnis zwischen »Gott und Welt« ist deshalb prinzipiell von anderer Art als die Unterschiede bzw. Verhältnisse zwischen »Fakten und Theorien, Vernunft und Evolution, Mensch

98 Dass Wissenschaft von dem handelt, was ohne Gott nicht wäre (Schöpfung), ist eine theologische, keine wissenschaftliche Aussage. Und von Gott als dem zu reden, ohne den es weder Wissenschaft noch sonst etwas geben würde und könnte, ist ebenfalls keine wissenschaftliche, sondern eine theologische Aussage.

99 Ch. S. Peirce, A Neglected Argument for the Reality of God (1908), CP 6:464 f.

100 A. a. O., 455.

101 G. Linde, Zeichen und Gewißheit, Tübingen 2013, 1051–1055.

102 Ch. S. Peirce, An Outline Classification of the Sciences, CP 1:203–283 (1902), hier: CP 1:239; cf. 8:143.

103 H. Deuser, Religion: Kosmologie und Evolution, Tübingen 2014, 172.

und Natur«.[104] All das sind Unterscheidungen in der Welt, in der beide Seiten des Unterschiedenen in der Welt erfahrbar auftreten. Genau das gilt von Gott nicht. Zwar ist die Unterscheidung zwischen Gott und Welt eine Unterscheidung, die in der Welt gemacht wird. Aber der Ausdruck »Gott« verweist auf nichts in der Welt, sondern markiert eine Grunddifferenz zur Welt, durch die diese von etwas unterschieden wird, was nicht in ihr erfahrbar in Erscheinung tritt, aber ohne das sie weder wäre noch zu Recht als Schöpfung angesprochen werden könnte: dem Schöpfer. Ohne Gott gäbe es keine Welt, aber Gott gehört nicht zur Welt. Deshalb gibt es keine Wissenschaft von Gott, und deshalb kommt Theologie im Peirceschen System der Wissenschaften zu Recht nicht vor.[105]

Natürlich gibt es den Ausdruck »Gott« und seine Äquivalente in mannigfachen Gebrauchsweisen in der Erfahrungswelt. Aber der Gottesgedanke ist kein Erfahrungsbegriff, sondern – mit Kant gesagt[106] – eine *Idee*, und diese Idee kann »keinesfalls so aufgefaßt werden, als sei [sie] etwa der Interpretant einer ursprünglichen Wahrnehmung, die einen definierbaren Gegenstand ›Gott‹ zum Objekt gehabt habe, ob ein solcher nun als Qualität, Ding, Person, Prozeß, Prinzip oder sonst etwas zu fassen wäre«.[107] Ideen gibt es zwar nicht ohne Erfahrungsbezug, aber anders als Erfahrungsbegriffe benennen sie keine Erfahrungen und

---

104 H. Deuser, Gottesinstinkt. Semiotische Religionstheorie und Pragmatismus, Tübingen 2004, 68.

105 Vgl. Linde, Zeichen und Gewißheit (s. Anm. 101), 729. Der Versuch, Theologie dennoch in dieses System der Wissenschaften einzuzeichnen, ist abwegig, weil das, ohne das es keine Erfahrungsuniversen gäbe, damit zu einem Moment der Erfahrungsuniversen gemacht wird. Doch der Grund der Erfahrbarkeit von Erfahrung ist selbst keine Erfahrung, sondern das, was allem Erfahrenkönnen voraus- und zugrunde liegt. Eine Wissenschaft vom Glauben an Gott kann es geben, eine Wissenschaft von Gott nicht – jedenfalls nicht in dem Sinn, in dem es Wissen und Wissenschaft von Erfahrbarem gibt. Das gilt es auch gegen W. Pannenberg, Wissenschaftstheorie und Theologie, Frankfurt a. M. 1973, bes. Kap. 5, festzuhalten. Eine »Wissenschaft von Gott«, bei der der »Gottesgedanke als ein bloßer Gedanke der erfahrenen Wirklichkeit gegenüber Hypothese« bleibt, ist keine Wissenschaft, sondern gerade *keine* Wissenschaft, weil der »Gottesgedanke« an einer »Erfahrungswirklichkeit [...] geprüft werden soll« (302), an der er sich nicht prüfen lässt, jedenfalls nicht so wie eine Hypothese, die durch die Erfahrungswirklichkeit bestätigt (verifiziert) oder widerlegt (falsifiziert) werden kann.

106 Kant versteht »Idee« anders als Peirce: Ideen sind Maßstäbe, mit denen wir begrifflich bestimmte Sachverhalte beurteilen.

107 Linde, Zeichen und Gewißheit (s. Anm. 101), 1038.

bezeichnen nichts Erfahrbares: *Wie* wir Gott denken, lässt erkennen, auf der Basis welcher Erfahrungen wir die Gottesidee konzipieren und als was wir uns Gott vorstellen, aber *worauf* wir mit dem Ausdruck »Gott« Bezug nehmen, ist – jedenfalls in den Traditionen des Judentums, Christentums und Islam – nichts Erfahrbares, sondern das, ohne das es nichts Erfahrbares gäbe, und das kann im Horizont der drei Erfahrungsuniversen weder (im Sinn von Peirce) als Ikon noch als Index noch als Symbol noch auf allen drei Weisen zusammen zureichend erfasst oder bestimmt werden. Mit dem Ausdruck »Gott« wird in der Erfahrungswelt anhand von erfahrungsgegründeten Vorstellungen von etwas gesprochen, das jenseits aller Erfahrung liegt, ohne das es aber nichts Erfahrbares geben könnte. Gott ist nicht nur der Schöpfer der Schöpfung (also grundlegend auf diese bezogen), sondern er ist als Schöpfer grundsätzlich jenseits der Schöpfung (also wesentlich von dieser verschieden). Und nur weil er das zweite ist, kann er das erste sein.

Deshalb stellt Peirce 1908 fest – und das ist durchgehend ernst zu nehmen –: »The word ›God‹ […] is the definable proper name, signifying *Ens necessarium*; in my belief Really creator of all three Universes of Experience.«[108] In dieser Bestimmung kommen zwei Gedankenlinien unvermittelt und in spannungsreicher Kontiguität zusammen, die das Gottdenken der abendländischen Traditionen durchgehend geprägt haben: Auf der einen Seite wird Gott (in aristotelischer Tradition) als *ens necessarium* von allen kontingenten Entitäten (Sachverhalten) unterschieden, eben damit aber in ein Kontinuum des Seins mit allem gestellt, was ist, aber nicht Gott ist, mit der Pointe, dass es keine Welt ohne Gott und keinen Gott ohne Welt gibt. Auf der anderen Seite wird Gott als Schöpfer (in jüdisch-christlicher Tradition) von allem unterschieden, was Schöpfung ist, so dass es zwar keine Welt ohne Gott gibt, aber durchaus Gott ohne Welt geben könnte. Anders gesagt: Im *ens*-Gedanken wird eine Kontinuität zu den *entia* gedacht, mit dem Notwendigkeitsgedanken die Differenz zwischen Gott und Welt im Horizont dieser Kontinuität markiert. Das ist die (in sich selbst differenzierte) kosmotheologische Tradition antiker Philosophie, die den Gottesgedanken an den Weltgedanken bindet und von dort aus erhellt. Im Schöpfungsgedanken dagegen wird eine Diskontinuität zwischen Gott und Welt gedacht, die Gott auch von einer durch die Spannung zwischen notwen-

---

108 Peirce, Neglected Argument (s. Anm. 99), CP 6:452.

digen, kontingenten und möglichen Entitäten (Sachverhalten) charakterisierten Erfahrungswelt noch einmal unterscheidet: Gott gehört nicht zur Totalität der Welt geschaffener Entitäten, ob diese notwendig, kontingent oder möglich sind. Das ist die (in sich selbst differenzierte) schöpfungstheologische Tradition des Judentums, Christentums und Islam.

Auch Peirce, wie viele andere vor, neben und nach ihm, verknüpft beides, obgleich es sich nicht konsistent verknüpfen lässt. Er deutet das an, indem er in der ersten Hinsicht von einem »definable proper name« spricht, einem hölzernen Eisen also – nur Begriffe, nicht aber Eigennamen lassen sich definieren –, das sich aber gerade in dieser Eigentümlichkeit erfahrungswissenschaftlich plausibel machen lässt, und indem er in der anderen Hinsicht seinem Glauben Ausdruck verleiht, dass es die drei Erfahrungsuniversen nicht geben könnte oder würde ohne den »Schöpfer«, auf den er mit dem Ausdruck »Gott« referiert. Im ersten Sinn legt das komplexe Geflecht der Erfahrungsuniversen einen abduktiven (also möglichen, aber nicht zwingenden) Schluss nahe auf etwas Einzigartiges, ohne dass es sie nicht gäbe. Oder mit Gesche Linde formuliert: ›Gott‹ kann »als dynamisches Objekt religiöser Aussagen nur im Modus abduktiv begründeter Urteile und darum unter dem Aspekt seiner Realität nur als objektive Möglichkeit ausgesagt werden«.[109] Insofern Peirce Gott aber als »*creator* of all three universes« (meine Hervorhebung) bezeichnet, geht er in folgenreicher Weise über das hinaus, was sich in oder an den Erfahrungsuniversen aufweisen ließe und bringt seine eigene Überzeugung (*belief*) zum Ausdruck, dass (nur) der, ohne den die drei Erfahrungsuniversen nicht möglich wären, »Schöpfer« und damit »Gott« genannt zu werden verdient. Dass die Welt *ist*, lässt sich erkennen, dass sie *geschaffen* ist, nicht. Dass es keine Welt ohne ein Ordnungsprinzip gibt, lässt sich wissen, dass die Ordnungen der Welt die Welt als Schöpfung eines Schöpfers auszeichnen, ist dagegen kein erfahrungsgegründetes Wissen, sondern eine bestimmte Weise, die Welt, in der wir leben, zu sehen, zu erleben und zu verstehen. Ein *Wissen* von der Welt als Schöpfung gibt es nicht, ohne sich selbst als geschaffen und Gott als Schöpfer zu wissen. Ein *Wissen* von Gott als Schöpfer aber gibt es nicht direkt auf der Basis der Erfahrungen, die wir in der Welt machen, weil diese zur Schöpfung gehören, in welcher der Schöpfer als Schöpfer nicht

109 Linde, Zeichen und Gewißheit (s. Anm. 101), 1063.

vorkommt, auch wenn es die Schöpfung ohne Schöpfer nicht gäbe. Ein solches Wissen gibt es auch nicht indirekt als Schluss von der Schöpfung auf den Schöpfer, weil die Welt nur im Licht des Schöpfers als Schöpfung thematisiert werden kann und vom Schöpfer nicht sinnvoll zu reden ist, ohne dass man sich selbst als Geschöpf kennt und bekennt.

Man darf sich durch den Sprachgebrauch also nicht verwirren lassen. Wer von »Gott und Welt« spricht, bewegt sich in einem anderen Diskurs als der, der von »Schöpfer und Schöpfung« spricht. Dass es keine Schöpfung ohne Schöpfer gibt, ist ein analytisches Urteil, dass es keine Welt ohne Gott gibt, dagegen nicht. Wer »Welt« sagt, hat damit noch nicht – auch nicht implizit – von Gott gesprochen. Gibt es Wissen nur von der dreifach gegliederten Erfahrungswelt, dann gibt es kein *Wissen* von Gott, das unter »Gott« etwas anderes verstehen könnte als eine »objektive Möglichkeit«, aber auch objektive Möglichkeiten gehören, schöpfungstheologisch geurteilt, zur Schöpfung und nicht zum Schöpfer, stellen daher kein abduktives Wissen von *Gott*, sondern eine – möglicherweise falsche – Vermutung über die Welt dar.[110] Denn »[we] can know nothing except what we *directly* experience. So all that we can anyway know relates to experience. All the creations of our mind are but patchworks from experience. So that all our ideas are but ideas of real or transposed experiences.«[111] Dass wir die Gottesidee haben, ist daher nicht ohne Rekurs auf Erfahrung(en) erklärbar. Aber was diese Idee bezeichnet, geht unter schöpfungstheologischem Gesichtspunkt prinzipiell über das hinaus, was unter kosmotheologischem Gesichtspunkt als Notwendigkeit oder reale Möglichkeit an der Erfahrungswelt auf- und ausgewiesen werden könnte. Nur Gott *ist* im strengen Sinn, alles andere ist nur, weil und insofern es durch Gott ist. Nur vom Letzteren gibt es Wissen und Wissenschaft. Vom Ersteren dagegen nicht.

Deshalb gibt es keine wissenschaftliche Rede von Gott, auch nicht in der Theologie, sondern allenfalls eine wissenschaftliche Rede vom Leben im Glauben an Gott. Im Glauben an Gott aber fungiert der Ausdruck »Gott« als Zeichen für das – verschieden benennbare – dynamische

---

110 »Belief that could not be false would be infallible belief and Infallability is an Attribute of Godhead.« (1908), in: Semiotic and Signifiers. The Correspondence between Charles S. Peirce and Victoria Lady Welby, hrsg. v. Ch. S. Hardwick, Bloomington, IN 1977, 72.

111 Peirce, Neglected Argument (s. Anm. 99), CP 6:492 (ca. 1896).

Objekt, ohne das es nichts Mögliches, Wirkliches und Notwendiges geben könnte: »Gott« wird im Glauben der Schöpfer, Erlöser und Vollender genannt, ohne den weder Glaube noch Unglaube möglich oder wirklich sein könnte. So verstanden kann Gott »nicht mit einem Schlußverfahren bewiesen, für die Realität Gottes kann allerdings argumentiert werden«.[112] Das zentrale Argument des Glaubens ist dabei nicht: »Wenn es Glaube (Vertrauen, Hoffnung, Liebe) oder Unglaube (Nichtglaube, Glaubensverweigerung, Glaubensbestreitung usf.) *gibt*, dann gibt es Gott«, sondern »Wenn es Glaube oder Unglaube *geben kann*, dann gibt es Gott«. Das erste würde dogmatistisch eine Bedingung formulieren, deren Erfüllung sich nicht feststellen lässt, weil sich Unglaube nur vom Glauben her als Unglaube bestimmen lässt und das Vorliegen oder Nichtvorliegen von Glaube nach Überzeugung des Glaubens nicht von uns, sondern allein von Gott festgestellt werden kann. In diesem Sinn notierte Kant, dass Gott ist, wenn es Mögliches gibt,[113] und Kierkegaard folgerte, dass Gott die »Wirklichkeit des Möglichen« sei.[114]

Diese Wirklichkeit aber ist kein Sein, das durch Aktualisieren eines Möglichen wirklich wurde. Es kann vielmehr nur eine Wirklichkeit anderer Art sein, ohne die es weder Mögliches noch Wirkliches noch ein Verwirklichen von Möglichem geben könnte. Diese göttliche Wirklichkeit ist einzigartig, weil sie kein Werden im Rücken hat, sondern allem Werden vorausgeht, ohne das es dieses geben müsste: Ohne sie gibt es kein modales Werden vom Möglichen zum Wirklichen und kein aktuales Verändern eines Wirklichen in ein anderes Wirkliches. Gerade deshalb gibt es von dieser göttlichen Wirklichkeit keine Wissenschaft, die ihre Verfahren im Umgang mit Wirklichem erfindet und erprobt, das aus Möglichem geworden ist (Werden zu Wirklichem), das sich als Wirkliches verändert (Werden als Wirkliches) und das anderes Wirkliches möglich macht (Werden von Wirklichem aus Wirklichem). Alle Wissenschaft sucht Kontingentes zu erklären, das wirklich ist, aber nicht wirklich sein müsste. Dazu gehört Gott nicht. Deshalb gibt es keine wissenschaftliche Rede von Gott – weder in dem Sinn, dass Gott *explanandum*

---

112 H. Deuser, Gott: Geist und Natur: theologische Konsequenzen aus Charles S. Peirce' Religionsphilosophie, Berlin 1993, 159.

113 I. Kant, Der einzig mögliche Beweisgrund zu einer Demonstration des Daseins Gottes, AA II, 83: »Alle Möglichkeit setzt etwas Wirkliches voraus, worin und wodurch alles Denkliche gegeben ist.«

114 S. Kierkegaard, Journal AA:22 (1837), in: SK Skrifter, Bd. 17, Copenhagen 2000, 41.21.

wissenschaftlicher Erklärungen sein könnte, noch so, dass »Gott« als *explanans* in wissenschaftlichen Erklärungen fungieren würde. Nichts ist möglich ohne Gott. Aber dass das so ist, ist nicht wissenschaftlich erweisbar, sondern eine Einsicht des Glaubens, der sich denkend über sich selbst klar zu werden versucht. Dabei kann er nicht umhin, in ganz bestimmter Weise von Gott zu sprechen als dem, dem er sich als ganz und gar unverdiente Gabe verdankt. Wer glaubt, erlebt, dass er nicht selbst glaubt, sondern die Überwindung seines eigenen Unglaubens von dem erbitten muss, an den er sich mit der Bitte wendet: Herr, ich glaube, hilf meinem Unglauben. Im Durchdenken und Vollziehen seiner eigenen kontingenten Wirklichkeit führt der Glaube so sein Dasein, Sosein und Sich-so-Verstehen in radikaler Ausschließlichkeit auf den zurück, den er als »Gott« anspricht. Von Gott her versteht er sich und alles andere als Schöpfung, und an Gott dem Schöpfer des Glaubens, des Lebens und der Welt sucht er sich in seinen Lebensvollzügen auszurichten. Von Gott ist theologisch daher nicht im Modus der wissenschaftlichen Erklärung, sondern der existenziellen Lebensorientierung die Rede, und in diesem praktisch-existenziellen Sinn versteht die Theologie auch die Rede von Schöpfer und Schöpfung.

2. Zur ideologischen Negation wissenschaftlicher Theologie

Diese Umstellung von einer theoretischen Problemlage (Wissenschaft) auf eine existenzielle (Lebensorientierung) hat Folgen für das Verständnis von Theologie. Theologie handelt von Gott, indem sie den Glauben an Gott expliziert und durchdenkt, aber sie ist keine Wissenschaft wie andere Wissenschaften, auch wenn sie wissenschaftlich arbeitet, wo immer das möglich und nötig ist. Sie ist keine Wissenschaft von Gott, weil sie unter der Idee »Gott« keine partikulare wissenschaftliche Erkenntnisfrage auf der Basis bestimmter Erfahrungen verfolgt, sondern eine radikale praktische Lebensfrage auf der Basis der Möglichkeit von Erfahrung überhaupt: die Frage nach der Möglichkeit eines wahren Lebens im falschen. Sie beantwortet diese Frage mit der Explikation des christlichen Glaubens und der darin angelegten Antwort auf die Frage nach dem rechten, guten und wahren Leben vor Gott. Aber damit ist sie weder eine wissenschaftliche Disziplin neben oder unter anderen noch die Grundlagendisziplin aller übrigen Wissenschaften noch das Integral aller wissenschaftlichen Disziplinen, sondern eine Anleitung zur Neuorientierung menschlichen Lebens in der bewussten Ausrichtung an Gottes Gegenwart, wie diese sich im Glauben selbst erschließt: nicht als eine besondere Erfahrung neben anderen, sondern als absoluter Ort und letzte Möglichkeitsermöglichung allen Erfahrens, Lebens und Denkens. Sofern Theologie sich darauf ausrichtet, wenn sie vom Glauben an Gott handelt, gehört es zu ihrer »Wissenschaftlichkeit« zu sagen, dass sie keine Wissenschaft ist, wenn sie von Gott spricht. Sie arbeitet, wo das möglich und angebracht ist, mit allen ihr zur Verfügung stehenden wissenschaftlichen Methoden. Aber sie ist keine Wissenschaft von Gott neben oder unter anderen Wissenschaften.

Es gibt Disziplinen an der Universität, bei denen steht außer Frage, dass sie Wissenschaften sind: die Physik etwa. Es gibt andere Disziplinen, die wollen – in ihren klügeren Varianten – nur ungern als Wissenschaft angesprochen werden: etwa die Philosophie. Und es gibt Disziplinen, die ständig nach ihrer Wissenschaftlichkeit gefragt werden, seit überhaupt von Wissenschaft die Rede ist: die Theologie. In welchem Sinn, wenn überhaupt, kann Theologie als Wissenschaft gelten? Gibt es eine wissenschaftliche Rede von Gott? Und wenn es das nicht gibt, was hat Theologie dann an der Universität zu suchen?

Die Fragen klingen unverhohlen skeptisch, und viele heute werden sie auch ohne Zögern negativ beantworten. Sie halten die Verbindung von Theologie und Wissenschaft für einen Widerspruch – aufgrund ihres Verständnisses von Wissenschaft oder von Theologie oder von beidem. In der Regel wird das theologiekritisch gemeint und verstanden. Dass Theologie in der griechischen Antike zusammen mit den Wissenschaften entstand und auch nach Gründung der Universitäten im Mittelalter jahrhundertelang die grundlegende Wissenschaft blieb, ist für sie eine historische Erinnerung ohne Wert für die Gegenwart. Heute, so heißt es, habe die Theologie mit den Wissenschaften nichts mehr gemein und im Haus der Wissenschaften nichts mehr verloren. Wissenschaft müsse neutral, universal und öffentlich sein und stehe in grundsätzlichem Gegensatz zur Parteilichkeit, Partikularität und Privatheit religiöser Überzeugungen. Ohne dieses Wissenschaftskonzept noch einmal kritisch auf seine berechtigten Anwendungsbereiche und unberechtigten Verabsolutierungen hin zu befragen, wird so die prinzipielle Unvereinbarkeit von Wissenschaft und Glaube unterstellt. Eine universitäre

Theologie könne es schon deshalb nicht geben, weil eine wissenschaftliche Theologie ein hölzernes Eisen sei. Entweder man behandelt den christlichen Glauben wissenschaftlich, dann kann es keine Theologie sein. Oder man behandelt ihn theologisch, dann ist es keine Wissenschaft.

Das Argument tritt in immer neuen Variationen auf. »Eine Wissenschaft vom christlichen Glauben«, wird so etwa Oskar Pfisters Aphorismus von 1923 immer wieder gern zitiert, »ist sowenig christlich wie die Wissenschaft vom Verbrechen verbrecherisch ist.«[115] Von einer staatlichen Universität zu verlangen, dass »an ihr die Wissenschaft vom christlichen Glauben selbstredend christgläubig sein müsse, ist ungefähr so, wie zu fordern, daß Musikwissenschaft auf dem Klavier vorgetragen oder Sportwissenschaft vorgeturnt wird«, meint Christoph Türcke. Theologie ist keine Wissenschaft und hat mit Wissenschaft allenfalls insofern etwas zu tun, als sie Kritik von Kirche und Theologie ist.[116] Deshalb kann sie auch nur von denen wissenschaftlich betrieben werden, die nichts vom Glauben halten. Für Türcke gibt es daher nur die Alternative: Entweder wird christliche Theologie von Christen betrieben, dann gehört sie an kirchliche Hochschulen, die »ihren Wissenschaftsstandard jederzeit auf Glaubensniveau senken« können. Oder sie wird als »Wissenschaft vom Christentum« als »Teil einer allgemeinen Religionswissenschaft« betrieben – eine »saubere Lösung«, wie Türcke meint. Und er fügt gönnerhaft hinzu, dass das »die religionswissenschaftlichen Fakultäten nicht hindern muß, die Einrichtung des einen oder andern konfessionell theologischen Lehrstuhls zu gestatten, wenn die Kirchen ihn finanzieren. Warum nicht großzügig sein?«

Die Geisteshaltung, die sich in diesen Darlegungen ausspricht, ist das Gegenteil von dem, was sie zu sein vorgibt: aufgeklärt. Sie vertritt einen Gegensatz zwischen Glauben und Wissenschaft, der schon immer obsolet war. Sie verabschiedet das kritische Denken dort, wo es gefordert wäre: beim Denken des Glaubens. Sie versteht Theologie als eine Art parteiischer Kirchenpropaganda auf tiefstem Glaubensniveau. Und sie kann allenfalls einer »Wissenschaft vom Christentum« etwas abgewinnen, für die gelten muss, dass sie keine Theologie sein darf.

---

115 O. Pfister, Die Aufgabe der Wissenschaft vom christlichen Glauben in der Gegenwart, Göttingen 1923, 13.

116 Chr. Türcke, Im Würgegriff der Kirche. Muß ein Theologe Christ sein? Der Fall Lüdemann – ein Exempel (http://www.zeit.de/1998/41/Im__Wuergegriff__der__Kirche) (13.8.2015).

Nun muss man freilich keineswegs Christ sein, um Theologie treiben zu können. Die Frage ist allenfalls, warum man das tun sollte. Nur gilt eben der Umkehrschluss noch weniger: Wer Christ ist, kann das Christentum nicht wissenschaftlich erforschen, sondern Theologie allenfalls als konfessionelle Ideologie betreiben. Das kann man nur meinen, wenn man wie Türcke der Überzeugung ist, dass es eine bloß historisch zu verstehende und endlich abzuschaffende Anomalität ist, »konfessionsgebundene Theologie im gleichen wissenschaftlichen Rang an der Universität wie Physik, Mathematik oder Soziologie« zu führen. Das, so Türcke, sei im 12. und 13. Jahrhundert vielleicht verständlich gewesen. Doch »[d]iese Zeiten sind vorbei. Das Christentum ist nicht mehr der kulturelle Leim einer ganzen Gesellschaft, sondern nur noch ein Ferment darin. Ein Menschenrecht namens Religionsfreiheit hat sich durchgesetzt.« Und es sei höchste Zeit, die »aus vorbürgerlicher Zeit geretteten Sonderrechte« von Kirche und Theologie und den sich darin manifestierenden »Ausfall an demokratischem Rechtsbewußtsein« im Zuge der anstehenden »Vereinheitlichung des europäischen Universitätsrechts [...] durch ein juristisches Großreinemachen« zu korrigieren.[117]

Die Argumentation ist bezeichnend. Offenkundig wird davon ausgegangen, dass christlicher Glaube nach Maßgabe des Menschenrechts der Religionsfreiheit den Staat nichts angehe, sondern in die Freiheit privater Meinung gestellt sei. Die Existenz theologischer Fakultäten wird als die unberechtigte und undemokratische Kontinuierung einer religiösen Privatmeinung an den Universitäten angesehen. Entsprechend wird Theologie als Funktion der religiösen Ideologie einer Gesellschaft verstanden, die an der Universität nichts zu suchen hat. Es gibt keine theologische Glaubenswissenschaft, weil der Glaube kein wissenschaftlich entfaltbares Wissen, sondern nur religiöse Meinungen von Glaubenden beinhaltet. Von religiösen Meinungen aber kann nur religionswissenschaftlich, nicht theologisch gehandelt werden. Denn was geglaubt wird, ist so wenig möglicher Gegenstand wissenschaftlicher Auseinandersetzung wie das, was die alten Griechen oder Römer glaubten: Ihre religiösen Mythen können religionswissenschaftlich erforscht werden, Zeus oder Aphrodite nicht. Im Fall des christlichen Glaubens ist das nicht anders.

---

117 Ebd.

Doch das ist ein Irrtum. Theologie ist keine Wissenschaft, die mit anderen konkurrierte. Aber das heißt nicht, dass sie nicht etwas Einzigartiges und Unverzichtbares zu sagen hätte. Sie thematisiert Gottes kreative Gegenwart, die jeder Gegenwart gegenwärtig ist und ohne die es weder eine Wirklichkeit gäbe, die sich wissenschaftlich erforschen ließe, noch eine Möglichkeit, sie zu erforschen. Indem sie sich auf diese einzigartige göttliche Wirklichkeit richtet, thematisiert Theologie das, wonach Wissenschaften nicht fragen, sondern was sie unbefragt in Anspruch nehmen: dass es die Wirklichkeit, die sie erforschen, und die Möglichkeit, sie zu erforschen, gibt, obwohl es sie nicht geben müsste. Theologisch geurteilt erforschen die Wissenschaften die Wirklichkeiten und Möglichkeiten der Schöpfung, ohne diese als Schöpfung zu verstehen. Theologie dagegen thematisiert sie *als* Schöpfung, indem sie den Glauben an Gott den Schöpfer expliziert und so vom Schöpfer und der Schöpfung spricht. Das macht sie im Horizont der Wissenschaften zu einer an der Wirklichkeit der Schöpfung orientierten Möglichkeitswissenschaft. Die im Glauben anerkannte Realität der Gegenwart Gottes ist nicht weniger real als eine der von den empirischen und historischen Wissenschaften thematisierten Wirklichkeiten, sondern sie ist anders real, nämlich so, dass sie sich Menschen nur erschließt, insofern sie sich von sich aus als ihr eigener Grund erschließt – als diejenige letzte Gegenwart also, die jeder Gegenwart gegenwärtig ist, weil ohne sie keine andere Gegenwart wäre: Es gäbe nichts, was jemandem gegenwärtig sein könnte, und es gäbe niemanden, dem etwas gegenwärtig sein könnte. Der Mensch ist der Ort, wo sich diese göttliche Gegenwart so erschließt bzw. erschließen kann, dass darauf mit Anerkennung (Glaube), Nichtbeachtung (Nichtglaube) oder Ablehnung (Unglaube) reagiert wird. Deshalb handelt die Theologie vom Schöpfer, indem sie den unwahrscheinlichen Glauben an den Schöpfer vor dem Hintergrund des alltäglichen und gewöhnlichen Nichtglaubens und Unglaubens entfaltet.

3. Weniger oder mehr als eine Wissenschaft?

Auch wenn sie das mit den Methoden der Wissenschaft tut, redet Theologie nicht wissenschaftlich von Gott. Diese Auffassung kann aus ganz unterschiedlichen Überzeugungen vertreten werden. Die einen bestreiten die Möglichkeit wissenschaftlicher Rede von Gott, weil sie der Überzeugung sind, dass es so etwas wie Gott gar nicht gibt, die anderen gerade umgekehrt deshalb, weil sie der Überzeugung sind, dass es Gott gibt, aber wissenschaftlich von ihm nicht geredet werden kann. Skepsis im Blick auf Theologie überhaupt und Skepsis im Blick auf die theologische Leistungskraft von Wissenschaft treffen sich so im Verdikt wissenschaftlicher Rede von Gott. Was immer Theologie sagt, wenn sie von Gott redet: wissenschaftliche Aussagen macht sie damit nicht. *Theologie ist keine Wissenschaft.*

Wie verschieden diese These verstanden wird, zeigt sich an den Reaktionen auf sie. Die einen weisen sie zurück, indem sie einen allgemeinen Begriff von Wissenschaft skizzieren und zu zeigen suchen, dass die Theologie die Merkmale aufweist, die sie unter diesen zu subsumieren erlaubt: *Theologie ist Wissenschaft – wenn man »Wissenschaft« entsprechend versteht.* Das ist meist ein unergiebiges Verfahren, weil man »Wissenschaft« immer so definieren kann, dass die Theologie – je nach Vorurteil – unter diesen Begriff fällt oder eben nicht fällt.[118] Versteht man unter einem Begriff aber, mit Nicolai Hartmann, den »auf seine definitorischen Grundmomente reduzierte[n] Bestand eines systematischen Problems, also gleichsam dessen Abbreviatur«,[119] dann gilt es zunächst, die systematischen Probleme zu entfalten, die im Wissenschaftsbegriff und im Theologiebegriff zusammengefasst sind, um so eine Antwort zu finden, die nicht willkürlich konstruiert ist, sondern die Problemgeschichte des Theologie- und Wissenschaftsverständnisses berücksichtigt.

Zu dieser gehört, dass man die These von der Nichtwissenschaftlichkeit der Theologie keineswegs so negativ verstehen muss, wie es häufig geschieht. Man kann sie vertreten, weil das Leben mehr umfasst als die Wissenschaften und es in der Theologie um Wichtigeres geht als darum, hypothetisches Wissen über einen problematischen Gegenstand zu sammeln. *Theologie* – so argumentiert eine lange theologische Tradition – *ist keine Wissenschaft, sondern wichtiger als jede Wissenschaft,*

---

118 Das gilt auch dann, wenn man nicht von einem von den Wissenschaften her konzipierten Wissenschaftsbegriff die Theologie ins Auge fasst, sondern – wie es Barth erwägt – von einem von der Theologie her entworfenen Wissenschaftsbegriff die anderen Wissenschaften in den Blick nimmt: als definitorische Konstruktionsverfahren haben beide entsprechende Schwächen.

119 N. Hartmann, Zur Methode der Philosophiegeschichte (1909), Kleinere Schriften III: Vom Neukantianismus zur Ontologie, Berlin 1958, 6.

weil es in ihr um etwas geht, ohne das es weder Wissenschaften noch eine Welt, die diese erkunden, überhaupt geben könnte. Mit dem, was sie »Gott« nennt, denkt sie über den Grund alles Lebens, Denkens und Seins nach, der überall im Spiel ist, ob man ihn thematisiert oder nicht. Von diesem Grund kann nicht wissenschaftlich durch Vergleich von Ähnlichem und die hypothetische Abstraktion von Regelmäßigkeiten geredet werden, weil Gott nichts ist, was man mit anderem (derselben Art) vergleichen könnte. Gott gibt es nur einmal, wenn es Gott überhaupt gibt, und es muss Gott geben, weil es sonst gar nichts gäbe. Theologie hat insofern einen singulären Gegenstand, und das gibt ihr gegenüber den Wissenschaften einen singulären Status. In diesem Sinn wurde Theologie immer wieder ausdrücklich nicht als Wissenschaft (*scientia*), sondern als Weisheit (*sapientia*) oder als Prinzipienwissenschaft charakterisiert, also als metaphysische Wissenschaft vom ersten und einzigen Grundprinzip allen Seins, Lebens und Denkens.

Auch so wird Theologie freilich aus der Perspektive der Wissenschaften bestimmt, nur wird sie eben nicht negativ, sondern positiv von ihnen unterschieden: Sie ist nicht weniger, sondern mehr als eine Wissenschaft, in ihr geht es nicht nur um einen Aspekt unseres Lebens, sondern die Grundlagen des Lebens überhaupt. Und zwar nicht nur des Lebens auf dieser Erde, sondern jedes möglichen Lebens in jeder möglichen Welt. Theologie hat es mit Gott, dem Schöpfer, Erlöser und Vollender dieser und jeder anderen möglichen Welt zu tun, sie ist deshalb – wenn überhaupt – keine Wirklichkeits-, sondern eine Möglichkeitswissenschaft, genauer: die Wissenschaft von der singulären Wirklichkeit des Absoluten, ohne das nichts möglich oder wirklich wäre oder sein könnte.

4. Theologie und Glaube

Man wird gut daran tun, die Bedeutung dieser absolutheitstheoretischen Argumentation für das Theologieverständnis nicht zu unterschätzen: Sie stellt den nicht zu verachtenden Versuch dar, Theologie unter den Bedingungen moderner Wissenschaft in ihrer prinzipienwissenschaftlichen Eigenart zu denken. Man wird christliche Theologie aber nicht darauf beschränken können, ohne ihre Eigentümlichkeit zu verfehlen. Sie würde damit ganz vom Paradigma der Wissenschaften und nicht vom Glauben her verstanden. Der Glaube aber ist nicht eine

Vorform des nach Erklärungen suchenden Denkens, aus dem die Wissenschaften erwachsen sind. Er stellt keine Erklärung heischende, sondern Orientierung suchende Warum-Fragen,[120] und er hat es nicht nur mit einem Aspekt, sondern mit dem Leben in all seinen Dimensionen zu tun: Er ist eine praktische Bestimmtheit und Gestaltung des Lebens, eine konkrete Vollzugsweise einer bestimmten lebensweltlichen Orientierung an Gottes kreativer Gegenwart, ohne die nichts ist und sein könnte. In dieser Lebensorientierung des Glaubens werden die unergründlichen und unverfügbaren Hintergründe des Lebens aufgrund bestimmter Erfahrungen im Gottesgedanken so symbolisiert, dass sie, ohne ihre Unergründlichkeit und Unverfügbarkeit zu verlieren, auch in der bewussten Deutung und Gestaltung des Lebens zu Bestimmungshorizonten eines charakteristischen Selbst-, Welt- und Gottesverständnisses werden.

Menschliches Leben ist stets durch einen nie völlig zu erhellenden Hintergrund von Gewohnheiten, Gewissheiten und Selbstverständlichkeiten geprägt, die allen wissenschaftlichen Bemühungen vorausliegen, diese stets begleiten und ohne die es Menschen unmöglich wäre, sich in der unüberschaubaren Komplexität ihrer Welt verlässlich zu bewegen und gemeinsam zurechtzufinden. Jedes Leben vollzieht sich in solchen lebensweltlichen Zusammenhängen und unthematischen Horizonten, auch wenn die lebensweltlichen Zusammenhänge und Horizonte nicht jeden Lebens dieselben sind. Im Horizont lebensweltlichen Wissens und seiner unthematisierten und nie vollständig thematisierbaren Hintergründe ordnen wir unsere Welt und orten uns in unserer Welt.

Im christlichen Glauben geschieht das auf eine ganz bestimmte Weise. Diese wird von der christliche Theologie reflektiert und systematisch als das in der Lebenspraxis des Glaubens operative Orientierungswissen entfaltet. Eine so auf den Glauben bezogene, aber nicht nur mit dem Glaubensleben beschäftigte Theologie ist stets eine praktische, keine nur theoretische Denkdisziplin – und zwar ist sie praktisch nicht im Sinne eines durch die Kenntnis von Normen und Regeln konstituierten Handlungswissens, sondern in einem ursprünglicheren Sinn: Sie expliziert, analysiert und deutet das allem bestimmten Wissen und Tun vorausliegende und dieses überhaupt erst ermöglichende Sich-in-der-

120 Vgl. zu dieser Unterscheidung I. U. Dalferth, The Contingency of Evil, ArchFilos LXXV 2007 (2008), 251–274, 251 f.

Welt-in-bestimmter-Weise-Zurechtfinden, ohne das menschliches Leben nicht gelebt werden kann. Und sie expliziert, analysiert und deutet dieses Sich-Zurecht-finden am Leitfaden von Fragestellungen und Einsichten, die sie der Analyse christlichen Glaubenslebens und der in ihm operativen Weisen der Lebensorientierung verdankt.

Jedes Leben vollzieht sich in solchen lebensweltlichen Zusammenhängen und unthematischen Horizonten, auch wenn sich diese von Leben zu Leben stark unterscheiden können und dies sowohl diachron-geschichtlich als auch synchron-kulturell tun. Um diese nicht generalisierbaren Eigentümlichkeiten konkreten Lebens geht es der Theologie. Sie richtet sich auf das vortheoretische Orientierungswissen, das bloß beobachtend nicht zureichend beschrieben werden kann, sondern wie alle Lebensweltanalysen konstitutiv auf die Teilnehmerperspektive angewiesen ist. Aber indem sie dieses Orientierungswissen nicht einfach mitvollzieht, sondern es in reflexiver Distanzierung thematisiert, macht sie es diskutierbar und an anderes Wissen anschließbar.

In diesem Sinn ist *Theologie keine Wissenschaft, sondern grundlegender als jede Wissenschaft*: Sie will das Leben – ganz bestimmtes Leben – verstehen, nicht um es zu erklären, sondern um es – im Blick auf das, was sich verstehen lässt, und im Blick auf das, was unverständlich, sinnlos und widersinnig bleibt – in seiner eigentümlichen Bestimmtheit zur Darstellung zu bringen und im Licht dessen, wie hier Leben gestaltet und menschliche Lebensvollzüge geprägt werden, bewusst fortbestimmbar zu machen. Christliche Theologie expliziert so das in der christlichen – oder eine andere Theologie das in einer anderen religiösen – Lebenspraxis operative Universum vorgegebener Selbstverständlichkeiten, die in jedem Lebens- und Analyseakt mitgegeben sind und eine »stets bereite Quelle von Selbstverständlichkeiten«[121] darstellen, auf die jederzeit rekurriert werden kann.

Die These von der Nichtwissenschaftlichkeit der Theologie kann also auf mindestens zwei Weisen positiv verstanden werden. Während die einen ihre prinzipienwissenschaftliche Differenz zu den Wissenschaften betonen und sie als *Funktion des Denkens* (*Theologik*) entfalten, betonen die anderen ihre praktisch-lebensweltliche Differenz zur abso-

---

121 E. Husserl, Die Krisis der europäischen Wissenschaften und die transzendentale phänomenologische Philosophie, hrsg. v. M. Biemel, Gesammelte Werke (Husserliana) Bd. IV, Den Haag 1956, 124.

lutheitstheoretischen Prinzipienwissenschaft wie zu den Wissenschaften, versuchen sie also zuerst und vor allem als *Funktion des Glaubens* (*Theologie*) zu verstehen – als Funktion einer eben nicht gedankenlosen, sondern nach Erkenntnis (ihrer selbst und alles übrigen) strebenden lebensorientierenden Glaubenspraxis. Aber so wenig sich Glauben und Denken ausschließen, so wenig muss das Verhältnis zwischen Theologik und Theologie als sich wechselseitig ausschließender Gegensatz verstanden werden. Man darf nur nicht den Glauben vom Denken her konstruieren, sondern muss das Denken als Denken im Glauben entfalten.

5. Wissenschaft und Leben

Wissenschaft fängt an, wo man *Warum?* und *Wie?* fragt und darauf methodisch kontrollierbare Antworten gibt. Wo die Welt nur hingenommen wird, wie sie ist (wie in normalen lebensweltlichen Vollzügen), und nicht *Wie?* und *Warum?* gefragt wird, kann es keine Wissenschaft geben; und wo diese Fragen zwar gestellt, aber (wie in den mythischen Deutungsversuchen) nicht methodisch kontrollierbar beantwortet werden, gibt es sie noch nicht. Wissenschaften haben so einen komplizierten Lebensbezug: Auf der einen Seite sind sie durch die Voraussetzungen und den Ansatz ihres Fragens tief in der Lebenswelt verwurzelt, auf der anderen entfernen sie sich durch die Art ihres Antwortens und das darauf aufbauende Weiterfragen oft sehr weit aus ihr. Beides muss beachtet werden. Zur Dominanz der Wissenschaften in der modernen Welt ist es aufgrund eines Prozesses gekommen, an dessen Ambivalenz die Theologie im Positiven wie Negativen Anteil hat: dem Prozess einer immer umfassenderen Entschränkung der Wie- und Warum-Fragen bei gleichzeitiger immer stärkerer Beschränkung akzeptabler Methoden zu ihrer Beantwortung. War Theologie in der griechischen Antike mit dem systematischen Warum-Fragen entstanden, so ist sie mit der Methodenbeschränkung der Moderne auf Wie-Fragen in grundsätzliche Schwierigkeiten geraten.

Wer? Wie? Was? Wieso? Weshalb? Warum? Wer nicht fragt, bleibt dumm, lautet eine bekannte Sesamstraßenweisheit. Wer Kinder hat oder mit Kindern zu tun hat, weiß, dass sie alle – und manchmal bis zum Überdruss – solche Fragen stellen. Sie fragen so, wenn etwas neu oder anders ist als gewohnt und sie wissen wollen, warum das so ist. Das gilt nicht nur für Vorschulkinder. »Alle Menschen«, schrieb Aristoteles im berühmten ersten Satz seiner Metaphysik, »streben von Natur aus nach Wissen.«[122] Sie nehmen ihre Umwelt wahr; sie erinnern sich an das, was sie früher wahrgenommen haben; sie merken im Vergleich ihrer Erinnerungen mit dem, was sie jetzt wahrnehmen, dass sich etwas verändert hat; sie wollen wissen, warum das so ist; und sie beantworten das, indem sie zu erklären versuchen, wie es vom einen Zustand zum anderen gekommen ist. Die Störung des Gewohnten weckt die Warum-Frage, diese führt zur Bemühung um Wissen und ihre methodische Beantwortung zur Wissenschaft.

Wissenschaft beginnt also niemals am Nullpunkt. Sie setzt Erfahrung, Erinnerung und die Wahrnehmung von Problemen in der Lebenswelt voraus. Diese Probleme haben den Charakter, dass etwas Gewohntes anders erscheint, sich also als kontingent und damit als erklärungsbedürftig erweist. Doch das ist noch zu unpräzis formuliert. Genauer erweisen sich zwei Sachverhalte einer Erklärung bedürftig: *die Abweichung* und *das Gewohnte*. Mit der Abweichung vom Gewohnten stellt sich die Frage, warum es jetzt anders ist als sonst; und die wird dadurch beantwortet, dass man einen Grund für die Abweichung angibt. Das aktuelle Problem scheint so gelöst und das Gewohnte damit bekräftigt. Doch auf Dauer kann das nicht befriedigen. Die Tatsache, dass es überhaupt eine Abweichung vom Gewohnten geben kann, erweist dieses selbst als erklärungsbedürftig. Wenn etwas anders sein kann, als es zu sein pflegt, dann ist zu klären, warum es normalerweise so und nicht anders ist. Und wenn sich etwas, das normalerweise so ist, anders darstellt als gewohnt, dann weckt das das Bedürfnis nach Erklärung. Wenn mein Nachbar, der mich noch nie gegrüßt hat, plötzlich in ein fröhliches »Guten Morgen« ausbricht, wenn er mich sieht, frage ich mich, warum. Und wenn ich erfahre, dass er für den Stadtrat kandidiert, ist meine Frage beantwortet – wenn auch möglicherweise falsch.

Wissenschaft geht über solche lebensweltlichen Erklärungen in mindestens zweifacher Hinsicht hinaus. Zum einen sucht sie Probleme nicht nur ad hoc zu lösen, sondern so, dass für ähnliche Situationen etwas zu lernen ist. Sie bemüht sich um Lösungen, die auch von anderen in anderen Umständen nach- und mitvollzogen werden können, sucht also etwa den Satz zu begründen »Alle, die in den Stadtrat gewählt wer-

---

122 Aristoteles, Metaphysik 980 a 21.

den wollen, grüßen ihre Nachbarn«. In diesem Sinn strebt Wissenschaft nach *allgemeinem Wissen*, gibt sich also erst dann zufrieden, wenn sie eine Warum-Frage nicht nur für einen gegebenen Fall, sondern für möglichst viele ähnliche Fälle befriedigend beantworten kann.

Zum andern stößt uns die Entdeckung, dass etwas Gewohntes auch anders sein kann, nicht nur auf dessen Kontingenz und Erklärungsbedürftigkeit. Sie macht uns vielmehr darauf aufmerksam, dass vieles oder alles, was wir für selbstverständlich halten, anders sein könnte und damit – unter bestimmten Bedingungen – der Erklärung bedarf. Zur Wissenschaft werden unsere Erklärungsbemühungen daher dort, wo wir beginnen, nicht nur auf Störungen von Gewohntem zu reagieren, sondern das Gewohnte selbst zu stören, es zu hinterfragen und zu problematisieren, um seine Kontingenz herauszutreiben, also aufzuzeigen, wie es dazu kommt, so zu sein, wie es ist, und nicht anders, obwohl es doch anders sein könnte. Die Wissenschaft der Moderne hat diese Störung des Gewohnten mit der Methode des Experiments zum Motor der Entwicklung gemacht. Das allgemeine Wissen, nach dem gestrebt wird, beschränkt sich jetzt nicht mehr nur darauf, im Ausgang von bestimmten Warum-Fragen Antworten für möglichst viele ähnliche Fälle zu finden, sondern die Warum-Frage auf möglichst alles auszudehnen, also nichts mehr von ihr auszunehmen und sie überall in eine Wie-Frage zu überführen – wie es dazu kommt, dass das, was ist, so ist, wie es ist. Nichts, so lautet das wissenschaftliche Dogma der Moderne, was für selbstverständlich gehalten wird, versteht sich von selbst. Alles könnte auch anders sein. Und deshalb bedarf alles einer Erklärung, die – wie Leibniz formulierte – den zureichenden Grund dafür angibt, warum es so ist und nicht anders, ja warum es überhaupt ist und nicht vielmehr nicht.

6. Wie-Fragen statt Warum-Fragen

Zu einer umfassenden Verwissenschaftlichung der Welt ist es so erst in der Moderne gekommen. Das war aber nicht nur Folge der Entschränkung der Warum-Frage und ihrer Überführung in funktionale Wie-Fragen, sondern vor allem der damit einhergehenden Beschränkung der Methoden, die zur wissenschaftlichen Beantwortung solcher Fragen akzeptiert wurden: q, weil p, denn wenn p, dann q. Man fragte immer umfassender *Warum?* und *Wie?* und akzeptierte immer weniger Weisen, diese Fragen zu beantworten. Während Aristoteles und die ihm folgende Tradition vier mögliche Antwortarten auf Warum-Fragen unterschied, reduzierte die Moderne das weithin auf die Antwort der absolut gesetzten Wirkungskausalität und ihre empirisch beschreibbaren Regularitäten. Je mehr man aber nur noch bestimmte Antwortmethoden als wissenschaftlich akzeptierte, weil sie bestimmte Wie-Fragen kontrollierbar zu beantworten erlaubten, desto mehr schränkte man die Art der Warum-Fragen ein, die sich wissenschaftlich beantworten ließen: seit Descartes im 17. Jahrhundert auf die Fragen, die der *res extensa* oder der *res cogitans* galten und sich in den *natural* oder *moral sciences* traktieren ließen, seit Hegel, Mill und Dilthey im 19. Jahrhundert auf die Fragen, die sich mit Problemen des Erklärens oder Verstehens beschäftigen und sich in den sog. Natur- und Geisteswissenschaften behandeln lassen.

Mit diesen präzisierenden, aber zugleich beengenden Beschränkungen auf bestimmte als wissenschaftlich ausgegebene Problemfelder und Antwortmethoden wurde die Theologie genötigt, sich in einem wissenschaftlich vermessenen Feld zu verorten, in dem sie sich nicht vorfand. Es gerieten aber auch zunehmend die lebensweltlichen Wurzeln der Wissenschaften aus dem Blick mit allen Folgen, die heute beklagt werden. Die Gegenbewegungen des 20. Jahrhunderts suchten diese neuzeitlichen Duale aufzubrechen, indem sie zunächst die Sozial- und Humanwissenschaften ausdifferenzierten und nach Auflösung des Duals von Natur und Geist immer mehr Wissenschaftszweige etablierten, ohne noch danach zu fragen, ob und in welchem Sinn diese sich noch unter einen gemeinsamen Wissenschaftsbegriff versammeln lassen. Ein Blick in die Stellenanzeigen für Lehre und Forschung einer beliebigen Zeitung genügt, um sich eine Vorstellung von der total konfusen Situation zu machen: Es gibt nichts, was nicht an universitären Einrichtungen traktiert werden könnte. Der Niedergang der klassischen Universitäten, die Auflösung der alten disziplinenbasierten Fakultätsstrukturen, die konzeptionslose Suche nach neuen Organisationseinheiten für in immer schnellerer Reihenfolge eingerichtete und wieder eingestellte universitäre Disziplinen belegen alle dasselbe: den Zusammenbruch einer einheitlichen Wissenschaftskonzeption, an der sich die Universitäten bei ihrer Binnenorganisation orientieren könnten. Ob sich eine Disziplin als Wissenschaft ausweisen kann, ist deshalb heute eine weithin obsolete Frage. Entscheidend scheint nur noch, ob jemand willens ist, sie zu finanzieren, und die öffentlichen Hände sind dazu in der Regel nur dann bereit, wenn Fragestellungen verfolgt werden, die eine hinreichend große Zahl von Wählerinnen und Wählern wenigstens eine Zeit lang für wichtig hält. Damit treten andere Kriterien an die Stelle derer, die klassischerweise im Wissenschaftsbegriff gebündelt waren: Entscheidend ist – überspitzt formuliert – nicht mehr Wissen, sondern Wünsche, Interessen und Meinungen, nicht Wahrheit, sondern Macht, Kalkül und Wirkung, nicht die zu erkundenden Geheimnisse des Seins, sondern das freie Spiel des Scheins.

Dem Einwand ist entgegenzuhalten, dass sich seit der Etablierung einer wissenschaftlichen Kultur neue Wissenschaften immer nur in der Durchbrechung bestehender Normalbegriffe von Wissenschaft durchsetzen konnten und können, und dass gerade dieser Prozess der Durchbrechung vorgegebener Normalitäten zur Dynamik von Wissenschaft gehört. Wissenschaftsbegriffe können neue Entwicklungen immer auch hemmen und einengen, weil sie in der Regel retrospektiv, in der Orientierung an vorliegenden Wissenschaften gebildet werden. Das kann auf der einen Seite zur Einengung des Wissenschaftsverständnisses führen, wenn eine bestimmte Einzelwissenschaft, etwa die Physik oder die Biologie, zum Paradigma der Wissenschaftlichkeit stilisiert wird, und damit Disziplinen, die diesem Paradigma nicht entsprechen, aus dem Kreis der Wissenschaften ausgeschlossen oder diesem Paradigma entsprechend reorganisiert werden. Und das schließt auf der anderen Seite nicht aus, dass gelegentlich auf der Basis eines Wissenschaftskonzepts neue wissenschaftliche Disziplinen postuliert werden (wie etwa von Schleiermacher die kirchliche Statistik). Aber wo zu schnell zu viele neue Disziplinen entstehen, gerät ein etabliertes Wissenschaftsverständnis ins Wanken. Doch entscheidend ist: Wissenschaften bilden sich von unten nach oben, nicht umgekehrt. Sie werden zunächst als Denk- und Forschungsunternehmen etabliert, danach prägen sie auch das Wissenschaftsverständnis ihrer Zeit mit – oder eben nicht. Der bloße Hinweis, etwas sei eine Wissenschaft, genügt nicht, ein ödes Unternehmen interessant zu machen. Und umgekehrt hat sich noch keine Disziplin darum geschert, dass ihr das Prädikat »Wissenschaft« vorenthalten oder abgesprochen wurde, wenn sie unabhängig davon florierte. Die entscheidende Frage ist daher nicht: *Ist das oder jenes eine Wissenschaft?*, sondern: *Was ist unsere Gesellschaft bereit, als Wissenschaft zu fördern?* Und diese Frage hat im Verlauf der Geschichte sehr unterschiedliche Antworten erhalten.

7. Die Dynamik der Wissenschaften

Gehen wir noch einmal von den lebensweltlichen Warum- und Wie-Fragen aus. *Warum?* und *Wie?* kann in unzähligen Situationen gefragt werden, und keineswegs jeder Fall bietet Anlass zur Ausbildung einer Wissenschaft. Oft genügt uns das Mindestmaß an Wissen, das wir benötigen, um unser Leben zu fristen, und über lange Zeiten haben sich Menschen mit solchem Wissen begnügt. Aber in jeder Gesellschaft stellen sich Probleme (wenn auch nicht notwendig in jeder dieselben), die immer wieder auftreten und die dauerhafte und tradierbare Lösungen erfordern, wenn das gemeinsame Überleben gesichert oder ein besseres Leben ermöglicht werden soll. Um die Wahrscheinlichkeit zu erhöhen, für solche Probleme möglichst verlässliche Lösungen zu finden, haben komplexere Gesellschaften den Weg der Wissenschaften eingeschlagen, also versucht, die bislang in der Lebenswelt gegebenen Antworten zu verbessern, Gründe für missglückte Antworten aufzuspüren, mit noch nicht gestellten Fragen überzeugendere Antworten zu finden und ihre eigenen Antworten immer wieder kritischen Prüfungen auszusetzen, um so die Spreu vom Weizen zu trennen.

Welche Wissenschaften in einer Gesellschaft auf diese Weise ausgebildet werden, ist kontingent und abhängig von den Problemen, deren Lösung sie für (über)lebensnotwendig hält. Das hat sich im Verlauf der Geschichte immer wieder geändert. An den dominierenden Warum- und Wie-Fragen einer Gesellschaft lässt sich ablesen, was ihr wichtig ist, und wie sie diese Fragen formuliert, lässt erkennen, wo sie mögliche Antworten vermutet. Aber erst die Art und Weise ihrer Beantwortung zeigt, ob wissenschaftlich verfahren wird oder nicht. Eine Frage wie »Warum geht die Sonne unter?« hat in der Denkgeschichte Europas sehr verschiedene Antworten erhalten – bis hin zur Abweisung und Korrektur dieser Frage. Vieles, was früher als Wissen galt, wird so heute verworfen; und manches, was heute als Wissen gilt, wird künftig korrigiert werden müssen. Würde Wissenschaft im antiken Sinn als Inbegriff wahren Wissens verstanden, wäre das fatal, und zwar auch dann, wenn man die Antwort pragmatistisch in die Zukunft verlagert. Doch moderne Wissenschaft definiert sich nicht über das Wissen, das sie beinhaltet, sondern über die Wege, auf denen sie es erwirbt. Weder die Probleme, die bearbeitet, noch die Lösungen, die gefunden werden, zeichnen etwas als Wissenschaft aus, sondern die Art und Weise, wie nach Lösungen gesucht und mit Lösungsvorschlägen umgegangen wird. Kurz, Wissenschaft definiert sich nicht über Gegenstände, sondern über Methoden.

Ohne diesen Schritt hätte es nicht zur Verwissenschaftlichung der Welt in der Moderne kommen können. Wo Wissenschaft in aristotelischem Sinn als ein Zusammenhang notwendiger und unveränderlicher Wahrheiten verstanden wird, der nur fortgeschrieben, aber nicht grundlegend revidiert werden kann, kann es früher oder später keinen Fortschritt und keine Ausweitung wissenschaftlichen Wissens mehr geben. Das System erstarrt, weil alles Wesentliche gesagt ist und jede weitere Hinzufügung zu Widersprüchen führen würde. Weder die Fragen noch die darauf gegebenen Antworten können sich ja grundlegend ändern.

Doch das widerspricht aller Erfahrung. Achtet man auf den wissenschaftlichen Erkenntnisprozess selbst, dann wird deutlich, dass sich nicht nur die Antworten, sondern auch die Fragen mit der Zeit ändern. Besseres Wissen erlaubt, bessere und differenziertere Fragen zu stellen, und eine kritische Klassifikation wichtiger Arten von Fragen ermöglicht eine gezieltere Suche nach möglichst haltbaren Antworten. In beidem spiegeln sich Erfahrungen, die wir gemacht haben. Die Fähigkeiten, differenzierter zu fragen und den Bereich akzeptabler Antworten kritisch zu beschränken, sind geschichtlich-kulturelle Errungenschaften: Wir haben gelernt, dass so verlässlichere Lösungen für Probleme gefunden werden können. Der Hinweis auf den über das Firmament gezogenen Sonnenwagen gilt heute wenigen als überzeugende Antwort auf die Frage, warum die Sonne untergehe, aber auch der Hinweis, sie müsse im Meer abgekühlt werden, weil sie zu heiß geworden sei, wird selbst Kinder nicht lange befriedigen. Warum-Fragen werden zu wissenschaftlichen Fragen, wenn der Bereich möglicher Antworten auf sie methodisch beschränkt wird. Differenziertere Fragen führen aber nicht nur auf differenziertere Antworten, sondern sie bauen auch Differenzen zwischen Fragebereichen auf, die in lebensweltlichen Vollzügen ineinander übergehen.

Worin eine befriedigende Antwort auf die Frage nach dem Untergang der Sonne oder eine brauchbare Methode zur Beantwortung von Fragen dieser Art besteht, hängt dementsprechend von den aufgrund von Erfahrung brauchbaren und daher akzeptierten Verfahren des Bereichs ab, in dem sie sich stellt. Der Gewinn an Präzision ist aber an die Einsicht gekoppelt, dass brauchbare Methoden zur Beantwortung von Fragen in diesem Bereich nicht zwangsläufig auch brauchbar für andere Bereiche sind. Was für die Physik taugt, taugt deshalb noch lange nicht für die Sprachwissenschaft, die Rechtswissenschaft oder die Theologie. Dass wir sie alle *Wissenschaften* nennen, hat primär historische Gründe: In diesen (und manchen anderen) Bereichen hat unsere Gesellschaft die Notwendigkeit gesehen, sich um methodisch geregelte Beantwortung von Warum-Fragen durch Überführung in Wie-Fragen zu bemühen. Gemeinsam ist diesen Wissenschaften nur, dass sie *auf Probleme ihres Bereichs methodisch kontrollierbare Antworten* zu geben versuchen. Es ist aber keineswegs notwendig so – auch wenn es faktisch häufig so verstanden wird –, dass eine dieser Wissenschaften die Leitwissenschaft ist, an der sich alle übrigen als Standard auszurichten haben – wie es etwa die Physik lange war und die Biologie heute geworden ist. Es ist vielmehr eine typisch neuzeitliche, seit einiger Zeit ans Ende gekommene Entwicklung, dass *Wissenschaft* weithin mit *Naturwissenschaft* gleichgesetzt wird und selbst Sozial-, Lebens- und Geisteswissenschaften die quantifizierenden Methoden und Verfahrensweisen der Naturwissenschaften zu imitieren versuchen. Voraussetzung dieser Entwicklung ist eine Ausdifferenzierung von Fragestellungen, die schon bei Aristoteles begann und zur Klassifizierung von Wissenschaftsdisziplinen führte, in der Neuzeit auf den cartesisch begründeten Gegensatz von Naturwissenschaft (*res extensa*) und Geisteswissenschaft (*res cogitans*) reduziert wurde und sich heute in einem diffus gewordenen Wissenschaftsbegriff aufzulösen im Begriff steht.

8. Theologie als Weisheit und Wissenschaft

Theologie hatte an dieser Entwicklung von Anfang an Anteil, wurde sie doch stets relativ zum Wissenschaftskosmos ihrer Zeit als Wissenschaft bestimmt. Das geschah in unterschiedlicher Weise und hat zu charakteristisch verschiedenen Bestimmungen der Theologie als Wissenschaft geführt. Ich nenne drei noch immer prominente Ansätze:

1. *Theologie als Weisheit*: Im Gefolge vor allem Augustins wird im Westen Theologie bis ins 13. Jahrhundert hinein nicht als *Wissenschaft* (*scientia*), sondern als *Weisheit* (*sapientia*) verstanden: Sie hat es nicht mit Welterkenntnis, sondern mit Gotteserkenntnis zu tun, nicht mit Wissen von wandelbaren und veränderlichen Vorgängen, sondern mit

dem Unwandelbaren und Unveränderlichen. In diesem Theologieverständnis verbinden sich platonische und aristotelische Motive. Platonisch ist die Betonung, dass Gott als Gegenstand der Theologie dem Wahrnehmen und Denken nicht wie die weltlichen Gegenstände als Seiendes zugänglich ist, sondern nur als Über-Seiendes, als ἐπέκεινα τῆς οὐσίας:[123] Theologische Erkenntnis besteht in der Liebe zur Weisheit, nicht in der Weisheit, und damit in der Einsicht, dass Gott nicht zu erkennen ist. Wahre Theologie ist deshalb immer *negative Theologie.* Aristoteles hatte das anders gesehen: Für ihn war Theologie neben Physik und Mathematik die grundlegende theoretische Wissenschaft, die Wissenschaft von den höchsten Formen und obersten Prinzipien alles Seins, metaphysische Kosmotheologie. Die Stoa hat das aufgenommen und der christlichen Theologie als physische oder *natürliche Theologie* tradiert. So wurde es auch von Augustin rezipiert, mit der kritischen Einschränkung, dass diese natürliche Theologie auf Weisheit im platonischen Sinn hin überschritten werden müsse, sich also nicht in der Erkenntnis der Grundprinzipien der veränderlichen Welt erschöpfe, sondern sich auf das Jenseits dieser Welt, auf das unveränderliche Wahre, Schöne und Gute beziehe. Wahre Theologie ist eine das Natürliche transzendierende *natürliche Theologie.*

2. *Theologie als übernatürliche Wissenschaft* (bzw. Wissenschaft des Übernatürlichen): Mit dem Vordringen des aristotelischen Wissenschaftsverständnisses im 13. Jahrhundert veränderte sich dieses Theologieverständnis. Im Sinn der zweiten Analytik des Aristoteles war eine Disziplin dann und nur dann Wissenschaft, wenn sie sich als System logischer Ableitungen aus evidenten Grundprinzipien legitimieren konnte. Das kam für die Theologie nicht in Frage, weil ihr Grundprinzip, Gott, als ἐπέκεινα τῆς οὐσίας jenseits alles evident Einsehbaren und als *scientia* oder *sapientia* wissenschaftlich Verstehbaren ist. Die Theologie drohte damit aus dem Kreis der Wissenschaften ausgeschlossen zu werden, oder es musste ein neues Konzept von Wissenschaft gefunden werden. Das Letztere gelang erfolgreich erst zum Ausgang des Mittelalters und dann mit Konsequenzen, die für die Theologie wenig förderlich waren. Das Erstere aber verhinderte Thomas von Aquin. Er löste das Problem dadurch, dass er unter Beibehaltung des aristotelischen Wissenschaftskonzepts an die Stelle der selbstevidenten Grund-

123 Platon, Politeia 509 b 2–10.

prinzipien die *offenbarten Glaubensartikel* als theologische Grundprinzipien setzte, Theologie also als *übernatürliche Offenbarungswissenschaft* konzipierte. Theologie ist ihm zufolge eine *abgeleitete theoretische Wissenschaft*, weil sie von allem überhaupt *im Blick auf Gott* spricht,[124] ihre Prinzipien aber nicht selbst erkennt, sondern aus einer ihr vor- und übergeordneten Wissenschaft bezieht – wie die Optik aus der Geometrie oder die Harmonielehre aus der Arithmetik. So weiß die Theologie zwar aufgrund von Vernunftschlüssen aus der beobachtbaren Welt, *dass* Gott ist, aber *wer oder was* Gott ist, weiß sie nur aufgrund der Artikel des Glaubens. Die aber sind nicht von Menschen ersonnen, sondern von Gott offenbart und bringen das unfehlbare, evidente Wissen zum Ausdruck, dass Gott selbst von sich und seiner Schöpfung hat. Theologie ist so eine theoretische, aus dem Wissen Gottes selbst abgeleitete Wissenschaft.

3. Die Raffinesse dieser thomanischen Antwort kann nicht über die unbewältigten Schwierigkeiten hinwegtäuschen, auf die nicht nur Dominikanertheologen wie Johannes Picardi von Lichtenberg oder Hervaeus Natalis, sondern vor allem auch Duns Scotus und die ihm folgende Schule hingewiesen haben. »Dem Subjekt, das eine untergeordnete Wissenschaft betreibt, müssen deren Prinzipien gegenwärtig sein, und zwar als evident, obwohl sie in einer anderen Wissenschaft ihre Begründung finden.«[125] Diese Evidenz ist einer *theologia viatorum* nicht zugänglich, so dass die thomanische Bestimmung der Theologie als einer spekulativen, theoretischen Prinzipienwissenschaft im aristotelischen Sinn nicht trägt. Im Rahmen des aristotelischen Wissenschaftskonzepts plädierten Duns Scotus und andere deshalb dafür, die Theologie als *praktische Wissenschaft* zu verstehen. Praktisch nannte Aristoteles Wissenschaften, denen es nicht um die Erkenntnis von Wahrheit (wie den theoretischen Wissenschaften), aber auch nicht nur um das Herstellen von Produkten (wie den technisch-poietischen Wissenschaften) geht, sondern um das Tun des Guten,[126] also um ein Wissen, das sich im guten Handeln realisiert. In diesem Sinn wird Theologie im Scotismus als praktische Wissenschaft bestimmt, weil sie durch die

---

124 Theologie behandelt alle Gegenstände *sub ratione dei*, und zwar alle nur unter diesem Gesichtspunkt, indem sie fragt »vel quia sunt ipse Deus, vel quia habent ordinem ad Deum, ut ad principium et finem« (Thomas von Aquin, S.th. I q. 1 a. 7).

125 Pannenberg, Wissenschaftstheorie (s. Anm. 101), 229.

126 Aristoteles, Topik 145 a 15 f; Met. 1025 b 25 ff; 993 b 20 f.

Erkenntnis Gottes die auf das höchste Gute gerichteten Affekte des Menschen stärken und seinen Willen zu einem auf dieses Ziel hin gerichteten Leben bestimmen sollen.

Diese Umorientierung der Theologie hatte kaum zu überschätzende Folgen. Die theologische Rede von Gott wird jetzt konsequent auf den Menschen bezogen, der nach Gott fragt, von Gott also so gesprochen, dass er nicht an sich, sondern *in seiner Funktion für den Menschen* in den Blick gefasst wird. Damit wurde die Theologie »aus der engen Systematik der aristotelischen Konzeption einer theoretischen Prinzipienwissenschaft befreit. Aber auch der aristotelische Gedanke des praktischen Wissens wurde dabei wesentlich verändert, indem er über die Ethik hinaus auf die Gotteslehre und auf ein in ihrem Zeichen entworfenes Weltverständnis erweitert wurde.«[127] Entsprechend wird die Gesamtheit des theologischen Wissens in zwei – bis heute in der katholischen Theologie gemeinhin unterschiedenen – Bereichen organisiert: der Glaubens- und der Sittenlehre (*de fide* und *de moribus*), dem, was wir von Gott und seiner Schöpfung wissen und wissen können, und dem, was wir als Gottes Geschöpfe dementsprechend zu tun und zu lassen haben.

9. Reformatorische Theologie

An dieses Theologieverständnis knüpften die reformatorischen Theologen an, modifizierten es aber an entscheidender Stelle. Gegen die hochscholastisch-thomistische Konzeption der Theologie als aus übernatürlichem Wissen abgeleitete theoretische Wissenschaft setzten auch sie entschieden auf den von Duns Scotus und der Schule Ockhams betonten *praktischen Charakter* der Theologie: Theologie will nicht nur wissen, was ist, sondern das, was ist, in bestimmter Weise verändern. Wie die Medizin die Krankheiten nicht nur beschreiben, sondern Wege zu ihrer Heilung aufweisen will, so will die Theologie nicht nur wahre Aussagen über Gott, Mensch und Welt machen, sondern dazu anleiten, dass Menschen das Heil, das sie benötigen, aber nicht haben, finden und an ihm Anteil gewinnen können. Das geht nicht ohne theoretisches Wissen, aber dieses hat stets eine praktische Abzweckung: Es zielt auf die Veränderung der Menschen zur Erkenntnis und Aneignung ihres Heils. Um

127 Pannenberg, Wissenschaftstheorie (s. Anm. 101), 233.

das leisten zu können, muss Theologie als praktische Wissenschaft vier grundlegende Fragenkomplexe behandeln:

1. Was ist der Ist-Zustand, an dem die Veränderung anzusetzen hat?
2. Was ist der Ziel-Zustand, auf den die Veränderung hinführen soll?
3. Was sind die Mittel, mit denen dieses Ziel erreicht werden kann?
4. Was sind die Prinzipien, von denen dabei auszugehen ist?

Diese Fragen werden in der reformatorischen Theologie nun aber in markant anderer Weise beantwortet als in der vorreformatorischen Tradition. Anders als diese bestimmen evangelische Theologen den praktischen Charakter der Theologie nicht vom menschlichen Tun und Handeln her, sondern *vom Handeln Gottes am Menschen*: In der Theologie geht es nicht primär um das, was wir im Hinblick auf Gott tun oder das, was unser Tun im Hinblick auf Gott charakterisieren sollte oder müsste, sondern um das, was Gott an und für uns tut. In diesem Sinn betont Luther: »Vera theologia est practica [...]. Speculativa igitur theologia, die gehort in die hell zum Teuffel«.[128] In der Theologie geht es in der Tat nicht einfach um Gott, sondern um *Gottes Beziehung zu uns*. Aber diese Beziehung ist als ein Veränderungswirken Gottes an uns zu fassen, in der unser Sein und das Wesen Gottes in ganz spezifischer Weise bestimmt und erschlossen werden: »Theologia proprium subiectum est homo peccati reus ac perditus, et Deus iustificans ac salvator hominis peccatoris.«[129] In der Entfaltung dieser Formel werden die vier Fragen so beantwortet, dass jeweils von Gottes Handeln in und an seiner Schöpfung die Rede ist:

(1) Der *Ist-Zustand* umfasst das *wirkende Sein Gottes*, wie es die Trinitätslehre entfaltet, und das Geschöpf- und Sündersein des Menschen, das die Schöpfungs- und Sündenlehre darstellt.

(2) Der *Ziel-Zustand* ist der durch Gottes Schöpfungs-, Erlösungs- und Vollendungswirken angestrebte *Zustand des universalen Heils*, der mit der Formel der *fruitio Dei* in der *vita aeterna* angegeben und in der Lehre vom Heil (Soteriologie) entfaltet wird.

(3) Die *Mittel*, mit denen das Heilsziel erreicht werden kann, sind *die von Gott gegebenen Weisen, in denen Menschen in sein Heilswirken einbezogen werden*, wie es die Lehren von der Kirche, von Wort und Sakrament, von Gesetz und Evangelium usf. entfalten.

---

128 M. Luther, WA TR 1, Nr. 153.

129 Luther, Enarratio Psalmi LI, WA 40,2; 328,17 (s. Anm. 2).

(4) Und die *Prinzipien*, von denen dabei auszugehen ist, sind *Gottes Heilswirken in Christus und in seinem Geist für und an uns*, wie es in Christologie und Pneumatologie zur Darstellung kommt.

Der ganz dogmatische Stoff wird so bezogen auf die durch Gott selbst bewirkte Veränderung des Menschen aus dem Zustand der Gottferne oder Sünde in den der Gottnähe oder des Heils, und weil sie nichts als diesen Veränderungsprozess, seine Voraussetzungen, seine Mittel und sein Ziel thematisiert, ist die Theologie insgesamt praktische Wissenschaft.

Mit dieser Neubestimmung des Begriffs der praktischen Wissenschaft als einer *auf Gottes Heilswirken konzentrierten* und insofern *soteriologisch ausgerichteten Wissenschaft* wird die aristotelische Alternative von Theorie und Praxis und alle daran anknüpfenden Wissenschaftsbegriffe grundlegend modifiziert. Im Horizont dieser Alternative lässt sich Theologie nicht als Wissenschaft bestimmen, weil sie von einem Dritten ausgeht: *Gottes Wirken an seinen Geschöpfen und für seine Geschöpfe.* Dieses göttliche Wirken lässt sich weder auf dem Weg spekulativen Wissens noch praktischer Erkenntnis zureichend verstehen und begreifen. Es ist kein Phänomen unter Phänomenen. Es ist nicht an sich und als solches wahrnehmbar: Es lässt sich nicht isoliert betrachten und untersuchen. Es ist aber auch nicht nur so mit allem anderen gegeben, wie die *causa prima* mit den *causae secundae* zusammenwirkt und deren Wirken überhaupt erst ermöglicht. Es ist ein Wirken, das nur anhand seiner Auswirkungen im Selbst- und Weltverstehen der Menschen fassbar wird: als das, dem sie und alles übrige ihr Sein verdanken, das ihnen die Augen über sich selbst und den faktischen Zustand ihrer Welt, aber auch ihre eigentliche Bestimmung als von Gott gewollte Geschöpfe öffnet, das ihnen Gottes Gegenwart in ihrem Lebensvollzug so erschließt, dass sie Spuren seiner Gegenwart in ihrem Leben und dem Leben anderer zu entdecken beginnen. Kurz: Es ist nur im Zusammenhang von *cognitio hominis* und *cognitio dei* zu fassen, wie die Reformatoren sagten: nicht als ein von anthropologischer Basis aus entworfenes Bild Gottes (wie später gemeint und von Feuerbach kritisiert wurde), sondern als ein Wirkzusammenhang, der uns und unsere Welt nur so und dadurch sein lässt, dass wir *coram deo*, vor und durch Gott sind – ob wir das ignorieren oder wahrnehmen.

10. Schwierigkeiten der Theologie in der Moderne

Die Grundschwierigkeit der protestantischen Theologie der Moderne war und ist es, diesen Ansatz bei der Wirksamkeit und Wirklichkeit Gottes in einer kulturellen und wissenschaftlichen Situation zur Geltung zu bringen, in der seit drei Jahrhunderten der Gottesgedanke einer sich radikalisierenden Kritik und Destruktion ausgesetzt ist.

Im 18. Jahrhundert hört der Gottesgedanke auf, als Antwort auf Warum-Fragen der empirischen und historischen Wissenschaften zu fungieren, weil er sich nicht in eine methodisch kontrollierbar zu beantwortende Wie-Frage transformieren ließ: Er hat keine wissenschaftliche Erklärungsleistung mehr – wer als Antwort auf eine wissenschaftliche Frage Gott ins Spiel bringt, hat keine wissenschaftlich akzeptable Antwort gegeben – und wird dementsprechend auf seine bloß subjektive Funktion als Gegenstand des religiösen Bewusstseins reduziert.

Im 19. Jahrhundert wird er gerade als solcher selbst Gegenstand von Warum- und Wie-Fragen empirischer Wissenschaften: Nicht *Gott*, sondern dass, wie und warum *Menschen Gott denken und von Gott reden*, wird zum eigentlichen Problem. Der Gottesgedanke verliert jeden eigenständigen Realitätsanspruch, so dass nur das Denken Gottes bzw. das Leben in der Orientierung an dem für Gott Gehaltenen (also der Gottesglaube) als Problem bleibt, und das – so meint man – lasse sich in den Sozial- und Humanwissenschaften (Psychologie, Soziologie) hinreichend aufklären.

Im 20. Jahrhundert wird dem Gottesgedanken schließlich jeder Sinn abgesprochen, so dass von Gott zu reden nicht mehr nur als etwas Falsches, sondern als etwas Sinnloses deklariert wird: Er erklärt nichts, er lässt sich auch nicht erklären, sondern er belegt nur die Konfusion derer, die ihn vertreten. Die Religionskritik steigert sich in diesen drei Phasen von der philosophischen Kritik der ontologischen, kosmologischen und physikotheologischen Gottesbeweise (18. Jahrhundert) über die psychologische und soziologische Kritik des Gottesgedankens als Illusion, Projektion und Indikator unausgeräumter sozialer Nöte (19. Jahrhundert) bis zur semantischen Kritik der Inkohärenz dieses angeblichen Gedankens. Die Welt wird ohne Rekurs auf Gott erforscht, die Religion wird ohne Rekurs auf Gott erklärt und der Gedanke Gottes wird schließlich ganz als sinnlos verabschiedet.

In den Erklärungsansätzen der neuzeitlichen Wissenschaft spielt Gott so eine immer geringere und schließlich gar keine Rolle mehr. Meinte man im 17. und 18. Jahrhundert noch, ihn in zweifacher Hinsicht wissenschaftlich zu benötigen: zur Erklärung dafür, dass es überhaupt etwas gaibt und nicht vielmehr nichts (wie die kosmologischen Argumente zu zeigen suchten) und zur Erklärung der Ordnung, Harmonie und Schönheit in der Welt (wie die physikotheologischen Argumente belegen wollten), so scheiterten die physikotheologischen Argumente im 18. Jahrhundert nicht nur an der (unter dem Stichwort der Theodizee verhandelten) Frage nach dem Woher und Wozu des Bösen, des Übels und des übermäßigen Leidens in der Welt, sondern seit dem 19. Jahrhundert auch an der durch Darwin eingeleiteten evolutionstheoretischen Erklärung der Ordnungsstrukturen in der Welt: für all diese Phänomene bedurften die Wissenschaften keines Rekurses auf Gott mehr. Eine auf den Grund des Daseins der Welt überhaupt reduzierte kosmologische Bestimmung Gottes aber war nicht nur theologisch schon immer unzureichend, sie war auch für alle praktischen Erkenntnisaufgaben der Wissenschaften irrelevant und wurde mit Kants Kritik der Gottesbeweise aus dem Kreis des theoretischen Wissens der Wissenschaften ausgeschieden. Nicht nur hatte keine wissenschaftliche Warum- oder Wie-Frage noch Gott zur möglichen Antwort, auch Gott selbst war kein möglicher Gegenstand wissenschaftlicher Warum- und Wie-Fragen mehr.

Dieses Verschwinden der Gottesfrage aus den Wissenschaften erschwerte den Stand der Theologie unter den Wissenschaften, war aber nichts prinzipiell Neues. In jeder Epoche der Geschichte war die Theologie sich bewusst, dass sie mit »Gott« etwas thematisiert, was kein Etwas ist und insofern aus dem Kreis möglicher Gegenstände menschlichen Wissens herausfällt. Das Neue an der Situation der Moderne war, dass man dazu neigte – und mancherorts offenbar immer noch dazu neigt –, allem, was sich nicht wissenschaftlich bearbeiten ließ, Sinn, Bedeutung, Relevanz und intellektuelle Respektabilität abzusprechen. Die empirisch und historisch verfahrenden Wissenschaften entscheiden über das, was sinnvoll gefragt werden kann: Und die Frage nach Gott gehört nicht dazu.

Deshalb hat sich die protestantische Theologie der Neuzeit in immer entschiedenerer Weise als *Wissenschaft von der Religion* bzw. als *Religionswissenschaft* (Wissenschaft von den Religionen) entworfen.

Nicht Gott, sondern die Phänomene der Religion sind das primäre Feld, auf das sich die theologische Arbeit bezieht. Das hat die Theologie nicht nur für die entsprechende anthropologische Religionskritik anfällig gemacht. Sie hat damit auch genau die Thematik aus dem Blick verloren, die ursprünglich die Zuwendung zum Feld der Religion und Religionen motiviert hatte: die Wahrnehmung der Gegenwart Gottes und seines Wirkens an und für uns. Die im 19. Jahrhundert sich entwickelnde Religionswissenschaft hat sich nämlich ganz in Anlehnung an die methodischen Kanones der modernen Wissenschaft als historische und empirische Beschreibung und Erklärung der Religionen als geschichtlicher Phänomene menschlichen In-der-Welt-Seins verstanden: Ausdruck der symbolischen Weltentwürfe, in denen sich Menschen in der Welt einrichten und in der Welt orientieren. Konsequenterweise ist in dieser Perspektive nicht mehr von Gott, sondern von *Gottesgedanken* oder *Gottessymbolisierungen* die Rede. Die Funktion dieser Gottessymbole in menschlichen Sozietäten und ihren symbolischen Universen kann wissenschaftlich, historisch, psychologisch, soziologisch beschrieben werden. Nach dem Realitätsbezug dieser Gottessymbolisierungen, also nach *Gott* zu fragen, wird aber schon im Ansatz vermieden.

Damit reagiert man nicht nur auf die Religionskritik des 19. und 20. Jahrhunderts, in welcher der Gottesgedanke als Gegenstand und Grund der Theologie selber durch Skepsis und Zweifel aufgelöst oder doch nachhaltig erschüttert wird, so dass sich die Frage stellt, ob diese Religionskritik, wenn schon nicht das Ende des gelebten christlichen Glaubens, so doch das Ende seiner theologischen Selbstreflexion in einer eigenständigen intellektuellen Disziplin zur Folge hat. Reagiert wird damit auch auf die funktionale Differenzierung der Gesellschaft, in der die gelebte Religion und ihre Reflexionssysteme neben andere soziale Systeme der Wirtschaft, Politik, des Rechts, der Bildung usf. eingereiht wird unter der Vorgabe, dass jedes dieser Systeme für die Lösung einer besonderen Aufgabe zuständig sei. Die Folge ist: »Die kirchlich organisierte Religion kann nicht damit rechnen, daß in ihrer sozialen Umwelt und d. h. innerhalb des Bereichs der sozialen Systeme für Politik, Wirtschaft, Recht, Bildung usw. spezifisch religiöse Erwartungen und Funktionen wahrgenommen werden.«[130]

130 F. Wagner, Religion und Gottesgedanke. Philosophisch-theologische Beiträge zur Kritik und Begründung der Religion, Frankfurt a. M. 1996, 252.

Gerade das wird immer wieder als Grund dafür angeführt, dass die Theologie als Reflexion des Sozialsystems Religion an den Universitäten vertreten ist: Sie präsentiert und prüft im Kontext der Reflexionswissenschaften unserer Gesellschaft das, was im Bereich Religion geschieht, gedacht und gelebt wird – und entspricht insofern anderen Disziplinen wie Recht, Medizin oder den Politikwissenschaften. Entsprechend wird auch in der Theologie betont, dass methodisch nicht *Gott*, sondern das *Reden von Gott*, also der *Gebrauch und die Funktion des Wortes »Gott«* in bestimmten Religionen und damit eine bestimmte religiöse Lebenspraxis Gegenstand der Untersuchungen ist. Wie reden Christen, Juden, Muslime von Gott? Was sagen sie aus welchen Gründen über Gott aus? Welche Rolle spielt das, was sie so sagen, im symbolischen Universum ihrer Religionen und in den praktischen Vollzügen ihres Lebens? In diesem Sinn kann in der Tat wissenschaftlich (historisch oder empirisch) respektabel von »Gott« gesprochen werden. Aber auch von Gott?

11. Theologie als Reflexion christlicher Lebensorientierung

Evangelische Theologie kann nicht darauf verzichten, das zu wollen: Sie verlöre ihren eigentlichen Gegenstand. Sie ist daher von Anspruch und Selbstverständnis her mehr als eine Metawissenschaft der Religion und eine Teildisziplin empirischer oder historischer Religionswissenschaften. Sie will, indem sie methodisch von »Gott« handelt, sachlich von Gott sprechen. Sie besteht also auf einem Zusammenhang, und sie sucht diesen auch argumentativ einleuchtend zu machen. Während sie sich mit der Religionswissenschaft darin trifft, dass es keine Wissenschaft von Gott, sondern allenfalls eine Wissenschaft vom Glauben an Gott als menschlicher Religions- und Lebenspraxis gibt, unterscheidet sie sich von dieser darin, dass sie diesen Glauben tatsächlich als Glaube an Gott und nicht nur als menschliches Glauben an etwas, was als Gott oder Göttliches verstanden wird, auslegt und entfaltet. Deshalb integriert sie als akademische Disziplin *wissenschaftliche Fragen*, die sich mit empirischen und historischen religiösen Phänomenen (einschließlich des Redens von Gott in den Religionen der Welt) beschäftigen, *philosophische Fragen*, die sich mit Problemen des Gottesgedankens beschäftigen, und *theologische Fragen,* die sich auf Gottes Gegenwart und Wirken in der Welt und an uns konzentrieren.

Theologie unterscheidet sich von religionswissenschaftlichen und philosophischen Unternehmungen also vor allem dadurch, dass sie deren Fragen einschließt, aber nicht bei ihnen stehen bleibt: Sie ist nicht weniger, sondern *mehr* als diese, insofern sie die Wirklichkeit und das Wirken Gottes zum Thema hat, gerade weil diese in empirisch-wissenschaftlicher Perspektive und Fragestellung aus prinzipiellen und methodischen Gründen nicht in den Blick kommen können. Gottes Wirklichkeit ist in den konkreten Prozessen des Lebens und seinen unthematisch operativen Horizonten aufzusuchen, aus denen sich die Wissenschaften durch ihre Warum- und Wie-Fragen und Beantwortungsstrategien immer schon entfernt haben, auch wenn sie davon stets begleitet bleiben. Sie ist nicht in theoretischer Beobachterhaltung, sondern aus der Sicht von Beteiligten wahrzunehmen, die mit Gottes Wirksamkeit im menschlichen Leben rechnen und damit sich und ihre Welt angesichts der wirksamen Gegenwart Gottes anders und neu zu verstehen und sich so in anderer und neuer Weise in ihrer Welt zu orientieren beginnen. Deshalb spricht sie von Gott, indem sie in der Welt des Unglaubens, Nichtglaubens und Aberglaubens den Glauben an Gott im Ausgang von der christlichen Lebenspraxis expliziert, in dem sie das, was dort faktisch geschieht, kritisch an dem misst, was dort geschehen sollte, wenn es dem entsprechen würde, was in den biblischen Texten bezeugt wird: Gottes Leben stiftender und Heil schaffender Gegenwart.

Weil sie in diesem Sinn von Gott und nicht nur von »Gott« handeln will, kann Theologie nicht nur in theoretischer Beobachterperspektive über das menschliche Reden von Gott reden, wenn sie ihrem eigentlichen reformatorisch präzisierten Thema treu belieben will: Sie interessiert sich – als praktische Wissenschaft im erläuterten Sinn – für *Gottes schöpferisches Wirken in, an und für uns und in und an unserer Welt,* und damit auch stets dafür, wie darauf im Glauben, Nichtglauben und Unglauben respondiert wird. Deshalb ist sie keine Wissenschaft von Gott, in der von Gott gesprochen würde, als ob man nichts mit Gott zu tun hätte. Aber sie ist auch nie nur Religionswissenschaft und nie nur Religionsphilosophie, obwohl sie auf beides nicht verzichten kann. Sie richtet sich auf das, was in den verschiedensten Weisen »Gott« genannt wird, indem sie klarstellt, dass sich das, wovon sie handelt, bloß theoretisch nicht zureichend traktieren lässt, sondern seine Wirklichkeit und

Wirkung im Lebensvollzug entfaltet. Nur aus Gott kann man gehaltvoll zu, von und über Gott reden. Das ist nicht möglich, ohne im eigenen Lebensvollzug das Gottesverhältnis als Gottes Wirksamwerden in der eigenen Lebensgeschichte zu erfahren, also die eigene menschliche Endlichkeit, Fehlbarkeit, Verletzlichkeit und Fragmentierung als das zu sehen, was sie sind: der Ort der Vergegenwärtigung Gottes im menschlichen Leben. Als kritische Erkundung und denkende Verantwortung gelebten Glaubens ist Theologie eine Wissenschaft des Betroffenseins von und Beteiligtseins an dem, wovon sie handelt, und sie verliert ihren Gegenstand, wo Beobachtung an die Stelle dieses Betroffen- und Beteiligtseins tritt und nicht in dieses eingebunden bleibt.

Das macht sie im Zusammenhang neuzeitlicher Wissenschaften verdächtig. Im Sinne des herrschenden Wissenschaftsverständnisses kann wissenschaftlich (historisch oder empirisch) respektabel zwar von »Gott«, aber nicht von Gott gesprochen werden. Die methodische Prämisse neuzeitlicher Wissenschaft, von allem sei zu handeln *etsi deus non daretur,* wird so auch auf den Phänomenbereich des Gottesglaubens angewandt. Das führt in die Aporie, auch von Gott so zu handeln, als ob Gott nicht sei. Und dieser Aporie versucht man dadurch zu entgehen, dass man nicht Gott, sondern nur das menschliche Reden von Gott zum Gegenstand wissenschaftlicher Forschung erklärt, oder dass man sich nach einer Naturphilosophie umsieht, die nicht a- oder anti-theologisch ist, sondern die theologischen Gottesaussagen unterfüttert oder zumindest theologiefreundlich entwickelt werden kann.

Theologie kann sich auf diese Lösungen nicht einlassen: Wird nur *über* eine Glaubenspraxis gesprochen, ist immer nur »Gott«, nicht Gott das Thema. Wird *unabhängig* von einer Glaubenspraxis von Gott gesprochen, werden Gotteskonzepte entwickelt, die nicht zuerst im Leben, sondern im Denken fungieren und über den Status des bloß Möglichen nicht hinauskommen. Wird nur *in* einer Glaubenspraxis von Gott gesprochen, wird nicht in der nötigen kritischen Klarheit deutlich, dass jede Rede von Gott auch eine bestimmte Gottessymbolisierung ist. Theologie versucht diese Einseitigkeiten zu vermeiden, weil sie weiß, dass *sachlich* von Gott nicht unabhängig und ohne jeden Bezug auf eine Praxis der Gottesverehrung gesprochen werden kann: Nur im Zusammenhang der Lebenspraxis einer Gottesverehrung ist Gott ein mögliches Thema der Theologie. Und weil *methodisch* von Gott nicht unabhängig von je bestimmten Gottessymbolisierungen gesprochen werden kann. Ob und inwiefern in und mit diesen Symbolisierungen tatsächlich von etwas gesprochen wird, das sich nicht in diesen Symbolisierungen erschöpft, ist nicht abstrakt zu entscheiden, sondern nur dadurch zu erkunden, dass diese bestimmte Rede von Gott in die verschiedensten Bereiche des Lebens (Erfahrens, Denkens und Handelns) hinein fortgeführt und ausgezogen wird. Ob von Gott sachgemäß geredet wird, lässt sich nicht dadurch entscheiden, dass diese Rede an Gott selbst überprüft wird, sondern allein dadurch, dass ihre Folgen für das Leben in all seinen Dimensionen erprobt werden.

Theologie behandelt ihre Themen deshalb nicht dann adäquat, wenn sie diese gemäß der neuzeitlichen Methodenentscheidung *etsi deus non daretur* zu traktieren sucht, sondern indem sie gerade umgekehrt alles traktiert *etsi deus daretur*. In diesem Sinn ist christliche Theologie keine Teildisziplin empirischer oder historischer Religionswissenschaften, in denen die Symbolwelten der Religionen und ihre Gottessymbolisierungen erforscht werden, so sehr dies eine Teilkomponente ihrer Bemühungen ist. Sie ist auch nicht nur philosophische Bemühung um die Klärung und Kritik des Gottesgedankens, so gewiss auch dies zu ihrer Arbeit gehört. Sie ist vielmehr der Versuch, im Horizont gelebter Religion und christlicher Glaubenspraxis von Gottes Gegenwart und Wirken zu sprechen und diese bestimmte Weise, von Gott zu reden, auf alle Bereiche des Lebens hin auszuziehen und zu durchdenken.

Das kann sie nur tun als eine »Wissenschaft« des Beteiligtseins an dem, wovon sie handelt, und sie verliert ihren Gegenstand, wo versucht wird, durchgängig distanzierte Beobachtung und Beschreibungen an die Stelle des eigenen Beteiligtseins zu setzen: *Jede theologische Aussage ist im Prinzip auch eine Aussage über die, die sie machen.* Es gehört zur spezifischen Wissenschaftlichkeit der Theologie, dieses Beteiligtsein ausdrücklich zu beachten und zu reflektieren. Theologische Rede von Gott ist insofern stets beides: Rede über Gottes Wirken in den Wirklichkeiten unserer Welt und Rede über das Betroffenwerden unserer Welt durch dieses Wirken, und beides in der Perspektive derer, die sich dadurch betroffen wissen. Theologie redet daher nicht nur aus der Perspektive des Beteiligtseins von Gott, sondern sie rückt auch alles, von dem und zu dem sie spricht, in die Perspektive dieses Beteiligtseins: Nicht *Gott*, sondern *Gottes gegenwartsgründendes Wirken an der Welt, für die Welt und in der Welt* ist ihr Thema, und zwar so, wie Menschen dieses Wirken in ihrem Leben in Glaube, Nichtglaube und Unglaube wahrnehmen (oder nicht wahrnehmen), sich und ihre Welt angesichts der Gegenwart Gottes neu verstehen (oder nicht) und sich in anderer und neuer Weise in ihrer Welt zu orientieren beginnen (oder nicht). Sie spricht von keiner anderen Welt als die Wissenschaften. Aber sie spricht anders von ihr, weil sie diese Welt und die in ihr im Glauben, Nichtglauben oder Unglauben Lebenden von der Gegenwart Gottes her versteht.

Weil sie so von Gott spricht, ist Theologie nicht nur Wissenschaft neben Wissenschaften, sondern zielt in ihren Aussagen über Gott, die Welt, das Leben und die Menschen auf *praktische Lebensorientierung*. Sie rückt alles in die Perspektive des Beteiligtseins an dem, was christlicher Glaube als Gottes Wirken für die Welt und in der Welt thematisiert. Eben so erinnert sie daran, dass mit »Gott« eine Wirklichkeit thematisiert wird, die zunächst und vor allem in unserer menschlichen Lebenspraxis und den Hintergrunddimensionen unserer Lebenswelt zu suchen ist und nicht dort, wo wissenschaftliches Fragen und philosophische Spekulation sie meist finden wollen: in den Theoriebildungen von Wissenschaft und Philosophie. Nicht Wissenschaft ist das Paradigma der Theologie, sondern Lebensorientierung. Das hat Kierkegaard besser begriffen als Peirce. Denn in der Theologie geht es um keine *Theorie* des guten Lebens, sondern um eine Wahrheit, die wahr und frei und gut und gerecht *macht*, indem sie das Leben an dem ausrichtet, auf dessen Zuwendung man sich in allen Situationen verlassen kann: Gott.

VIII
Gott theologisch denken

1. Gott wird nur gedacht, wenn Gott nicht nur gedacht wird

Theologie, die ihren Namen verdient, versucht Gott zu denken: An diesem Punkt trifft sie sich mit einer am Denken Gottes interessierten Philosophie. Aber sie tut das nur, wenn sie nicht nur *Gott* denkt und Gott nicht nur *denkt,* also kritisch-diskursiv repräsentiert, wie Gott in religiöser Praxis präsentiert (angesprochen, vorgestellt, thematisiert ...) wird: An diesem Punkt beginnt sie sich von der Philosophie zu unterscheiden. Der Verzicht auf den Versuch, Gott zu denken, wäre der Tod der Theologie, aber nicht minder wäre es die Meinung, es genüge, Gott zu denken. Ohne *Gott* zu denken, kann sie nicht zwischen Gott und Götzen unterscheiden, und ohne mehr zu wollen als Gott zu *denken,* kann sie nicht *Gott* denken.

Zwei Orientierungspunkte sollte evangelische Theologie daher nie aus den Augen verlieren: Zum einen hat sie sich vor denen zu hüten, die meinen, man müsse Gott nicht denken, es genüge doch, Gott zu erfahren, zu fühlen, zu lieben, zu Gott zu beten oder auf Gott zu hoffen – als ob man irgendetwas derartiges tun könnte, ohne sich Gott irgendwie auch vorzustellen, ihn zu symbolisieren, in Zeichen und als Zeichen zu fassen, kurz: Gott möglicherweise zu verfehlen und falsch zu verstehen. Um das selbstkritisch zu verhindern oder zumindest zu erschweren, bedarf es der kritischen Kontrolle unserer Gottesvorstellungen und Gottessymbolisierungen durch das Denken.

Zum andern hat evangelische Theologie sich aber auch vor denen zu hüten, die sie durch Festlegung von Denk- oder Argumentationsverfahren darüber belehren wollen, was und wie man denken müsse, um wirklich Gott zu denken oder Gott wirklich zu denken oder überhaupt etwas zu denken, wenn man Gott denkt. Ein Gott, der nur gedacht wird, ist nicht Gott – das hat nicht erst Anselm von Canterbury entdeckt. Wer Gott nur denken will, denkt nicht Gott – das kann man nicht erst bei

Luther lernen. Und wer nur Gott denken will, und nicht damit zugleich eins und alles, denkt nicht Gott – das sollte man seit Hegel wissen.

Aber wer meint, ein Recht, an Gott zu glauben oder von Gott zu sprechen, habe man nur, wenn man zeigen könne, was Gott ist und dass Gott ist, und beides sei nur möglich, wenn man einerseits in der Lage sei, einen kohärenten Gottesbegriff als konsistente Menge von Merkmalen zu formulieren, durch die sich Gott eindeutig von allem anderen unterscheiden lasse, und andererseits zeigen könne, dass die Gotteshypothese die bessere Erklärung für irgendetwas sei, was andere auf andere Weise zu erklären suchen, so dass man in der (sogenannten) »Great Debate« zwischen Glaube und Wissenschaft nur auf der Seite einer theistischen Metaphysik für den Glauben streiten könne, der hat weder Anselm verstanden noch Luther noch Hegel noch Gott noch sich selbst noch das, was er tut, wenn er versucht, Gott zu denken. Eine solche Position ist philosophisch unkritisch (nämlich verstandesdogmatisch), theologisch kontraproduktiv (nämlich genau das untergrabend, was sie zu befördern vorgibt: den Glauben an Gott) und hermeneutisch blind (nämlich ohne Sinn und Verstand für den Sinn des Glaubens an Gott im Leben von Menschen).

Denn – das ist meine These – Gott wird nur gedacht, wenn man nicht nur Gott denkt, sondern alles im Zusammenhang mit Gott und Gott im Zusammenhang mit allem anderen. Aber nur wenn man diesen Zusammenhang von dort her denkt, wo er als kreative Stiftung Gottes in Erscheinung tritt, der die Einstellung von Menschen zum Leben von Grund auf verändert, so dass Gott und alles andere auf umfassende Weise *anders* gedacht und verstanden werden als zuvor, wird wirklich *Gott* gedacht.

Die Pointe des christlichen Glaubens an Gott wird deshalb verfehlt, wenn dieser kognitivistisch als eine Menge von *theistic beliefs* konzeptualisiert wird, die als Erklärungshypothesen in die wissenschaftliche Debatte um die Erklärung von Erfahrungsphänomenen eingebracht werden. Dieser Fehler wird auch nicht dadurch korrigiert, dass man diesen *theistic beliefs* eine Menge von *moral beliefs, moral values* oder *moral convictions* bzw. eine Menge von *aesthetic views* oder *aesthetic values* an die Seite stellt, die die lebenspraktische Seite des Glaubens verständlich machen sollen. Im ersten Fall wird der Glaube auf einen Beitrag zur wissenschaftlichen Erfahrungserklärung, im zweiten auf einen Beitrag zur moralischen Lebensführung bzw. zur ästhetischen Weltsicht und Lebenseinstellung reduziert. Jedes ist für sich genommen unzureichend, aber auch zusammen genommen ergänzen sie sich nicht, sondern steigern ihre Verkürzungen. So verfehlt das erste den selbstinvolvierenden Charakter des Glaubens, durch den ein Mensch zusammen mit seiner Welt in Gottes Gegenwart eingebunden ist: Wer vom Glauben sprechen will, kann nicht ausblenden, wie er selbst in die Gegenwart Gottes einbezogen ist, von der jener spricht (objektivistische Verkürzung), und diese Verkürzung wird nicht dadurch vermieden, dass er den Glauben mit seiner eigenen Sicht der Dinge identifiziert (subjektivistische Verkürzung). Das zweite verfehlt den eschatologischen Charakter des Glaubens, durch den Menschen nicht nur in ihrer Erfahrungswelt (Kosmos), sondern in der schöpferischen Gegenwart Gottes (Schöpfung) loziert sind: Wer vom Glauben spricht, kann nicht ausblenden, dass dieser von einem anderen Leben (neues Leben) und nicht nur anders (religiös) von diesem Leben spricht (religiöse Verkürzung), und diese Verkürzung wird nicht dadurch vermieden oder korrigiert, dass man diese religiöse Sicht des Lebens metaphysisch zu fundieren (metaphysische Verkürzung) oder naturalistisch zu entlarven sucht (naturalistische Verkürzung).

Mit dem Glauben an Gott tritt etwas Neues im Leben auf – im Leben der Menschen überhaupt und im Leben jedes einzelnen Menschen –, das sich trotz aller Verwobenheit des Lebens davor und danach von allem Vorherigen nicht nur graduell, sondern prinzipiell unterscheidet und auf nichts Vorangehendes so zurückgeführt werden kann, dass es aus diesem erklärt werden könnte. Wer von hier aus Gott denkt, kann deshalb nicht so weiterdenken, wie zuvor. Er muss seinen eigenen Standpunkt neu verstehen und sich selbst und alles andere in einem neuen Horizont und damit auf andere Weise denken, auch Gott. Ohne diesen Standpunkt- und Horizontwechsel wird vielleicht ein Gottesgedanke, aber es wird nicht Gott gedacht. Um wirklich Gott zu denken, darf Gott kein weiteres Moment in der Reihe des Gedachten sein, der das schon Bekannte um ein weiteres Element erweitert, sondern der Gottesgedanke muss als Operator fungieren, der alle Reihen neu qualifiziert, alles Wirkliche, Mögliche oder Notwendige also neu zu verstehen lehrt. Wirklich Gott zu denken, heißt deshalb, nicht nur Gott, sondern alles in bestimmter Weise zu denken, und zwar *anders* als zuvor. Eben das belegt der Gottesgedanke. Denn *wie* man Gott denkt, zeigt, wie man alles neu und anders versteht.

Damit habe ich gesagt, was ich sagen wollte. Der Rest sind Erläuterungen. Ich beginne mit Nietzsche.

2. Nietzsches Diagnose

Es geht zu Ende mit der alten Wahrheit – so umriss Nietzsche das, was er mit »Götzendämmerung« meinte. Der *Götze* ist nicht etwa das, was *Gott* weichen muss, die Falschheit also, die der Wahrheit Platz zu machen hat, sondern gerade umgekehrt das, was man bisher für *Wahrheit* gehalten hatte. *Götzendämmerung* meint, dass es *mit der Wahrheit zu Ende geht* – der *alten* Wahrheit des Vorurteils, auf Wahrheit zu setzen sei in irgendeiner Weise besser, richtiger oder vorteilhafter als das Gegenteil.

Wer das tut, ist ein Götzendiener, ein Begriffs-Fetischist, der Begriffe zu Sachen macht, weil er sich durch Sprache und Grammatik verführen lässt. Er sagt »Ich denke« und meint, da sei ein Ich, das etwas täte, während es doch gerade umgekehrt ist, weil »ein Gedanke kommt, wenn ›er‹ will, und nicht wenn ›ich‹ will«, so dass es richtiger ist zu sagen »Es denkt« als »Ich denke«.[131] Und er sagt »Gott« und verfällt dabei doch nur der Illusion der »Herren Metaphysiker«, diesen »Begriffs-Albinos«, die vor lauter Abstraktions- und Generalisierungslust den von ihnen konstruierten göttlichen »Metaphysicus« zum eigentlich Realen erklären und diesen »erbarmungswürdige[n] Gott des christlichen Monotono-Theismus«, dieses »hybride Verfalls-Gebilde aus Null, Begriff und Widerspruch«, als »ultimum und maximum« alles Wirklichen, als *ens realissimum et necessarium* verehren.[132]

Das ist Götzendienst pur, weit mehr als die Götterverehrung der Völker, die in ihren Göttern sich selbst verehren: »Religion, innerhalb solcher Voraussetzungen, ist eine Form der Dankbarkeit. Man ist für sich selber dankbar: dazu braucht man einen Gott.«[133] Nicht sie haben Götzen – sie verehren in ihren Göttern ja etwas Reales, ihre „Lust an sich« selbst, ihr eigenes »Machtgefühl«[134] – sondern diejenigen, die meinen, man brauche *einen* Gott *für alle*, einen »grosse[n] Cosmopolit[en]«, der für alle etwas bietet. Kein Wunder, dass dieser »Demokrat unter den Göttern« auf der einen Seite »Schritt für Schritt zum Symbol eines Stabes für Müde, eines Rettungsankers für alle Ertrinkenden heruntersinkt«, ein »Arme-Leute-Gott, Sünder-Gott, Kranken-Gott par excellence wird«,

---

131 F. Nietzsche, Jenseits von Gut und Böse, § 17, KSA 5, 31.

132 F. Nietzsche, Der Antichrist, § 17–19, KSA 6, 184 f.

133 A. a .O., § 16, KSA 6, 182.

134 Ebd.

und dass er auf der anderen Seite »sich ins immer Dünnere und Blässere« transfiguriert, ein »Ideal«, »reiner Geist«, »absolutum«, »Ding an sich« wird: »*Verfall eines Gottes*: Gott ward ›Ding an sich‹ ...«.[135]

Nietzsche hält es für völlig abwegig zu meinen, »die Fortentwicklung des Gottesbegriffs vom ›Gotte Israels‹, vom Volksgotte zum christlichen Gotte, zum Inbegriff alles Guten sei ein Fortschritt«.[136] Er buchstabiert die bekannte Entwicklungserzählung vom Polytheismus zum Monotheismus rückwärts, indem er den eigentlichen Götzendienst dort lokalisiert, wo man sich philosophisch und theologisch über allen Götzendienst erhaben dünkt. Anders als seine postmodernen Imitatoren plädiert er allerdings nicht für eine Rückkehr ins angeblich goldene Zeitalter des Polytheismus. Nicht nur ist die Negation der Negation nicht die Rückkehr zur Ausgangsposition, sondern die Korrektur des Fehlers eines Fehlers kann nicht darin bestehen, dass man sich für den ersten Fehler stark macht. Spätmoderne Polytheismussehnsucht ist ebenso hohl und leer wie moderner Monotono-Theismus. Beides muss man hinter sich lassen. Die wahre Negation des Monotheismus ist nicht der Polytheismus, sondern der Atheismus, und zwar derjenige Atheismus, der nicht nur Negation des Theismus, sondern *zugleich* des Antitheismus ist, der also Theismus und Atheismus zugleich negiert.

Dieser *befreiende Atheismus*[137] ist nicht schon dort realisiert, wo man sich zum Freidenker aufplustert und im Namen der Wissenschaft Religion und Theologie attackiert, sondern wo man den »Ursachentrieb«[138] und die wissenschaftliche Erklärungswut als den Götzendienst durchschaut, der sich diese ganze Begriffsmetaphysik verdankt und dem die Wissenschaften nicht weniger verfallen sind als die Begriffsmetaphysik.

3. Götzendienst und Gottesdienst

Damit zeichnet sich für die Beurteilung des Verhältnisses von Götzen- und Gottesdienst ein Schema ab, das sich radikal übervereinfachend folgendermaßen zusammenfassen lässt:

135 A. a. O., § 17, 184.

136 A. a. O., § 17, 183 f.

137 Vgl. a. a. O., § 8, KSA 6, 96 f.

138 F. Nietzsche, Götzen-Dämmerung, Die vier grossen Irrtümer, § 4, KSA 6, 92.

(1) *Jeder einen anderen*: Die Situation des *Polytheismus* ist der Ausgangspunkt. Jedes Volk hat seine Götter, und verschiedene Götter für verschiedene Lebenssituationen. Diese Götter können in Gruppen und Familien zusammengefasst sein, aber sie schließen sich nur insofern aus, als die *Götter der einen* nicht die *Götter der anderen* sind. Der Streit der Götter(gruppen) ist nie mehr als der Streit der Menschengruppen, deren Götter sie sind. Es ist ein Streit zwischen im Prinzip Gleichen.

(2) *Einer gegen alle*: Der *Monotheismus* setzt *den einen Gott* gegen die Götter – sei es, indem er *den je eigenen Gott* gegen die Götter der anderen setzt (Differenz Gott/Götter), sei es, indem er den eigenen Gott als *einzigen Gott* von den Götzen der anderen unterscheidet (Differenz Gott/ Götzen).

(3) *Alle gegen einen*: Wo ein Gott alle anderen Götter zu Götzen gemacht und damit aus dem Kreis der Konkurrenten verdrängt hat, wächst mit der Macht des Einen auch seine Gefährdung: Man muss jetzt nicht mehr Gott für Gott kritisieren, negieren und bekämpfen (sequentieller Poly-Atheismus), sondern kann sich auf einen Punkt konzentrieren: *den Widerspruch gegen den Einen*. Der *Antitheismus* negiert den einen Gott des Monotheismus – sei es, indem er in rückwärts gewendeter Romantik die Vielen gegen den Einen in Anschlag bringt (Lob des Polytheismus), sei es, indem er alles Reden von Gott, Göttern und Göttlichem als Schein und Irreführung entlarvt (antitheistischer Atheismus).

(4) *Einer gegen alle, die für oder gegen den Einen sind*: Der Protest dagegen nimmt die Form einer Bestreitung beider Seiten dieses Streites an. Sowohl der Antitheismus und der romantische Polytheismus auf der einen Seite als auch der von ihnen kritisierte Monotheismus auf der anderen Seite werden so negiert, dass sie zu Momenten einer differenzierten Entwicklung des Einen zum Absoluten werden. Monotheismus und Antitheismus werden durch eine dynamische Theorie des Absoluten überboten (absoluter Theismus).

(5) *Alle gegen den Einen, der gegen alle ist, die für oder gegen den Einen sind*: Der Protest dagegen nimmt die Form einer Bestreitung des Absoluten an, das die Positionen und Negationen von Theismus und Antitheismus zu integrieren beansprucht. Dies erst ist strikter oder *moderner Atheismus*: ein Atheismus, der sich gegen seine Vereinnahmung durch den absoluten Theismus zur Wehr setzt, wie es bei Nietzsche geschieht (absoluter Atheismus).

(6) *Wer gegen alle, die gegen den Einen sind, der gegen alle ist, die für oder gegen den Einen sind?* Oder: Wie geht es weiter – kann es weitergehen, ohne nur zu wiederholen, was schon stattgefunden hat? Die antithetischen Positionen des absoluten Theismus und absoluten Atheismus sind so, dass jeder den anderen in sich abzubilden vermag, jeder weitere Differenzierungsschritt also eine interne Differenzierung auf beiden Seiten wiederholt, aber nicht über die Grunddifferenz beider Positionen hinausführt.

4. Postsäkulare Indifferenz

Genau das belegt die gegenwärtige Diskussionslage. In Reaktion auf den wachsenden Wohlstandssäkularismus der Gegenwart werden typischerweise zwei Züge gemacht: Man zelebriert unter dem Stichwort des Spirituellen eine *postsäkulare Rückkehr der Götter* oder man stürzt sich in Opposition dazu in einen *metaphysischen Theismus*, der wiederholt, was war, indem er den berechtigten Protest gegen den Mangel an Kritik im postmodernen Denken zu einer Rückkehr zu einer vormodernen Metaphysik mit modernen Mitteln verkehrt. Beide Prozesse scheinen oberflächlich betrachtet im Gegensatz zu stehen, doch beide profitieren von derselben Sphäre der Unbestimmtheit, die eine vermeintlich in sich zerfallende Moderne eröffnet.

Unter dem Stichwort des Postsäkularen wird so die Rückkehr der Götter gefeiert, aber es fehlen Kriterien zur Beurteilung von Göttern und zur Unterscheidung zwischen akzeptablen und inakzeptablen Formen der Götterverehrung.[139] Wo es eine Bemühung um solche Kriterien gibt, sind diese politisch, sozial oder moralisch, aber nicht religiös oder theologisch: Weil keiner seine Götter für besser halten darf als die Götter der anderen, spricht man das Problem der Entscheidung zwischen ihnen nicht mehr an, sondern zieht sich auf vermeintlich unanstößige, weil mehrheitsfähige politische, soziale und moralische Korrektheiten zurück. Nicht der Glaube an die Götter, sondern nur seine gesellschaftlichen Auswirkungen werden kritisiert. Jeder kann glauben, was er oder sie will, solange es das Zusammenleben mit den anderen nicht stört.

---

139 Vgl. I. U. Dalferth/H.-P. Grosshans (Hrsg.), Kritik der Religion. Zur Aktualität einer unerledigten philosophischen und theologischen Aufgabe, Tübingen 2006.

Toleranz wird damit zur zivilreligiösen Basisreligion, und Indifferenz zum gesellschaftlichen Normalverhalten. Ohne sich inhaltlich mit dem auseinanderzusetzen, dessen Ausflüsse man auf diese Weise zivilreligiös zu kanalisieren sucht, meint man, alle Religionen gleichgültig behandeln und als private Skurrilitäten betrachten zu können – und steht dann fassungslos vor der explosiven Urkraft, mit der religiöse Überzeugungen im Leben aufbrechen und alles durcheinander wirbeln können.

5. Metaphysischer Theismus

Anders reagieren andere, die unter dem gleichen Stichwort des Postsäkularen für eine Neuauflage des Alten, für ein »Collegium Metaphysicum« plädieren mit dem Argument, die Vernunft könne nicht darauf verzichten, »letzte Fragen mit Hilfe der Vernunft zu beantworten. Solche Fragen betreffen die Welt als ganze, den Grund der Welt und die Stellung des Menschen in der Welt. Sie drängen sich unvermeidlich auf, können aber durch die Einzelwissenschaften nicht beantwortet werden. [...] Daher stellt sich der Vernunft am Ende nicht die Frage, ob sie überhaupt eine Metaphysik vertreten will, sondern in welcher Weise«.[140]

Das klingt vernünftiger, als es ist. Die Vernunft wird hier als Opfer einer Nötigung präsentiert, der sie sich nicht zu entziehen vermag, selbst wenn sie es wollte. Doch welchen Charakter hat diese Nötigung? Was heißt hier »Vernunft«? Und worum geht es bei den Fragen nach dem Einen, Ganzen und Einzigen dem, der an solchen Fragen leidet? All das bleibt im Dunkeln. Anstatt die lebenspraktischen Anlässe dieser Fragen zu erhellen und den Sinn metaphysischer Aussagen von ihrer lebensorientierenden Funktion her verständlich zu machen, wird Metaphysik ganz traditionell den Einzelwissenschaften als theoretische Überwissenschaft des Einen und Ganzen entgegengesetzt.

Damit wird die Chance verspielt, der Einsicht der Moderne Rechnung zu tragen, dass metaphysische Aussagen *Sinnorientierungen* und keine *Seinserklärungen* sind, dass ihre Pointe also nicht aus dem Gegensatz zu den Einzelwissenschaften im Horizont menschlicher Wissensbe-

---

140 Beschreibung der Reihe »Collegium Metaphysicum« beim Verlag Mohr Siebeck. https://www.mohr.de/schriftenreihe/collegium-metaphysicum-cm?no_cache=1 (20/4/2018)

mühung, sondern aus der praktischen Orientierungsunerlässlichkeit im Zusammenhang menschlichen Miteinanderlebens zu begreifen ist. Metaphysische Sätze sind Orientierungsversuche im Denken, die auf die Orientierungsaufgaben im Leben eine Antwort zu geben suchen, sie sind keine überwissenschaftlichen Faktenerklärungen oder erstwissenschaftlichen Letzterklärungen kontingenter Fakten in Antwort auf letzte Fragen.

Das sieht der metaphysische Theismus anders – in seinen rationalistischen Versionen (Hermanni, Leftow) nicht weniger als in seinen empiristischen (Swinburne, Craig) oder in seinen Gestalten als »Analytic Theism« (Plantinga) oder »Analytic Theology« (Rea). Die säkulare Gotteskritik der Moderne und die postsäkulare Indifferenz der Postmoderne sind ihm beide nicht nur ein Gräuel, sondern Anlass, zu den alten monotheistischen Überzeugungen zurückzukehren und den Einen *sola ratione* gegen die vielen stark zu machen – als ob nichts geschehen wäre, das diese Gedankenmanöver als Selbstverblendungen einer leerlaufenden Vernunft- und Verstandesoperation aufgedeckt hätte. Man fragt – ich konzentriere mich auf die empiristischen Versionen – nach dem Woher von Blumen, Bäumen, Bären, Bergen, Sternen, Weltall, Gott, als ob man die Lücke »x« der Frage »Woher kommt x?« nur durch allerhand verschiedene Etwasse, einschließlich dessen, was man mit »Gott« meint, besetzen müsste, um ein vernünftiges Problem zu haben. Oder man sieht die Aporien, wenn man das Dasein Gottes in dieser Weise zum gegenständlichen *explanandum* macht, und versucht es stattdessen – wie im probabilistischen Swinburnianismus – als *explanans* zu legitimieren, präsentiert den Rekurs auf Gott also als die bessere Antwort auf letzte Woher-, Warum- oder Wozu-Fragen, als die Wissenschaften sie zu geben vermögen.

Doch ob man Gott als *etwas hypothetisch zu Erklärendes* oder als *hypothetische Erklärung von etwas* traktiert – es war gerade diese metaphysische Erklärungsdenkwut, die Kant als theistischen Dogmatismus durchschaute, weil er sich die Mühe erspart, die Grenzen der Vernunft und die Reichweite der Verstandesoperationen kritisch zu bestimmen. Nicht alles, was der Vernunft zugemutet wird, kann sie wie ein Verstandesproblem bearbeiten, und nicht alles, worauf die Vernunft als Grenze stößt, kann sie wie eine Schranke behandeln, die man leichtfüßig überspringen kann, um auf der anderen Seite munter so weiterzumachen, wie man es diesseits der Schranke getan hatte. Ein metaphysischer Theismus ist kein Fortschritt gegenüber dem einstigen theistischen Dogmatismus, wenn er dessen Irrtümer mit den Mitteln der Logik und Wissenschaftsphilosophie des 20. Jahrhunderts wiederholt. Zumindest müsste er sich den kritischen Fragen der Tradition der Vernunftkritik stellen. Hegel hat das getan. Der metaphysische Theismus der Gegenwart tut es nicht. Hegel ist daher heute noch ein ernsthafter Gesprächspartner. Der metaphysische Theismus ist es nicht. Sein Denken ist kein Götterdienst (wie der postsäkulare Postmodernismus), sondern Götzendienst – eine unkritische Verwechslung des Gedankendings, das er »Gott« nennt, mit dem Gott, zu dem im Gottesdienst gebetet wird.

6. Falsche Freunde der Theologie

Das durchaus spannungsreiche Verhältnis zwischen postsäkularer Rückkehr der Götter und antisäkularer Neometaphysik belegt erneut, dass ein Fehler selten dadurch korrigiert wird, dass man einen weiteren begeht. Man verstärkt dadurch nur das Übel, das man bekämpft. Zweifellos ist die klassische Religionskritik der Moderne weithin stumpf geworden, weil sie zu pauschal argumentiert, wo differenzierte Analysen nötig wären. Und zweifellos ist die unkritische Selbstzufriedenheit religiös-spirituellen Erlebens zu kritisieren, das angesichts der postmodernen Möglichkeiten postsäkularer Vielfalt meint, nicht mehr unter dem Diktat der säkularen Moderne zu stehen, religionskritische Anfragen ignorieren zu können und sich keine Rechenschaft über die Vernünftigkeit und Haltbarkeit ihrer Ansichten geben zu müssen.

Doch man liefert der Religions- und Metaphysikkritik der Moderne nur den Beleg für ihre Berechtigung, wenn man als Gegenentwurf zur Göttervielfalt religiösen Erlebens einen Vernunftgott hypostasiert, der alle Züge aufweist, die jene kritisiert hatte, und dieses Vernunftgebilde nicht nur für möglich, sondern für unerlässlich erklärt, weil unter Vernünftigen die Frage nicht sein könne, ob man das überhaupt haben will, sondern nur in welcher Weise: Das Leben wirft letzte Fragen auf; die Vernunft ist das Mittel, sie zu beantworten. Die Einzelwissenschaften wollen und können das nicht. Die Metaphysik dagegen will es nicht nur, sondern kann es auch. Sie ist – im Prinzip, wenn auch nicht in ihren jeweils konkreten Ergebnissen – über Kritik erhaben, weil man sie nicht kritisieren kann, ohne sie in irgendeiner Weise vorauszusetzen.

Doch das überzeugt nicht, im Gegenteil. Der metaphysische Theismus der Gegenwart wächst auf demselben Boden der Antimoderne wie die Kritiklosigkeit postsäkularer Spiritualität, und beide zusammen treiben jenen Widerspruch heraus, der sich heute am deutlichsten im »Neuen Atheismus« (New Atheism) artikuliert. Das Muster, das dessen Selbstvermarktung zugrunde liegt, ist bekannt. Wie sich in der Moderne die Tendenzen radikal-säkularer Religionskritik und fundamentalistischer Affirmation religiöser Traditionen immer wieder gegenseitig gefördert und verschärft haben, insofern die einen affirmieren, was die anderen kritisieren, so provozieren und verstärken postsäkulare Erlebnisfrömmigkeit und antisäkulare Neometaphysik, die sich beide im vermeintlichen Freiraum des Postsäkularen einrichten, den Widerspruch eines Atheismus, der wenig mehr tun muss als das, was dort gesagt und gedacht wird, gegen die zu verwenden, die es sagen und denken. Man schaue sich nur die clips von Richard Dawkins, Sam Harris oder Bill Maher auf YouTube an, um zu sehen, was ich meine. »Es ist wahrscheinlicher, dass Gott existiert als dass er nicht existiert«, sagen die einen. »Es ist viel wahrscheinlicher, dass Gott nicht existiert als dass er existiert«, die anderen. Keiner nimmt sich die Zeit zu fragen, ob es sinnvoll ist, die Frage nach Gott in dieser Weise zum Gegenstand von Wahrscheinlichkeitserwägungen zu machen und sie damit auf dieselbe Ebene zu stellen wie die Frage nach dem Osterhasen, dem Weihnachtsmann oder – nur scheinbar seriöser – der Existenz von Leben in einer anderen Galaxie.

Evangelische Theologie tut gut daran, zu beiden Gegenwartsphänomenen Distanz zu wahren. Nicht weil sie den Freiraum nicht zu würdigen wüsste, in dem sich in demokratischen Gesellschaften das Leben des Glaubens in der Gegenwart vollziehen kann. Auch nicht, weil sie letzte Fragen nach dem Dasein und Sosein der Welt, dem Gottesgedanken, der menschlichen Freiheit oder der Hoffnung über den Tod hinaus nicht kennen würde. Sondern weil diese von den Freunden der Vernunft heute metaphysisch so beantwortet werden, dass evangelische Theologie sich vor diesen Freunden nur hüten kann. So wenig Glaube und Theologie durch die postsäkulare Rückkehr der Götter gefördert werden, so wenig hilft ihnen der metaphysische Theismus und die von ihm inspirierte »Analytic Theology« der Gegenwart. Im Gegenteil, diese provozieren genau die Widersprüche, gegen die sie ins Feld geführt werden. Vor diesen vermeintlichen Freunden muss man auf der Hut sein, weil sie eben das fördern, was sie bekämpfen.[141] Sie bieten keine philosophische Unterstützung für die Theologie, sondern sind Teil des Übels, mit dem diese sich auseinandersetzen muss.

Nirgendwo steht geschrieben, dass Glaube und Theologie ihre besten Freunde im Bereich von Religion, Religiosität, Spiritualität oder Metaphysik haben und nicht in dem, was diese als »Säkularität« und »säkulares Denken« ablehnen und bekämpfen. Während aber im Fall der Wiederkehr der Götter das Grundübel ist, alles für möglich und nichts für anstößig zu halten, weil man keine religiösen Kriterien zur Unterscheidung von akzeptablen und inakzeptablen Formen des Religiösen oder Spirituellen hat und schon die Frage danach für politisch unkorrekt gehalten wird, liegt die Problematik im Fall des metaphysischen Theismus an anderer Stelle. Sie zeigt sich vor allem an drei Punkten.

7. Kritik des metaphysischen Theismus

7.1 Falsches Ziel

Zum einen operiert er mit einem abstrakten, lebens- und praxisfernen Rationalitätskonzept, dessen Schein von Überzeugungskraft sich der Abgrenzung vom Popanz eines Fideismus verdankt, der ständig beschworen, aber selten vernünftig erläutert wird. Um dem »closed circle of faith presupposing faith« entgehen zu können, so heißt es, müssten wahrer Glaube und wahre Religion Gottes Existenz beweisen.[142] Denn wenn religiöser Glaube nur wahr ist, wenn er vernünftig ist, und nur vernünftig, wenn er sich beweisen lässt, dann sei zu zeigen, dass der Gottesgedanke kohärent, also nicht widersprüchlich und damit sinnvoll ist, und dass ein so gedachter Gott auch tatsächlich existiert, und zwar mindestens einmal und hoffentlich nicht mehr als einmal.

---

141 Vgl. R. Chr. Falcioni, New Atheism, Theism, and Conceptual Confusion in Contemporary Philosophy of Religion (Ph.D. Claremont Graduate University 2011).

142 Fr. Depoortere, Badiou and Theology, London 2009: »true faith and true religion ask for a proof for the existence of God, if we want to avoid [...] the ›closed circle of faith presupposing faith‹« (22); »in order to avoid the closed circle of faith presupposing faith, some kind of proof for the existence of God is necessary« (96; vgl. 147).

Ohne sich lange mit kritischen Vorfragen aufzuhalten, um welche Art von Problem es im Fall Gottes eigentlich geht, was genau man mit »Existenz« meint und was mit »Existenzbeweis«, wo einen solchen zu fordern sinnvoll ist und wo nicht, ob alle Arten von Argumentation Beweischarakter haben, welche Arten von Beweisen für welche Arten von Problemen sinnvoll und möglich sind, wer eigentlich auf welche Fragen eine Antwort sucht und ob Existenzbeweise wirklich das sind, womit sich irgendeine dieser Fragen beantworten lasse, wird mit großer Geste das Gespenst eines Fideismus beschworen, der nicht einsehen will, dass ein Existenzbeweis für Gott notwendig sei, wenn es wahren Glauben geben können soll.

Doch würde wahrer Glaube darauf warten müssen, bis ein Existenzbeweis für Gott vorgelegt wird, der nicht nur den überzeugt, der ihn vorlegt, würde es ihn nie geben. Hier wird regelmäßig das Erste und das Zweite verwechselt: Auf dem Boden des Glaubens bedarf es keines Gottesbeweises, weil es ohne Gott keinen Glauben gäbe, wie dieser weiß. Außerhalb des Glaubens aber gibt es nichts, was einem erfahrungsgestützten Beweis der Existenz Gottes auch nur nahekommen könnte. Solche Beweise können nur für das geführt werden, was in irgendeiner Weise eine *Differenz* in der Erfahrungswirklichkeit markiert, von der man ausgeht. Doch genau das tut das mit »Gott« im Glauben Gemeinte nicht, wenn man Gott nicht zum Götzen macht.

Was wäre denn anders, wenn es Gott *nicht* gäbe? Wer darauf mit der Aufzählung von bestimmten Erfahrungsphänomenen im Unterschied von anderen antwortet, hat die Grammatik christlicher Rede von Gott nicht verstanden. Gott hat es nicht nur mit einigem, sondern mit allem zu tun. Spricht in der Welt überhaupt etwas für Gott, dann nicht nur das Schöne, Gute und Wahre, sondern auch das Hässliche, Üble und Falsche. Thomas von Aquin hat die Pointe dieser Einsicht präzis erfasst und prägnant formuliert: »Si malum est, deus est«.[143] Solche Argumente sind keine Erfahrungsbeweise der Existenz Gottes, sondern Erläuterungen eines Gottesverständnisses und Ausdruck einer Weise, die Welt, in der wir leben, zu sehen und zu verstehen. Die Alternative dazu, dass es Gott nicht gibt, ist nicht, dass es die Welt dann eben ohne Gott gibt, sondern dass gar nichts wäre. Und wer davon überzeugt ist, dass es die Welt gibt,

143 Thomas von Aquin, Summa contra gentiles III, 71.

aber Gott nicht, der vertritt nicht nur im Hinblick auf Gott eine andere Ansicht als der Theist, sondern versteht auch die Welt anders.

Das aber heißt: Beweise der Existenz oder Nichtexistenz Gottes generieren keine neuen Erkenntnisse, sondern entfalten vorgängige Überzeugungen einer bestimmten Sicht der Welt. Damit sind sie genau das, was die metaphysischen Antifideisten kritisieren: Argumentationsgänge im »closed circle of faith presupposing faith« (im Fall des Glaubens an Gott) bzw. im nicht weniger »closed crircle of unfaith presupposing unfaith« (im Fall des Nichtglaubens an Gott). Glaube bzw. Nichtglaube an Gott sind die Voraussetzungen und nicht das Resultat solcher Argumentationen. Beweise der Existenz Gottes überzeugen daher allenfalls die, die sie nicht brauchen, und auch Beweise der Nichtexistenz Gottes überzeugen nur die, die davon schon überzeugt sind.

7.2 Falsche Hoffnung

Das ändert sich nicht grundlegend, wenn man zwar zugibt, dass die meisten Antworten der Tradition falsch waren, aber unterstellt, es könnte die richtige Antwort geben. Zwar hat bislang noch niemand einen Beweis für die größte natürliche Zahl geführt, aber mit besseren Rechenmaschinen wird uns das schon noch gelingen. Nein. Ehe nicht geklärt ist, ob man einem wirklichen Problem nachjagt oder einer Verwirrtheit des eigenen Denkens und Sprechens aufsitzt, sollte man in ein solches Forschungsprogramm kein Geld investieren.

Wenn eine Lektion von Kants kritischer Philosophie nach wie vor Gültigkeit hat, dann ist es die, dass es wenig Sinn hat, von ungeklärten Voraussetzungen aus darüber zu streiten, ob Gott ist oder nicht ist, die Welt endlich ist oder ewig, es Freiheit gibt oder nicht. Mit korrekten Argumenten kann man alles beweisen, wenn man seine Prämissen richtig wählt. Ob es vernünftig ist, von Prämissen auszugehen, die es zulassen, auf formal richtigem Weg zu kontradiktorischen Ergebnissen zu gelangen, ist zumindest keine unvernünftige Frage. Solange sich von denselben Voraussetzungen aus formal korrekt kontradiktorische Konklusionen beweisen lassen, sollte man Zeit und Kraft eher auf die kritische Klärung dieser Voraussetzungen verwenden, als das Spiel von Beweis und Gegenbeweis ohne Sinn und Verstand Runde um Runde weiter zu führen.

7.3 Falsche Aufgabenstellung

Ein drittes Problem ist, dass man das ganze Projekt von Vernunft, Vernünftigkeit und Gottesbeweis meint durchführen zu können, ohne das auch nur zu erwähnen, was christliche Theologie »Sünde« nennt. Kann man darauf verzichten, die Sündenproblematik von Anfang an zu berücksichtigen, und sich damit begnügen, sie nach erfolgtem Beweis zur Beschreibung einiger Züge des moralischen (oder eher unmoralischen) Lebens der Menschen heranzuziehen? Paulus, die Reformatoren, Schleiermacher, Kierkegaard oder Barth haben hier mit Recht anders geurteilt und gewichtige Anfragen formuliert. Ist das Grundproblem der Theologie wirklich die theoretische Frage der Existenz Gottes und nicht die praktische Frage des rechten Lebens vor Gott? Ist die argumentative Herausforderung wirklich die kognitiv-epistemische Frage nach einem Beweis für Gottes Existenz und nicht die lebenspraktische Frage, wie aus der Sündenverblendung ein Weg in ein Leben gefunden werden kann, das für Gottes Gegenwart und damit die Wahrheit des eigenen Lebens offen und sensibel ist? Und wenn beides verknüpft ist, wie man doch vermuten sollte: Kann man es dann in zwei Schritte zerlegen und zunächst den Gottesbeweis führen und dann vielleicht auch noch – oder eben auch nicht – nach dem rechten Leben vor Gott fragen? Wie würde sich ein Leben denn ändern, wenn der gesuchte Beweis der Existenz Gottes nicht geführt werden könnte? Oder wenn er sich nicht nur führen ließe, sondern geführt wäre? Was wäre dann anders – nicht für irgendjemanden, sondern für mich? Kann man mit einem Hauch von Seriosität von Gott reden und sich selbst aus dem Spiel lassen?

Wo Beweise der Existenz Gottes dazu führen, dass alles beim Alten bleibt, erübrigen sie sich. Wo es dagegen darum geht, dass man sich selbst und alles andere anders versteht als vorher, können sie nicht die Form eines Erfahrungsbeweises haben. Solche Beweise lassen alles, wie es ist. Sie verändern nichts. Sie erklären, was der Fall ist. Aber sie erfassen nicht, was sein könnte oder hätte sein müssen oder gewesen wäre oder sein sollte. Sie behandeln den Glauben an Gott wie den Glauben an ein Faktum, und verfehlen völlig das Kontrafaktische, Konjunktivische, Irreale und Unmögliche, das mit dem Glauben an Gott in die Welt des Faktischen, Indikativen, Realen und planbar Möglichen kommt.

8. Vom Denken Gottes

Die Fehler des metaphysischen Theismus werden dann aber nicht dadurch korrigiert, dass man seine bisherigen Ergebnisse einer Kritik unterzieht, aber die Aufgabenstellung beibehält: Gottesglaube ist nur sinnvoll, wenn man beweisen kann: Es gibt ein x, und das ist Gott. Einen Gott, den es so gibt, gibt es nicht – es wäre ein Götze. Bezieht man das »Es gibt« (den Existenzquantor) auf das Erfahrbare, dann kann Gott dort nicht exemplifiziert werden. Die Welt ist kein großes Ding, und Gott kein Gegenstand in der Welt. Bezieht man ihn auf das Bezeichenbare bzw. Mögliche, dann bleibt der Gottesgedanke unbestimmt. Die bloße Kohärenz der Merkmale in der Bestimmung des Ausdrucks »Gott« genügt nicht. Kohärente »Gottesbegriffe« in diesem Sinn gibt es viele, und nicht alle sind kompatibel. Welcher von ihnen erfasst korrekt, wer oder was Gott ist? Wüsste man das, dann bräuchte man nichts mehr zu beweisen.

Nur wenige würden heute noch der Vernunft zusprechen, das zu wissen. *Sola ratione* scheint nur der negative Weg zu bleiben, wenigstens die unzureichenden Gotteskonzepte auszuscheiden. Anselm hat es klassisch versucht: Gott ist *id quo maius cogitari nequit.* Das ist kein Gottesbegriff, mit dem man irgendein x als Gott bestimmen könnte, sondern eine kritische Regel menschlichen Gottdenkens, die zwei Dinge sagt: dass wir Gott nicht denken können, ohne das in und durch Zeichen zu tun; und dass wir die Zeichen, mit denen wir Gott zu denken versuchen, niemals mit dem verwechseln dürfen, den wir damit zu denken versuchen. Nichts verdient »Gott« genannt zu werden, über das hinaus Größeres gedacht werden kann. Aber auch das Größte, was wir denken können, ist nicht identisch mit Gott, weil Gott größer ist als alles, was wir denken können – »größer« in dem konkreten Sinn, dass nicht unser Denken über die Denkbarkeit Gottes entscheiden, sondern unser Denken Gott gerade umgekehrt nur dann trifft, wenn dieser in unser Denken einfällt, dieses also durch Gott und nicht Gott durch unser Denken bestimmt wird.

Bestimmt Gott das Denken, dann bestimmt er aber nie nur das Denken, sondern das ganze Leben; und bestimmt Gott das Leben, dann bleibt nichts so, wie es war. Wenn Gott in das Leben einbricht, werden Menschen aus der Bahn geworfen (existenziell disloziert) und ihre Lebensausrichtung von Grund auf erneuert und verändert (existenziell reorientiert). Wer wirklich Gott denkt, spielt nicht mehr oder weniger harmlos mit einem Gedanken, den zu denken er auch unterlassen könnte, ohne dass dies tiefere Spuren in seinem Leben hinterließe, sondern er setzt sich selbst aufs Spiel. Deshalb kann man Gott nicht denken, ohne sich und alles andere *anders* zu verstehen als zuvor. Meint man dagegen, alles beim Alten lassen zu können, wenn man Gott denkt, weil es ja nur um eine Gedankenoperation geht, dann hat man noch nicht einmal begonnen, Gott zu denken – nicht weil Gott zu groß wäre für unser Denken, sondern weil man nicht sieht, dass nicht Gott das Problem ist, um das es geht, sondern man selbst.

Das ist etwas anderes als das Mantra negativer Theologie: Wir können Gott nicht denken, sondern allenfalls einsehen, dass wir Gott nicht denken können. Der entscheidende Punkt ist nicht die Unendlichkeit Gottes und die Endlichkeit des menschlichen Geistes, sondern der Charakter der Situation, in der wir Gott zu denken versuchen – das, was die Theologie (in nichtmoralischem Sinn) *Sünde* nennt: zu leben, als ob es Gott nicht gäbe, obwohl man nicht leben würde, wenn Gott sich uns nicht gäbe.

9. Reform des Denkens

In theologischer Sicht ist nicht unsere Endlichkeit, sondern die Sünde das entscheidende Problem des Denkens Gottes. Endlichkeit ist ein Merkmal der Schöpfung, und Geschöpf zu sein trennt uns nicht von Gott, sondern verbindet uns mit ihm. Sünde dagegen trennt von Gott, weil im konkreten Lebensvollzug mit Gottes Gegenwart auch das eigene Geschöpfsein ignoriert wird. Man lebt, aber man versteht nicht, wer man in Wahrheit ist. Man denkt so etwas wie Gott, aber weiß nicht, ob das Gott auch trifft. Man bleibt auf sich selbst bezogen (*incurvatus in se*), ohne zu wissen, wer das eigentlich ist, auf den man bezogen ist.

Für den Theismus jedweder Provenienz dagegen gibt es hier nur ein epistemisches, aber keine sündentheologisches Problem. Man stimmt zu, dass Gott größer ist als alles, was wir denken können – auch wenn man damit allein noch nicht zwischen Gott (dem Einen) und der Welt (dem Ganzen) zu unterscheiden vermag. Aber dann stürzt man sich in die »Grosse Debatte« zwischen Theismus und Naturalismus um die besserer Erklärung der Wirklichkeit der Welt und plädiert entweder für ein theistisches Pro oder ein atheistisches Contra. Doch in dieser Debatte gehen beide Seiten von falschen Voraussetzungen aus. Wer etwa mit Hilfe des Theorems von Bayes meint beweisen zu können, dass angesichts der Wirklichkeit der Welt die Existenz Gottes höhere Wahrscheinlichkeit besitzt als das Gegenteil, der darf sich nicht wundern, wenn dem auf derselben Basis entgegengehalten wird, dass genau das für die Nichtexistenz Gottes gelte: Gott gibt es höchstwahrscheinlich nicht, freue dich deines Lebens.

Der Grundfehler ist, dass man sich dem Pro und Contra der Argumente hingibt, ohne die Voraussetzungen zu durchleuchten, unter denen so um Gott gestritten wird. Will man hier weiter kommen, sind nicht bessere Argumente für oder gegen die Wahrscheinlichkeit der Existenz Gottes nötig, sondern eine Reform des *Denkens*, das Gott so zum Thema macht. Diese Reform erfordert nicht nur, sich der denk- und vernunftkritischen Aufgabe zu stellen: »Verstehe das Denken recht, dann verstehst Du im Prinzip alles, was gedacht werden kann«. Die – nötige und richtige – Selbstkritik der Vernunft findet nicht im luftleeren Raum, sondern mitten im Leben statt. Um das Denken zu reformieren, muss man daher das Leben reformieren, und das Leben reformieren heißt sich grundlegend neu orientieren. Menschliches Denken ist stets *eingebettetes Denken*, und zwar *ins menschliche Leben* eingebettetes Denken. Und menschliche Vernunft ist stets *eingebettete Vernunft*, und zwar *ins menschliche Leben* eingebettete Vernunft: Nur abstrakt lässt sie sich von Gefühl und Emotion, Wollen und Wünschen, Handeln und Hoffen, Leiblichem, Seelischem und Geistigem unterscheiden. Nur in diesen konkreten Zusammenhängen lebt sie, unabhängig von ihnen ist sie nichts.

10. Glaube und Unglaube

Doch das ist nicht alles. Es gibt kein menschliches Leben, das nicht auf *bestimmte Weise* gelebt würde, und die beiden grundlegenden Weisen, in denen Menschen ihr Leben *vor Gott* konkret leben, sind die des *Unglaubens* und des *Glaubens*. *Glaube* steht dabei für ein Leben in bewusster Orientierung an Gottes Gegenwart (glaubend leben); *Unglaube* steht für ein Leben in faktischer Nichtorientierung daran (nicht glaubend leben), ob das in Gestalt praktischer Nichtbeachtung (Ignoranz, Indifferenz), kognitiver Entscheidungsunfähigkeit (Agnostizismus) oder ausdrücklicher Ablehnung Gottes (Atheismus) geschieht; und die Disjunktion von *Glaube oder Unglaube* steht für die Totalität der Möglichkeiten, die es für den Vollzug menschlichen Lebens *coram deo* gibt. Jeder Mensch lebt konkret in der einen oder der anderen Weise, und keiner lebt, der nicht das eine oder das andere täte. Gottes Gegenwart gegenüber gibt es im konkreten Lebensvollzug keine neutrale Position, sondern nur die, sie zu ignorieren oder sie nicht zu ignorieren. Beides prägt das Leben in unterschiedlicher Weise. Beides kann lebenspraktisch viele Gestalten annehmen. Aber weder das eine noch das andere ändert etwas an der vorgängigen Wirklichkeit von Gottes Gegenwart: Gott ist nicht gegenwärtig, weil an ihn geglaubt wird, sondern an ihn kann geglaubt werden, weil er gegenwärtig ist. Und Gott hört nicht auf, gegenwärtig zu sein, weil nicht an ihn geglaubt wird, sondern weil er gegenwärtig ist, heißt nicht an ihn zu glauben, sich wirklichkeitswidrig zu verhalten. Wie Vernunft und Denken ins Leben eingebettet sind, so ist jedes Leben eingebettet in die Beziehung zu anderem Leben und mit diesem zusammen in die Beziehung zu Gott bzw. genauer: in Gottes kreative Beziehung zum Leben. Ohne Leben keine Vernunft und kein Denken, und ohne Gottes kreative Gegenwart kein Leben, ob das im Vollzug des Lebens ignoriert oder anerkannt wird. Nicht nur ein Gott anerkennendes, sondern auch ein Gott ignorierendes Leben gibt es nicht ohne Gott. Wo das anerkannt wird, spricht evangelische Theologie von *Glaube*, wo es – faktisch oder ausdrücklich – ignoriert wird, von *Unglaube*.

Glaube und Unglaube sind in diesem theologischen Gebrauch keine beschreibenden, sondern orientierende Begriffe. Sie taugen nicht zum Sortieren von Phänomenen oder zur Klassifizierung von Menschen, sondern sie zeigen an, wie ein menschliches Leben – jedes menschliche Leben – im Hinblick auf seine Einstellung zur kreativen Gegenwart Gottes zu beurteilen ist. Sie sagen nicht, was man tut (glauben bzw. nicht glauben), sondern *wie* man tut, was man tut (*glaubend* bzw. *nicht glaubend* leben); und sie sagen das konkret im Hinblick darauf, wie Menschen – alle Menschen – ihr Leben angesichts von Gottes Gegenwart faktisch leben (*vor Gott* nicht glaubend leben) und leben könnten und sollten (*vor Gott* glaubend leben). Als Orientierungsbegriffe stellen sie menschliches Leben in einen Beurteilungshorizont, der sich an der Gegenwart Gottes ausrichtet und mit der Leitunterscheidung von Glaube und Unglaube die beiden grundlegenden Weisen bezeichnet, menschliches

Leben in diesem Horizont zu vollziehen. Glaube und Unglaube sind Modi menschlicher Existenz vor Gott, die alle praktischen Lebensvollzüge bestimmen (*Wie existiert man vor Gott*, wenn man sein Leben lebt, wie man es lebt?), aber sie sind keine besonderen Lebensvollzüge neben oder im Unterschied von anderen (*Wie lebt man*, wenn man *an Gott glaubt* bzw. *nicht glaubt*?).

So freilich werden sie in der Regel aufgefasst – also wie Verben (*glauben/nicht glauben*) und nicht wie Adverbien (*glaubend/nicht glaubend* leben). Wird »glauben« verbal konstruiert und als besonderer kognitiver, emotionaler oder voluntativer Lebensvollzug angesehen, dann kann dieser religiös-lebenspraktisch als *Vertrauen und Sichverlassen auf Gott* beschrieben werden (»Wer glaubt, setzt sein Vertrauen in Gott«). Im konkreten Leben kann das spannungsreich mit Zweifel, Unsicherheit, Anfechtung und Ungewissheit verknüpft sein, weil ein solches Sichverlassen auf Gott stets als ein Mehr oder Weniger, also in polarer Spannung und gradueller Intensität gelebt wird. Werden Glauben und Unglauben dagegen adverbial konstruiert, also als Existenzmodi verstanden, dann kann der Existenzmodus des Glaubens theologisch-reflektiert bestimmt werden als *Überwindung oder Negation des Unglaubens* (»Wer glaubend lebt, hat einen Wechsel seines Existenzmodus vor Gott vom Unglauben zum Glauben vollzogen«). Als Modus der Existenz *coram deo* ist dieser nicht mit den vielen Lebensmodi *coram mundo, coram alio* oder *coram seipso* zu verwechseln, die ein Leben mehr oder weniger intensiv charakterisieren können (interessant, langweilig, mühevoll, freudig, geduldig, müde). Der Existenzmodus tritt vielmehr als das strikte Entweder/Oder auf, ein Leben unter diesem Gesichtspunkt zu führen oder nicht zu führen (Vollzugsperspektive) bzw. zu betrachten oder nicht zu betrachten (Beurteilungsperspektive). So wenig man mehr oder weniger schwanger sein kann, sondern nur entweder das eine oder das andere, falls man eine Frau ist, so wenig kann man mehr oder weniger glaubend bzw. nicht glaubend leben, sondern nur das eine oder das andere, falls man ein Mensch ist.

Weder die Charakterisierung des gelebten Glaubens (Gottvertrauen) noch das theologische Glaubensverständnis (Überwindung des Unglaubens) sind ein Beitrag zur Bestimmung des Menschseins des Menschen. Sie sagen nichts zur Unterscheidung von Mensch und Tier im Horizont des biologischen Lebenszusammenhangs (*Mensch/Tier*), sondern konkretisieren die Unterscheidung von Menschlichkeit und

Unmenschlichkeit im anthropologischen Horizont des Zusammenlebens der Menschen (*Mensch/Mensch*) und im theologischen Horizont des Zusammenlebens der Menschen mit Gott (*Mensch/Gott*). Und wie das Verb »glauben« seinen primären Gebrauch im ersten Zusammenhang hat, so hat das theologische verwendete Adverb »glaubend« seinen primären Gebrauch im zweiten Zusammenhang.

Die adverbial verstandene theologische Unterscheidung von Glaube und Unglaube taugt nicht zum Sortieren von Tätigkeiten, Lebensweisen oder Menschen. Die mit ihr markierte Differenz verläuft nicht zwischen den Menschen, so dass diese in »Gläubige« und »Nichtgläubige« eingeteilt würden, sondern sie verläuft mitten durch jeden Menschen hindurch, sofern sein bzw. ihr Leben im Licht der Gegenwart Gottes beurteilt wird. Ihr Kriterium ist die Einstellung zur kreativen Gegenwart Gottes, die als Existenzmodus den Lebensvollzug eines Menschen prägt. So wenig diese Gottesgegenwart phänomenal in Beobachterhaltung beschrieben werden kann (sie tritt nicht im Leben, sondern *mit dem* Leben auf und zeigt sich nur dort, wo man das Leben als Wirkfeld Gottes und sich selbst als Gottes Geschöpf versteht), so wenig können es die Existenzmodi des Glaubens und des Unglaubens. Diese sind eine theologische Orientierungsunterscheidung im Hinblick auf Gottes Gegenwart im menschlichen Leben, die ebenso wenig unabhängig von denen gegeben ist, die ihr Leben so leben, wie es die Unterscheidung von Links und Rechts unabhängig von denen gibt, die sich so im Raum orientieren.[144]

Für die Grammatik dieser theologischen Orientierungsunterscheidung zwischen Glaube und Unglaube sind sechs Punkte wichtig:

(1) Beides sind mögliche Lebensmodi eines jeden Menschen, und es sind die beiden einzigen, die es im Hinblick auf Gottes Gegenwart gibt (im Hinblick auf Gott gibt es keine neutrale Haltung).

---

144 In beiden Fällen ist es nicht das *Bewusstsein* der Differenz, das diese wirklich macht, sondern weil man *im Raum* bzw. *vor Gott* nicht leben kann, ohne sich in den konkreten Vollzügen seines Lebens räumlich (links/rechts/oben/unten/...) bzw. existenziell (glaubend/nicht glaubend) zu lokalisieren und zu orientieren, kann man sich dessen auch bewusst werden. Nicht nur das, *was* ich bin als Mensch unter Menschen und anderen Lebewesen, ist eine wichtige Erkenntnis, sondern auch *wo* ich bin im Verhältnis zu anderem und anderen (Raum und Zeit) oder *wie* ich vor Gott existiere, indem ich mein Leben lebe (Existenzmodus), sind lebenspraktisch wichtige Einsichten, auf die wir angewiesen sind, um leben zu können.

(2) Keines von beiden wäre möglich, ohne die Gottesbeziehung, die der Unglaube ignoriert und an der sich der Glaube ausrichtet: Der Glaube schafft diese Beziehung nicht und der Unglaube hebt sie nicht auf, beide setzen sie vielmehr voraus und beziehen sich auf sie.

(3) Niemand erkennt Gottes kreative Gegenwart an, ohne sie zuvor ignoriert zu haben: Wer glaubend lebt, hat stets den Unglauben im Rücken. Der Unglaube ist der universale Modus des alten Lebens (der für alle Menschen gilt), der Glaube der universale Modus des neuen Lebens (der für jeden Menschen gelten kann).

(4) Ohne den Wechsel vom Unglauben zum Glauben wird diese Orientierungsdifferenz nicht lebensrelevant: Wer den Glauben nicht kennt, kennt auch keinen Unglauben, auch wenn er faktisch auf diese Weise vor Gott lebt.

(5) Niemand, der im Unglauben lebt, wechselt deshalb von sich aus zum Glauben.

(6) Umgekehrt gehört zum Leben im Glauben eben deshalb das Bekenntnis, nicht durch eigene Vernunft und Kraft, sondern durch Gott selbst auf Gottes Gegenwart aufmerksam geworden und zu ihrer Anerkennung bewegt worden zu sein.

Die wirkliche »Große Debatte« ist dann aber nicht der Streit zwischen theistischen und naturalistischen Welterklärungshypothesen, sondern der zwischen Glaube und Unglaube, einem Leben in der Ausrichtung an Gottes kreativer Präsenz, und einem Leben, das sie ignoriert. Theisten sind nicht ipso facto Glaubende, und Nichttheisten nicht ipso facto Nichtglaubende. Weil alle im Unglauben beginnen, kommt es zu einer wirklichen Reform des Denkens von Gott erst dort, wo das Leben geändert, also alles im Licht des Wechsels vom Unglauben zum Glauben am Leitfaden der Unterscheidung des Alten und des Neuen neu gesehen wird.

Der Rekurs auf die Vernunft bildet davon keine Ausnahme. Man kann im Unglauben und man kann im Glauben vernünftig oder unvernünftig leben und denken. Aber es ist nicht per se unvernünftig zu glauben, oder per se vernünftig, nicht zu glauben. Die Vernunft ist kein neutraler Ort, von dem aus sich der Streit zwischen Unglaube und Glaube argumentativ entscheiden ließe. Der Rekurs auf die Vernunft ist vielmehr Teil des Problems, um das gestritten wird, weil diese immer nur als Vernunft des Unglaubens oder als Vernunft des Glaubens auftritt.

11. Theologisches Denken

Theologie wäre daher schlecht beraten, wenn sie sich auf die Position des metaphysischen Theismus festlegen ließe. Sie will Gott *konkret* denken, und deshalb will sie *mehr* als Gott *nur denken* oder *nur Gott* denken: Wer meint, Gott denken zu können, ohne die Einstellung zu seinem Leben ändern und sich und alles übrige anders verstehen zu müssen als zuvor, denkt nicht Gott, sondern etwas, was er sich als Gott ausdenkt.

Wie aber ist das Leben zu ändern, um wirklich Gott denken zu können? So, dass man existenziell auf die Einbettung des eigenen Lebens in Gottes Leben achtet (existenzielle Grundwahrheit) und methodisch die daraus resultierende durchgängige Korrelation von Selbst, Welt und Gott zu beachten lernt (intellektuelle Grundwahrheit): Nur in und durch Gottes Gegenwart kann man Gott konkret denken – oder bestreiten. Dass man Gott ignorieren kann, zeigt, dass man in Gottes Gegenwart lebt. Achtet man darauf, beginnt man, Gott zu denken. In Gottes Gegenwart kann man Gott aber nicht denken, ohne sich selbst und seine Welt anders zu verstehen, als man sich zuvor verstanden hat oder von sich aus hätte verstehen können. Man entdeckt sich als eingebettet in Gottes Leben und beginnt zu beachten, dass man aus einem Geheimnis lebt, das sich weder auflösen noch erschöpfen lässt: dem Zuspiel von Möglichkeiten, die mehr aus dem eigenen Leben machen, als man von sich aus vermag, und die seine Wahrheit als etwas erweisen, was weit über das hinausgeht, was man selbst im Positiven und im Negativen des eigenen Lebens erlebt oder erleben kann. Deshalb darf man nicht bei sich selbst und seinem eigenen Erleben und Erfahren ansetzen, wenn man sich, seine Welt und Gott so verstehen will, dass man die Wahrheit seines Lebens erfasst. Man kann sich und seine Welt vielmehr nicht verstehen, ohne Gott zu verstehen, und man kann Gott nicht verstehen, ohne sich und seine Welt anders zu verstehen, als man von sich aus hätte verstehen können: nämlich als Schöpfung, die sich der Gegenwart des Schöpfers verdankt.

Diese Einsicht drängt sich im Leben nicht unabweisbar auf, und sie ist keine Erfahrung neben anderen. Sie ist eine radikale Veränderung des ganzen Orientierungsrahmens, in dem man sich und sein Leben versteht, kein bloßes weiteres Erfahrungsdatum, sondern eine neue Qualifikation des gesamten Erfahrungszusammenhangs. Zu dieser kommt es nicht, ohne existenzielle Dislozierung und Reorientierung, ohne die

Unterbrechung des Gewohnten durch ein Wahrheitsereignis (in Badious Sinn[145]), das klarstellt, was ein Leben in Wahrheit ist, und ohne die Neuausrichtung des Lebens im Licht dieser Unterbrechung, in der man das Wahrheitsereignis rückblickend als »Erschließung von Gottes Gegenwart«, sich als Geschöpf und seine Welt als Gottes Schöpfung neu zu verstehen beginnt.

Wo man sich so radikal anders, nämlich als Gottes Geschöpf versteht, kann man auch Gott anders denken: Gott ist nicht nur der, ohne den ich und meine Welt nicht wäre, sondern zugleich der, ohne den ich mich nicht als Gottes Geschöpf, meine Welt nicht als Schöpfung und Gott nicht als Gott und Schöpfer verstehen könnte. Der Unglaube kennt keine Schöpfung, sondern nur eine endliche oder unendliche Welt, deren Gesetzmäßigkeiten und Mechanismen sich erforschen und technisch in Dienst nehmen lassen. Der Glaube dagegen beginnt, wo ich mich als Geschöpf zu begreifen beginne, das sein Leben seinem Schöpfer verdankt, seine Welt als Gabe Gottes versteht, und in dieser mit anderen Geschöpfen und nicht nur mit anderen Tieren, Pflanzen und Organismen zusammenlebt. Die Orientierungssemantik des Glaubens ist deshalb eine andere als die des Nicht- oder Unglaubens. Anthropologische Leitdifferenz etwa ist nicht die zwischen Mensch und Tier, sondern zwischen menschlichem und unmenschlichem Leben des Menschen. Und das entscheidende Kriterium für ein menschliches Leben ist nicht das, was wir tun oder zu tun vermögen, sondern das, was einem Menschen von Gott zugespielt wird und sein Leben zu dem macht, was es vor Gott sein kann und sein soll: ein Leben, das – wie Christen sagen – durch »Gottes- und Nächstenliebe« bestimmt wird.

Um wirklich Gott zu denken, ist daher das Leben und nicht nur das Denken ins Zentrum zu stellen, genauer: der Wechsel von einem Leben und Denken im Unglauben zu einem Leben und Denken im Glauben, von einem Leben, das Mitmenschen kennt, zu einem Leben, das Nächste kennt – Menschen, denen Gott ebenso nahe kommt wie einem selbst, deren Würde daher nicht in dem besteht, was wir ihnen zusprechen, sondern was Gott in ihnen sieht.

In diesem Sinn muss sich das, was von Gott gedacht wird, am Leben bewähren als das, was das Leben wahr, gerecht und gut macht, es also

145 Vgl. A. Badiou, L' Être et l'Événement, Paris 1988; ders., Logiques des mondes. L'Être et l'Événement, 2, Paris 2006.

nicht so belässt, wie es ist, sondern zu dem macht, was es sein kann und vor Gott sein soll. Das heißt umgekehrt, dass sich Gott theologisch nicht denken lässt, ohne Rekurs auf die Lebens-Veränderung, die als Orientierungswechsel vom Unglauben zum Glauben, vom Alten zum Neuen chiffriert wird. Menschliches Leben manifestiert diesen Wechsel nicht per se, sondern nur im Licht des Ereignisses, das seine (verdeckte und verdunkelte) Wahrheit gegen die gängigen Sichtweisen menschlichen Lebens zur Geltung bringt. Und das wird *nicht* dort angemessen gedacht, wo diese gängigen Sichtweisen metaphysisch fundiert werden, sondern wo die *Unterbrechung* in den Blick rückt, in der Neues im Leben auftritt und der Wechsel vom Unglauben zum Glauben sich ereignet.

12. Denken des Wahrheitsereignisses

Theologie denkt Gott, indem sie das Wahrheitsereignis zu denken versucht, das menschliches Leben wahr macht. Sie denkt dieses Ereignis, indem sie es als Wechsel vom Unglauben zum Glauben chiffriert und am Leitfaden der Differenz des alten und des neuen Lebens entfaltet. Im Licht dieser Differenz sieht sie jederzeit mehr, als im Leben von sich aus zur Erscheinung kommt, insofern sie es auf Gottes kreative Gegenwart hin auslegt. Anders als der metaphysische Theismus thematisiert sie mit Gott damit nicht nur einen strittigen Aspekt der Welt, sondern artikuliert eine neue und andere Sicht von allem. Nur in der Kontrastierung dieser Totalsichten des Alten und des Neuen kann sie von Gott reden, und eben deshalb hat ihr Reden von Gott stets lebensorientierende Funktion.

Grundlegend zu beachten ist dabei nicht nur die *Differenz zwischen Gott und Welt (Schöpfer/Schöpfung)*, sondern auch die zwischen der *Indifferenz gegenüber Gott im Unglauben und der Anerkennung Gottes im Glauben*. Und zwar so, dass Gott als Vollzugsgrund beider Differenzen, also als Schöpfer und als Erlöser gedacht wird. Theologisches Denken hat damit keine theoretische, sondern durchgehend eine praktische Pointe: Was heißt es, wahrhaft menschlich zu leben?

Die Antwort christlicher Theologie lautet: so zu leben, dass man sich an dem Gott zu verdankenden Wechsel vom Alten zum Neuen ausrichtet, also offen bleibt dafür, immer wieder von Möglichkeiten überrascht zu werden, die einem unerwartet und unvorhersehbar zufallen und zugespielt werden und das Leben zum Guten (und nicht nur zum Besseren) verändern. Wo das geschieht, rufen Christen: »Gott sei Dank«. Das ist es, was sie mit »Gott« meinen: der, dem dafür zu danken ist. Und das hat evangelische Theologie zu denken, wenn sie Gott zu denken versucht.

IX
Die theologische Denkform des Unbedingten

1. Die Herausforderung, Gott zu denken

Gott zu denken – also das zu denken, wovon Christen reden, wenn sie »Gott« sagen – ist die zentrale Herausforderung christlicher Theologie. Ohne das zu tun, kann sie nichts Bedenkenswertes über Welt und Mensch sagen, weil sie die Welt nicht als Resonanzraum der Gegenwart Gottes und die Menschen nicht als Ort der Selbsterschließung dieser Gegenwart und der Selbstverschließung vor dieser Gegenwart zur Sprache zu bringen vermag. Gott aber denkt Theologie nur, wenn sie sich keinen spekulativen Gottesgedanken bastelt, sondern das zu denken versucht, was in der Praxis des christlichen Glaubens als das in Anspruch genommen wird, ohne das es diesen Glauben nicht gäbe. Theologisch wird Gott erst dann gedacht, wenn er als der gedacht wird, ohne den Gott nicht gedacht werden könnte, weil es ohne ihn weder jemanden gäbe, der etwas denken könnte, noch etwas, das sich denken ließe. Das geschieht nur dort, wo man sowohl das Denken als auch das Gedachte von dem her begreift, ohne das sie nicht möglich wären: Gottes sich selbst vergegenwärtigende Gegenwart. Für den christlichen Glauben hat diese Selbstvergegenwärtigung in Jesus Christus ihre bleibende Selbstbestimmung als schöpferische Liebe erfahren, und so kommt sie im Wirken des Geistes in immer wieder neuen Weisen in jeder Gegenwart zur Wirkung.

Dieser Selbstvergegenwärtigung der Liebe Gottes in Christus und durch den Geist verdankt sich der christliche Glaube, von ihr geht er aus und auf sie richtet er sich in allen seinen Vollzügen. Christlicher Glaube ist immer und zentral Glaube an Gott. Das Zeichen »Gott« steht dabei nicht für eine ersonnene Größe oder fiktionale Entität, die menschliche Vorstellungskraft nach Belieben ausgestalten kann, sondern für die Gegenwart der schöpferischen Wirklichkeit, der sich alle andere Gegenwart verdankt, die des Glaubens und die alles anderen Möglichen und Wirklichen. Wer ernsthaft von Gott spricht, spricht von dem, der so gegenwärtig ist, dass man ohne seine Gegenwart diese weder ignorieren und bestreiten noch anerkennen und glauben kann, weil es ohne sie nichts gäbe, was gegenwärtig sein könnte, noch jemanden, für den es gegenwärtig sein könnte.

Der Glaube an Gott richtet sich so auf den, ohne den er weder möglich noch wirklich wäre. Um diesen Glauben zu verstehen, muss man klären, was mit »Glaube«« und mit »Gott« gemeint ist. Das gilt unabhängig davon, ob man diesen Glauben teilt oder nicht. Auch wer es nicht tut, sollte verstehen können, was Christen mit »Gott« meinen. Und wer es zu tun meint, wird eben deshalb Gott zum Thema des Nachdenkens machen müssen. Denn wenn man auf den Versuch verzichtet, Gott kritisch zu denken, verzichtet man darauf, zwischen Sinn und Unsinn, Vernünftigem und Unvernünftigem, Wichtigem und Nebensächlichem, Wahrem und Falschem im Leben und Denken des Glaubens zu unterscheiden. Und auf diese Unterscheidung zu verzichten, heißt nichts anderes, als sich mit den Unklarheiten theologischer Tradition, interreligiöser Dialoge, religiöser Spiritualitätssuche, antireligiöser Vorurteile und gesellschaftlicher Indifferenz gegenüber Gott, Glaube, Kirche und Religion abzufinden.

Das ist der Trend der Zeit. Aber womit man sich heute in der öffentlichen Debatte zufrieden gibt, wenn es um Religion geht, zeigt mehr als alles andere, was einem fehlt, wenn man den Versuch, Gott zu denken, gar nicht mehr macht. Nichts ist schwieriger als Gott zu denken. Gerade deshalb ist es so viel einfacher, es erst gar nicht mehr zu versuchen.

Christlicher Theologie steht dieser billige Ausweg nicht offen. Aber damit hat sie ein Problem, das tiefer reicht als die oberflächliche Atheismusdebatte unserer Tage. Denn wie kann man Gott denken, wenn unser Denken dafür gemacht ist, das Komplexe zu vereinfachen, Gott aber so einfach ist, dass es darüber hinaus nichts Einfacheres gibt? Wie immer wir die Netze unseres Denkens knüpfen, Gott fällt durch die Maschen. Unser Denken taugt zum Vereinfachen des Komplizierten, aber nicht zum Denken des Einfachen. Wer Gott zu denken versucht, wird deshalb permanent frustriert. Auch in der Theologie zieht man sich dann auf wissenschaftlichen Agnostizismus oder bloß historische Forschung zurück, die Gott ausklammern, oder flieht ins spirituelle Erleben und interreligiöse Feiern und Handeln, das Gott gar nicht mehr denken will.

Aber dass muss nicht sein. Man kann auch gerade das, was nicht gelingt, zum Ausgangspunkt des Gott-Denkens machen. Wenn der Versuch, Gott zu denken, regelmäßig dazu führt, nicht Gott, sondern etwas anderes zu denken, könnte das nicht heißen, dass man Gott gar nicht anders denken kann, als dass man etwas anderes denkt? Aber was? Und wie? Und auf welche Weise? Als Theologen sollten wir uns bemühen, Gott zu denken. Aber wir können es nicht. Darum versuchen wir es noch einmal. Dazu müssen wir uns drei Dinge klarmachen:

(1) Man *denkt* nicht, wenn man nichts Bestimmtes denkt.

(2) Man denkt nicht *Gott*, wenn man nicht sich und alles andere in bestimmter Weise *anders* versteht und denkt als zuvor.

(3) Man denkt Gott, sich und alles andere nicht *theologisch bestimmt*, wenn man nicht von einem ganz bestimmten Anderen her Gott, sich selbst und alles übrige zu verstehen und zu denken lernt.

Warum? Weil *denken* heißt, etwas als etwas zu denken, also das, was man denkt, von sich durch Zeichen in bestimmter Weise zu distanzieren. *Gott* zu denken, heißt demgegenüber, das zu denken, was man *nicht* von sich distanzieren kann, weil es einem näher ist als man sich selbst. Um Gott zu denken, muss man sich also von dem distanzieren, von dem man sich nicht distanzieren kann.

Wie soll das gehen? Meine Antwort lautet: so, dass man Gott anhand eines Dritten denkt, das von einem selbst und von Gott so verschieden ist, dass deutlich wird, wie nahe Gott einem ist und auf welche Weise Gott einem nahe ist. Wie unbestimmt auch immer Gott für uns sein mag, wenn wir ihn von diesem Dritten her denken, wird seine *Unbestimmtheit* für uns eine *bestimmte* Unbestimmtheit, und zugleich wird unserer eigenen *Bestimmtheit* dadurch eine Unbestimmtheit eingeschrieben, die uns in Bewegung hält – weg von uns selbst und hin auf andere in der Öffnung für Gott. Unbestimmtheit lähmt, wo man bei ihr stehen bleibt. Aber sie wird produktiv, wo sie bestimmt wird – also nicht beseitigt, sondern im Bezug auf ein Drittes so loziert wird, dass sie zu reden und zu denken gibt.

Christliche Theologie denkt diese produktive Dialektik von Nähe und Distanz, Bestimmtheit und Offenheit im Hinblick auf Gott und uns Menschen anhand von Jesus Christus und damit in der Christologie. Dies ist keine partikularreligiöse Verengung, sondern eine prinzipielle Öffnung des theologischen Denkens. Ohne den Bezug auf Jesus Christus fehlte der christlichen Theologie nicht nur ihre evangelische Bestimmtheit, sondern auch ihr universaler Horizont. Sie denkt keinen christlichen Gott, sondern sie denkt Gott christlich und damit so, wie er für alle Menschen in ihrer jeweiligen Gegenwart gegenwärtig ist: als unerschöpfliche schöpferische Liebe. Das soll im Folgenden in fünf Überlegungsgängen entfaltet werden.

2. Bestimmen des Unbedingten

2.1 Das Bestimmtheitsgebot

Im deutschen Recht gibt es das grundgesetzlich verankerte *Bestimmtheitsgebot*. Als eine Folge des Rechtsstaatsprinzips von Art. 20 GG besagt es, dass Gesetze der Legislative, normative Regelungen der Exekutive und rechtliche Entscheidungen der Judikative so genau formuliert sein müssen, dass für alle Betroffenen eindeutig erkennbar ist, was sie festlegen, wozu sie verpflichten, was sie erlauben oder was sie verbieten. Eine rechtliche Norm, ein Erlass oder ein Gerichtsurteil, die alles Mögliche meinen können, sind nicht nur theoretisch unzulänglich und praktisch unbrauchbar, sondern verfassungswidrig. Das gilt vor allem dort, wo – wie im Strafrecht – in die Rechte von Einzelnen eingegriffen wird. Die Betroffenen müssen wissen können, worum es geht, was sie tun und lassen dürfen und was nicht. Und deshalb muss auf Bestimmtheit bestanden werden.

Was dem Recht recht ist, sollte der Theologie billig sein. Als kritische Erkundung und denkende Verantwortung des in konfessioneller Vielfalt gelebten christlichen Glaubens ist christliche Theologie verpflichtet, auf *bestimmte Weise* zu reden. Sie ist dazu von ihrem Gegenstand her verpflichtet, sie ist es aus Verantwortung für diejenigen, die sie ausbildet, und sie ist es aus Schuldigkeit gegenüber der Öffentlichkeit, in der sie wirkt.

Das sollte eigentlich eine Selbstverständlichkeit sein. Aber das ist es leider nicht. Gelegentlich hat man den Eindruck, es werde alles getan, um nicht als das erkennbar zu sein, was man vielleicht sein will, aber nicht zu sein wagt: katholische, reformierte, lutherische, kurz: christliche Theologie. Man versteckt sich hinter Allgemeinheiten, flüchtet ins Abstrakte und verspielt so jede konkrete Bestimmtheit.

Einst hieß es: »Der Sonntag ist zum Studium der Bibel da«. Dann gab man sich bildungsbürgerlich: »Der Sonntag ist zum Studium da«. Und heute gilt nur noch »Der Sonntag ist da« – let's party.

In der Theologie ist es nicht viel anders. Einst dachte man über den Gott nach, den Jesus »Vater« nannte. Dann dachte man über Gott nach. Und heute ist man froh, wenn überhaupt nachgedacht wird.

Bestimmtheitsabbau ist also keineswegs nur Freiheitsgewinn, sondern immer auch Orientierungsverlust. Und manchmal ist dieser Verlust das einzige, was man gewinnt.

2.2 Bestimmbares, Unbestimmbares, Andersbestimmbares

Nun kann man bestimmt nur reden, wenn das, wovon man redet, *bestimmbar* ist. Und man kann auch nichts bestimmen, ohne das Bestimmte nicht nur vom *Unbestimmten*, sondern auch vom *Unbestimmbaren* zu unterscheiden. Stets sind also zwei Differenzen im Spiel: die zwischen *Bestimmbarem und Unbestimmbarem* im Horizont des Möglichen, und die zwischen *Bestimmtem und Unbestimmtem* im Horizont des Wirklichen. Alles Unbestimmte ist dementsprechend mehrdeutig, weil offen bleibt, ob es *Unbestimmbares, noch nicht Bestimmtes* oder *So-oder-anders-Bestimmbares* ist.

Auch für die Theologie lässt sich damit so etwas wie ein Bestimmtheitsgebot formulieren: *Nur wo Bestimmtes gedacht wird, wird überhaupt gedacht*, und Bestimmtes wird nur gedacht, wo im Horizont des Möglichen *Bestimmbares vom Unbestimmbaren* unterschieden wird und im Horizont des Wirklichen *Bestimmtes vom Unbestimmten oder Andersbestimmten.* Das Erste ist die Aufgabe der Religionsphilosophie (Erkunden des Möglichen), das Zweite die Aufgabe der systematischen Theologie (Verstehen von Wirklichem). Beides gehört zusammen und ist im Bezug auf einander zu behandeln.

2.3 Unterscheiden

Die genannten Unterscheidungen sind nicht so harmlos, wie sie klingen mögen. Unterscheiden ist eine schöpferische, eine kreative Tätigkeit. Sie ist damit immer auch Ausübung von Macht, *Gestaltungsmacht* und *Deutungsmacht.* Wer unterscheidet, entscheidet darüber, was man sieht, worauf man achten sollte und was man vernachlässigen kann, und wer andere dazu bringt, seinen Unterscheidungen zu folgen, gewinnt nicht äußeren Einfluss über sie, sondern – und das ist viel wirkungsvoller und gefährlicher – prägt ihr Sehen, Verstehen, Empfinden und Denken von innen.

Nicht *dass* das geschieht, ist verwerflich. So bauen sich Kulturen und Traditionen auf und werden Einsichten und Errungenschaften bewahrt und von Generation zu Generation weitergegeben. Entscheidend ist, wie man dieses Unterscheiden praktiziert, wie man mit den gesetzten Unterschieden umgeht und wie man das, was man für richtig hält, anderen gegenüber zur Geltung bringt. Auch die monotheistische Grundunterscheidung zwischen Gott und Idol – die fälschlicherweise für die religiösen Gewaltexzesse auch in der Gegenwart verantwortlich gemacht wird, die doch ohne das intolerante Verachtungspotential des Westens anderen Kulturen und Traditionen gegenüber gar nicht verstanden werden kann –, auch die monotheistische Grundunterscheidung also muss nicht als Gewaltandrohung (*Du sollst keine anderen Götter haben, sonst ...*), sondern kann auch als befreiende Entlastung vertreten werden: *Du brauchst gar keine anderen Götter*. Einer ist mehr als genug, wenn man sich bedingungslos auf ihn verlassen kann. Und weil das jedem Leben gut tut, ist dieser eine allemal besser als keiner.

2.4 Nichttheologische und theologische Bestimmtheit

Unterscheidungsbasierte Bestimmtheit ist kein Makel, auch nicht in der Theologie. Ohne sie gibt es nichts, was der Rede wert wäre. Theologisch der Rede wert aber ist nur das, dessen Bestimmtheit im Theologischen und nicht nur im Nichttheologischen gesucht wird.

Theologie beschäftigt sich zwar immer auch mit Texten, Gedanken, vergangenen und gegenwärtigen Überzeugungen, Irrtümern und Einsichten, mit Geschichte und Geschichten, Historie und Empirie, und das muss man kompetent tun. Aber anhand dieser bedingten Mittel will sie den Glauben an Gott verstehen, also nicht nur das, was Menschen, die glauben, tun oder erleiden bzw. getan und erlitten haben (das ist eine empirische und historische Frage), sondern das, was der Fall wäre, wenn wahr wäre, was sie glauben (das ist die theologische Frage). Im ersten Sinn ist alles Glauben ein historisches und empirisches Phänomen. Im zweiten Sinn richtet sich der Glaube auf den, dem er sich verdankt, versteht sich also in seiner geschichtlichen Bedingtheit ganz durch den bedingt, auf den er sich als Unbedingtes richtet. Wird menschliches Glauben im ersten Sinn nicht im Licht des Glaubens im zweiten Sinn betrachtet, bleibt es ein flaches Phänomen, an dem sich theologisch wenig zeigt. Wird es dagegen so betrachtet, kommt es als zweifach Bedingtes in den Blick, also nicht nur als Phänomen im Bedingungszusammenhang von Natur und Geschichte, sondern als Ort, an dem Bedingtes transparent für Unbedingtes wird. Was heißt das?

2.5 Unbedingtes als Grenzbegriff, Bestimmungsbegriff und Orientierungsbegriff

Man kann den Differenzzusammenhang von Bedingtem und Unbedingtem auf drei Wegen thematisieren: vom *Bedingten* aus, vom *Unbedingten* her oder im Ausgang vom *Unterscheiden* zwischen Bedingtem und Unbedingtem.

Auf dem ersten Weg markiert das Unbedingte keine besondere Wirklichkeit jenseits des Bedingten, sondern nur die Grenze des Bedingten, das stets durch etwas bedingt ist, das seinerseits bedingt ist. Mit dieser Voraussetzung arbeiten alle Wissenschaften, und deshalb überschreiten sie an keinem Punkt den Zusammenhang von Bedingtem und Bedingendem.

Das ist anders, wenn man Bedingtes vom Unbedingten her denkt. Der ganze Zusammenhang von Bedingtem und Bedingendem wird dann vom Unbedingten unterschieden. Dieses wird nicht als Grenzbegriff verstanden, sondern typischerweise entweder metaphysisch als Bestimmungsbegriff einer Wirklichkeit *jenseits* des Bedingten oder kritisch als Differenzbestimmung dessen, was sich als Rückseite des Bedingten, am Bedingten und mit dem Bedingten zeigt, ohne als solches selbst in Erscheinung zu treten. Bedingtes wird so zum Medium oder Ort der Erfahrung des Unbedingten, und wo das geschieht, sieht man mehr in einem Phänomen, als es von sich aus zeigt.

Weder die metaphysische noch die kritische Sicht des Unbedingten gibt es ohne Imaginationskraft. Phänomenal tritt der Unterschied zwischen Bedingtem und Unbedingtem in der Welt nicht in Erscheinung, denn kein Ereignis in der Welt ist etwas Unbedingtes: Alle Ereignisse sind vielmehr bedingt, und wir können immer sinnvoll fragen, wodurch sie bedingt sind, wodurch sie also gerade das sind, was sie sind, und gerade so sind, wie sie sind, uns also auf wissenschaftliches Fragen beschränken.

Man bleibt im Horizont solchen Fragens, wenn man die Differenz zwischen Bedingtem und Unbedingtem als eine Beschreibungsunterscheidung verschiedener Arten von Wirklichkeit versteht (Physisches/Metaphysisches; Naturales/Supranaturales), Bedingtes und Unbedingtes also nach dem Schema des Bedingten und Bedingenden aufeinander bezieht. Das Unbedingte ist dann das, was alles Bedingte bedingt, und das heißt nichts anderes, als dass man es als Bedingendes und eben nicht als Unbedingtes versteht. Was man metaphysisch gewonnen zu haben meint, wird im gleichen Zug wieder verspielt.

Weiter führt es, die Unterscheidung von Bedingtem und Unbedingtem nicht als Beschreibungsunterscheidung verschiedener Wirklichkeiten zu verstehen, sondern als eine Orientierungsunterscheidung, die eine bestimmte *Einstellung* zu den Phänomenen dieser Welt zum Ausdruck bringt. In *wissenschaftlicher* Einstellung verstehen wir sie als etwas Bedingtes, in *theologischer* Einstellung dagegen verstehen wir das Bedingte – oder bestimmtes Bedingtes – *als* Medium und Ort der Erfahrung des Unbedingten, also als etwas, dessen Signifikanz für uns sich nicht in dem erschöpft, was sich wissenschaftlich darüber sagen lässt.

Phänomene sind nicht nur bedingt und damit erklärungsfähig und erklärungsbedürftig. Sie haben einen Sinn, sie sind etwas, das uns ärgert oder beglückt, sie begegnen uns als Herausforderungen oder als Chancen, die wir ergreifen oder verspielen können, sie sind das, was unsere Lebenswelt ausmacht. Diese ist mehr als die Gesamtheit der Tatsachen, sie ist die Welt, in der wir zusammen mit anderen leben, und weil sie unsere einzige Lebenswelt ist, ist sie nicht nur der Gesamtzusammenhang des Bedingten, sondern auch der Ort der Erfahrung des Unbedingten – dessen, was uns unbedingt angeht, wie Tillich sagte. Phänomenologisch gesprochen ist sie nicht nur der Ort unbedingten Sinns und absoluter Betroffenheit, sondern auch völliger Klarheit, abgrundtiefer Bosheit, atemberaubender Schönheit, himmelschreiender Dummheit, unerwarteter Enttäuschungen sowie großer und kleiner Glücksmomente. Wir *leben* in dieser Welt, und dieses Leben ist lebenswert gerade deshalb, weil unsere Welt immer wieder zum Ort der Erfahrung des Unbedingten wird.

Um diese Lebenswelt geht es, wenn theologisch von Gott gesprochen wird. Gott interessiert nicht als Letztprinzip wissenschaftlicher Welterklärung, sondern existentiell als der, der das Leben trotz all seiner Schattenseiten und Ungereimtheiten unbedingt lebenswert macht.

Über Gott kann man sich ärgern oder man kann ihm danken, man kann ihn anklagen und kann ihn bitten, man kann auf ihn hoffen oder von ihm enttäuscht sein – und all das sind gegenüber einem Erst- und Letztprinzip der Welterklärung ganz unpassende Verhaltensweisen.

Allerdings springt Gott einem auch in der Lebenswelt nicht in die Augen. Er ist nichts, was in der Kette des Bedingten in Erscheinung träte, auch nicht am Anfang oder Ende dieser Kette, wenn es so etwas überhaupt gäbe. Kommt Gott ins Spiel, wird kein weiteres Bedingtes oder Bedingendes hinzugefügt, sondern der genannt, durch den Bedingtes zum Ort der Erfahrung des Unbedingten wird. Die Welt des Bedingten wird damit nicht erweitert oder verkürzt. Es ist dieselbe Welt. Aber sie ist anders geworden, weil man *sich* und *seine Welt* auf bestimmte Weise anders versteht als zuvor. Man sieht alles, was man vorher auch sah, aber man sieht es anders, weil sich mehr in allem zeigt als das, was jeweils vor Augen liegt.

Der Blick fällt also nicht auf Gott, sondern von Gott her auf alles andere. Deshalb kann man Gott nicht sehen, sondern nur denken. Aber – und das ist die Pointe meiner zweiten These –: Man denkt nicht Gott, wenn man nicht sich und alles andere in bestimmter Weise *anders* versteht als zuvor.

3. Schwierigkeiten, Gott zu denken

3.1 Endlichkeit vs. Sünde

Theologen und Theologinnen sollen Bestimmtes denken. Aber das Bestimmte, das sie zu denken versuchen, ist das Unbedingte, das sie nicht bestimmen können. Sie sollen also etwas denken, was sie nicht denken können. Wie soll das gehen? Ist das Geschäft der Theologie so schwierig, weil wir endlich sind, Gott aber unendlich ist (wie ein gewichtiger Strang der metaphysischen Tradition behauptet), oder weil wir so verblendet sind, dass wir das Unbedingte am Bedingten und das Unendliche am Endlichen nicht wahrzunehmen vermögen (wie ein bedenkenswerter Einwand der Theologie lautet)? Beides ist in Rechnung zu stellen, wenn wir Gott zu denken versuchen. Theologisch geht es nicht um die Bestimmung *Gottes*, sondern um die des *Gottesgedankens*, und keiner unserer Gottesgedanken ist mit Gott identisch.

3.2 Gottesgedanke vs. Gott

Das folgt aus der Natur des Denkens. Wir denken nicht Sachen, sondern wir denken etwas in und durch Zeichen, wir denken nicht Gott, sondern Gottesgedanken. Nun kommt kein Zeichen allein. Jedes Zeichen steht vielmehr im Kontext anderer Zeichen und ist dadurch bestimmt, dass es von diesen unterschieden ist. Wollen wir daher das Zeichen »Gott« bestimmen, müssen wir es von anderem, idealerweise von allem anderen, unterscheiden.

3.3 Vollbestimmtheit vs. Weiterbestimmbarkeit

Vollbestimmtheit ist unter diesen Bedingungen nur zu erreichen, wenn uns die Gesamtheit aller Zeichen verfügbar wäre. Wo es nur drei Zeichen gibt, kann man jedes durch die Negation der beiden anderen bestimmen.

Aber so ist es im wirklichen Leben nicht. Unser Zeichenrepertoire umfasst potentiell unendlich viele Zeichen. Unsere Bestimmungen reichen deshalb immer nur ein Stück weit und sind offen für Fortbestimmung, Revision und Korrektur. Nur vom Gesichtspunkt des Ganzen wäre jeder Teil ganz bestimmbar, und nur im Horizont von allem wäre jedes Einzelne voll bestimmbar. Dieser Gesichtspunkt aber steht uns nicht zur Verfügung, wie nicht nur Leibniz wusste, und deshalb können unsere Bestimmungen immer nur infinitesimale Annäherungen an die Vollbestimmung sein, diese aber niemals erreichen.

3.4 Mehr sehen, als sich zeigt

Leibniz zog daraus die richtige Konsequenz, dass nur Gott alles so kennt, wie es in Wahrheit ist, während wir es immer nur näherungsweise wissen können, eben so, wie es sich uns zeigt, und das ist immer weniger als das, was es in Wahrheit ist.

Nehmen wir an, wir unterteilen den Umfang eines Kreises in immer kleinere Stücke. Wir werden auf diesem Weg nicht zu den mathematischen Punkten gelangen, die alle auf einer Ebene in gleichem Abstand von einem Punkt auf dieser Ebene liegend den Kreis definieren, denn mathematische Punkte sieht man nicht, und man generiert sie nicht durch Unterteilen einer Linie. Wir erhalten vielmehr Kreiselemente, die nahezu gleich aussehen. Aber eben nur nahezu. Jedes weist eine minimale Differenz zu allen anderen Elementen auf, und jedes Element dieses Kreises ist von entsprechenden Elementen anderer Kreise dadurch unterschieden, dass es eben zu diesem Kreis und nicht zu jenen Kreisen gehört.

Dem einzelnen Element als solchem sieht man das nicht an. Aber betrachtet man es im Licht des Kreises, dessen Stück es ist, oder des Ganzen, zu dem es gehört (Teil/Ganzes), oder des Standpunkts, in dessen Horizont es voll bestimmt (also von allem anderen unterschieden) ist (Horizont/Standpunkt), dann »sieht« man, dass es mehr ist, als es von sich aus zeigt. Dann »ist« es das, wozu es gehört, woraufhin es angelegt oder von dem her es gewonnen ist. Dann ist im Element der Bezug auf das Ganze, dessen Teilstück es ist, mitgesetzt.

Unser analytischer Blick ist daher in wichtiger Hinsicht blind. Er sieht *etwas*, aber nicht, dass dies ein Element von etwas Umfassenderem ist. Der analytische Gewinn an elementarer Gleichheit ist erkauft um den Preis der Blindheit dafür, dass diese Elemente zu einem ganz bestimmten und keinem anderen Ganzen gehören.

3.5 Grenzen der Analyse

Das Beispiel macht auf ein Grundproblem aller analytischer Verfahren im Sinnzusammenhang des Lebens aufmerksam: Sie führen nur scheinbar auf austauschbare Elemente, die sich beliebig synthetisieren lassen, weil sie ausblenden, zu welchem Ganzen ein jeweiliges Element gehört. In der Welt des Sinns gibt es keine *Elemente als solche*, sondern immer nur Elemente *von etwas*. Und mit der Bestimmung dieses Etwas und damit des in Frage stehenden Ganzen entscheidet sich auch, welche Bestimmtheit ein Element davon hat.

Wer das Ganze als *Gesamtheit der empirischen Phänomene* versteht, wird die jeweils betrachteten Phänomene auch nur empirisch bestimmen. Wer das Ganze als *Natur und Kultur* bestimmt, wird zu reicheren Bestimmungen historischer und sozialer Phänomene vorstoßen können. Wer dabei auch seinen eigenen Standpunkt bedenkt, weil man seinen eigenen blinden Fleck nicht sehen, sondern nur reflexiv thematisieren kann, wird das Ganze als Horizont des seiner selbst bewussten Lebens bestimmen. Wer es als *Welt* bestimmt, wird auch nur weltliche Bestimmtheiten erheben können. Und wer es als *Schöpfung* versteht, wird nichts in diesem Horizont bestimmen können, ohne auch vom Schöpfer zu reden.

Nicht die Phänomene als solche geben Auskunft über das, was sie in Wahrheit sind, sondern was jeweils ein *Phänomen* ist und *was* ein Phänomen jeweils ist, zeigt sich erst in dem jeweiligen Ganzheitshorizont, von dem wir bei der Bestimmung des Phänomens ausgehen.

3.6 Plurale Horizonte, Eigensicht und Fremdsicht

Nun gibt es nicht *nur einen* solchen Ganzheitshorizont. Es treten auch nicht in *jedem* Horizont *dieselben* Phänomene in den Blick, nur auf unterschiedliche Weise. Nicht alles lässt sich von überallher sehen, auch wenn sich vieles nicht nur auf eine Weise bestimmen lässt.

Einen wirklich universalen Horizont, in dem alles von überallher bestimmbar ist, gibt es für uns nicht. Wir können nicht gleichzeitig alles *und* den blinden Fleck unseres eigenen Standpunkts in den Blick fassen. Wir können noch nicht einmal unser eigenes Leben gleichzeitig in autobiographischer Perspektive (also von unserem eigenen Standpunkt aus) und in biographischer Perspektive (also vom Standpunkt eines anderen her) sehen. Was andere im Blick auf den Anfang und das Ende unseres Lebens sagen können, ist uns selbst verschlossen: »Der Tod ist kein Ereignis des Lebens. Den Tod erlebt man nicht« (Wittgenstein), und umgekehrt ist das, wie wir unser Leben erleben, anderen unzugänglich, wenn wir es ihnen nicht kommunizieren.

Ein solcher doppelt paradoxer Blick, der mit allem anderen auch sich selbst sieht (1. Paradoxie), und zwar nicht nur vom eigenen Standpunkt aus, sondern zugleich von dem eines jeden anderen (2. Paradoxie), kommt keinem von uns zu, sondern allenfalls Gott.

Auch deshalb ist Gott für die Wissenschaften kein Thema. Gott fügt sich nicht der Logik des Hier oder Dort, des Vorher oder Nachher, des Oben oder Unten, des Ich oder des Anderen. Kommt Gott überhaupt ins Spiel, dann nie nur an einer, sondern an allen Stellen unserer Orientierungsschemata. Gott lässt sich weder auf die Position des Objekts noch des Subjekts verrechnen, sondern ist beidem gegenüber ein Drittes, ohne das jene noch nicht einmal sein könnten.

3.7 Gottes Horizont

Auch wenn Gott damit überall unthematisch im Spiel ist, lässt Gott sich nicht in jedem Horizont sinnvoll thematisieren, schon gar nicht im Erklärungshorizont der Wissenschaften. Gott ist weder ein Phänomen noch die Erklärung von Phänomenen, er ist nichts, was man mit den Mitteln der Wissenschaft erklären könnte, weil Gottes Gegenwart keine Differenz in unserer Erfahrungswelt setzt (dieses vs. jenes), sondern allenfalls den Unterschied markiert zwischen dem, dass überhaupt etwas ist und nicht vielmehr nichts (Sein vs. Nichtsein). Von Gott kann daher sinnvoll nur dort die Rede sein, wo Gott *mit dem Bestimmungshorizont* schon gesetzt ist als der *Bezugspunkt* und damit der *blind spot* dieses Horizonts: Gott kommt für uns nicht in den Blick, weil er der *Ort* ist, von dem aus alles gesehen wird, aber niemals eines der Phänomene, das sich von dort aus sehen lässt. Gott ist der Schöpfer der Schöpfung, aber nicht sein eigenes Geschöpf. Wer Schöpfung sagt, setzt den Schöpfer mit. Aber wie wird der Gottesgedanke damit bestimmt?

4. Gott bestimmt denken

Bestimmtheit lässt sich auf verschiedene Weise erzeugen. Man kann den Gegenstand bestimmten, den man denken will (Gegenstandsbestimmung); oder die Methode, mit der man denken will (Verfahrensbestimmung), oder den Standpunkt und Horizont, von dem aus und in dem man denken will (hermeneutische Bestimmung). Im ersten Fall wird gefragt, wer und was Gott ist und ob es so etwas wirklich gibt (theistisches Denkprojekt); im zweiten, wie man denken muss, um Gott denken zu können (transzendentales Denkprojekt); im dritten, wo und wie man es mit dem zu tun bekommt, den Christen »Gott« nennen (trinitarisches Denkprojekt).

4.1 Das theistische Denkprojekt

Bis in die Gegenwart wird Gott immer wieder als Wesen einer besonderen Art verstanden – affirmativ im Theismus oder im Modus der Bestreitung im Atheismus. Beide sind sich darin einig, dass es im Blick auf Gott darum geht, ob es das, was man mit dem Zeichen »Gott« denkt, gibt oder nicht gibt. Deshalb sucht man das damit Gemeinte von allem anderen zu unterscheiden: Gott ist das nicht, was anderes ist (*via negativa*). Gott ist das vollkommen, was anderes nur unvollkommen ist (*via eminentiae*). Gott ist der, ohne den es nichts anderes gäbe (*via causalitatis*). Während der Theismus behauptet, dass es ein solches Wesen geben müsse oder doch sehr wahrscheinlich gebe, bestreitet der Atheismus, dass es ein solches Wesen gibt oder geben kann.

4.2 Das transzendentale Denkprojekt

Beide sind auf dem Holzweg. Gegen diese gegenstandsorientierte theistische Tradition der Bestimmung des Gottesgedankens durch Konstruktion eines kohärenten Gottesbegriffs und den Versuch, die Existenz eines so konstruierten Wesens zu beweisen, hat Kant grundlegende Einwände erhoben. Nicht was Gott ist und ob das, was wir uns als Gott denken, tatsächlich existiert, sind die entscheidenden Fragen, sondern was es heißt, einen Gott zu haben.

So hatte schon Luther die theologische Frage akzentuiert, und Kant hat das philosophisch aufgenommen und fortgeführt. Der transzendentalphilosophische Gottesgedanke versucht nicht, ein übernatürliches Wesen zu denken, sondern bietet einen Maßstab, ein Ideal, um im Blick auf die Vielfalt dessen, woran Menschen ihr Herz hängen und worauf sie im Leben setzen, kritisch zwischen Gott und Abgott, wahrem Gott und falschen Göttern unterscheiden zu können. Wenn Menschen ihr Herz an ihren Besitz, ihre Bank, ihren Partner, ihre Partei, oder an sonst irgendetwas Existierendes in Raum und Zeit hängen, dann mag das gut oder schlecht, hilfreich oder belastend, lebenssteigernd oder lebenshemmend sein, aber es kann nicht Gott, sondern nur etwas Geschaffenes sein, an dem sie sich ausrichten. Die Brauchbarkeit des Gottes-Ideals zeigt sich daran, dass es uns vor solchen Irrtümern bewahrt. Aber es wäre abwegig, für dieses Ideal einen Existenzbeweis zu fordern.

Gibt es das, wofür der Urmeter in Paris steht? Ist der 1799 aus Platin gefertigte Prototyp des zehnmillionsten Teils des Erdquadranten auf dem Meridian von Paris wirklich einen Meter lang? Die Fragen setzen voraus, wonach sie fragen. Die Maßeinheit ist ein Konstrukt, was sie misst, nicht.

In ähnlicher Weise reformulierte Kant die Frage nach Gott als ein Orientierungsproblem. Die Aufgabe ist nicht, etwas Wirkliches als Gott zu erweisen, sondern Gott als das zu verstehen, mit dessen Hilfe wir Wirkliches in bestimmter Hinsicht kritisch beurteilen – für Kant vor allem im Hinblick auf die Möglichkeit der Übereinstimmung von Moralität und Glückseligkeit, also dessen, was wir sein sollen (moralisch gut), mit dem, was wir sein wollen (glücklich).

Ein so gedachter Gott ist kein Wesen, dessen Existenz bewiesen werden könnte oder müsste, sondern ein kritisches Postulat, auf das wir nach Kants Überzeugung als moralfähige Wesen nicht verzichten können. Die Bemühung um moralische *Glückswürdigkeit* verlöre ihren Sinn, wenn das Erreichen tatsächlicher *Glückseligkeit* mit ihr nicht vereinbar wäre. Gott ist der Garant dieser Möglichkeit. Da wir aus praktischen Gründen einen solchen Gott denken müssen und auch widerspruchsfrei denken können, ist ein solcher Gott nicht nur möglich, sondern unverzichtbar und damit wirklich. Denn alles Mögliche ist die Möglichkeit eines Wirklichen. Und dasjenige Wirkliche, für das alles Mögliche möglich und durch das alles Wirkliche wirklich ist, ist Gott. Würde Gott anders gedacht, würde nicht Gott gedacht.

Das klingt klassisch, doch Kant bezieht sich bei seiner Argumentation nicht (mehr) auf den Erklärungsbereich der theoretischen Vernunft (*Was kann ich wissen?*), sondern den Orientierungsbereich der praktischen Vernunft (*Was soll ich tun?*), und zwar am Leitfaden der Frage, *Was darf ich hoffen?* Nicht zur wissenschaftlichen Erklärung dessen, was ist, bedarf es des Rekurses auf Gott (Theismus), sondern zur praktischen Orientierung im Leben: Nicht die Wissenschaften brauchen Gott, sondern die Menschen, die Wissenschaft betreiben. Und deshalb ist nicht Gott per se, sondern die Relevanz Gottes im Leben von Menschen das, was zur Debatte steht.

4.3 Der Gottesgedanke als Ideal, Index und Inbegriff

Kants Überlegungen stehen in direkter Tradition der reformatorischen Wende von einer metaphysischen zu einer lebenspraktischen Theologie. Spätestens seit Luther steht der Für-Bezug des Gottesgedankens im Zentrum theologischer Aufmerksamkeit: Gott ist als Gott-für-uns, als Gott-mit-uns, als *Immanuel* (עִמָּנוּ אֵל׃ Gott ist mit uns) zu denken, wie Barth sagt. Dieser Für- und Mit-Bezug wird allerdings sehr unterschiedlich bestimmt, und zwar philosophisch ebenso wie theologisch.

Kants Bestimmung Gottes als des Garanten der Möglichkeit der Vereinbarkeit von Glückswürdigkeit und Glückseligkeit wurde als moralistische Verkürzung der Gottesfrage und als ein bloßes Wunschdenken kritisiert ohne Anhalt an einer vorausliegenden Wirklichkeit. Um dieses subjektivistische Missverständnis auszuschließen, schlugen Schleiermacher und Hegel auf je ihre Weise realistische Alternativen vor – der eine, indem er denkende und handelnde Subjekte in einer Wirklichkeit jenseits ihrer selbst begründet sieht, die sich im Gefühl schlechthinniger Abhängigkeit manifestiert, der andere, indem er den reformatorischen Praxisbezug des Gott-Denkens auf eine vernunft- und freiheitsorientierte Denkpraxis hin zuspitzt, in der letztlich nicht wir Gott, sondern Gott sich durch uns selbst denkt. Gott ist das Integral einer nie ans Ende gekommenen Geschichte, die über jeden erreichten Zustand der Erkenntnis von Wahrheit und der Verwirklichung von Freiheit hinausdrängt.

4.4 Der religionskritische Einwand

Doch wie können wir wissen, ob das, was wir *als Gott* denken, wirklich Gott ist?

Die gängige religionskritische Antwort seit Feuerbach ist bekannt: Nicht Gott denkt sich in unserem Gottdenken, sondern wir denken uns dabei selbst in Idealgestalt. Im Blick auf die Gottesfrage ist deshalb nur eine Haltung des Atheismus oder skeptischen Agnostizismus angebracht. Das pfeifen heute die Spatzen von den Dächern. Doch ob Anthropologie das Geheimnis der Theologie ist (Feuerbach) oder Theologie das Geheimnis der Anthropologie (Hegel), ist nicht ausgemacht. Auch Hegel wusste, dass wir nur unter Bedingungen der Endlichkeit denken können. Doch er wusste auch, dass die Berufung auf Endlichkeit ihren Sinn verliert ohne den Kontrast zum Unendlichen. Seine Frage war ja gerade gewesen, wie im endlichen Denken das Unendliche wahrhaft gedacht werden könne.

Darauf zu antworten: gar nicht, ist nur eine, und keineswegs eine besonders gute Antwort. Hegel gab eine andere, und die hatte er von der Theologie gelernt.

5. Denkformen der Theologie

5.1 Die theologische Alternative

Wie die Theologie betonte auch Hegel, dass wir nur dann wirklich Gott denken, wenn wir Gott so denken, wie Gott sich für uns denkbar macht. Sonst können wir nicht klären, ob wir wirklich *Gott* als etwas oder nur etwas *als* Gott und damit ein Gottessurrogat nach unserer Façon denken.

Aber wo macht Gott sich denkbar, und wie? Die erste Frage beantwortet die theologische Tradition seit je mit dem Verweis auf Jesus Christus und den Geist, in dem Gott sich den Menschen offenbart und vergegenwärtigt. Hegel meinte, diese theologische Antwort in der Konzentration auf das Denken – Gottes Selbstdenken im Verwirklichungsprozess der Wahrheit in der Weltgeschichte – philosophisch verallgemeinern zu können – mit fragwürdigen Folgen. Aber im Hinblick auf die zweite Frage war er sich mit der theologischen Tradition einig: Gott macht sich als der Geist denkbar, der uns wahr und frei und liebend *macht* – offen für die Anerkennung der Andersheit der Anderen und damit frei zur wahren Mitmenschlichkeit.

Entscheidend ist, dass Gott sich den Menschen erschließt, indem er etwas mit ihnen macht. Gottes Offenbarung ist kein epistemisches Ereignis, keine Mitteilung verborgener göttlicher Geheimnisse, sondern die *existenzielle Neuausrichtung* gottloser Menschen zu einem Leben radikaler Mitmenschlichkeit. Paulus, der das Christentum zur Weltreligion machte, hatte das als erster erkannt: Der Glaube ist die Kraft Gottes, die Menschen unterschiedlichster Herkunft dazu bringt, jenseits aller biologischen, kulturellen, gesellschaftlichen, nationalen, politischen und religiösen Bindungen und Präferenzen jeden Menschen in seiner unvergleichlichen Einzigartigkeit und Andersheit als Nächsten Gottes zu sehen und zu behandeln. Und das nicht aus äußerer Nötigung oder religiöser Pflichterfüllung, sondern aus innerer Überzeugung, eigener Einsicht und eigenem Wollen: Wer sich an Gott ausrichtet, für den sind alle Menschen gleich – ausnahmslos und ohne ihre Verschiedenheiten zu bestreiten. Sie sind radikal gleich im Hinblick auf Gott. Und so auch zu behandeln. Das ist die radikale Mitmenschlichkeit, die Menschen leben sollen. Aber können sie es?

5.2 Möglichkeiten und Fähigkeiten

Von sich aus nicht, wie Paulus wusste, weil wir immer wieder an unseren Präferenzen scheitern: Kein Mensch kann von sich aus alle Menschen lieben. Wir lieben einige mehr als andere, und viele gar nicht. Aber es gibt auch keine Mitmenschlichkeit, wenn wir sie *nicht selbst wollen*: Man kann nicht auf Befehl mitmenschlich sein. Wer nicht selbst will, was er tut, der tut auch nicht, was er soll.

Sollen Menschen damit aber nicht mehr, als sie können, so dass sie scheitern müssen? Das ist wohl so. Aber sie sollen nicht mehr, als sie selbst wollen können. Das Scheitern ist nicht zu verhindern. Aber wenn wir nicht wollen, was wir sollen, scheitern wir schon, bevor wir es versuchen. Zu wollen, was wir sollen, obwohl wir es nicht können, schließt nicht aus, dass es dennoch möglich ist – nicht durch uns, aber für uns, nicht als Leistung, sondern als Gabe. Ich kann mir keinen Ferrari leisten, selbst wenn ich einen wollte. Aber wenn ihn mir einer schenken will, ist das nicht unmöglich, selbst wenn ich keinen will.

Auch die Möglichkeit wahrer Mitmenschlichkeit hängt nicht an dem, was wir können. Aber was wir können, kann sich mit den Möglichkeiten verändern, die uns zugespielt werden. Denn Fähigkeiten sind eines, Möglichkeiten ein anderes. Ich mag schwimmen können, aber ich kann es nicht, wenn kein Wasser im Pool ist. Aber auch wenn Wasser im Pool ist, kann nur der schwimmen, der es auch kann. Man muss es lernen, um es zu können. Aber man kann es nur lernen, wenn es möglich ist. Nur wo es die Möglichkeit gibt, kann sich eine Fähigkeit bilden. Aber auch wo das geschieht, bleibt sie auf die Möglichkeiten angewiesen, denen sie sich verdankt.

5.3 Offenbarung sub contrario

Um solche ermöglichenden Möglichkeiten geht es in Gottes Offenbarung. Gott offenbart sich, indem er sich – wie Luther sagt – eine Maske aufsetzt und sich im Leiden und Sterben Jesu am Kreuz verbirgt. Sein Verbergen ist sein Offenbaren. Denn damit gibt er diesem Leiden und Sterben einen provozierenden Mehrfachsinn, der bisher nicht Mögliches möglich macht. Es zeigt sich nicht nur, was es heißt, ohne Gott oder mit Gott zu leben, sondern zugleich, dass es keine Möglichkeit gibt, weder das eine noch das andere zu tun; dass von sich aus aber auch niemand sich an Gott ausrichtet, so dass es ein Leben mit Gott nur gibt als Wechsel vom alten Leben ohne Gott zum neuen Leben mit Gott.

Dass das möglich ist, belegt die Geschichte des Glaubens, und dass man das nicht von sich aus kann, auch. Wer zu Gott kommt, kommt aus der Gottferne, aber aus der Gottferne gibt es keinen Weg zu Gott. Werden die Routinen unserer natürlichen Gottlosigkeit nicht unterbrochen, indem Gott ins Leben einfällt, gibt es keinen Anlass, sein Leben an Gott auszurichten.

Doch wie fällt Gott ins Leben ein? Auch der offenbare Gott hört nicht auf, geheimnisvoll und verborgen zu sein. Gott kommt nicht mit Donner und Blitz, sondern liebt die leisen Töne, wie die Eliageschichte erzählt (1Kön 19,11 f.). Er präsentiert sich nicht direkt, sondern indirekt, indem er die Welt transparent werden lässt für seine Gegenwart – nicht so, dass alles Dunkle beseitigt und das Leben eindeutig würde, sondern gerade umgekehrt so, dass die Welt uneindeutig und vielsinnig wird und eben damit das Leben perspektivenreicher, möglichkeitsoffener und hoffnungsvoller als zuvor. Es könnte anders sein, als wir denken, weil es nicht nur so ist, wie wir es erleben.

Das Paradigma dafür ist für Christen das Kreuz Christi. Indem Gott den Tod zum Ort seiner Gegenwart macht, wird dieser in kreativer Weise mehrdeutig (er ist nicht nur das Ende des Lebens). Das nimmt dem Leben zum Tod hin den Schein selbstverständlicher Eindeutigkeit und macht es vieldeutig (es ist nicht einfach so, wie wir es erleben, es könnte nicht nur im Tod, sondern in Gottes Gegenwart enden). Damit wird möglich, was vorher unmöglich schien: mit Gottes Gegenwart in dieser Welt auch dort zu rechnen, wo niemand damit rechnen würde, weil sie nicht an dem hängt, dass mit ihr gerechnet wird oder auch nur gerechnet werden könnte. Nicht die Menschen sind *fähig* für sie, sondern sie wird möglich für Menschen, indem sie es *möglich* macht, dass diese fähig werden, mit der Möglichkeit von Gottes Gegenwart nicht nur rechnen zu können, sondern zu *wollen*.

All das scheinen nur Möglichkeiten zu sein, aber sie sind es, durch die Menschen, die von sich aus nichts von Gott wissen wollen, von Gott bestimmt, zur Wahrheit befreit, zur Freiheit befähigt, zur Liebe – bis hin zur Feindesliebe – instand gesetzt werden, auch wenn sie daran immer wieder scheitern. Gott erschließt sich als Liebe, indem er sich unter dem Gegensatz der Liebe verbirgt und eben so Menschen die Möglichkeit zuspielt, selbst zu lieben – also trotz ständigen Scheiterns nicht aufzuhören, aus Dankbarkeit gegenüber ihrem Schöpfer mit Freunden, Fremden und Feinden in eigener Verantwortung so zusammenzuleben, wie es das Doppelgebot der Liebe auf den Punkt bringt.

5.4 Philosophische Einsicht und theologische Erkenntnis

Dass Menschen tatsächlich so leben, ist damit nicht gesagt: Aufklärung braucht immer lange, bis sie sich durchsetzt. Nicht das, was Menschen faktisch tun, ist daher der Ausgangspunkt christlicher Theologie, die den Glauben zu verstehen sucht, sondern was Gott durch sein offenbarendes Verbergen ermöglicht, wenn der Glaube das ist, was Christen sagen: Gabe Gottes, die radikale Mitmenschlichkeit ermöglicht.

Dass es diesen Glauben gibt, ist die Bestimmtheitsvoraussetzung aller Theologie. Aber wie es zu ihm kommt, ist der Grund für die anstößige Fremdheit, Nichtselbstverständlichkeit, Schrägheit, ja Absurdität aller ernsthaften christlichen Theologie. Ohne sich auf die Geschichte Jesu Christi und damit die historische Bedeutungslosigkeit (Wer war denn dieser Jesus?), ästhetische Anstößigkeit und Banalität der Selbsterschließung Gottes einzulassen (ein stinkender Stall - kein Palast, ein Kreuz und ein leeres Grab - kein Mausoleum, ein Schrei der Gottverlassenheit - kein Aufmarsch göttlicher Heerscharen), - ohne all das ist theologisch ein bestimmter Gottesgedanke nicht zu haben.

Das Höchste, was sich von menschlicher Gotteserkenntnis sagen lässt, ist deshalb nicht die *philosophische Einsicht*, dass wir nicht wissen können, was Gott *ist*, sondern nur, was Gott *nicht* ist, sondern di*e theologische Erkenntnis*, dass man im Ausgang vom Glauben sehr wohl *wissen* kann, was Gott ist: das unvorhersehbare, überraschende, außerordentliche Ereignis selbstloser Liebe, das der Welt den Schein ihrer in den Tod führenden Eindeutigkeit nimmt und Menschen das Unmögliche möglich macht: in der Hoffnung auf Gott radikal mitmenschlich zu leben. Wird nicht dieses Ereignis der Umorientierung des Lebens durch Gott gedacht, dann wird nicht Gott, sondern ein Gotteskonstrukt gedacht.

An diesem Punkt teilen sich die Wege christlichen Gott-Denkens in eine metaphysisch-fundamentaltheologische und ein hermeneutisch-radikaltheologische Denkform. Die eine versteht *Gott als Prinzip* und denkt im Gottesgedanken das Fundament und die Grundsicherung des

Lebens, die andere denkt *Gott als Ereignis* und versteht den Gottesgedanken als Signatur der bodenlosen Entsicherung, die Gottes Einbrechen in das Leben von Menschen auslöst und durch die es zu deren radikaler Um- und Neuorientierung kommt.

5.5 Die metaphysische Denkform

Auf dem klassischen metaphysischen Weg wird der Gottesgedanke dadurch bestimmt, dass Gott von allem anderen als dessen Erst- und Letztprinzip unterschieden wird. Dieser Weg hat in der negativen Theologie seine klarste Gestalt gewonnen: Von Gott können wir nur wissen, dass wir nichts von Gott wissen können.

Nun wusste allerdings auch diese Tradition immer, dass es zur Bestimmung des Gottesgedankens nicht genügt, Gott von allem anderen zu unterscheiden. Nur wer selbst von dem bestimmt ist, den man *nicht* sieht, kann *mehr* in der Welt sehen, als diese von sich aus zeigt: dass sie Gottes gute Schöpfung ist. Jeder Bestimmung des Gottesgedankens entspricht so eine Bestimmung derer, die Gott so denken. Und weil alle sich immer schon bestimmt haben, *ohne* sich an Gott zu orientieren, kann man Gott als Gott nicht denken, ohne sich durch Gott selbst neu bestimmt zu wissen: Es ist eines, etwas als Gott oder Gott als etwas zu denken, ein anderes, *als Gottes Geschöpf* Gott als seinen Schöpfer zu denken.

Auf Metaphysik gebaute Theologieformen unterschätzen diesen Zusammenhang zwischen der Bestimmung des Gottesgedankens und der Veränderung der Selbstbestimmung des Menschen. Sie entwerfen den Gottesgedanken vom menschlichen Denken her, kommen dabei aber nicht weiter als bis zu Anselms Einsicht, dass Gott nicht nur der ist, über den hinaus nichts Größeres gedacht werden kann, sondern dass er auch größer ist, als gedacht werden kann. Jede Bestimmung des Gottesgedankens wird durch eine noch größere Unbestimmtheit überboten, und es ist nur ein kleiner Schritt, alles theologische Denken nur noch als Umspielen dieser undurchdringlichen Unbestimmbarkeit zu verstehen, die als Geheimnis des Göttlichen zu feiern, aber nicht zu denken ist.

Das ist eine Theologie, die der heutigen Zeit gefällt: Von Gott sollte man am besten schweigen. Doch wenn es von Gott nichts zu sagen gibt, kann man von Gott auch nicht schweigen. Und wenn es von Gott etwas zu sagen gibt, dann kann man nicht nur schweigen, sondern muss von

Gott auch reden – und zwar auf bestimmte Weise, sonst entzieht man sein Schweigen und sein Reden der Kritik. Nicht nur die machen Fehler, die Falsches sagen, sondern auch die, die etwas Richtiges nicht sagen oder, um nichts Falsches zu sagen, gar nichts sagen.

Sich auf das Schweigen von Gott zurückzuziehen, ist für sich genommen keineswegs ein Erkenntnisfortschritt und Freiheitsgewinn, sondern eher der Hinweis auf ein Grundversäumnis mit gefährlichen Folgen.

5.6 Die evangelische Denkform

Evangelische – also am Evangelium orientierte – Theologie (in welcher Konfessionstradition auch immer) verfährt anders. Sie steigert die Unbestimmtheit des Gottesgedankens nicht negationstheologisch zur schlechthinnigen Unbestimmbarkeit, sondern geht von dem Ort aus, an dem Menschen nach Gott fragen, zu Gott rufen, von Gott reden und über Gott nachdenken – oder das nicht tun, obwohl es möglich wäre. Ihre zentrale Frage ist nicht, wer oder was Gott ist, oder wie man denken muss, um wirklich Gott zu denken, sondern *wo* und *wie* Menschen dazu kommen, von Gott her in bestimmter Weise von sich, von Gott und von allem übrigen zu reden.

Ausgangspunkt ihres theologischen Nachdenkens sind deshalb nicht die Fähigkeiten und Grenzen unseres *Denkens*, sondern das *Wort*, in dem der ins Leben einfällt, den Christen »Gott« nennen, und damit das *Widerfahrnis*, das sie veranlasst, in der Orientierung an Gott auf andere Weise, nämlich möglichkeitsoffen und radikal mitmenschlich zu leben. Entsprechend sieht evangelische Theologie die entscheidende Herausforderung theologischen Nachdenkens nicht in der kognitiven Inkompetenz endlicher Vernunft angesichts des Unendlichen, sondern darin, den Ereignissen gerecht zu werden, die theologisch »Gottes Wort« genannt werden.

Das ist die theologische Kurzformel für den gesamten Ereigniszusammenhang von (theologisch gesagt) ewigem Wort, personalem Wort, geschichtlichem Wort, äußerem Wort und innerem Wort, durch den sich Gottes sinnstiftende Gegenwart im Wirklichkeitsprozess der Welt konkret vollzieht. Alles, was geschieht, wird dadurch vieldeutig, hintergründig, geheimnisvoll, uneindeutig – ein Logos-Ereignis, dessen Sinn sich nicht ausloten lässt. Es gäbe nichts ohne dieses Geschehen, und es ließe sich nichts verstehen: Erst dadurch wird die Welt intelligibel und das Leben so, dass man seine Sinnlosigkeit als Beleidigung erlebt.

Aber dieses Logos- oder Wortgeschehen drängt sich nicht auf, sondern zeigt sich nur in der Resonanz, die es im Leben von Menschen findet: Wo Gott ins Leben einfällt, werden die Phänomene des Lebens transparent für Gottes Gegenwart, indem Menschen eine neue Einstellung ihnen gegenüber einnehmen – Gott für ihr Leben danken und sich selbst und ihre Mitmenschen als Nächste Gottes verstehen und behandeln. Der Verweis auf Gott steht dafür, dass das geschieht. »Wort Gottes« sagt, dass das auf eine Weise geschieht, die sich verstehen lässt. Und weil nichts verständlich ist, was nicht konkret für jemanden verständlich wird, jeder Mensch aber an einem anderen Ort im Leben steht, erhellt Gottes Wort die Welt und das Leben stets vielstimmig, vielfarbig und immer wieder neu, indem es vermeintlichen Sinn und erlebte Sinnlosigkeit über sich hinaus verweist auf Möglichkeiten, die nicht in ihnen angelegt sind.

Deshalb erleben Menschen solche Ereignisse nur so, dass sie ihnen *von anderswoher* widerfahren. Sie stellen ihr Selbstverständnis, ihre Weltsicht, ihre Gottesvorstellungen und ihre Einstellung zu anderen infrage und lösen deren jeweilige Bestimmtheiten in einen Prozess der Neubestimmung auf, der auf den Ruf von anderswoher antwortet, indem das ganze Leben von ihm her neu ausgerichtet wird.

Was das Leben so entselbstverständlicht und neu orientiert, kann man denkend erhellen, aber man kann es nicht auf den Begriff bringen, weil es Ereignisse sind, die geschehen, und nicht nur Erinnerungen daran, dass sie geschehen sind. Auf solche Ereignisse antwortet man, indem man dankt und lobt, klagt und sich freut, also neu und anders *lebt*. Will man Gott unter der Signatur des Wortes Gottes denken, muss dieses lebensverändernde Geschehen gedacht werden.

5.7 Das trinitarische Denkprojekt

Das versucht die evangelische Denkform, indem sie Gott trinitarisch denkt. Das ist kein Umspielen eines mathematischen Mysteriums und keine metaphysische Theorie Gottes, sondern die Entfaltung des Geschehens, durch das Gott als Wort sich selbst als Gott am Ort der Menschen verständlich macht, indem das Leben, Verstehen und Denken von Menschen auf bestimmte Weise verändert, geöffnet, neu ausgerichtet wird.

Ein bestimmtes Gottesverständnis wird auf diesem Weg nicht durch begriffliche Abgrenzungen erreicht, sondern so, dass der *Ort*, an dem Gott Menschen als Gott verständlich wird, und der *Modus*, zu dem ihr Leben dadurch verändert wird, in den Bestimmungsprozess des Gottesverständnisses einbezogen wird: Der Sohn ist der Ort und das Medium, an dem und durch das sich die Möglichkeit des neuen Lebens erweist. Der Geist ist das Medium, durch das diese Möglichkeit mir bzw. uns zugeeignet wird, Gott also zum Gott-für-uns wird, so dass wir im Vertrauen auf ihn mitmenschlich leben wollen und können. Der Vater ist der Ort, an dem man ist, wenn man so lebt, also im Vertrauen darauf, dass Gott so vertrauenswürdig ist, dass man sich in jeder Situation auf seine Zuwendung und Hilfe verlassen kann, auch wenn man sich nicht ausmalen kann, worin diese bestehen könnte. In allen drei Fällen handelt es sich um einen Selbstvollzug der Selbstvergegenwärtigung Gottes – als Sohn, als Geist, als Vater, die sich aber nicht je für sich, sondern nur zusammen ereignen und so die eine Selbstvergegenwärtigung Gottes in der distinkten Unterscheidung dieser drei göttlichen Selbstvollzugsweisen sind.

Durchgehend räumt dieses lokalisierende Modaldenken der Freiheit und Selbstzuwendung Gottes Priorität ein, der sich Menschen erschließt, indem er ihnen die Möglichkeit zuspielt, ihr Leben in der Orientierung an seiner Gegenwart in neuer Weise zu leben. Die dominierende Sprachform der trinitarischen Gottesbestimmung ist deshalb nicht die der dritten, sondern der ersten und zweiten Person. Gott kommt zuerst als Ich und Du zur Sprache, ehe er als Er, Sie oder Es thematisiert wird. Und auch dort, wo von Vater, Sohn und Geist in der beschreibenden Sprache der dritten Person gesprochen wird, ist dies im Sinn konkret-kommunizierender Rede in der ersten und zweiten Person zu verstehen: Es geht um *unseren* Vater, *deinen* Sohn und *deinen* Geist – und eben deshalb nach der Logik der Personalpronomina immer auch um *uns* und *euch* und *mich* und *dich*. Die evangelische Denkform denkt Gott trinitarisch, weil sie von der Situation her denkt, in der Gott als Wort und Geist in das menschliche Leben einfällt und Neues möglich macht, das alles von Grund auf verändert.

Das haben Christen von der Geschichte Jesu Christi gelernt, von seinem Leben, Lehren, Leiden und Sterben am Kreuz und vom Wirken des Geistes, das ihnen die lebensschaffende Gegenwart von Gottes kreativer Liebe gerade in Leid und Unheil, Kreuz und Tod erschloss.

Christen können deshalb weder von sich noch von Gott sprechen, ohne auf bestimmte Weise von Jesus Christus und Gottes Geist zu sprechen: Wer Gott sagt, sagt auf bestimmte Weise Vater, wer so Vater sagt, spricht auf bestimmte Weise von Jesus Christus, wer so von Jesus Christus spricht, redet auf bestimmte Weise vom Geist, wer so vom Geist redet, thematisiert auf bestimmte Weise sich selbst und seine Welt, wer das tut, redet auf bestimmte Weise von Gott, wer auf diese Weise Gott sagt, sagt auf bestimmte Weise Vater, …. Das ist die hermeneutische Verweiskette einer evangelischen Trinitätslehre, die Gott nicht in der Unbestimmtheit des Unvordenklichen versinken lässt, sondern in der Bestimmtheit einer konkreten Lebenspraxis als die Kraft versteht, die Leben und Tod und damit alles Mögliche und Wirkliche zum Resonanzraum der schöpferischen Liebe macht, die Gott ist.

6. Die produktive Unbestimmtheit im Zentrum des Christentums

Die trinitarische Denkform christlicher Theologie ist nichts, auf das man aus philosophischen Gründen oder um einer freundlichen Religionsökumene willen verzichten könnte. Sie bringt als Form eines existenziell-lokalisierenden und nicht begrifflich-bestimmenden Denkens die spannungsreiche Ursprungskonstellation des Christentums zur Geltung, ohne die es keine Christen, keine Kirche, kein Neues Testament und keine christliche Theologie gäbe.

6.1 Vier Komponenten

Diese Konstellation hat vier Komponenten, die stets zusammen gesehen werden müssen.

(1) Die erste ist die *Gottesbotschaft Jesu*, in dem sich die Gotteserfahrung der jüdischen Tradition zu einem ganz bestimmten Gottesbild verdichtete: das des guten Vaters, der sich um seine Kinder kümmert und ihr Leben auf unerwartete Weise nicht nur zum Besseren, sondern zum Guten wendet.

(2) Die zweite ist das *Kreuz Jesu*, an dem dessen Gottesbild vom guten und hilfreichen Vater zusammengebrochen zu sein scheint: Mein Gott, mein Gott, warum hast du mich verlassen? (Mk 15,34)

(3) Die dritte ist das *Bekenntnis anderer*, des Hauptmanns am Kreuz, der Frauen auf dem Weg zum Grab, der verschreckten Jünger, des zweifelnden Thomas, des christenverfolgenden Paulus und vieler anderer mehr, dass Gott diesen Gekreuzigten entgegen dessen eigener Verzweiflung nicht verlassen hat, sondern in seiner Gottferne bei ihm geblieben und im Tod zu ihm gekommen ist: »Wahrhaftig, dieser Mann ist Gottes Sohn gewesen« (Mk 15,39).

(4) Die vierte sind all die anderen, die in diesem Geschehen nichts dergleichen wahrnehmen, weder Gott noch Göttliches, schon gar keine göttliche Liebe, sondern nur einen zu Tode gequälten Jesus und das Christusbekenntnis einiger verwirrter Geister.

Das letzte ist die Mehrheitsmeinung und war es von Anfang an. Doch Mk legt auch das Christusbekenntnis nicht von ungefähr nicht Jesus, sondern dem Hauptmann – und über ihn den Leserinnen und Lesern seines Evangeliums – in den Mund. Nichts spricht dafür, dass Jesus selbst die Gegenwart Gottes in seinem Leiden und Sterben so erlebt hat, wie andere das bekennen. Aber diese haben sie an ihm und durch ihn erfahren und im Verweis auf Gottes Geist von seiner Auferweckung durch Gott zu sprechen begonnen.

Diese Differenz zwischen *Selbsterleben* und *Fremderfahren* ist nichts Ungewöhnliches. Unser Selbsterleben legt nicht fest, was andere im Hinblick auf uns erfahren können, und was sie erfahren, kann auch dann wahr sein, wenn wir es nicht so erleben. Menschen können für andere zum Anlass der Erfahrung der Gottesgegenwart werden, oder zur Behinderung solcher Erfahrung, und beides, ohne dass sie das selbst so intendieren, bemerken oder erleben.

6.2 Drei Grunddifferenzen

Aber das ist nicht die einzige Differenz, die für das christliche Gottesverständnis gerade dadurch bestimmend geworden ist, dass sie sich nicht in eine einheitliche Bestimmung auflösen lässt. Es sind vielmehr mindestens drei Differenzen, die in Kombination und Überlagerung ein Geflecht produktiver Unbestimmtheit konstituieren, das bis heute wirksam ist und neuen Sinn generiert:

(1) Zum einen die Differenz zwischen *Selbsterleben* und *Fremderfahren, eigener Sicht Jesu* und *fremder Sicht seiner Anhängerinnen* und *Anhänger* (Eigensicht/Fremdsicht)

(2) Zum anderen die Differenz zwischen *ihrer und Jesu Sicht* auf der einen Seite, und *Gottes Sicht* auf der anderen (menschliche Sicht/göttliche Sicht).

(3) Zum dritten die Differenz zwischen den (später so genannten) Christen, die von Christus, Gottes Geist und Ostern sprechen, und all den anderen, die das nicht tun (christliche/nichtchristliche Sicht)

Die letzte Differenz hält in Erinnerung, dass christliche Rede von Gott immer im Kontext des Widerspruchs, Unverständnisses und Andersverstehens geschieht. Es ist stets strittig, und es führt immer in den Streit. Wenn es zu Anklängen und Übereinstimmungen kommt, dann immer nur dort, wo vom Bezug auf Kreuz und Auferweckung abgesehen, auf die Pointe des christlichen Gottesverständnisses also verzichtet wird. Dann leben und weben wir alle in Gott, finden ihn überall, erfreuen uns der Zustimmung der Philosophen und anderen Religionstraditionen, können ihm aber wie die Athener nur einen Altar mit der Aufschrift »Dem unbekannten Gott« widmen, weil mit »Gott«, von nichts die Rede ist, von dem andere nicht auch sagen würden, dass von nichts die Rede ist, von dem andere nicht auch sagen würden, dass von nichts die Rede ist ... – bis dann mit »Gott« wirklich von nichts mehr die Rede ist. Kommt dagegen der Kern der christlichen Botschaft zur Sprache, die Auferweckung von den Toten, spotten die einen und die anderen vertagen das weitere Gespräch auf den Sankt-Nimmerleins-Tag. Kurz: Ohne Streit mit den Ansichten der anderen gibt es kein christliches Gottesverständnis und hat es auch nie eines gegeben.

Die erste Differenz belegt, dass dieser Streit nicht nur äußerlich ist, im Verhältnis zu den vielen anderen, sondern dass er intrinsisch zum christlichen Gottesverständnis gehört: Dieses hat *keine einheitliche Erfahrungsgrundlage* und ist nicht aus der Erfahrung eines einzelnen hervorgegangen, sondern aus den *gegenläufigen Erfahrungen Verschiedener.* Das ist die grundlegende Unbestimmtheit, die christliches Leben und Denken offen und in Bewegung hält, und zwar als Gemeinschaftsprozess und nicht nur als Solopartie einzelner.

Von Anfang an wurde Gott in der christlichen Theologie deshalb nicht in der diskursiven Theorieform monologischen Denkens gedacht, sondern in der kontroversen Gesprächsform eines vielstimmigen Streits über einem Abgrund der Erfahrung und des Verstehens, der am Kreuz aufgebrochen ist und dessen produktive Unbestimmtheit sich nicht auflösen und in einen kohärenten Gedanken einholen oder aufheben lässt, sondern im Widerstreit der Erfahrungen, Sichtweisen und Gesichtspunkte immer wieder neu ausgetragen und wiederholt wird. Keiner denkt hier allein, und keiner denkt wie der andere. Das christliche Gottesverständnis ist ein unablässiges Streitgespräch darüber, was man denken könnte, müsste und sollte, wenn man von, mit, über, zu und vor Gott spricht. Keine Bestimmung bringt diesen auf den Begriff, jeder ist vielmehr eine unauflösliche Unbestimmtheit eingeschrieben, die das Gespräch weitertreibt und dazu nötigt, von diesem Gott nicht zu schweigen, sondern immer wieder auf bestimmte Weise zu reden.

Die trinitarische Denkform trägt dem Rechnung, indem sie als Grammatik dieses Streitgesprächs die Differenzen wahrt, die sich den gegenläufigen Erfahrungen von Jesu Gottesbotschaft, Jesu Kreuz, der Geisterfahrung der Christen und der Sicht der Nichtchristen verdanken: Man muss immer mehreres zugleich sagen, wenn man von Gott spricht, und zwar irreduzibel Verschiedenes unter den Stichworten des Vaters, des Sohnes, des Geistes und der Welt, von der Vater, Sohn und Geist als Gott und damit als Schöpfer, Erlöser und Vollender unterschieden werden. Zusammengehalten wird all das durch den Bezug auf das Kreuz, an dem diese Differenzen nicht aufgehoben werden, sondern gerade aufbrechen.

Im Zentrum des christlichen Gottesverständnisses liegt so ein Erfahrungsstreit und Bestimmungskonflikt, der sich nicht auflösen lässt. Der Bezug auf das Kreuz bestimmt dieses Gottesverständnis nicht, sondern loziert seine Unbestimmtheit so, dass das christliche Gott-Denken in diesem Streit der Stimmen und Erfahrungen in Bewegung bleibt, ohne seine Kontur und seine Pointe zu verlieren.

Entscheidend dafür ist die zweite Differenz. Sie sorgt dafür, dass dieser Disput wirklich ein Streit um das rechte Verständnis *Gottes* und nicht nur ein letztlich überflüssiger Meinungsstreit ist. Jesu Selbstsicht ist anders als die Fremdsicht seiner Anhängerinnen und Anhänger, auch wenn sie am Karfreitag nicht weit auseinander lagen. Aber mehr als verständliche Meinungen sind sie beide nicht. Betrachtet man sie in ihrem jeweiligen Kontext, sind beide aber durch Veränderungen charakterisiert, die gegenläufig sind: Während nach Mk Jesu Haltung gegenüber Gott am Kreuz von Vertrauen und Zuversicht in Verzweiflung und Enttäuschung umgeschlagen zu sein scheint, wandelt sich die Sicht seiner Anhängerinnen und Anhänger von Enttäuschung und Angst zu Hoffnung und Zuversicht, von ihrer vorösterlichen zu ihrer österlichen

Sicht, von ihrer menschlichen Sicht am Karfreitag (Verzweiflung, Angst und Enttäuschung über Jesu Tod) zu der neuen Sicht an Ostern (Auferweckung, Osterfreude, neues Leben, Hoffnung), die sie ausdrücklich nicht sich selbst, ihrem kreativen Nachdenken oder peniblen Faktencheck, sondern – aufgrund der Erscheinungen des Gekreuzigten und des Wirken des Heiligen Geistes – Gottes Tun zuschrieben und deshalb als *gottverdankte göttliche* Sicht verstanden. Das Entweder/Oder zwischen Jesu Sicht und ihrer Sicht verknüpft sich so an ihrem Ort mit dem anderen Differenzmuster zwischen – aus ihrer Sicht gesprochen – menschlicher und göttlicher Sicht auf diese Ereignisse.

Das geschieht im Verweis auf Gottes Tun, aber dieser Verweis macht den Wechsel zwischen Karfreitagssicht und Ostersicht an ihrem Ort nicht verständlich, wenn diese Differenz nicht auch am Ort des Gekreuzigten geltend gemacht werden kann. Doch was an ihrem Ort als Differenz der Sichtweisen im Vorher und Nachher ihres Lebens auftritt: zuerst verstanden sie das Geschehen am Kreuz Jesu so, dann anders, lässt sich am Ort des Gekreuzigten so nicht verstehen: Jesus war tot. Ohne diese Wahrheit gäbe es kein Ostern und keine österliche Sicht.

Der Verweis auf Gott führt am Ort des Gekreuzigten deshalb zu einer anderen Antwort: Nicht Jesus sah das Geschehen am Kreuz zunächst so und dann anders, sondern er erlebte es so, und Gott sieht es anders. Am Ort Jesu lässt sich die Differenz zwischen vorösterlicher und österlicher Sicht nicht als Nacheinander zweier Sichtweisen in der Kontinuität eines Lebens darstellen, sondern wird als Diskontinuität zwischen Jesu irdischem Leben in den Tod und Jesu göttlichem Leben aus dem Tod in der Kontinuität des Lebens Gottes zur Geltung gebracht: Das Alte ist vergangen, Neues hat begonnen – durch Gott. Das Bekenntnis von der Auferweckung des Gekreuzigten durch Gott bringt es auf den Punkt.

Der Rekurs auf Gott ist in beiden Fällen entscheidend. Während Jesu Anhänger an ihrem Ort aber Gott bzw. Gottes Geist ihre neue österliche Sicht auf das Kreuz zuschreiben, wird Gottes Geist am Ort des Gekreuzigten als der schöpferische Geist eines neuen göttlichen Lebens aus dem Tod bestimmt: Es ist derselbe Geist Gottes, der ihnen die österliche Sicht eröffnet und dem Gekreuzigten neues göttliches Leben gibt. Gottes Geist erschließt, was er macht, und macht, was er erschließt. Damit fällt bei ihm zusammen, was bei Menschen stets auseinanderklafft: das, was geschieht, und das, wie es verstanden und erkannt wird. Und deshalb beginnt das Christentum nach Überzeugung der Christen nicht mit einem bloßen Meinungswechsel, sondern mit einer Gottestat: Am Kreuz ist das alte Leben in der Gottferne zu Ende gegangen und das neue Leben in der Anerkennung der Gottesgegenwart hat begonnen.

Für die Christen bedurfte es daher keiner Kultveranstaltungen, keiner Opferpraxis, keiner Priester mehr, um in Gottes Gegenwart zu kommen. Gott ist da und schafft neues Leben mitten im Alltag des alten. Ihre Geisterfahrungen verstanden sie als Beleg dafür.

6.3 Hoffnung und Widerspruch

Aus diesem Umschlag kollektiver Enttäuschung in radikale Hoffnung ist das Christentum entstanden. Dieser Umschlag definiert das Christentum und damit auch das Gottes- und Selbstverständnis der Christen: Gott ist der, der die Toten lebendig macht und das Nichtseiende ins Sein ruft (Röm 4,17). Und Christen sind Menschen, die deshalb wider alle Hoffnung auf Gott hoffen (Röm 4,18)

Was sie auszeichnet, ist nicht, dass sie aus Vernunftgründen unerschütterlich glauben, sondern dass sie wieder allen Augenschein hoffen. Grund dieser Hoffnung ist nichts, was man sehen, fassen, beschreiben, aufweisen, nachweisen oder wahrscheinlich machen könnte. Sie hoffen nicht auf etwas, das vor Augen liegt, sondern gerade umgekehrt auf etwas, das sich nicht zeigt und nicht zeigen lässt: Gottes wirksame Gegenwart, die auch im Tod noch Leben schafft und Neues möglich macht, wo alles unmöglich zu sein scheint.

Diese Hoffnung haben Christen von Anfang an nicht auf ihre Einsicht, sondern auf das Wirken von Gottes Geist gegründet. Eine Erfahrung *mit* aller Erfahrung macht der Wechsel von Karfreitag zu Ostern nur möglich, weil er zunächst einmal eine Erfahrung *gegen* alle Erfahrung ist. Es ist anders, als es scheint. Und zwar grundlegend anders.

Dieser kontrafaktische Realismus ist die Signatur des Christentums. Es findet sich weder mit der Vergänglichkeit des Guten noch mit der Unveränderlichkeit des Üblen ab, sondern setzt dem Konsens erfahrungsgestützter Wahrscheinlichkeiten den stets strittigen Einspruch der Hoffnung auf die Möglichkeit von radikal Neuem entgegen. Von Anfang bis Ende lebt es aus diesem Geist des Widerspruchs und der Hoffnung des Widerspruchs gegen die Wirklichkeiten eines Lebens, das zum Tod führt, und der Hoffnung auf die Möglichkeiten eines Lebens, das aus dem Tod in das Leben Gottes führt.

Verliert evangelische Theologie bei ihrer Beschäftigung mit den Wirklichkeiten und Möglichkeiten des menschlichen Lebens diesen Widerspruch und diese Hoffnung aus den Augen, wird sie überflüssig, weil sie sich dann nicht von all dem unterscheidet, was andere an der Universität auch tun. Behält sie diesen Widerspruch und diese Hoffnung aber im Blick und setzt sich dem Streit und den Spannungen aus, die sie damit nicht umgehen kann, dann wird sie provozierend, interessant und faszinierend bleiben und auch 500 Jahre nach der Reformation noch eine lange Zukunft haben.

X
Radikaler Monotheismus als Lebensform der Freiheit

1. Philosophischer und theologischer Monotheismus

Es hat sich eingebürgert, den religiösen Glauben an einen einzigen allumfassenden Gott und seine Denkform des *theologischen Monotheismus* durch die Gotteskonzeptionen des *philosophischen Monotheismus* zu interpretieren, der sich im Gefolge der sokratisch-platonischen Revolution entwickelt hat und in vielfachen Variationen die philosophische Theologie und den philosophischen Theismus der westlichen Tradition bis in die Gegenwart prägt.[146] Nur auf diese Weise – so die herrschende Meinung – sei das religionsgeschichtlich komplexe Phänomen des theologischen Monotheismus vernünftig zu verstehen und rational zu rechtfertigen.[147]

---

146 Zum Begriff und zur Geschichte des Monotheismus vgl. C. Colpe, Monotheismus, EKL3, Bd. 3 (1991), 535–539. Zur neueren Debatte vgl. M. Lutz-Bachmann, Der eine Gott und die vielen Götter. Monotheistischer Wahrheitsanspruch versus »postmoderne Toleranz«, in: Ders./A. Hölscher (Hrsg.), Gottesnamen, Berlin 1992, 193–205; Th. Söding (Hrsg.), Ist der Glaube Feind der Freiheit? Die neue Debatte um den Monotheismus, Freiburg i. Br. 2003; G. Palmer (Hrsg.), Fragen nach dem einen Gott. Die Monotheismusdebatte im Kontext, Tübingen 2007; J. Thonhauser, Das Unbehagen am Monotheismus. Der Glaube an den einen Gott als Ursprung religiöser Gewalt? Eine aktuelle Debatte um Jan Assmanns Thesen zur Mosaischen Unterscheidung, Marburg 2008; S. Grillmeyer/E. Müller-Zähringer/J. Rahner (Hrsg.), Eins im Einen? Monismus, Monotheismus und Gewalt, Würzburg 2010. Dass es in der Gewaltdebatte nicht primär um religionsgeschichtliche Phänomene, sondern um ein philosophisches Konstrukt geht, zeigt sich auch daran, dass dieselben Fragen um die Folgen der »mosaischen Unterscheidung« ohne Rekurs auf die Religionsgeschichte an der Parmenidischen Unterscheidung von ἀλήθεια und δόξα diskutiert werden können. Vgl. J. Derrida, Gewalt und Metaphysik. Essay über das Denken Emmanuel Lévinas', in: Ders., Die Schrift und die Differenz. Frankfurt a. M. 1976, 121–235.

147 Der *theologische* Monotheismus ist eine Denkform, die typischerweise aus einer Praxis der Gottesverehrung erwächst, in der Gott *doxologisch* in der Ersten und

Mein Vorschlag ist, anders zu verfahren. Fragt man hermeneutisch nach dem Problem bzw. den Problemen, die in verschiedenen Zusammenhängen zur Ausbildung von Monotheismen geführt haben, dann zeigt sich, dass der philosophische wie der theologische Monotheismus den Versuch machen, praktische Probleme verlässlicher Lebensorientierung zu beantworten. Sie beschreiben keine besonderen religiösen Erfahrungen (die äußern sich religiös eher in polytheistischen und henotheistischen Darstellungsformen[148]), sondern sind Reflexionsprodukte, die praktische Lebensprobleme der Lebensorientierung durch den Rekurs auf das beantworten, was sie im Horizont ihrer Kultur jeweils »Gott« bzw. »Göttliches« nennen. Stets ist der Monotheismus daher Ausdruck einer *vernunftgeleiteten Lebensform*, die zwar – wie alles – pervertiert werden kann, aber nicht per se pervers ist, sondern sich in ihrer kritischen, sich selbst klärenden und begrenzenden Gestalt als Lebensform *der Freiheit* verstehen und praktizieren lässt. Um das zu zeigen, werde ich zwei Thesen vertreten:

(1) Monotheismus ist kein primär theoretisches Denkgebilde. Recht verstanden ist er Ausdruck und Praxis einer bestimmten Lebensform.

(2) Monotheismus gibt es in mehr als einer Gestalt, und nicht jede ist philosophisch vernünftig, theologisch vertretbar, moralisch akzeptabel und politisch verträglich. Gut verstanden sollte er als Lebensform der Freiheit entwickelt und praktiziert werden.

Die erste Teilthese erhebt einen historisch-hermeneutischen Anspruch (»recht verstanden«), die zweite macht einen konstruktiven Vorschlag (»gut verstanden«). Beides ist nicht unstrittig, sondern bedarf der Begründung. Ich beginne mit der ersten These.

Zweiten Person thematisiert wird, auch wenn in der Dritten Person von Gott gesprochen wird (Gott symbolisiert als »Person«). Der *philosophische* Monotheismus dagegen ist eine Denkform, die nach letzten Gründen fragt und in der das Göttliche *erklärungs- oder rechtfertigungstheoretisch* als letzte Rekursinstanz alles Begründens, Erklärens und Rechtfertigens in der Dritten Person zur Sprache kommt (Gott verstanden als »Prinzip«).

148 Es sei daran erinnert, dass diese Kategorien dem eurozentrischen Religionsdenken des 17., 18. und 19. Jahrhunderts entstammen und zu einer fragwürdigen normativen Sicht religionsgeschichtlicher Höherentwicklung von ›primitiven‹ Religionen zu Formen monotheistischer Hochreligion gehören. Mit der gegenwärtigen anthropologischen und ethnologischen Religionsforschung haben sie wenig zu tun.

2. Wie von Gott reden und Gott denken?

Dass in der Antike Philosophie nicht als abstrakte theoretische Reflexion, sondern als konkrete Lebenspraxis verstanden wurde, ist durch Pierre Hadot nachdrücklich in Erinnerung gerufen worden.[149] Philosophen denken nicht nur über Fragen nach, die andere Menschen allenfalls marginal interessieren, sondern sie leben in einer Weise, die sich von der vieler anderer Menschen deutlich unterscheidet. Nicht nur, weil sie sich für Fragen interessieren, für die andere selbst dann keine Zeit aufbringen würden, wenn sie diese hätten, oder weil sie sich für Dinge wie Geld, Besitz, Reichtum, wirtschaftlichen Erfolg oder soziale Anerkennung nicht interessieren, für die andere ihr ganzes Leben einsetzen, sondern weil sie sich typischerweise darum bemühen, das, was sie denken, mit dem, wie sie leben, in Übereinstimmung zu bringen. Nicht nur das Leben soll das Denken prägen, sondern das Denken das Leben, und zwar so, dass man konsequent so lebt, wie man es meint verstanden und eingesehen zu haben, also alles tut, was dies befördert, und auf alles verzichtet, was es behindert. Philosophie ist so eine durch Nachdenken und Nachdenklichkeit geprägte Lebensform, und sie ist so vielfältig wie das, was Nachdenken und Nachdenklichkeit sein können.

Wenn man die Geschichte des Monotheismus im Westen verstehen will, ist das nicht zu vergessen. Sie hat nicht nur *einen* Anfang, sondern verschiedene (in Ägypten, Israel und Griechenland), nicht nur *eine* Leitdifferenz, sondern mehrere (Monotheismus/Polytheismus; Monismus/Monotheismus; Monotheismus/Tritheismus) und nicht nur *einen* Strang, sondern viele (religiöse, politische, theologische, philosophische Lebens- und Denkformen), und nicht all das verbindet sich ohne weiteres zur spannungsfreien Einheit einer in sich differenzierten Problemgeschichte. Nicht nur in der jüdischen Religion (prophetischer Monotheismus), sondern auch im philosophischen Denken (philosophischer Monotheismus) kam es aus guten Gründen zu dem, was Jan Assmann die »mosaische Unterscheidung« genannt hat – eine normative Unterscheidung zwischen dem, was Menschen faktisch glauben und tun (Sein), und dem, was sie glauben und tun sollten (Sollen), wenn sie wüssten und befolgten, was wahr und richtig ist (Wahr/Falsch), um als

149 P. Hadot, Exercices Spirituels et Philosophie Antique, Bibliothèque de ›L'évolution de l'humanité‹, Paris 2002, 305–319, 323–332.

Menschen wirklich menschlich und nicht unter ihren Möglichkeiten zu leben.[150] Nicht die Unterscheidung von wahrer und falscher Religion, sondern von wahrem und falschem Leben ist das entscheidende Problem, um das es im Monotheismus geht.

Das aber ist keine theoretische Frage, sondern ein *praktisches* Problem, und zwar in doppelter Hinsicht: Zum einen muss die Antwort in einer Unterscheidung am Vollzug des Lebens bestehen, also den *Modus des Lebens* betreffen: *Wie ist zu leben, damit man auf wahre und nicht auf falsche Weise lebt?* Zum anderen stellt sich diese Frage nur für Menschen, die ihr Leben moralisch gestalten, also menschlich oder unmenschlich leben können, und in diesem Sinn – also als Menschen bzw. Glieder der Menschheit und nicht nur ökonomisch oder politisch oder beruflich oder familiär – von einem gelungenen oder misslungenen Leben zu sprechen vermögen. Die zur Debatte stehende Frage ist daher: *Wie sollten Menschen leben, damit ihr Leben wahrhaft menschlich genannt zu werden verdient?* Darauf haben Religionen ihre je spezifischen Antworten gegeben, und das hat auch die Philosophie dazu bewogen, gegenüber ihren mythischen und mythologischen Vor- und Alternativgeschichten in anderer Weise von Gott und Göttlichem, vom wahren göttlichen und vom wahren oder falschen menschlichen Leben zu reden.

3. Platons Idee des wahren Gottes

Die philosophische Urszene in Platons *Politeia* ist bekannt.[151] Sokrates klärt Adeimantos darüber auf, dass es bei der Erziehung der für den

150 *Sein* steht nicht nur im Gegensatz zu *Nichtsein*, sondern auch zu *Sollen*. Und *Sollen* steht zu *Nichtsein* im Gegensatz des *Sein-Sollens* bzw. *Nicht-Nichtsein-Sollens*. *Sollen* schließt immer *Möglichsein* ein und damit *Unmöglichsein* aus (man kann nur sollen, was (a) möglich ist (semantisch oder logisch möglich), und zwar (b) *für mich* möglich ist (real möglich). *Nichtsein* dagegen ist zweideutig, weil es entweder heißen kann, (a) dass etwas, das sein könnte (also möglich ist) nicht ist, oder (b) dass etwas nicht ist, weil es unmöglich ist. *Sein* dagegen schließt immer ein, dass das, was ist, möglich ist, aber es ist zweideutig im Blick darauf, ob es (a) so ist, dass es auch nicht sein könnte (Kontingenz), oder (b) so, dass es nicht nicht sein könnte (Notwendigkeit).

151 Vgl. zum Folgenden I. U. Dalferth, Jenseits (s. Anm. 80), Kap. 2. Natürlich bringt diese Urszene nicht den historischen Beginn oder die ersten greifbaren Anfänge

Wächterstand bestimmten Kinder darum geht, nicht nur den Körper (Gymnastik), sondern zunächst einmal die Seele zu bilden (Musik).[152] Wenn man die »jungen und zarten Wesen« nicht von vornherein verbilden will, muss man verhindern, dass Kinder durch das Hören zweideutiger Mythen Meinungen (δόξαι) in ihre Seelen aufnehmen, die im Widerspruch zu dem stehen, was sie, »wenn sie erwachsen sind, unserer Meinung nach werden haben sollen«.[153] Staatsplaner müssen daher die Mythopoeten streng beaufsichtigen. Denn unter pädagogischem Gesichtspunkt sind nach Meinung des Sokrates die meisten der von Hesiod, Homer und den übrigen ποιηταί vorgetragenen Mythen pädagogisch gefährlich, weil sie die Götter in unmoralische Handlungen verstrickt darstellen. Dass »Götter Göttern nachstellen und mit ihnen fechten und Krieg führen«, ist für die, »welche unsere Stadt zu verteidigen haben« und «es für das Schändlichste halten müssen, leicht miteinander in Feindschaft zu geraten«, nicht gerade förderlich zu hören. Und auch »daß Hera von ihrem Sohne gebunden und Hephaistos von seinem Vater heruntergeworfen worden ist, weil er der geschlagenen Mutter beistehen wollte«, prägt Kindern nicht gerade die rechten Vorstellungen über das in der Familie von ihnen erwartete Verhalten ein. Hier ist der Gesetzgeber gefordert. Es bedarf einer Norm pädagogisch verantwortbarer Mythendichtung, kritischer Richtlinien für rechte Göttererzählungen (τύποι περὶ θεολογίας), an die sich Mythopoeten und Mythologen zu halten haben.[154] Diese haben Gott so zur Darstellung zu bringen, wie er seinem Wesen nach ist, nämlich gut (ἀγαθός) und in jeder Hinsicht vollkommen (ἄριστος), und daher niemals in hinterlistige und unmoralische Handlungen verstrickt. Als Grundregel gilt: Das Gute »darf man auf keine andere Ursache zurückführen [als auf Gott], vom Bösen aber muss man alle anderen Ursachen aufsuchen, nur nicht Gott«.[155]

Platons Argumentation setzt eine Reihe von Unterscheidungen, die eine zunehmend deutlichere Differenz zwischen Mythologen und Theologen bzw. Philosophen aufbauen. Zu unterscheiden ist nicht nur zwischen den *Mythopoeten* (der mythischen Tradition) und den *Mytho-*

---

monotheistischen Denkens in der Philosophie zur Darstellung, sondern markiert das Problem, auf das Platons philosophische Gotteskonzeption reagiert.

152 Platon, Politeia 379 a.

153 A. a. O., 376 e 7 f.

154 A. a. O., 379 a 1–6.

155 A. a. O., 379 c 5–7.

logen (der Gegenwart), sondern auch zwischen den *Theoilogen* (Mythologen, die Göttergeschichten erzählen) und den (philosophischen) *Theologen*, die sich auf das wahrhaft Göttliche konzentrieren. Anders als die Poeten müssen Philosophen zwischen wahrer und falscher Rede vom Göttlichen unterscheiden, um den Zweideutigkeiten und Anstößigkeiten der mythischen Tradition entgehen zu können. Sie müssen sich im Hinblick auf das Göttliche für eine Wahr/Falsch-Unterscheidung einsetzen, die sich nicht von selbst versteht, sondern die nur Philosophen machen können, aber auch machen müssen. Denn allein sie sind in der Lage, das Göttliche denkend so zu konzipieren, dass es prinzipiell als in sich klar, einfach und eindeutig von allem Nichtgöttlichen und Scheingöttlichen unterscheidbar wird, das unklar, komplex und vieldeutig ist, indem es als Prinzip ausschließlich des Guten in der Erfahrungswelt konzipiert und verstanden wird, während alles Böse (Schlechte, Unvollkommene, Unzulängliche) auf andere Prinzipien als auf dieses göttliche Prinzip zurückgeführt werden muss.

4. Der wahre Gott der Propheten Israels

Die Passage aus der *Politeia* erzählt vom Umgang mit einem Problem, das auch die Propheten Israels beschäftigte: Wie kann man den moralisch fragwürdigen, religiös verwirrenden und politisch gefährlichen Traditionen des mythischen Polytheismus im eigenen Volk und bei anderen auf eine Weise begegnen, die es Menschen ermöglicht, nicht in Irrtum und Unklarheit verfangen zu bleiben und sich an falschen Idealen zu orientieren, sondern auf rechte, gute, wahre Weise zu leben – eine Weise, die Gottes gutem Willen für sein Volk entspricht?[156] Die Propheten Israels beantworten diese Fragen ähnlich wie Platon, indem sie Unterscheidungen einführen.

---

156 Vgl. F. Stolz, Einführung in den biblischen Monotheismus, Darmstadt 1996; R. Gnuse, The emergence of monotheism in ancient Israel: A survey of recent scholarship, Religion 29 (1999), 315–336; S. Kreuzer, Entstehung und Entwicklung des monotheistischen Gottesbildes im Alten Israel und im Alten Testament (http://www.kreuzer-siegfried.de/texte-zum-at/monotheismus.pdf); K. Bieberstein, Von Göttinnen und Göttern zur einen Gottheit. Israels Weg vom Polytheismus zum Monotheismus, in: A. Bauer/A. Ernst-Zwosta (Hrsg.), »Gott bin ich und nicht Mann.« Perspektiven weiblicher Gottesbilder, Ostfildern 2012, 17–50.

Allerdings – und das ist eine bleibende Differenz zwischen dem philosophischen und prophetischen Monotheismus – verstehen sie *Gott* nicht als *Prinzip* (Arche), sondern als Person (Agent), als Schöpfer, Herr des Lebens und Herrscher über das Volk und die Völker, als Richter und Rächer, Helfer und Erlöser. Sie legen den Akzent also nicht auf die besondere Art seines Seins (und damit das rechte Gott-Denken), sondern seines Wirkens als Handelns (und damit das rechte Leben vor Gott), betrachten ihn also nicht theoretisch als Erst- und Letztprinzip des Kosmos, sondern praktisch als zu verehrenden Herrscher der Welt. Entsprechend suchen sie die Antwort auf ihre Fragen nicht auf dem Weg der *Vernunft,* sondern des *Vernehmens,* nicht durch vernünftige Konstruktion eines klaren und eindeutigen Gottesgedankens (ὁ θεός) als Maßstab des Göttlichen (τὸ θεῖον), sondern im Hören auf den unabweisbaren Ruf des wahren Gottes. Gottes Einzigkeit und Einzigartigkeit besteht nicht darin, dass er das denkend erschließbare Erst- und Letztprinzip der kosmologischen Ordnung ist, sondern dass er sich in seinem Handeln in der Geschichte so zur Geltung bringt, wie er sich durch den Mund der Propheten selbst erklärt: als der souveräne Herr der Völker, der Geschichte, der Welt. Deshalb verdient er als einziger wahrhaft, »Gott« genannt und als Gott verehrt zu werden, während die anderen als Idole oder Abgötter abqualifiziert werden. Entsprechend wird die Vernunft oder das Herz als Kern des Menschen (das, was den Menschen unter allen Lebewesen als Menschen auszeichnet) nicht als suchend, sondern als hörend verstanden, nicht als intellektuelle Fähigkeit zur reflexiven Erschließung der Letztgründe des Wahren im Denken des Göttlichen, sondern als hermeneutischer Resonanzboden des Herausgerufenwerdens (Pathos) aus dem Gewöhnlichen und Überkommenen durch die Selbstkommunikation Gottes, die sich – in der Spannung zwischen Verheißung und Erfüllung – als wahr und verlässlich erweist.[157]

Der Polytheismus der jeweiligen kulturellen Umgebung in seinen vielfältigen Ausprägungen bildet so die gemeinsame Folie, von der sich

157 Wie das Denken der Vernunft auf Unveränderlichkeit des Erst- und Letztprinzips im Erklären der Welt setzt und den Glauben an Gott als eine Form des Fürwahrhaltens konzipiert, so nötigt das Vernehmen des Herzens zur Betonung der Verlässlichkeit Gottes im Wechsel der Zeiten und damit zu Haltungen, die sich eher im Hoffen als im Glauben äußern. Monotheisten im ersten Sinn sind Glaubende (Denkende, die etwas für wahr halten), Monotheisten im zweiten Sinn sind Hoffende (Vertrauende, die jemanden für verlässlich halten).

Platon philosophisch und die Propheten theologisch absetzen, indem sie die Frage nach der Wahrheit und Verlässlichkeit Gottes angesichts der konfusen Vielfalt von Göttern, Göttergeschichten und Lebenspraktiken stellen. Und wie der eine im Denken und damit in Wissenschaft und Philosophie den Weg sieht, eine orientierende Antwort im Aufweis des Prinzips aller Prinzipien zu finden, so sehen die anderen im Hören auf den Ruf und im gehorsamen Leben, im rechten Kult und im Vertrauen auf die universale Weltherrschaft des Herren aller Herren und Schöpfers aller Geschöpfe den Weg zu einer lebensorientierenden Antwort.

5. Von der Monolatrie zum Monotheismus

Mit dem Verweis auf Henotheismus und Monolatrie ist diese Entwicklung nicht zureichend erfasst – weder bei Platon noch bei den Propheten Israels. Jedes Volk verehrt seine Götter, ja jedes Volk verehrt in seinen Göttern sich selbst, wie wir bei Nietzsche sahen. »Religion, innerhalb solcher Voraussetzungen, ist eine Form der Dankbarkeit. Man ist für sich selber dankbar: dazu braucht man einen Gott.«[158] Jedes Volk verehrt in seinen Göttern also etwas Reales, die »Lust an sich« selbst, das eigene »Machtgefühl«.[159] Zum Problem wird das erst, wenn man meint, man brauche *einen* Gott *für alle*, einen »grosse[n] Cosmopolit[en]«, der allen etwas bietet. Dann, so Nietzsche, ist nicht zu verhindern, dass dieser »Demokrat unter den Göttern« auf der einen Seite »Schritt für Schritt zum Symbol eines Stabes für Müde, eines Rettungsankers für alle Ertrinkenden heruntersinkt«, ein »Arme-Leute-Gott, Sünder-Gott, Kranken-Gott par excellence wird«, und auf der anderen Seite »sich ins immer Dünnere und Blässere« transfiguriert, ein »Ideal«, »reiner Geist«, »absolutum« wird: »*Verfall eines Gottes*: Gott ward ›Ding an sich‹ …«.[160] Deshalb hält Nietzsche es für falsch, die platonisierende »Fortentwicklung des Gottesbegriffs vom ›Gotte Israels‹, vom Volksgotte zum christlichen Gotte, zum Inbegriff alles Guten sei ein Fortschritt«.[161] Das Gegenteil ist der Fall, wie Nietzsche meint, und darin folgen ihm alle Monotheismus-

158 Nietzsche, Der Antichrist, §16, KSA 6, 182 (s. Anm. 132).

159 Ebd.

160 A. a. O., §17, 184.

161 A. a. O., §17, 183 f.

kritiker der Gegenwart, von Odo Marquard über Jan Assmann, Peter Sloterdijk oder Ulrich Beck bis zu Martin Walser, José Saramago und Michel Houellebecque.[162]

Nicht die Monolatrie also ist das Problem. Das Problem ist aber auch nicht da, wo es heutige Kritiker zumeist sehen: in der Etablierung einer (angeblich) zwangsläufig gewaltfördernden Differenz zwischen dem eigenen wahren Gott und den falschen Göttern der anderen. Der Schritt zum Monotheismus wird Nietzsche zufolge erst dort gemacht, wo *ein* Gott als *Gott für alle* hypostasiert und mit einem universalen Verehrungsanspruch verknüpft wird. Denn damit hört er auf, der *eigene Gott* sein zu können, in dessen Verehrung man seine Differenz zu anderen, seine »Ausgewähltheit« unter allen Völkern zelebrieren kann: Ein *Gott für alle* ist kein interessanter Gott für irgendjemanden mehr.

Doch muss es gewaltfördernd sein, wenn *unser* Gott als der verstanden wird, der in Wahrheit auch *euer* Gott ist? Und muss Gott zur Leerstelle werden, wenn man den eigenen Gott so universalisiert, dass man ihn als den einzigen wahren Gott für alle ausgibt? Das erste hängt daran, wer das macht (die Mächtigen oder die Machtlosen), wie man es tut (durch Worte oder durch Taten), wozu man es macht (zur Durchsetzung eigener Machtansprüche, zur Abwertung der anderen, zur kulturellen Selbstbehauptung der Unterlegenen, zur Betonung der Gleichheit aller vor Gott), wie man Gottes Einzigkeit versteht (als absolute Selbstherrlichkeit oder unerschöpfliche Selbsthingabe) und wie man sie zur Geltung bringt (durch Zwang und Nötigung oder durch Einladung und Überzeugung).

---

162 J. Assmann, Die mosaische Unterscheidung oder der Preis des Monotheismus, München 2003; ders., Monotheismus und die Sprache der Gewalt, Wien 2011. Vgl. A. Angenendt, Gewalttätiger Monotheismus – Humaner Polytheismus?, StZ 5 (2005), 319–328; S. Stiegler/U. Swarat (Hrsg.), Der Monotheismus als theologisches und politisches Problem, Leipzig 2006; F. Meciejeweski, Echnaton oder Die Erfindung des Monotheismus. Zur Korrektur eines Mythos, Berlin 2010; P. Sloterdijk, Gottes Eifer, Frankfurt a. M. 2008; U. Beck, Der eigene Gott, Berlin 2010; M. Walser, Ich vertraue. Querfeldein, Frankfurt a. M. 2000, 9–22. Vgl. J. Saramago, Im Namen Gottes ist das Schrecklichste erlaubt, FAZ (21. 9. 2001) 52; M. Houellebecq, Plattform, Köln 2002, 239; H. Hempelmann, Monotheismus –»vielleicht die größte Gefahr der bisherigen Menschheit« (F. Nietzsche). Zur neueren Diskussion um das Konflikt- und Gewaltpotential monotheistischer Religionen (http://www.iguw.de/uploads/ media/Hempelmann-Monotheismus.pdf).

Im Blick auf das Zweite dagegen sprechen schon die prophetischen Texte Israels, bei aller Nähe zu Nietzsches Diagnose, eine andere Sprache. So war für Elia Jahwe nicht ein Gott neben Baal und den übrigen Göttern Kanaans, sondern der einzige, der wahrhaft »Gott« genannt zu werden verdient: »Der HERR, er ist Gott! Der HERR, er ist Gott!« (1Kön 18,39). Amos machte Israel darauf aufmerksam, dass es wie alle anderen Völker auch unter dem Gericht des einen und einzigen Gottes steht:

> »Seid ihr für mich nicht wie die Kuschiter, ihr Israeliten? Spruch des HERRN. Habe ich Israel nicht heraufgeführt aus dem Land Ägypten und die Philister aus Kaftor und Aram aus Kir? Seht, die Augen Gottes des HERRN sind auf das sündige Königreich gerichtet: Ich werde es vom Erdboden tilgen! Doch werde ich das Haus Jakob nicht völlig tilgen. Spruch des HERRN.« (Amos 9, 7–8).

Hosea erklärt, dass nur noch dieser eine Gott als Gott verehrt werden soll:

> »Und an jenem Tag, Spruch des HERRN, wirst du sagen: Mein Mann!, und du wirst nicht mehr zu mir sagen: Mein Baal! Und die Namen der Baale entferne ich aus ihrem Mund, und an ihren Namen wird nicht mehr gedacht werden. Und an jenem Tag schliesse ich einen Bund mit ihnen, mit den Tieren des Feldes und mit den Vögeln des Himmels und mit den Kriechtieren auf dem Erdboden. Und Bogen und Schwert und Krieg werde ich zerbrechen im Land, und in Sicherheit lasse ich sie schlafen. Dann mache ich dich für immer zu meiner Verlobten, und ich mache dich zu meiner Verlobten für Recht und Gerechtigkeit als Brautpreis und für Gnade und Erbarmen. Und ich mache dich zu meiner Verlobten für Treue als Brautpreis, und du wirst den HERRN erkennen.« (Hos 2,18–22).

Und Deuterojesaja stellt den staatlich vernichteten und ins Exil vertriebenen Juden (bzw. ihrer exilierten Oberschicht) gegenüber klar, dass Jahwe nicht nur ihr Gott ist, sondern selbst ihre Feinde noch als seine Werkzeuge gebraucht:

> »Ich bin Jahwe, und keiner sonst, und außer mir gibt es keinen Gott! Ich gürtete dich, ohne dass du mich kanntest, damit sie vom Aufgang der Sonne bis zu ihrem Untergang erkennen, dass es niemanden gibt außer mir: ich bin Jahwe, und keiner sonst, der das Licht bildet und Finsternis schafft, der Heil wirkt und Unheil schafft, ich Jahwe bin es, der dies alles wirkt.« (Jes 45,5–7)

Götter der anderen werden damit nicht mehr nur nicht als die eigentlichen Sieger im Götterkampf der Völker ausgegeben, sondern radikal »vernichtet«, zu Nichtsen depotenziert: »Alle Völker sind vor Gott wie ein Nichts, / für ihn sind sie wertlos und nichtig.« (Jes 40,18)

Jahwe, der Gott Israels, wird von den Propheten des 9. und 8. Jahrhunderts v. Chr. also nicht nur zum einen und einzigen Gott in Israel ausgerufen (Monolatrie), sondern er wird als der einzige wahre Gott verkündet, der nicht nur ein von Menschen verehrtes Idol ist, sondern sich in seinen Werken so erweist, wie er sich durch den Mund der Propheten selbst erschließt: als wahrer Herr aller Völker und ihrer Götter (prophetischer Monotheismus). Wie von Elia bis Jesaja deutlich wird, sind diese Zuspitzungen in Situationen hinein gesprochen, in denen es um Klarheit der Lebensorientierung in Konfliktsituationen geht. Am radikalsten ist dabei Deuterojesaja.[163] Gegen die Hoffnungslosigkeit und Verzweiflung der Exilierten betont er in geradezu atemberaubender Weise, der Gott derer, die von den Babyloniern geschlagen, vernichtet und verschleppt wurden, sei nicht ein Verlierer-Gott, sondern der einzige, der wirklich »Gott« genannt zu werden verdient, weil er selbst die Gegner Israels und Judas noch in seinem Sinn steuert. Gegen allen *common sense* wird der Gott der Verlierer nicht als Verlierer-Gott, sondern als der eigentliche Sieger-Gott apostrophiert, an dem man als einzigem sein Leben verlässlich ausrichten könne:

> »So spricht der Herr, Israels König, / sein Erlöser, der Herr der Heere: Ich bin der Erste, ich bin der Letzte, / außer mir gibt es keinen Gott. Wer ist mir gleich? Er soll sich melden, / er tue es mir kund und beweise es mir. Wer hat von Anfang an die Zukunft verkündet? / Sie sollen uns sagen, was alles noch kommt. Erschreckt nicht und fürchtet euch nicht! / Habe ich es euch nicht schon längst zu Gehör gebracht und verkündet? Ihr seid meine Zeugen: Gibt es einen Gott außer mir? / Es gibt keinen Fels außer mir, ich kenne keinen. Ein Nichts sind alle, die ein Götterbild formen; / ihre geliebten Götzen nützen nichts. Wer sich zu seinen Göttern bekennt, sieht nichts, / ihm fehlt es an Einsicht; darum wird er beschämt. Wer sich einen Gott macht / und sich ein Götterbild gießt, / hat keinen Nutzen davon.« (Jes 44,6–10)

163 Die Entwicklung ist nicht einlinig überzuvereinfachen. Stolz, Einführung (s. Anm. 152), unterschied priesterliche, deuteronomistische, weisheitliche und apokalyptische Kontexte, in denen sich der Jahweglaube monotheistisch entwickelte. Das Forschungsprojekt Early Jewish Monotheism des Sofia-Kovaleskaja Forschungsteams an der Universität Göttingen (2009/2014) ging diesen Spuren in den biblischen Texten der Exilzeit und der persischen Zeit nach.

6. Monotheismus als Antwort auf die Frage verlässlicher Lebensorientierung

Bei aller Unterschiedlichkeit im Detail kommen die prophetische und die platonische Argumentation also an einem Punkt überein: Die Frage nach dem Einen, dem Göttlichen, dem Einzigen, das wahrhaft gut und verlässlich ist und an dem man sich unter allen Bedingungen und in allen Situationen des Lebens zuverlässig ausrichten kann, gehört in den orientierungsphilosophischen bzw. orientierungstheologischen Grundzusammenhang der *Frage nach der Möglichkeit wahren Lebens im falschen.* Der philosophische und der prophetische Schritt zum Monotheismus sind keine abstrakten Generalisierungen eines Volksgottes über den einzig zu verehrenden Gott zum alleinigen wahren Gott, sondern zunächst und vor allem Antworten auf ein Grundproblem menschlicher Lebensorientierung in konkreten Konfliktsituationen. In beiden Fällen wird das singuläre Göttliche oder der wahre Gott als ein *absolut verlässliches Ideal zur Orientierung eines rechten, guten, wahren menschlichen Lebens* eingeführt. Der so thematisierte »wahre Gott« ist keine theoretische Entdeckung einer desinteressiert erforschten göttlichen Wirklichkeit, sondern das Implikat der praktischen Erfordernis, sein Leben an Verlässlichem auszurichten, um im stets Sich-Verändernden, Unüberschaubaren und Nichtverlässlichen einen Weg finden zu können, ein wahres und gutes menschliches Leben zu führen.

Das hat Folgen für die Art und Weise, in der die philosophische und theologische Wende von den Vielen zum Einen, vom Vielfältigen zum Einzigen, vom Dunkeln zum Hellen, vom Veränderlichen zum Verlässlichen verstanden werden muss: Es ist keine theoretische Universalisierung des Gottesgedankens, sondern eine praktische Wende der Lebensorientierung. Der Eine und das Ganze interessieren nicht als Gegenstände theoretischer Reflexion im modernen Sinn, sondern als solche der kontemplativ-praktischen Suche nach dem guten, rechten, richtigen, wahren Leben unter widrigen und gegenteiligen Bedingungen. Monotheismus beginnt mit der Suche nach dem wahren und guten Leben unter Bedingungen des falschen und unwahren Lebens. Ohne rechtes Denken kein rechtes Leben, und kein Denken ist im Letzten recht, das sich nicht an dem Einen ausrichtet, der über das Sein (Sein/Nichtsein), die Wahrheit (Wahr/Falsch), die Güte (Gut/Böse), die Schönheit (Schön/Nichtschön) und die Freiheit (Frei/Nichtfrei) von allem entscheidet.

7. Orientierung im Denken zur Orientierung im Leben

Nun vollzieht sich Orientierung im Denken grundsätzlich durch Unterscheidungen, und das gilt auch für die monotheistische Lebensorientierung. Das Besondere ist aber nicht nur die Art ihrer Leitunterscheidung (Gott/Idol), sondern die Begründung ihrer Geltung: Diese Unterscheidung ist nicht willkürlich (also nur durch Gewalt oder Sanktionen zu erzwingen), sondern wahr und verlässlich (also der Einsicht zugänglich und im Leben erprobbar), weil der Hintergrund, vor dem sie gemacht wird, seinerseits durch das Eine bzw. den Einen repräsentiert wird: Gott ist nicht nur der bzw. das Andere des Abgotts, sondern der Grund und Hintergrund für die Unterscheidung zwischen Gott und Abgott. Gott ist der Eine, der noch jenseits der Unterscheidung zwischen dem Einen und den Vielen liegt und deshalb beide Seiten dieser Unterscheidung zusammenhält, indem er als derjenige verstanden wird, der diese Unterscheidung setzt. Als der wirkende Grund der Unterscheidung des Einen und des Vielen ist Gott – wie das Gute bei Platon – nicht nur ἐπέκεινα τῆς οὐσίας, sondern zugleich in allem präsent und wirksam. Damit aber ist der monotheistische Gott der-, die- oder dasjenige, das *jenseits* der Leitunterscheidungen Sein/Nichtsein, Wahr/Falsch, Gut/Böse, Schön/Nichtschön, Frei/Nichtfrei angesiedelt ist, er/sie/es ist das, ohne das diese Unterscheidungen nicht gemacht werden können und das deshalb *sowohl jenseits* der entsprechenden Grunddifferenz *als auch auf einer der beiden Seiten dieser Differenz* auftritt: Gott ist das, was nicht im Gegensatz zum Nichtgöttlichen steht und damit dadurch begrenzt und eingeschränkt ist, sondern das den Unterschied zwischen Göttlichem und Nichtgöttlichem überhaupt erst möglich macht, aber zugleich auch relativiert, weil alles »Göttliche«, das im Kontrast zum »Nichtgöttlichen« bestimmt wird, nicht identisch sein kann mit dem wahren, allumfassenden, ersten und letzten Göttlichen, sondern dieses allenfalls unter den Kontrastbedingungen des Gegensatzes repräsentiert. Ein auf einer Letztunterscheidung von Wahr und Falsch, wahrem Gott und Idol aufbauender Monotheismus ist also gerade das nicht, was er zu sein vorgibt: die Denkform des wahren Gottes.

Will man diese Einsicht nicht verspielen, dann dürfen die angeführten Leitdifferenzen des philosophischen Monotheismus nicht als beschreibende, sondern müssen als *orientierende Unterscheidungen* verstanden werden. Sie sind keine Unterscheidungen an etwas, die dazu taugten, Phänomene in Gruppen zu klassifizieren, sondern sie sind Unterscheidungen *für jemanden*, der sich mit ihrer Hilfe in bestimmter Weise auf sich selbst und alles andere bezieht. Das heißt: Sie beschreiben nicht zwei voneinander unterschiedene und gegeneinander abgegrenzte Realitäten oder Wirklichkeitsbereiche, sondern markieren einen Unterschied, der solche beschreibende Unterscheidungen überhaupt erst möglich macht, wenn man sich im Licht dieser Unterscheidung auf sich und anderes bezieht. Relevant wird das nur für den, der sich so orientiert, und da diese Orientierung eine Selbstlozierung im Licht des Unterschiedenen voraussetzt, kann man so nicht unterscheiden, ohne diese Unterscheidung auf sich selbst anzuwenden.

Das heißt nicht, dass sie eine willkürliche Setzung wäre. Der wahre Gott ist keine Setzung, sondern – und gerade das ist die monotheistische Pointe – die Setzung der Unterscheidung zwischen Gott und Abgott ist das, was Gott von anderem und anderen überhaupt erst als wahren Gott zu unterscheiden erlaubt, weil er jenseits dieser Unterscheidung der bzw. das ist, ohne den bzw. das diese nicht möglich wäre. Gott fällt daher niemals einfach mit dieser Setzung zusammen. Er ist vielmehr die in Anspruch genommene Voraussetzung dafür, dass so unterschieden werden kann. Erst wo Gott *die Wahrheit* jenseits der Unterscheidung von *wahr* und *falsch* ist, kann so unterschieden werden. Erst wo Gott *das Sein* jenseits der Unterscheidung von *sein* und *nicht sein* ist, kann so unterschieden werden. Erst wo Gott *das Gute* jenseits der Unterscheidung von *gut* und *böse* ist, kann so unterschieden werden. Um das zum Ausdruck zu bringen, nennt der philosophische Monotheismus Gott nicht nur wahr, sondern *absolute Wahrheit*, nicht nur Sein, sondern *absolutes Sein*, nicht nur gut, sondern *das absolut Gute*. Diese Bezeichnungen sind keine beschreibenden Prädikate, sondern orientierende Leitbegriffe, sie haben ihre Pointe also nicht in dem, was sie über Gott sagen, sondern in dem, was sie für die zum Ausdruck bringen, die sich so an Gott in ihrem Lebensvollzug orientieren: Sie sind *keine realen Prädikate* zur Bestimmung des Gottesgedankens (wie Kant sagte), sondern *praktische Setzungen* zur Lebensorientierung im Bezug auf die Grundunterscheidungen, die in der Gottesidee als Orientierungsideal symbolisiert sind.[164]

---

164 Das gilt es auch im Blick auf M. Bongart, Einheit ja – aber welche, in: K. Müller/M. Striet (Hrsg), Dogma und Denkform, Regensburg 2005, 9, zu betonen: »Ein in keiner

8. Lebensorientierung vs. Lebensführung

Das heißt nun aber gerade nicht – und damit komme ich zu meiner zweiten These –, dass der orientierende Rekurs auf Gott in direkten moralischen Anweisungen zum rechten Leben resultierte und Glaubende zur Einteilung von Anhängern und Gegnern, Gläubigen und Ungläubigen, Befürwortern und Nichtbefürwortern des Glaubens an den einen Gott oder gar zur Anwendung von Gewalt zum Aufbau der einen Gruppe (Gläubige) und zum Abbau der anderen Gruppe (Ungläubigen) berechtigte. Nicht rechte Moral ist die Pointe des Monotheismus (die müssen sich Menschen immer selbst erarbeiten) oder gar eine Nötigung, Menschen im Glauben, Denken und Verhalten zu ihrem Glück zu zwingen (kein Mensch kann gezwungen werden, an den einen Gott zu glauben und sein Leben an ihm auszurichten, weil man immer nur *aus Freiheit* glauben kann und sein Leben denkend und handelnd immer *selbst* orientieren muss[165]). Es geht vielmehr um *eine Sicht der Welt, in der Menschen leben, und um eine Sicht ihrer spezifischen Rolle und Aufgabe als Menschen in dieser Welt*: Menschen sollen in der Orientierung an Gott dazu befähigt werden, sich als Nächste Gottes frei und in eigener Verantwortung für das Wahre, das Gute, das Rechte zu entscheiden – also für das, was sie selbst aus eigener Einsicht und in eigener Verantwortung in jeweils ihrer Lebenssituation als das erkennen und praktizieren, was von allen, die Gottes Nächste sind, aus eigener Einsicht und in eigener Verantwortung in je ihrer Lebenssituation als das Wahre, Gute und Rechte erkannt werden kann und getan werden soll. Der monotheistische Rekurs auf den Willen Gottes hat nicht die Pointe, auf eine für alle verbindliche heteronome Werte-Vorgabe zu verweisen, der man sich als Setzung Gottes nur gehorsam unterwerfen kann. Er bringt

Weise mehr bestimmbarer – und sich demnach auch nicht selbst bestimmender – Gott widerspricht nicht nur dem Wissen der religiösen Traditionen, er kann auch nicht Inhalt eines Glaubens und Orientierung eines (religiösen) Lebens sein, das nicht anders denn als bestimmt geführt werden kann.« Das ist richtig und wichtig. Bestimmt wird durch Unterscheidungen, aber – und das ist stets hinzuzufügen – die Differenzen, mit denen der Gottesgedanke theologisch bestimmt wird, haben stets die praktische Pointe, Orientierungsdifferenzen für das religiöse und nichtreligiöse Leben zu sein.

165 Erzwingbar ist immer nur äußeres Verhalten, aber nicht innere Haltung und eigene Lebensorientierung.

vielmehr gegenüber den vielfältigen und unaufhebbaren Differenzen unter den Menschen ein Selbst- und Weltverständnis zur Geltung (»Nächste Gottes«), dessen Pointe darin besteht, dass niemand, der sich so versteht, etwas als verbindlich akzeptieren kann und soll, was sich nicht je eigener Einsicht und autonomer Selbstverpflichtung verdankt. Der Wille Gottes darf keine externe Norm sein, sondern muss so ins Herz der Menschen eingeschrieben werden, dass sie wollen, was Gott will, weil das, was sie wollen, nichts anderes ist als das, was Gott will.[166] Ob das so ist, kann niemand für sie, sondern können sie und Gott immer nur selbst entscheiden: dafür steht das *Herz* bzw. das *Gewissen* des Menschen, aber eben *nicht* als nichtkritisierbarer privater Letztgrund aller Verbindlichkeiten (das wäre angesichts der menschlichen Neigung zur Selbsttäuschung unverantwortliche Willkür), sondern sofern es *sich selbst an Gott als Maßstab dessen ausrichtet, was gut genannt zu werden verdient,* und damit als gutes oder schlechtes Gewissen bestimmt ist. Es geht nicht darum vorzuschreiben, was man tun und wie man leben soll, sondern darum klarzustellen, *wer man ist* (*creatura dei*) und *wo man lebt* (*coram deo*), wie man sich und seine Welt also verstehen kann und muss, um sich unter allen Umständen, auch den widrigsten, verlässlich im Leben orientieren zu können.

Wo (philosophischer oder theologischer) Monotheismus dagegen auf die moralische Regulierung der *Lebensführung* zielt, propagiert er Werte, die man realisieren muss, um auf bestimmte Weise zu leben. Selbst bei bester Intention führt das regelmäßig dazu, dass Menschen heteronom bestimmt werden (sie sollen ihr Gewissen an bestimmten Werten ausrichten) und sich gegen diese Fremdbestimmung früher oder später auflehnen, mit dem unglücklichen Effekt, dass Atheismus oder Polytheismus als Freiheitsgewinn missverstanden werden. Das ist der berechtigte Ansatzpunkt der Monotheismuskritik der vergangenen beiden Jahrhunderte. Doch diese Kritik gilt fragwürdigen Formen des Monotheismus. Recht verstanden sollte dieser nicht menschliche Lebensführung regeln wollen, sondern Menschen eine Lebensorientie-

166 In eben diesem Sinn spricht auch Kant, Die Religion innerhalb der Grenzen der bloßen Vernunft, Drittes Stück, B 148, AA VI, 104 (s. Anm. 14), davon, dass »die reine moralische Gesetzgebung« nicht in einer heteronomen Bestimmtheit des Willens besteht, sondern umgekehrt genau darin, dass »der Wille Gottes ursprünglich in unser Herz geschrieben ist«.

rung ermöglichen, die es ihnen erlaubt, ihr Leben autonom zu bestimmen und zu führen, also selbst zu entscheiden, welche Werte in welchen Situationen zu realisieren sind, um so zu leben, dass man sich für seinen Umgang mit sich, anderen und anderem vor Gott und den anderen zu verantworten vermag. Nicht die Vorschrift einer bestimmten Werthaltung und Lebensführung ist die Aufgabe des Monotheismus als Lebensform, sondern die Ermöglichung, sich in der Orientierung an dem Einen, der als einziger wahrhaft »Gott« genannt zu werden verdient, selbst frei für eine Lebensführung zu entscheiden, die sich vor Gott und den anderen verantworten lässt.[167] Das heißt ein Dreifaches:

(1) In der Lebensform des Monotheismus geht es um den *Gesamtrahmen* menschlicher Lebensführung, nicht um bestimmte moralische Details und Konkretionen: *Man kann nicht nur ein bisschen Monotheist sein.*

(2) Im Hinblick auf die Orientierung der Lebensführung ist die monotheistische Option zu jeder Zeit und in jeder Kultur immer nur *eine Möglichkeit unter anderen* und nicht die einzige: *Man muss nicht Monotheist sein.*

(3) Die monotheistische Option selbst nimmt fundamental verschiedene, und zwar unvereinbare Gestalten an, so dass man von »Monotheismus« nur im Plural sprechen kann: *Man kann nicht nur auf eine Weise Monotheist sein.*

---

167 Wenn der Monotheismus diese praktische Pointe versäumt, dann ist ihm der Polytheismus vorzuziehen, wie Kant, Religion, Historische Vorstellung, betont: »Denn ein Gott, der bloß die Befolgung solcher Gebote will, dazu gar keine gebesserte moralische Gesinnung erfordert wird, ist doch eigentlich nicht dasjenige moralische Wesen, dessen Begriff wir zu einer Religion nötig haben. Diese würde noch eher bei einem Glauben an viele solche mächtige unsichtbare Wesen stattfinden, wenn ein Volk sich diese etwa so dächte, daß sie, bei der Verschiedenheit ihrer Departements, doch alle darin übereinkämen, daß sie ihres Wohlgefallens nur den würdigten, der mit ganzem Herzen der Tugend anhinge, als wenn der Glaube nur einem einzigen Wesen gewidmet ist, das aber aus einem mechanischen Kultus das Hauptwerk macht.« (B 189, AA VI, 127)

9. Apathischer und pathischer Monotheismus[168]

Das gilt nicht nur für die Moderne und globale monotheistische Religionen wie Judentum, Christentum und Islam, sondern zeigt sich schon in der Antike an den Monotheismuskonzeptionen, die sich aus den philosophischen und prophetischen Gegenentwürfen zum mythischen Polytheismus in der Kosmotheologie des Hellenismus und der Schöpfungstheologie der jüdischen Tradition entwickelt haben. Die eine versteht die Welt als einen geordneten Seinszusammenhang (Kosmos) und das Göttliche als das fundamentale Ordnungsprinzip alles Seins, dem es zu verdanken ist, dass in einer für Menschen undurchschaubaren Welt Ordnung gegenüber Unordnung, Vernunft gegenüber Unvernunft und Sein gegenüber dem Schein des Werdens und Vergehens die Oberhand behält. Die andere versteht die Welt als einen Handlungszusammenhang göttlichen und geschaffenen Handelns (Schöpfung), der durch die prinzipielle Priorität des göttlichen Handelns und Willens gegenüber allem geschöpflichen Wollen und Handeln eine prekäre asymmetrische Ordnung besitzt, die durch die Möglichkeit, dass menschliches Wollen sich nicht am göttlichen Willen orientiert, permanent gefährdet ist und bleibende Stabilität erst dadurch gewinnt, dass Gottes Wille im menschlichen Wollen umfassend zum Zug kommt.

Die beiden Monotheismuskonzeptionen setzen nicht nur verschiedene Akzente, sondern sind Ausdruck fundamental verschiedener Weltsichten. Das zeigt sich an jedem Punkt, wird aber besonders deutlich am Umgang mit dem Problem des Üblen und Bösen. Wird die Welt nicht als von der Vernunft determinierter Ereigniszusammenhang, sondern als Feld göttlichen und menschlichen Handelns verstanden, und Handeln als Entscheiden zwischen Gutem und Bösem, dann lässt sich das *malum* nicht als *privatio* in die kosmische Wohlordnung einbinden, sondern stellt ein *malefactum* dar, das nicht hätte sein müssen und prinzipiell hätte vermieden werden können. Zwar sagen beide: Die Welt ist eine und Gott ist einer. Aber es ist ein verschiedener Gott und eine verschiedene Welt, von denen in den beiden Monotheismuskonzeptionen die Rede ist:

---

168 Zum Begriff des ›pathischen Monotheismus‹ vgl. J. B. Metz, Zum Begriff der neuen Politischen Theologie, Mainz 1997, 160–162.

Kosmotheologischer Monotheismus (*Kosmotheismus*[169])

1. Es gibt nur einen Gott
2. Gott ist das Erst- und Letztprinzip von allem Guten
3. Gottes Beziehung zur Welt ist Korrelation oder Emanation
4. Es ist unmöglich, dass es eine Welt gibt, aber keinen Gott, oder Gott, aber keine Welt
5. Dass es Übel gibt, ist notwendig: Eine Welt ohne Übel ist unmöglich
6. Gott ist apathisch

Schöpfungstheologischer Monotheismus (*Monotheismus*)

1. Es gibt nur einen Gott
2. Gott ist der Herr der Welt, der Geschichte und der Völker
3. Gottes Beziehung zur Welt ist Schöpfung, Erhaltung und Vollendung
4. Es ist unmöglich, dass es eine Welt gibt, aber keinen Gott, aber es ist möglich, dass es Gott gibt, aber keine Welt
5. Dass es Übel gibt, ist kontingent: Eine Welt ohne Übel ist möglich
6. Gott ist pathisch

Im Kosmotheismus kann es keine Welt ohne Gott und keinen Gott ohne Welt geben. Gibt es überhaupt etwas, dann gibt es auch Gott, und gibt es Gott, dann muss es auch eine Welt geben. Aber Gott ist nicht identisch mit der Welt (wie im Pantheismus), sondern dadurch von ihr unterschieden, dass er gänzlich einfach und ganz und gar gut ist. Die Welt dagegen ist plural und komplex, und deshalb ist es unmöglich, dass es in ihr kein Übel gibt, weil nicht alles, was möglich ist, auch kompossibel ist und zusammen wirklich sein kann: In einer pluralen Welt wird es immer einen Mangel an Gutem (*privatio*) geben, weil eines das andere begrenzt und in seiner Entfaltung beschränkt.

Im schöpfungstheologischen Monotheismus dagegen ist die Welt so, dass sie auch nicht hätte sein können, also kontingent. Dass sie ist,

169 Vgl. zu diesem Begriff J. Assmann, Monotheismus und Kosmotheismus: Ägyptische Formen eines »Denkens des Einen« und ihre europäische Rezeptionsgeschichte, Heidelberg 1993; J.-H. Türk, Verborgene Menschheitsreligion? Jan Assmann oder der Preis des Kosmotheismus (http://www.perlentaucher.de/essay/verborgene-menschheitsreligion.html.html).

verdankt sich einer Entscheidung Gottes, der anders als die Welt nicht nicht sein kann, wohl aber ohne Welt hätte sein können. Die Welt ist daher selbst nicht göttlich, sondern als von Gott verschiedene Wirklichkeit von diesem geschaffen. Ist sie aber von Gott geschaffen, dann ist sie von Gott gewollt, und weil Gott alles und nur das will, was gut ist, ist es gut, *dass* sie ist, auch wenn es nicht unbedingt gut ist, *wie* sie ist. Die Wirklichkeit von Übel und Bösem in der Welt ist aber nicht als Notwendigkeit misszuverstehen: Nicht nur dass die Welt ist, ist kontingent, sondern auch, dass es in dieser kontingenten Welt Übel gibt. Wenn sich die Wirklichkeit der Welt allein Gottes Entscheidung verdankt und Gott nur und ausschließlich Gutes will und tut, dann kann die Welt nicht so sein, dass Übel und Böses notwendig zur Welt gehören, diese also nicht anders sein könnte, als sie faktisch ist. Dass es Übel gibt, ist vielmehr eine kontingente Tatsache, die der Fall ist, aber nicht der Fall sein müsste und deshalb auch nicht der Fall sein sollte.

Gottes Beziehung zur Welt ist dementsprechend theologisch nicht nur dann unzureichend gedacht, wenn man wie der kosmologische Monotheismus von einer Korrelation von Gott und Welt ausgeht, sondern auch dann, wenn man sie nur als Schöpfung denkt und nicht darüber hinaus auch als Widerstreit Gottes gegen das, was in der geschaffenen Welt nicht sein müsste und sein sollte: Übles und Böses. Gott ist nicht nur gut, weil er das Gegenteil des Üblen und Bösen ist, sondern weil er sich aktiv gegen das Üble und Böse in der Welt stellt, ihm entgegenwirkt und es überwindet. Das aber heißt, dass Gott nicht so vorgestellt und gedacht werden kann, dass er emotionslos und apathisch das Gute jenseits alles Seienden ist, sondern dass er – wie Lactantius betont – pathisch in Liebe und Zorn auf die Welt bezogen ist: in Liebe, um das zu fördern, was die Welt zu seiner Schöpfung macht, und im Zorn, um das zu beenden, was sie zu einer pervertierten Schöpfung macht.

10. Christlicher Monotheismus

Die christliche Tradition hat immer wieder versucht, diese beiden inkompatiblen Konzeptionen in einen Zusammenhang zu verschmelzen – *denkerisch,* indem sie Gott, Welt und Mensch in der Zusammenschau beider Monotheismuskonzeptionen begrifflich zu bestimmen sucht, *liturgisch* und *praktisch,* indem sie beide im gottesdienstlichen und lebenspraktischen Vollzug nebeneinander in Anspruch nimmt, das Gegensätzliche also nicht kohärent begrifflich integriert, sondern pragmatisch verbindet und paradox verknüpft. Es ist diese pragmatische Kontiguität und paradoxe Koexistenz des begrifflich Unvereinbaren, die in der Trinitätslehre ihre christliche Denkform gefunden hat, auch wenn diese immer wieder im Sinne einer begrifflich kohärenten Theorie als Sonderform des Monotheismus verstanden wird. Das geschieht typischerweise in der folgenden dreistufigen Form:

(1) Gegenüber dem *Atheismus* (Agnostizismus und Skeptizismus) wird für einen *Theismus* argumentiert: *Es gibt einen Gott* (*Theismus-Argument*), der nicht nur die Bedingung dafür ist, dass es überhaupt Mögliches und Wirkliches gibt (Deismus), sondern der als lebendiger Gott mit moralischen Attributen ausgestattet gedacht wird (Verstand, Wille), weil er anders zur Orientierung menschlichen Lebens nicht taugen würde (Moraltheologie).

(2) Gegenüber dem *Polytheismus* dagegen wird für einen *Monotheismus* argumentiert: *Es gibt einen und nur einen Gott* (*Monotheismus-Argument*), sei es, weil alles andere nicht »Gott« genannt und als Gott verehrt zu werden verdient, sondern dadurch nur zum Idol wird, sei es, weil es nicht mehr als ein Prinzip der pluralen Welt geben kann. So argumentiert etwa Gilbert Crispin (ca. 1045–1117) in seiner *Disputatio christiani cum gentili* im Anschluss an Anselm nicht nur dafür, dass es Gott wirklich gibt, sondern dass es nicht mehr als einen Gott geben kann: »Eine Vielzahl der Dinge aber kann es nicht geben, von denen ein jedes so beschaffen ist, dass es darüber hinaus nichts Größeres und Besseres gibt und das über allem ist. Deshalb gibt es nur einen Gott.«[170]

(3) Und schließlich wird gegenüber dem *jüdischen* und *muslimischen Monotheismus* für eine *trinitarische Version* des Monotheismus argumentiert: *Der eine und einzige Gott ist der Vater, Sohn und Heilige Geist* (*Trinitäts-Argument*). Die jüdische und muslimische Kritik, das sei ein Rückfall in den Polytheismus, wird mit dem Argument zurückgewiesen, die christliche Trinitätstheologie stelle in keiner Weise die monotheistische Grundentscheidung in Frage, sondern konkretisiere diese in bestimmter Weise. Sie sei eine besondere Ausprägung des Monotheismus neben der jüdischen und muslimischen, weil sich das Trinitarische

170 Vgl. H. Westermann, »Unius dei cultus« oder »noster deus et vester deus«?, ThPh 88 (2013), 372–388, hier: 382, Anm. 39.

als *differentia specifica* am *genus proximum* des (philosophischen) Monotheismus verstehen lasse. So argumentiert Richard Swinburne, dass Christen die monotheistische Grundüberzeugung mit Juden und Moslems teilen, darüber aber hinaus »certain further claims about God« machen, »for example, the doctrine of the Trinity, that there are three divine ›persons‹, ›the Father‹, ›the Son‹, and ›the Holy Spirit‹, who together form one God«.[171] Und entsprechend versucht er zu zeigen, (1) dass »there is a moderate probability that there is a God of the kind worshiped by Christians, Jews, and Muslims«,[172] und (2) dass »the most probable kind of God is such that inevitably he becomes tripersonal«.[173]

Doch dieser dreistufige Argumentationsweg vom Theismus über den Monotheismus zum Trinitätstheismus ist aporetisch, und zwar aus mindestens zwei Gründen.

Zum einen operiert sie mit dem unbrauchbaren Begriffsschema des Besonderen und Allgemeinen, das allenfalls zur Klassifikation empirischer Phänomene, aber nicht zur Behandlung der Gottesthematik taugt: Im Blick auf Gott – so die Grammatik der christlichen Gottesidee[174] – gibt es weder Allgemeines noch Besonderes, sondern nur Singuläres, und das gilt entsprechend auch im Blick auf den Glauben an Gott.[175]

Zum anderen überspielt es den Perspektiven-Bruch, der mit dem monotheistischen Singularitäts- und Exklusivitätsanspruch gesetzt ist. Ist Gott der eine und einzige Gott, der so verehrt zu werden verdient, weil es nichts gibt, was nicht in seinen Wirkkreis fiele, dann gibt es keinen möglichen Ort, von dem aus neutral über diesen nachgedacht werden könnte. Niemand steht ihm dann in Drittpersonperspektive gegenüber, der ihm nicht zuerst und vor allem in Erst- und Zweitpersonperspektive gegenüber stünde. Wie die Welt kein Phänomen ist, das wir erleben, sondern der Ort, an dem wir Phänomene erleben können, so ist

---

171 R. Swinburne, Was Jesus God?, Oxford 2008, 22.

172 A. a. O., 5.

173 R. Swinburne, The Christian God, New York 1994, 191.

174 Wenn im Folgenden von Gott die Rede ist, geht es immer um Bestimmungen der christlichen Gottesidee.

175 Deshalb kommt es der Wahrheit näher, wenn man die christliche Trinitätslehre dialektisch als konkrete Vermittlung des Vielen und Verschiedenen in der Einheit des in sich differenzierten göttlichen Lebens und das Christentum als konkreten Monotheismus interpretiert. Vgl. J. Ringleben, »Der Eine – und nicht die Vielen.« Konkreter Monotheismus, in: Palmer (Hrsg.), Fragen nach dem einen Gott (s. Anm. 142), 147–161.

auch Gott nichts, auf das wir uns beziehen könnten, ohne darauf schon bezogen zu sein, weil es ohne Gott weder uns noch eine Welt gäbe und wir weder Subjekte sein noch Objekte haben noch Phänomene erleben könnten. Wir können uns nicht auf Gott beziehen oder über Gott nachdenken, ohne Gott als den in Anspruch zu nehmen, ohne den wir uns nicht auf Gott beziehen oder über Gott nachdenken könnten; und diese Struktur können wir immer nur »von innen« und nicht »von außen« entfalten, also nicht in neutraler theoretischer Beschreibung, sondern immer nur engagiert aus dem eigenen praktischen Betroffensein.

Gibt es aber keine monotheistische Theorie Gottes, die nach der deskriptiven Subsumptionslogik des Besonderen und Allgemeinen aufgebaut ist, sondern nur eine monotheistische Denk- und Lebenspraxis, in der man sich von Gott her versteht, wenn man sich auf Gott bezieht, dann können auch trinitätstheologische Konkretionen nicht neutral als Besonderes in das mit Juden und Muslimen geteilte monotheistische Allgemeine eingezeichnet werden. Christen glauben nicht alles, was Juden und Muslime glauben, abgesehen von dem, was zwischen ihnen kontrovers ist, und dann noch ein paar zusätzliche Dinge, die für sie spezifisch sind.[176] Sie glauben vielmehr an den einen und einzigen Gott *auf die einzige Weise*, in der man nach der Logik des Monotheismus an Gott glauben kann, ohne ihn als Einen und Einzigen zu etwas Besonderem neben anderem zu idolisieren und damit zu verfehlen, nämlich so, wie Gott sich – ihrer Einsicht zufolge – selbst für andere als einziger Gott zur Geltung bringt. Auf Gott kann man sich nur beziehen, indem man sich darauf bezieht, wie Gott sich selbst auf einen bezieht. Weil das einerseits nie unmittelbar, sondern stets durch Weltliches vermittelt geschieht, weil für uns sonst nichts wahrzunehmen wäre, und andererseits Weltliches nur dann Gottes Gegenwart vermittelt, wenn diese mit ihrer Vermittlung nicht zusammenfällt, kann man sich nur auf Gott beziehen, wenn man sich darauf bezieht, wie Gott sich von dem, in, mit und unter dem er sich für Menschen als Gott zur Geltung bringt, unterscheidet.

Das aber heißt ein Vierfaches: (1) Gott kommt nur *durch sich selbst* zur Geltung, (2) Gott bringt sich immer *für jemanden* zur Geltung, (3) Gott kommt *anhand von etwas* zur Geltung, das für uns erfahrbar ist, aber (4) Gott kommt dabei niemals *als besonderes Etwas*, sondern immer nur *sub contrario*, als *Differenz* an, mit und unter Bestimmtem zur Er-

176 Entsprechendes gilt auch für Juden und Muslime.

fahrung. An diesem Bestimmten erschließt sich, wie und als was Gott verstanden wird: Gott erschließt sich, indem er sich auf präzise Weise verbirgt und so als bestimmte Unbestimmbarkeit ansprechbar wird. Aber woran, für wen und als was Gott in dieser Weise als Differenz zur Erfahrung kommt, steht nicht in der Macht der Erfahrenden, sondern allein dessen, der sich so verbergend erschließt. Dementsprechend wird Gottes Bestimmung *sub contrario* als Selbstbestimmung und seine Erfahrung im präzisen Verbergen als Widerfahrnis erlebt und das Ereignis dieser Widerfahrnis als Gabe verstanden.

Gott kann aus diesem Grund als Gott nur geglaubt und gedacht werden, insofern Gott sich durch Gott selbst für Menschen glaubwürdig und denkmöglich macht, indem er sich durch sich selbst als er selbst für Menschen in, mit und unter Bestimmtem so vergegenwärtigt, dass deutlich wird, was er als ihr Gott für sie Gutes will und wirkt. Diese Vergegenwärtigung findet auf allen Ebenen menschlichen Lebens und nicht allein im Denken statt, und ohne Rekurs darauf ist Gott nicht als Gott zu denken. Der konkrete Modus der Selbstvergegenwärtigung Gottes im Lebensvollzug einzelner und der Gemeinschaft ist dem Gottesgedanken der jeweiligen theologischen Tradition daher nicht äußerlich, sondern in diesen selbst eingezeichnet. Sieht man von ihm ab, hat man den Gottesgedanken nicht klarer gefasst, sondern zerstört. Auch deshalb sind die Differenzen zwischen jüdischem, christlichem und muslimischem Monotheismus nicht durch begriffliche Harmonisierung zu beseitigen oder zu überspielen, sondern als solche zu respektieren.

11. Trinitätstheologie

Bei der Bestimmung der christlichen Gottesidee ist dementsprechend auf Folgendes zu achten:

(1) Als Gott (und nicht nur Gotteskonstrukt) kommt Gott nur zur Sprache, wenn man ihn als *seinen eigenen Gott* und damit als *Ich* oder *Du* thematisiert, da es Gott gegenüber keine Drittpersonperspektive gibt, die nicht die Erst- und Zweitpersonperspektive voraussetzte: Gott ist immer *mein Gott* oder *Gott für mich* und kann nicht einfach als Gott thematisiert werden, ohne verfehlt zu werden.

(2) Als *mein Gott* kann man Gott nicht aus eigener Vernunft und Kraft verstehen, sondern nur dadurch, dass Gott sich selbst durch Wort

(in äußerer Kommunikation) und Geist (durch innere Kommunikation) als *Gott für mich* erschließt und vergegenwärtigt: Gott wird nicht als Gott verständlich, wenn er nicht *durch sich selbst* für mich als *mein Gott* verständlich wird. Und zu dem, was sich so *als Gott* erschließt, gehört zentral, dass Gott nicht nur der ist, ohne den es nichts gäbe, dem er sich erschließen könnte (*mein* Gott bzw. Gott als der Schöpfer von allem, was nicht Gott ist), sondern zugleich auch der, ohne den sich nicht erschlösse, dass sich hier der erschließt, ohne den sich nicht erschlösse, dass sich hier der erschließt ... (mein *Gott* bzw. Gott als Offenbarer seiner selbst als Gott für jeden). Wo Gott sich durch Wort und Geist erschließt, erschließt sich daher nicht eine andere Welt, sondern eine andere Sicht der Welt, meiner selbst und Gottes.

(3) Wie alles Reden von Gott durch die Differenz zwischen (göttlichem) Wort und (menschlichen) Wörtern charakterisiert ist, so ist alles Glauben und Denken Gottes durch die Differenz zwischen (göttlichem) Geist und (menschlichem) Geist bestimmt. Beide Differenzen kann man nicht nur im Hinblick auf manches, aber nicht auf anderes, sondern muss sie entweder gar nicht oder im Hinblick auf alles machen: Gott (als Wort) ist äußerlich mit nichts zu identifizieren, was uns in Wahrnehmung und Erfahrung gegeben sein könnte, und Gott (als Geist) ist innerlich mit nichts zu identifizieren, was irgendjemand erlebt, glaubt, versteht oder denkt. Vielmehr handelt alle äußere und innere Kommunikation von Gott nur dann, wenn Gott selbst sich anhand von ihr für mich als mein Gott zur Geltung bringt – und das ist von niemand und durch nichts erzwingbar und deshalb für jeden möglich.

Wer Gott auf diese Weise als Gott kennt, der weiß, dass man anderen Gott nicht vermitteln kann, sondern darauf setzen muss, dass Gott sich auch anderen als er selbst durch sich selbst als Gott erschließt. Die Folge ist:

(1) Niemand vermag von Gott in Wahrheit zu sprechen, der nicht von dieser Selbstvermittlung und Selbsterschließung Gottes her von Gott spricht: Wie Gott nur als *Gott für mich* Gott ist, weil er sich selbst durch sich für mich so erschließt, so ist Gott auch nur dann Gott für mich, wenn auch andere an ihrem Ort das sagen, glauben und denken können, was ich an meinem Ort sage, glaube und denke, wenn ich Gott als *Gott für mich* verstehe.

(2) Kann aber niemand an Gott glauben, dem Gott sich nicht selbst in konkreten Differenzerfahrungen so erschließt, und gibt es nieman-

den, der nicht so glauben könnte, wenn ihm das widerführe, dann lässt sich der Glaube an Gott als Gott weder durch Gewalt noch durch Argumentation erzwingen, sondern kann sich nur in je eigener Freiheit und Überzeugung anhand konkreter Differenzerfahrungen im eigenen Leben oder im Leben eines anderen einstellen.

(3) Deshalb ist nicht der *wahrer Gott*, von dem gesagt wird, dass er es sei, und würden noch so viele Gründe dafür angeführt. Wahrer Gott ist nur der, der sich selbst als solcher Menschen vermittelt und erschließt, indem er sie wahr macht, also zu einem frei vollzogenen Leben in der Orientierung an ihm instand setzt.

(4) Das kann in der Mitte oder am Rand des Lebens geschehen, wenn vertraute Lebensvollzüge und Lebensphänomene zum Ort einer Differenzerfahrung werden, durch die sie ihre vermeintliche Eindeutigkeit verlieren und mehrdeutig werden, weil sie nicht nur das sind, was man erlebt, sondern zu dem werden, an dem sich Gottes Gegenwart *sub contrario* als das erschließt, was sich hier in bestimmter Weise verbirgt und eben deshalb nicht durch demonstrativen Aufweis, sondern allein in freier Einstellung anerkannt werden kann: Niemand muss das Mehrdeutigwerden des Lebens als Anzeige der Appräsenz Gottes verstehen, aber wer es so versteht, der kann nicht anders als Gottes verborgene Gegenwart anzuerkennen und sich im Vollzug seines Lebens an ihr zu orientieren.

In monotheistischer Drittpersonperspektive kommt daher niemals *Gott* in den Blick, sondern immer nur (in theoretischer Hinsicht) ein Gotteskonstrukt oder (in empirischer Hinsicht) jüdisches, muslimisches und christliches *Leben mit Gott im Glauben an Gott*. In Zweit- bzw. Erstpersonperspektive dagegen lässt sich der Glaube an Gott nicht als Besonderes neben anderem Besonderen eines gemeinsamen Allgemeinen ausgeben. Der je eigene Gott ist kein Gott neben anderen, und die je eigene Weise der Gottesverehrung ist nicht im Rekurs auf einen philosophischen Monotheismus als eine besondere monotheistische Glaubensform neben anderen auszuweisen. Die trinitarische Bestimmung der christlichen Gottesidee trägt dem Rechnung.

Trinitätstheologie ist deshalb falsch verstanden, wenn man sie als besondernde Näherbestimmung eines gemeinsamen Monotheismus konzipiert, den man mit anderen Traditionen teilt. Sie ist vielmehr der Denkversuch, das monotheistische Orientierungsprojekt im Ausgang von einer bestimmten Lebenspraxis so durchzuführen, dass der Monotheismus als *Lebensform der Freiheit* zum Zuge kommt. Deren Pointe besteht darin, dass man sie nur praktiziert, wenn man keinem fremden Willen, sondern eigener Einsicht folgt, sie auch als gemeinsames Leben also nur dann vollzieht, wenn man sein Leben an Gottes Gegenwart ausrichtet, weil man selbst nicht anders kann, und nicht nur, weil man – aus Gewohnheit, Klugheit oder Zwang – den Vorgaben anderer folgt. Das heißt:

(1) Als Lebensform der Freiheit stellt der Monotheismus keine bestimmte Form des Lebens dar, die man bloß äußerlich mitvollziehen könnte, vielmehr wird sie auch in der Gemeinschaft mit anderen nur dann praktiziert, wenn man nicht in der Drittpersonposition eines Er oder Sie verharrt, sondern sich aus eigener Überzeugung in Zweit- und Erstpersonperspektive an Gott als Du orientiert und damit vor Gott als Du und Ich (Singular des Einzelnen) und Ihr und Wir (Plural der Gemeinschaft) lebt.

(2) Das setzt voraus, dass Gott sich selbst am Ort eines Menschen so vergegenwärtigt, dass ihm als Gott vertraut und das Leben aus eigener Einsicht und freien Stücken an seiner Gegenwart ausgerichtet werden kann, indem man von ihm her (gemeinsam mit anderen) zum Du wird und sich (mit ihnen) auf ihn als *seinen eigenen Gott* im Modus der Zweiten Person beziehen kann: Gott kommt als Gott auf keine andere Weise zur Geltung als so, dass er sich selbst als Gott zur Geltung bringt, indem er sich Menschen als ihr Nächster erschließt und sie zu seinen Nächsten macht, auf den sie sich bedingungslos verlassen können (Ich gebe mich *für Dich* bzw. *für Euch*).

(3) Deshalb ist die Sprache der Trinitätstheologie *doxologisch,* vollzieht sich also in Anrede und Rückrede in Situationen der Gottesverehrung, und zwar auch dort, wo sie sich des Stilmittels der Dritten Person bedient: Sie ist durchgängig *lozierende* und *selbstinvolvierende Bilder-Sprache* (Vater, Sohn, Geist), nicht aber *deskriptive* und *verallgemeinerungsfähige Begriffssprache.* Sie ist deshalb stets nach der pragmatischen Grammatik der ersten und zweiten Person zu verstehen und auszulegen, nicht aber nach der deskriptiven Grammatik der Dritten Person. Wo immer sie so verstanden und entwickelt wird, wird sie vielmehr vom theologischen Ausdruck einer Lebensform zur metaphysischen Theorie und philosophischen Spekulation.

12. Kants Säkularisierung des christlichen Monotheismus

Wenn man in einer monotheistischen Lebensform *nur in der Ersten und Zweiten Person von Gott sprechen kann*, auch wenn man sich grammatikalisch der Dritten Person bedient, weil es keine Position außerhalb des Bezogenseins auf Gott gibt, von der aus von oder über Gott zu reden möglich wäre, dann hat das orientierungsphilosophisch die Konsequenz, dass man *Gott nicht denken kann, ohne damit zugleich auch die Welt und sich selbst in bestimmter Weise zu denken: cognitio dei, cognitio hominis* und *cognitio mundi* sind korrelativ. Das aber heißt, dass man die praktische Pointe monotheistischer Lebensorientierung verspielt, wenn man mit einseitigen (abstrakten) oder inkompatiblen (widersprüchlichen) Verständnissen Gottes, seiner selbst oder der Welt operiert: Das Orientierungsideal »Gott« wird unbrauchbar, wenn Unvereinbares mit ihm verbunden und seine Konkretion in korrelativen Konzeptionen des Menschen und seiner Welt vermieden wird. Immanuel Kant hat darauf mit einem gestuften Theologiekonzept geantwortet:

(1) *Transzendentale Theologie* denkt nur, *dass* Gott ist, und gerade deshalb ist sie per se nicht orientierungstauglich.

(2) *Natürliche Theologie* denkt Gott als physikotheologisches Prinzip der Ordnung der Welt, versteht Gott also als Architekt und Weltbaumeister, kann ihn aber eben deshalb nur negativ als Ordnungsprinzip der Welt denken, nämlich als den, ohne den es keine Weltordnung gäbe, ohne in der Lage zu sein, das in einem gefüllten Gottesbegriff positiv zu entfalten.

(3) Erst *moralische Theologie*, die Gott Wille und Verstand zuschreibt, ihn also als frei Handelnden symbolisiert, denkt Gott lebensorientierend und damit praxisrelevant als Ideal, das unsere Vernunft entwirft, um sich in der Vielfalt religiöser und moralischer Verhältnisse zu orientieren – bei Kant insbesondere im Hinblick darauf, dass ohne diesen Gott die Möglichkeit nicht garantiert wäre, dass das moralische Streben nach Glückswürdigkeit mit der natürlichen Sehnsucht nach Wohlbefinden oder Glückseligkeit vereinbar ist: Die Möglichkeit, dass moralisch gute Menschen auch glücklich sein können, und damit die Hoffnung auf ein menschenwürdiges Leben, in dem moralische Glückswürdigkeit und natürliches Wohlbefinden nicht im Widerspruch stehen, setzt diejenige Wirklichkeit voraus, die wir »Gott« nennen.

Entscheidend für diese Konzeption ist die eigenständige Vorordnung der Moralität vor die Theologie, die Priorität der Erkenntnis des Guten vor der Hoffnung auf Gott und das ewige Leben. Damit wird ein Grundgedanke der theologischen Monotheismustradition säkularisiert, der diese als freiheitsfähige und Freiheit ermöglichende Lebensform ernst nimmt: Gott ist nicht der, dessen Wille nur äußerlich befolgt werden könnte oder müsste, sondern dieser Wille muss zum je eigenen Willen eines jeden werden können. Er wird es aber nicht durch gehorsame Aneignung eines vorgegebenen Wertekanons (das wäre nur heteronom), sondern durch die eigene Setzung von Werten in der Orientierung am Prinzip des guten Willens (das ist autonom).

Damit sind die klassischen Abhängigkeiten umgestellt: Wo die theologische Tradition eschatologisch darauf setzte, dass im Reich Gottes Gottes guter Wille umfassend herrschen werde, weil ihm alle Menschen gehorsam sind, setzt Kant umgekehrt beim guten Willen des Menschen hier und jetzt an, der tut, was gut ist, wenn er alles, was er will, an dem misst, was er soll, und nur das will, was er dem Gesetz der freien Selbstbestimmung zum Guten gemäß soll. Das Gute ist ihm nicht heteronom in Form eines materialen Wertekanons vorgesetzt, sondern dadurch gegeben, dass er frei und in eigener Verantwortung nicht »das Gute« wählt, sondern *auf gute Weise wählt*, sich also an dem orientiert, was für alle verbindlich sein sollte, die ein menschliches Leben in Freiheit und Verantwortung füreinander führen wollen. In diesem autonom gewählten guten Willen ist Gottes Wille mitgesetzt, und nicht umgekehrt: Nur wer autonom lebt, tut Gottes Willen. Wer Gottes Willen gehorsam befolgen will, ohne sich zu dem, was er damit will, selbst frei entschieden zu haben, der lebt nicht autonom und damit nicht *auf gute Weise*, weil er nicht auf *freie Weise* wählt, was er will.

13. Die Freiheitspraxis der Liebe

Kants Philosophie der moralischen Lebensorientierung am Ideal des guten Willens, der als einziger uneingeschränkt gut genannt zu werden verdient,[177] säkularisiert die theologische Tradition des Luthertums, das

177 Kant, Grundlegung zur Metaphysik der Sitten (s. Anm. 56): »Es ist überall nichts in der Welt, ja überhaupt auch außer derselben zu denken möglich, was ohne Ein-

den christlichen Glauben in Auslegung des 1. Gebots als monotheistische Praxis der Lebensorientierung an Gott im Licht seiner Evangeliumszusage verstanden und durchdacht hat: »Ich bin Dein Gott, von dem Du in allen Lebenslagen alles Gute erwarten, erhoffen und erbitten kannst. Außer mir brauchst Du keine anderen Götter.« Die folgenden Züge zeichnen diese Praxis aus:

(1) Von Gott und der Welt bzw. von Gott und den Menschen ist immer nur *korrelativ* zu reden: Jeder bestimmten Thematisierung Gottes entspricht eine korrespondierende Thematisierung der Welt bzw. des Menschen, und umgekehrt: Schöpfer/Geschöpf; Herrscher/Volk; Richter/Rechtsuchende; Vater/Kinder; Hirte/Schafe usf. Oder wie Luther, Zwingli oder Calvin auf je ihre Weise sagten: Es gibt keine *cognitio dei* ohne eine entsprechende *cognitio hominis*, und umgekehrt (und darin ist die korrelative *cognitio* der Welt und der anderen mitgesetzt).[178]

(2) Die inklusive Totalität dieser Korrelation – sie kennt kein Jenseits oder Außen und erlaubt keine neutrale oder dritte Position – hat ihre Pointe nicht nur in der *Art* bzw. im *Genus*, sondern im *Modus* der Relation, durch die Gott und Welt bzw. Mensch aufeinander bezogen und voneinander unterschieden sind: Es geht nicht nur darum, was sie verbindet und unterscheidet, sondern *wie* das geschieht.

(3) Dieser Modus manifestiert sich in der Art und Weise, in der von beiden Relaten und ihrer Beziehung *gesprochen* und das so Unterschiedene und Bezogene *bestimmt* wird. Die Bestimmung gilt jeweils für die *Semantik des gesamten Duals* und nicht nur für die Relate oder ihre Beziehung jeweils für sich genommen. Es geht nicht um die äußere Korrelation zweier unabhängiger Beschreibungen eigenständiger Wirklichkeiten (Gott und Mensch bzw. Welt), sondern um die innere Verknüpfung einer in sich differenzierten Sicht der einen Wirklichkeit, die *Gott* nur *in der Beziehung auf den Menschen* (bzw. die Welt) und den

---

schränkung für gut könnte gehalten werden, als allein ein guter Wille.« (BA 1,2, AA IV, 393)

178 Vgl. Ebeling, Cognitio Dei et hominis (s. Anm. 2), 221–272. Es ist ein Missverständnis zu meinen, die Leitdifferenz der *cognitio dei/cognitio hominis* sei auf Seiten des Menschen durch eine Erkenntnis der Welt, der anderen, der Tiere, der Ökosysteme usf. zu erweitern: Es geht allein um die Differenz zwischen Schöpfer und Geschöpf, und der Mensch ist der Ort, an dem dies Differenz in der Schöpfung manifest wird.

Menschen (bzw. die Welt) *nur in Beziehung auf Gott* zu bestimmen vermag.

(4) Die duale Korrelation der beiden *cognitiones* mit ihrem Vollständigkeitsanspruch bietet also kein theologisches Erklärungsmodell der Welt bzw. des Menschen und auch kein philosophisches Rechtfertigungsmodell des Glaubens an Gott mit induktiven oder deduktiven Schlüssen von der einen auf die andere *cognitio*. Sie markiert vielmehr die fundamentale, nicht mehr zu hintergehende *monotheistische Orientierungsdifferenz des christlichen Lebens*, die *Unterscheidung von Schöpfer und Geschöpf*. Diese Leitunterscheidung trennt nicht, sondern verbindet, indem sie unterscheidet. Eben so bestimmt sie die christliche Weltsicht und Lebenspraxis durchgehend, indem sie sich in einer Fülle weiterer Unterscheidungen konkretisiert, ohne durch diese aufgehoben oder revoziert zu werden: Gott ist der Schöpfer, das Geschöpf dagegen ist nicht Gott, sondern es wäre nicht ohne Gott.

(5) Geht man von dieser Orientierungsdifferenz und damit der Sicht und Praxis gelebten Glaubens aus, dann ist die entscheidende monotheistische Frage nicht die nach Gottes Existenz und der Nichtexistenz anderer Götter, sondern nach der *Art und Weise* (*Modus*), in der man sich auf Gott als Orientierungspunkt menschlichen Lebens in dieser Welt beziehen soll, um im Licht der Leitunterscheidung zwischen Schöpfer und Geschöpf Gott, sich, die anderen und die Welt in richtiger Weise zu verstehen und dementsprechend recht zu leben.

(6) Dieser Modus wird im Christentum grundlegend durch zwei Sachverhalte bestimmt: Zum einen besteht eine prinzipielle *Asymmetrie* zwischen Gott und allem anderen: Gott ist die grundlegende Wirklichkeit, alles andere sind dadurch ermöglichte und davon abhängige Wirklichkeiten und Möglichkeiten. Zum anderen wird diese Asymmetrie im Ausgang von der Selbstzusage Gottes im 1. Gebot und der Selbst(hin)gabe Gottes in der Geschichte Jesu Christi *positiv*, als Gewinn, Ermöglichung und Bereicherung, nicht als Behinderung. Möglichkeitseinschränkung oder Beeinträchtigung des menschlichen Lebens verstanden: So auf Gott bezogen zu sein ist gut, weil Gott gottlose Menschen gut macht, indem er sie befähigt, in der Orientierung an seiner Liebe zu ihnen das Gute aus freien Stücken *selbst* zu erkennen und zu wollen. Es ist *befreiend*, weil Gott sie durch seine nicht domestizierbare Gegenwart in ihrem Leben von ihren selbstzentrierten Egoismen frei macht, so dass sie sich in der Orientierung an Gottes Liebe selbst aus freien Stücken zu

einem Leben der Liebe bestimmen können. Es ist *recht,* weil Gott ihr Zusammenleben gerecht und solidarisch macht, indem er dafür sorgt, dass es immer wieder neue Gelegenheiten für sie gibt, in der Orientierung an seiner Solidarität mit ihnen zu lernen, selbst als Nächste Gottes mit Gottes Nächsten zusammenzuleben.

(7) Beide Bestimmungen des Modus christlichen Lebens im Licht der Leitdifferenz von Schöpfer und Geschöpf werden theologisch in der *Bestimmung Gottes als Liebe* zusammengefasst. Gott ist nicht nur in der Beziehung zur Schöpfung (und damit in bestimmter Abschattung), sondern in sich selbst (und damit in jeder Hinsicht) unergründlich freie und unerschöpflich Neues schaffende Liebe, an der man sich auch angesichts gegenteiliger Erfahrungen im Leben verlässlich orientieren kann. Ohne sie wäre nichts, was ist, und durch sie ist alles, was ist, mehr als es scheint, weil es im Guten und im Üblen nicht sich selbst überlassen bleibt, sondern in die schöpferische Dynamik dieser Liebe im Abbau des Alten und Aufbau des Neuen einbezogen ist. Denn Liebe wäre nicht Liebe, wenn sie das nicht wirken würde, und sie verfehlte sich selbst, wenn sie zwingende oder erzwungene und nicht freie und befreiende Liebe wäre.

(8) Auch die Asymmetrie zwischen Gott und den Geschöpfen wird daher nicht als Fremdbestimmung, Abhängigkeit und Vergewaltigung, sondern als *empowerment,* Befreiung und Ermächtigung, als Geliebtwerden, Gewolltwerden, Gesuchtwerden bzw. als Lebensgabe, Lebensermöglichung, Lebensgewinn und Lebenssteigerung verstanden und bestimmt, und zwar nicht nur für einige, sondern für alle, nicht in Abhängigkeit von Vorgaben und Vorleistungen, sondern in ursprünglicher Freiheit, nicht als Überwältigung und Vergewaltigung, sondern als verlässliche Gegenwart des erneuernden Wirkens von Gottes selbstloser Solidarität mit den Menschen in ihrer Gottferne.

(9) Sich an einem so verstandenen Gott zu orientieren, heißt deshalb, sich an dem auszurichten, der die Zweideutigkeit, das Leid und das Elend dieser Welt durch eine nicht nur bessere, sondern *gute* Schöpfung nicht nur beenden wird, sondern *zu beenden begonnen hat – durch Liebe* und daher in Freiheit und nicht mit Gewalt, und *in Freiheit* und daher durch Liebe, die Geduld hat und Zeit lässt, weil sie nicht auf äußeren Zwang, sondern auf Selbstbestimmung aufgrund eigener Einsicht setzt. Gott befreit zur Freiheit, macht gut zur Güte, schafft Recht durch Befähigung zur Gerechtigkeit, schenkt Liebe, die als Gabe empfangen wird

(Glaube), indem man sie weitergibt (Nächstenliebe). Gott macht das alles, weil er ist, was er tut, und tut, was er ist: Freiheit, Güte, Gerechtigkeit, Liebe.

(10) Die Wirklichkeit der Liebe Gottes ist die Wirklichkeit Gottes im Ereignis der Selbstgabe seiner Liebe. Sie kann unter Menschen nur so zur Geltung gebracht werden, dass sie sich in, mit und unter dem menschlichen Tun selbst zur Geltung bringt: Liebe kann nicht erzwungen werden, sondern die Praxis der Nächstenliebe kann nur Gelegenheiten dafür schaffen, dass Gottes Liebe sich selbst zum Zug bringt. Das erfordert, wie Kierkegaard in *Der Liebe Tun* richtig eingeschärft hat, Liebe *liebend* zu praktizieren, und das geht nicht, ohne im Blick auf andere und sich selbst prinzipiell auf *Freiheit* zu setzen und Liebe als *universale Solidarität* mit allen zu leben, denen Gott sich zum Nächsten macht. Niemand kann zur Praxis der Liebe gezwungen werden, sondern es gibt sie nur, wo Menschen aus freien Stücken unter den Bedingungen ihres je eigenen Lebens tun, was Gottes Liebe tut. Was Menschen tun, ist aber nur dann Praxis dieser Liebe, wenn es nicht als Privilegierung einzelner oder nur einiger vollzogen wird, sondern als Solidarität mit allen, denen Gott nahe kommt, weil sie der Liebe bedürfen. Das aber sind alle, die leben, gelebt haben und leben werden, und deshalb kommt diese Praxis der Liebe an keinem Punkt, nicht einmal beim Feind, bei den Verstorbenen oder den Noch-nicht-Geborenen an ihr Ende oder an ihre Grenzen.

(11) Von sich aus lebt niemand so. Der Modus unbegrenzter Liebe ist für Menschen unerschwinglich, nicht weil solche Liebe unmöglich wäre, sondern weil es für gottferne Menschen nicht möglich ist, so zu leben oder auch nur leben zu wollen. Gottes Liebe ist kein Thema für sie, und selbst wo sie es wird, wird allein dadurch das Leben noch nicht praktisch bestimmt. Nicht nur das Wissen, sondern das Wollen ist das Problem, und selbst wer weiß und will, entdeckt nur, dass er nicht kann, was er will. Sein Leben *nicht* an der Gegenwart von Gottes Liebe zu orientieren, ist daher der Normalzustand eines jeden Menschen.

(12) Ändern lässt sich das nicht aus eigener Einsicht (Vernunft) und Fähigkeit (Kraft), sondern nur durch die Gabe des Könnens und Wollens im Einbezogenwerden in die dynamische Liebe des göttlichen Lebens. Man wird, was man von sich aus nicht ist und nicht werden kann, obwohl es nicht unmöglich ist (man kann so leben, nur wir können und wollen es nicht) und man es als Mensch sein sollte (man sollte so leben, wenn man das werden will, was man sein könnte). Am Ort des Men-

schen vollzieht sich dieses Einbezogenwerden in Gottes Leben durch Gottes Liebe als schöpferische Umgestaltung der gottfernen und Gott ignorierenden Lebenswirklichkeit der Menschen zu einem neuen Leben, das sich in der Ausrichtung an der Gegenwart von Gottes Liebe für die anderen als Nächste Gottes öffnet, und diese Umgestaltung und Neuorientierung geschieht durch das Zuspiel von Möglichkeiten, die Menschen von sich aus nicht zugänglich wären und durch die sie zu etwas werden, was sie von sich aus nicht sein können und in ihrer Gottferne auch nicht sein wollen: Gottes Geschöpfe, die werden, was sie sind, indem sie durch Gottes Liebe zu Gottes Nächsten und den Nächsten von Gottes Nächsten werden.

14. Indexikalischer Monotheismus

Luther hat die Korrelation von *cognitio dei* und *cognitio hominis* in diesem Sinn als Kurzformel für das dynamische Erneuerungsgeschehen verstanden, in dem Gottes Liebe Menschen in ihrer Gottferne nahekommt und ihnen ihr Geschöpfsein und Sündersein erschließt, indem er zu ihrem Nächsten wird und sie zu seinen Nächsten macht. Die denkende Entfaltung dieses Erneuerungsgeschehens ist für Luther das eigentliche Geschäft der Theologie, weil Menschen durch dieses Geschehen zum ausgezeichneten Ort in der Schöpfung werden, an dem Gott als Gott, der Mensch als Geschöpf und die Schöpfung als Schöpfung verständlich werden: »*Cognitio dei et hominis* est sapientia divina *et proprie* theologica, *Et ita cognitio dei et hominis, ut referatur tandem ad deum iustificantem et* hominem *peccatorem, ut proprie* sit subiectum Theologiae homo reus *et* perditus *et* deus justificans vel salvator«.[179] Drei Dinge sind hier hervorzuheben:

(1) Zum einen steht die Differenz von *cognitio dei* und *cognitio hominis* für die Grunddifferenz von Schöpfer und Geschöpf, die in der Schöpfung am Ort des Menschen einsichtig wird, wenn dieser sich als Gottes geliebtes Geschöpf begreift, das sein Geschöpfsein ignoriert hat (Sünder) und dessen Sündersein durch Gottes Gegenwart aufgedeckt und beendet wird (gerechtfertigter Sünder). Damit steht nicht nur ein soteriologisches Spezialproblem, sondern das Grundproblem alles Seins

179 Luther, Enarratio Psalmi (s. Anm. 2), WA 40,2; 327,11–328,2.

(Möglichseins und Wirklichseins) zur Debatte: Es gibt keinen Ort jenseits oder außerhalb der dynamischen Beziehung von Schöpfer und Geschöpf, die am Ort des Menschen manifest wird: Alle und alles sind in sie einbezogen.

(2) Zum anderen wird die Asymmetrie zwischen Schöpfer und Schöpfung in dieser Beziehung betont: Gott könnte ohne Welt und Mensch, Welt und Mensch aber können nicht ohne Gott sein. Gott ist die Wirklichkeit, die Fußpunkt und Ermöglichungsgrund aller anderen Möglichkeiten und Wirklichkeiten ist: Ohne Gott gäbe es nichts von Gott verschiedenes Mögliches oder Wirkliches, so dass Welt und Mensch in ihrem Möglichsein und Wirklichsein bleibend auf Gott angewiesen und bezogen sind. Das zu ignorieren, und damit auch zu ignorieren, dass man es ignoriert, nennt die theologische Tradition »Sünde«; die Befreiung von dieser Verblendung »Überwindung der Sünde«; und weil sich der Sünder davon nicht selbst befreien kann, weil er ja gerade ignoriert, dass er Gottes Gegenwart ignoriert, kommt es dazu nur, wo Gott den Sünder aus seiner Realitätsblindheit befreit, indem er ihm die Möglichkeit eines Lebens in der Anerkennung der kreativen Gegenwart von Gottes Liebe erschließt und zueignet (»Vergebung der Sünde«).

(3) Nimmt man beides zusammen, dann zeigt sich ein Zweifaches. Einerseits kann man Gott nur angemessen thematisieren, wenn man *sich selbst* von Gott her versteht. Das folgt aus dem Differenzprinzip des Monotheismus: Niemand in dieser Welt ist Gott, aber auch nichts ist in dieser Welt wirklich oder möglich ohne Gott. Niemand kann deshalb sich selbst aus dem Bild nehmen, wenn es um Gott geht. Gott gegenüber gibt es keinen neutralen Ort. Nur wer sich selbst von Gott her versteht, kann ernsthaft von Gott sprechen. Andererseits kann man eben das nicht tun, ohne sich auf der Position der »Sünde«, also in doppelter Abhängigkeit von Gott vorzufinden: Als *creatura* wäre man nicht, wenn Gott es nicht wollte, als *peccator* wäre man nicht mehr, wenn Gott das nicht verhinderte.

Aus diesem Grund fungiert der Ausdruck »Gott« in der Lebenspraxis des Monotheismus als *Index* der doppelten Angewiesenheit der Menschen auf das, ohne das sie nicht sein könnten (Existenzprinzip) und ohne das sie nicht mehr wären (Lebensprinzip). Die Funktion dieses Index lässt sich einfach beschreiben, was er konkret indiziert, lässt sich aber nicht in objektivierender Einstellung erforschen, sondern nur so thematisieren, dass man *sich selbst* auf Gott bezogen versteht: Im Selbstbezug erweist sich der Gottesbezug, im Selbstverhältnis das Gottesverhältnis, aber eben nur so, dass das Selbstverhältnis durch die Gottesbeziehung aufgebrochen und in neuer Weise auf die Welt, die anderen und sich selbst hin geöffnet und ausgerichtet wird: Wer sich im Hinblick auf Gott von dem her versteht, wie Gottes Liebe im menschlichen Leben gegenwärtig wird, versteht sich, Gott und die Welt in neuer Weise. Die eigene Identität ist damit nicht im Selbstverhältnis und damit *in se* zu finden, sondern nur *extra se* in der Selbstgabe des Gottesverhältnisses, die das Selbstverhältnis auf Gott und die Nächsten hin öffnet. Nur von dort her und damit im Horizont der Liebe Gottes kann man sich auf Gott, sich selbst, andere und anderes so beziehen, dass deutlich wird, wie Gott auf einen und wie man selbst auf Gott und alle anderen bezogen ist: als Nächster Gottes unter Gottes Nächsten.

Weil es kein Jenseits oder Außerhalb dieses Gotteshorizonts gibt, ist jeder an seinem Ort auf das bezogen, dessen Gegenwart der Index anzeigt und an dem er sein Leben monotheistisch orientiert. Monotheistische Lebensorientierung gibt es daher nicht im Singular, sondern nur plural, multilokal und multiperspektivisch – das ist die bleibende Einsicht eines Monotheismus à la Leibniz oder Schleiermacher gegenüber dem Kosmotheismus eines Spinoza oder Hegel. Jeder muss an seinem Ort zwischen wahrem Gott und falschen Göttern unterscheiden, ohne seine Unterscheidung für andere anders verbindlich machen zu können als so, dass sie *an ihrem Ort* diese Unterscheidung auch treffen müssen, weil sie sie *nicht nicht treffen können*, also auch dann treffen, wenn sie es gar nicht absichtlich, bewusst oder explizit tun. Kann die monotheistische Lebensform überhaupt Wahrheit beanspruchen, dann ist diese niemals nur an einem, sondern an jedem Ort gegeben, weil sie in der Selbstunterscheidung des Schöpfers von der Schöpfung gründet, die sich im Ereignis der Selbstgabe der Liebe Gottes am Ort des Menschen erschließt. Denn dieses Ereignis stellt nicht nur klar, dass es eine von Gott verschiedene Schöpfung und einen von der Welt verschiedenen Schöpfer gibt, sondern dass es gut ist, dass es sie so gibt: Gott ist Gott und die Welt ist Welt, und beides ist unterschieden zu halten und nicht in kosmotheistischer Weise ineinander zu verschlingen, weil nur so der Eine im Ganzen in Erscheinung treten kann, ohne zum Teil oder Aspekt des Ganzen zu werden. Der Ausdruck »Gott« fungiert in der monotheistischen Lebenspraxis des Glaubens daher als *Index* (*Hier Jetzt Für Dich*) der heilsamen Unterscheidung von Schöpfer und Schöpfung, nicht als begriffliches Integral (ἓν καὶ πᾶν) der All-Einheit, in die das so Unterschiedene aufgehoben wird.

Um die Wahrheit monotheistischer Lebensorientierung geht es dementsprechend nicht nur dort, wo sie ausdrücklich beansprucht oder bestritten wird, sondern überall, wo Menschen überhaupt leben und damit de facto Stellung beziehen zur Gegenwart der Liebe Gottes. Gerade deshalb kann diese Wahrheit explizit nicht doktrinär (in der generalisierenden Sprache der dritten Person), sondern nur authentisch (in der konkreten Sprache der ersten und zweiten Person) vertreten und vermittelt werden: *Nur aus der Beziehung* auf die Gegenwart von Gottes Liebe, die einem widerfährt und von der man betroffen wird, kann von dieser und allem übrigen theologisch angemessen gesprochen werden. Man steht ihr niemals gegenüber, auch wenn man über sie spricht. Und deshalb kann man sie weder ignorieren noch nicht ignorieren, ohne von ihr zu zehren und aus ihrer Vorgabe zu leben. Das muss man nicht anerkennen, damit es so ist. Man kann es vielmehr nur anerkennen, wenn und weil es so ist, und dass das der Fall ist, zeigt sich, wenn sich die Gegenwart von Gottes Liebe selbst durch sich selbst für einen erschließt, so dass man sie in Freiheit aus eigener Überzeugung anerkennen kann: Gott ist *für mich durch sich als schöpferische Liebe da*, er ist die Selbstgabe seiner Liebe, der ich mich verdanke und zu der ich mich verhalte – undankbar, wenn ich sie ignoriere, und dankbar, wenn ich von ihr her lebe. Das gilt für jeden, der »da« ist, also existiert. Und das kann sich jedem erschließen, der sich zu seinem Dasein verhält, also lebt.

15. Trinitätstheologie als radikaler Monotheismus

Eben dieses Einbezogenwerden in die Gegenwart Gottes durch das Widerfahrnis seiner Liebe kommt in der Trinitätslehre zur Darstellung. Deren Pointe ist keine dreipersonale Sonderform des Monotheismus, sondern die a-theistische Radikalisierung der monotheistischen Grundunterscheidung von Schöpfer und Geschöpf durch die konsequent *lozierende Indexikalität* ihrer Rede von Gott: Gott – der »Ich-bin-für-Dich-da« von Ex 3,14, den Jesus »Vater« und Paulus und Johannes »Liebe« nannten – kommt immer nur als Gott *für mich, für uns, für jemanden* (*Für-Relation* Gottes) zur Sprache, der sich *als er selbst durch sich selbst*

(*Als- und Durch-Relation* Gottes) vergegenwärtigt, und zwar *um unseretwillen* und *zu unseren Gunsten* (Ereignis der Liebe). Diese Selbstgabe seiner Liebe geht jeder Thematisierung Gottes durch uns voraus, weil sie ihre Adressaten nicht vorfindet, sondern schafft. Sie widerfährt einem nicht, weil man da ist, sondern man ist da, weil sie einem widerfährt. Sie lässt sich daher immer nur retrospektiv und anaphorisch zur Sprache bringen, und erst von dort her auch präsentisch, kataphorisch und prospektiv als Anfang vor dem Anfang, als Ende nach dem Ende und als Gegenwart im Gegenwärtigen. Auf diese Weise wird (1) Gott zum Orientierungspunkt des ganzen Lebens in allen seinen Dimensionen. Er ist vor, hinter, über und unter einem loziert und dementsprechend überall zu finden, wenn man sich daran orientiert, wo und wie er sich als Liebe ereignet. Entsprechend kommt (2) jeder Mensch als eine Person in den Blick, für die Gott auf bestimmte Weise (als Liebe) so gegenwärtig wird, dass sie sich daran orientieren (Glaube) und in einer dieser Gegenwart entsprechenden Weise leben kann (Praxis der Nächstenliebe). Und eben damit wird (3) die Welt als der Ort durchsichtig, an dem man im Leben und Sterben auf Gott als das ursprüngliche und unerschöpfliche Geschehen der Liebe vertrauen kann, die auch dort nicht aufhört, einem neue Möglichkeiten zuzuspielen, wo man selbst keine Möglichkeiten mehr hat.

Theologisch adäquat wird der monotheistische Gottesgedanke daher nicht bestimmt, wenn man Gott theistisch anthropomorph als das höchste Wesen versteht, das man anerkennen kann, aber nicht muss, ohne dass sich so oder so im Leben Wesentliches änderte. Die Gottesidee wird auch dort nicht adäquat gefasst, wo man Gott als panentheistisches Integral von Allem denkt, als das Eine und Ganze, das sich von nichts unterscheidet, sondern alles Unterschiedene in sich hat, so dass es auf dasselbe hinausläuft, ob man sich an Gott oder der Totalität der Welt orientiert, weil beides keine praktische Orientierungsdifferenz für das Leben setzt. Man muss Gott vielmehr so denken, dass man nichts ohne Gott denken kann, ohne Gott als etwas (eines unter anderem) oder als alles (die Summe von allem) zu verstehen und ihn damit als Teil oder als Totalität der Welt misszuverstehen. Dass nichts ist ohne Gott, heißt nicht, dass Gott alles oder eines von allem ist. Der Schöpfer ist in keinem Sinn mit der Schöpfung zu verwechseln, aber man verfehlt den Sinn der Welt als Schöpfung, wenn man sie nicht von Gott als Schöpfung und diesen von der Welt als Schöpfer unterscheidet. Selbst wer bestreitet oder ignoriert, dass Gott ist, existiert von Gott her. Eben deshalb prägt es das Leben, ob man sich im praktischen Lebensvollzug an Gottes Gegenwart orientiert oder nicht.

Dieser praktischen Bestimmtheit wird dort Rechnung getragen, wo man die Idee Gottes *rein indexikalisch* und damit *radikal unbegrifflich* fasst, also so, dass es nichts gibt und geben kann, was nicht in Gottes Gegenwart wäre, die eben deshalb aber nicht für sich und als solche thematisiert werden kann, sondern immer nur so, wie sie sich in, mit und unter Bestimmtem auf bestimmte Weise für einen erschließt. Dadurch wird eine *Differenz* etabliert zwischen dem, was erschlossen wird (Gottes Gegenwart), und dem, wodurch es erschlossen wird (Ereignisse des Lebens), und weil es diese Differenz immer nur *für jemanden* gibt, lässt sie sich nicht als solche bestimmen, sondern gewinnt ihre – stets nur retrospektiv fassbare – Konkretion als Geschehen der Liebe immer nur am Ort ihres Sichereignens für jemanden: *Ich Jetzt Da Bei Dir Für Dich Durch Mich* – das ist die monotheistische Konkretionsform der Liebe Gottes im menschlichen Leben. Dass sie *Liebe* genannt wird, verdankt sich dem Rekurs auf Jesus Christus und die durch ihn konkretisierte und zugespitzte biblische Tradition. Worin diese Liebe aber genau besteht, das zeigt sich immer erst am Ort ihres Sichereignens und damit für die, denen sie als Gottes gute Gegenwart widerfährt.

Sofern die christliche Trinitätslehre diese Struktur des Ereignisses der Selbstgabe der Liebe entfaltet, ist sie die adäquate Form einer monotheistischen Theologie, in der es um die Lebensform der Liebe in Freiheit geht. Doch das gilt nur,

(1) wenn sie einerseits alle Konkretionen der Liebe im Leben der Menschen *auf die Gegenwart von Gottes Liebe* bezieht, diese ihrerseits aber *rein indexikalisch* als sich ereignendes Ereignis, nicht aber doktrinär oder begrifflich in der Form eines neutralen Wissens bestimmt, das alle konkreten Bezüge auf *hier* und *jetzt* und *mich* und *uns* tilgt und durch allgemeine Deskriptionen ersetzt, wenn sie von »Gottes Liebe« redet. Damit wird ein Ereignis auf seine semantische Repräsentation reduziert, und das ist immer aporetisch.

(2) Weil es das Ereignis der göttlichen Liebe immer nur als *Ereignis für jemanden* gibt, kann es nur von dieser Position aus auch thematisiert werden, und es wird nur so thematisierbar, dass man das göttliche Veränderungsgeschehen an *diesem* Leben als konkrete Gestalt der Liebe Gottes zur Sprache bringt.

(3) Gott kommt dementsprechend stets als »Ich-bin-für-Dich-da« (Ex 3,14), genauer als *Ich Jetzt Da Bei Dir Für Dich Durch Mich* zur Sprache (Selbstgabe), der Mensch stets als *Du Jetzt Da bei Mir Für Mich durch Dich* (Empfänger der Selbstgabe), die Welt als das *Jetzt Da*, wo sich die Selbstgabe der Liebe Gottes konkret ereignet (Ort der Selbstgabe).

Erst wo er in diese konsequent indexikalische Form überführt ist, ist der Monotheismus radikal gefasst, nicht wo Gott kosmotheistisch als »Ich bin alles, was ist« zum Integral von allem erklärt wird.[180] Und nur in dieser radikalen Form ist er Ausdruck und Praxis der Lebensform der Liebe in Freiheit. Diese schreibt nicht vor, was zu tun ist, sondern sagt, dass es *liebend* geschehen soll. Man kann erkunden, was das heißen und nicht heißen kann, indem man die Zeugnisse der Tradition befragt und in der Orientierung am Paradigma der Präsenz dieser Liebe im Leben und Sterben Jesu die Möglichkeiten eines solchen Lebens erhebt und durchdenkt. Aber inhaltliche Bestimmtheit gewinnt diese Liebe nicht im theologischen oder philosophischen Diskurs, sondern im Lebensvollzug, also dadurch, dass sie in der Orientierung an der Gegenwart von Gottes Liebe im Leben seiner Geschöpfe im je eigenen Leben auf je eigene Weise – allein und in Gemeinschaft mit anderen – gelebt und praktiziert wird.

---

180 Vgl. J. Assmann, Moses der Ägypter. Entzifferung einer Gedächtnisspur, Frankfurt a. M. ³2001.

Hinweis

Einige Kapitel dieses Buches gehen auf Aufsätze zurück, die teilweise stark überarbeitet wurden. Kap. II: Deutsche Fassung von »Creative Grace: The Spiritual Revolution of the Reformation«, NZSTh 59 (2017), 548–571. Kap. IV: »Glaubensfreiheit. Über Freiheit als Fiktion und Glaube als Einbildung«, ThLZ 143 (2018), 163–180. Kap. V: »Ist Glauben menschlich?« Denkströme. Journal der Sächsischen Akademie der Wissenschaften 8 (2012), 173–192. Eine gekürzte Fassung von Kap. VI wird unter dem Titel »Die Freiheit des Glaubens im Denken der Theologie« in W. Kinzig (Hrsg.), Glaube und Theologie/Faith and Theology, Leipzig 2019 erscheinen. Kap. VII: »Gibt es eine wissenschaftliche Rede von Gott?« In: M. Kleinert/H. Schulz (Hrsg.), Natur, Religion, Wissenschaft. Beiträge zur Religionsphilosophie Hermann Deusers, Tübingen 2017, 439–469. Kap. VIII: »Götzen-Dämmerung. Warum die Theologie mehr will als Gott denken«, in: Chr. Schwöbel (Hrsg.), Gott-Götter-Götzen, Leipzig 2013, 197–218. Kap. IX: »Bestimmte Unbestimmtheit. Zur Denkform des Unbestimmten in der christlichen Theologie«, ThLZ 139 (2014), 3–36. Kap. X: »Radikaler Monotheismus als Lebensform der Freiheit«, Archivio di Filosofia/Archives of Philosophy LXXXII (2014), 29–52. Ich danke den Verlagen für die Möglichkeit, das Material neu durchzuarbeiten und in dieser Publikation zu verwenden.